〈城壁のない都市〉の政治哲学

エピクロス主義研究

中金　聡
Nakagane Satoshi

ΠΌΛΙΣ ΆΤΕΊΧΙΣΤΟΣ

晃洋書房

その他すべてにたいしては安全を確保することができるが、
死にかんしては、人間はみな城壁のない都市の住人である。

エピクロス

しかしそれは避難所をあたえ、かれらを守ってくれるのだ、
日曜日の毒から、バジリスクのような
無のひとにらみから、われわれを破滅させる敵から。

W・H・オーデン「城壁のない都市」

目次

序論　隠れて生きよ

洗練された隠遁の地、心地よき無人の境、人間的愚かしさの絶えざる氾濫を遠く逃れた、びくとも動かぬ、なまぬるい方舟

ユイスマンス『さかしま』

エピクロスといえば原子論や快楽主義でおなじみの古代ギリシアの哲学者だが、政治思想史家の著作でお目にかかることはまずない[1]。それも道理である。いまに残るエピクロスのテクストをひもといても、「われわれは身辺のことと政治的なものの牢獄（τὰ ἐγκύκλια καὶ πολιτικὰ δεσμωτήριον）から自分を解放するべきである」［SV. 58］をはじめ、公共のことがらへの関与を忌避して隠者の生活を薦める警句ばかりが並び、プラトンやアリストテレスのような最善の政治体制の探求はもちろん、現実の政治家に授ける実際的な忠告すら見あたらないからである。紀元前一五五年にアテナイがローマに派遣した哲学者たちの外交使節団のなかにも、当時のエピクロス派を代表する者はいなかった[2]。これを「隠れて生きよ（λάθε βιώσας）」［Us. 551］と要約されるエピクロスの処世観のあらわれとみるのはやさしい。同じ原子論者のデモクリトスやナウシパネスが政治術の意義をみとめたことを考えれば［DK. Democritus. B157; Nausiphanes. B1-2］、「隠れて生きよ」が往時から「常軌を逸した考え」とみなされ（プルタルコス『モラリア』［XIV. 1128B］）、いまなおエピクロス主義が政治思想としては「荒涼たる砂漠」[3]に喩えられるのも頷ける。

ヘレニズム期哲学の非政治性は、哲学する標準環境《デフォルト》を抜きにしては理解できない。政治哲学にとっての自明の所

与であった都市《ポリス》が衰退すると、その都市を前提とした善い生活に不可欠とされた政治もあらためて存在理由を問われざるをえなくなった。都市の保護を奪われ、広大無辺の宇宙に放擲されたよるべなき可死の実存が必要としたのは、もっぱら心の平静（ἀταραξία）や不動心（ἀπάθεια）のような個人の安心立命であった。政治もまた人間性の完成や永遠・不死との結びつきを断ち切られ、現世的な「平和と安全（εἰρήνη καὶ ἀσφάλεια）」の守護者をもって任じる以外にはない――これはすでによく知られたことである。(4)

それゆえエピクロスの政治哲学を論じようとすれば、周辺的な根拠に頼るしかない。たとえば、「ストア派」なる呼称は、アテナイの公共広場にもうけられた彩色列柱廊《ストア・ポイキレー》を開祖ゼノンが行きつ戻りつ哲学を講じたことに由来する。一方「庭園（κῆπος）」の名で知られるエピクロスの学園は、アテナイを囲む城壁のすぐ北側、外港ペイライエウスにつづく街道をディピュロン門から出たところ、しかもプラトンのアカデメイアやアリストテレスのリュケイオンのように神域にではなく、エピクロス自身の購入した小さな地所にあった。(5) 公共のことがらとの関連をあからさまに感じさせないこの学園の立地条件は、哲学的隠遁生活にいかにもふさわしいが、(6) アテナイ市街とつかず離れずの絶妙な距離がエピクロス主義における哲学と政治の特異な関係を象徴するといえなくもない。エピクロスそのひとを「人並みはずれて謙譲であったために政治にかかわろうとしなかった（οὐδὲ πολιτείας ἥψατο）」［DL. X. 10］と評したディオゲネス・ラエルティオスは、さらにエピクロス的賢者の特徴として、「みごとな弁論をすることはない」、「政治にたずさわらない」、「僭主のようなまねをしない」、「訴訟をおこしたり著作を書き残したりはしても、公の集会で演説することはない」と列挙し、「事情次第では結婚し、子をもうけることもある」、「軽蔑されない程度には世間の評判に気をくばり、都市の祭礼の折りには人並み以上に楽しむ」、「神々の像を奉納する」、「時に応じて君主に仕える」と付言している［DL. X. 118-121］。これは「隠れて生きよ」を奉じるエピクロス主義者もやはり都市生活を営む市民であることを暗示する。(7) 学園の後継学頭となったメトロドロスもこれは否定しなかった。「われわれは笑うこと、哲学すること、家政をとりしきること、その他さまざまな営みをすべて同時にこなしながら、真の哲学の教えの宣告をやめてはならない」[M. 100 = SV. 41; cf. Us. 394]。

市民哲学者ならば民主政を好むのではなかろうか。B・ファリントンの大胆なテーゼによれば、エピクロス主義は「人類を迷信から解放する最初の組織的な運動」として本質的に啓蒙主義的な性格を、それゆえ民主政への政治的志向を秘めていた。エピクロス主義の宗教批判の標的は、神話や迷信を民衆支配に必要な「高貴な嘘」とみなすプラトンやクリティアスら貴族政ないし寡頭政志向の「政治哲学者たち」の国家宗教であり、民衆の宗教の再建者を自任するエピクロスはプラトン以上に忠実なソクラテスの徒であったというのである(8)。だが、名誉、栄光、誇りのような伝統的な徳をしりぞけ、「自然の目的を保ちつづけるにはどうするのがもっともよいか、多数者の欲しがる官職に飛びつかないようになるにはどうすればよいか」(プルタルコス『モラリア』[1125C = Us. 554]) と問うエピクロスが、市民の恒常的な政治参加を要求する民主政の擁護に積極的であったとは考えにくい。またエピクロス的賢者が「君主に仕える」という件《くだり》は、アレクサンドロス三世の後継者リュシマコスの高官となったイドメネウスや、『他の哲学者たちの教説にしたがっては生きることは不可能であること』と題した著作をエジプトのプトレマイオス二世に献じたコロテスら弟子たちの去就を踏まえたものらしいが、それだけを根拠に、エピクロス主義にあってはさまざまな国制のなかで君主政が相対的優位を占めると推断するのも無理がある(9)。歴史に残るエピクロス主義者の明白な政治的活動は例外状況においてしか確認されず、しかもそれは特定の国制にたいするエピクロス主義の選好を裏づけるような事例ではなかった。ミトリダテス戦争時に親ローマ政権を打倒してアテナイの僭主となり、前八六年に処刑されたアリスティオンなる人物は、「エピクロス派の哲学者を自称していたにもかかわらずこれらすべてのことをやってのけた」(アッピアノス『ミトリダテス戦争』[28]――傍点強調は引用者) のであり、カエサル暗殺事件 (前四四年) の首謀者のひとりで共和政派のカッシウスは、たまたまエピクロス信奉者であったというべ

きである。(10)

ところがこれを逆手にとった解釈がありうる。エピクロス主義者にときおりみられる政治的活動は、エピクロス主義が政治を無条件に嫌うわけではないことを示唆している。それならば、エピクロス主義者が政治にかかわる条件をかれらの哲学的テクストから確定できるのではないか？　この観点からエピクロス主義の政治哲学を論じる解釈は快楽主義に着目する。エピクロスはすべての快楽が選択にあたいするというのではない。現在の苦痛を耐えしのんで将来の大きな快楽が得られるのなら、この苦痛をこそ選択するべきであり、刹那的な快楽は善であっても忌避すべきこともあると主張した［DL. X. 129-30; Us. 442］。それゆえ思慮ぶかい賢者は、政治にたずさわって短期的に苦痛を味わっても平和や安全という長期的な利益を享受できると計算できるなら、ためらうことなく「庭園」を去るだろう。(11) これは「隠れて生きよ」を仮言命法として理解することに道を開く。セネカ曰く、ストア派の賢者は「なんらかの妨げがないかぎり公共のことがら《レス・プブリカ》に関与する」が、エピクロス派の賢者は「なんらかの事情が介在しないかぎり公共のことがらにかかわらない」（『閑暇について』［III. 2-3; Us. 9］）。(12) エピクロス主義者にとっての最高の快楽は心痛や不安のない心の平静《アタラクシア》にあり、その幸福は哲学的生活において絶頂に達する。ところで哲学という営為は、安定した政治社会の恩恵である文明——言語、余暇、諸技芸の発展——を前提とするがゆえに、都市の秩序や正義が失われると至高快楽の追求自体が不可能事となりかねない。したがってエピクロスの「隠れて生きよ」は、〈都市を防衛する市民の義務が要求されないかぎり〉という条件つきなのである。この解釈は現代の多くの研究者も承認するところであり、悪しき僭主の支配を打倒せねばならないときや都市が法の改変を要するときなどが、エピクロス主義者が政治に関与する具体的な「事情」として提起されている。(13)

だがセネカはエピクロスに好意的なストア派ではあったが本質的に折衷主義者であり、(14) その証言に依拠してエピクロス主義者の政治を「隠れて生きよ」の適用除外例とみなす解釈は、エピクロスの政治哲学といってもプラトンやアリストテレスの亜種か劣化形態を見いだすのがオチである。哲学的快楽主義者であるエピクロス主義者は、政治にかかわって哲学する快楽の一時的放棄を余儀なくされるくらいなら、悪しき統治者とその法のもとで生きることを選ぶだろう。メトロドロス曰く、「われらが為すべきは、この手でギリシア人の安全を守ることでも、知恵でかれらから栄冠を授かることでもなく、いや、ティモクラテスよ、肉体の害とならずに満足をもたらすようにして飲み食いすることでなければならない」（プルタルコス『モラリア』[XIV. 1125D = M. 82]）。エピクロスの忠実な解説者を自任する詩人ルクレティウスは、女神ウェヌスにこう呼びかけた。「ローマ人のために、安らかな平和が訪れるよう乞いたまえ。祖国がかくも不安定では、心安らかにわが務めをはたすこともかなわない……」[DRN. I. 40–42]。食欲が祖国愛に、安逸が活動にまさる度しがたい快楽主義者には、そもそも社会を改良しなければならない理由がない。そんなエピクロスの徒が、「では安らぐがよかろう／それが汝の快楽ならば。われらには争いこそ快楽なのだ」（ポリニャック『反ルクレティウス』[I.356–357]）と罵倒されるのは当然のことなのである。

　この人口に膾炙したエピクロス主義像を覆そうとしても無駄であろうし、以下で大胆にもそれを企てようというのでもない。本書の主題は、この定説に同意するときに発生する思想史的アポリアである。すなわち、それほどにも非政治的で無政治的な哲学が、なぜホッブズ、マルクス、ニーチェのような近代のもっともラディカルな思想家たちを魅了し、かれらの革命的な政治哲学を鼓舞できたのであろうか？　現代のわれわれは、エピクロス主義がルネサンス期のヨーロッパで劇的に甦り、近代の道徳・政治・法思想にとっての汲めども尽きぬ源泉となった次第を知っている。[15] しかし、たとえば「平和と安全」に至上価値をおく近代人の根拠は、かれらが範と仰ぐ古代の哲学者と同じであるのか、それともオリジナルとは似て非なるものなのか？　われわれのまえにあるのは、「エピクロスの園」から喧騒に満ちた多数者の世界を眺めやっていた隠者の哲学が、その多数者のために社会大の「エピクロスの園」を創造する政治的な哲学に変貌したという歴史的事実だけであり、エピクロス主義の持続する伝統などどこにもない。近代思想に摂取される過程でエピクロスの哲学が経験した（生物の変態や物質の相転移にも似た）この変容は、いかにして生じたのであろうか？

本書はこれらの問いにひとつの仮説をもって答える試みである――エピクロス主義的政治哲学とは後世の創造物にほかならず、エピクロスを始祖と仰ぐ自称・他称信奉者たちがその哲学を強く「誤読」(16)した結果ではないだろうか。

＊　＊　＊

プラトンが没して六年目、アリストテレスがアレクサンドロスの傅育のためマケドニアに赴いて二年目、そのマケドニアを相手にアテナイが開戦する前年、エピクロス（Ἐπίκουρος, 341-270BC）は小アジアのサモス島で誕生した。(17)生涯に三〇〇巻を超える書物を著したと伝えられるが、主著と目される『自然について』（Περὶ φύσεως）やその内容を初学者向けに解説した『大摘要』（Μεγάλη ἐπιτομή）をはじめ、大半は失われてしまった。伝存するごくわずかなテクストは四つに分類できる。第一は、三世紀の学説史家ディオゲネス・ラエルティオスが『主要哲学者の生涯と意見』の第一〇巻「エピクロス伝」に採録したためにかろうじて散逸を免れたもの、すなわちエピクロスが弟子に宛てた三通の書簡――「小摘要」（Μικρὰ ἐπιτομή）の別名をもつ「ヘロドトス宛の手紙」（ἐπιστολὴ πρὸς Ἡρόδοτον）、「ピュトクレス宛の手紙」（ἐπιστολὴ πρὸς Πυθοκλέα）、「メノイケウス宛の手紙」（ἐπιστολὴ πρὸς Μενοικέα）――と『主要教説』（Κύριαι δόξαι）である。第二は、ヴァチカンが所蔵する一四世紀の手写本のなかから一八八八年に発見された「エピクロスの勧め」（Ἐπικούρου προσφώνησις）と題する八一の箴言集だが、内容的には『主要教説』と一部重複し、また弟子のメトロドロスの文章が混入している。第三は古代の著作に引用された散逸作品と手紙の断片であり、H・ウーゼナーが『エピクロス集』（*Epicurea*, 1887）に収集している。エピクロス文書の最後は、七九年のヴェスヴィオ火山の大噴火で火砕流に埋もれたヘルクラネウムの町の遺跡から一八世紀に発掘されたヘルクラネウム・パピリである。ローマの有力者であったルキウス・カルプルニウス・ピソの邸宅跡で発見されたこの炭化したパピルスの塊は、当時ピソの庇護下にあったエピクロス主義哲学者フィロデモスとその一統の蔵書と推定され、『自然について』の写本が含まれていたために注目をあつめた。だが困難をきわめるその復元作業は発見から二世紀余を経た現在も継続中で、全貌が明らかになるには数世紀を要すると考えられている。(18)

エピクロスの現存するテクストは絶望的に少ない。それでも可能なかぎり本人の肉声からその哲学を理解することにつとめよう。

注

(1) 数少ない例外に以下がある。Leo Strauss, *Natural Right and History* (Chicago: The University of Chicago Press, 1953)〔塚崎智・石崎嘉彦訳『自然権と歴史』(ちくま学芸文庫、二〇一三年)〕; Michael Oakeshott, *Lectures in the History of Political Thought*, eds. T. Nardin and L. O'Sullivan (Exeter: Imprint Academic, 2006).

(2) 中金聡「カルネアデスの講義——正義をめぐる二つのトポス」、『政治研究』創刊号(二〇一〇年)、参照。

(3) Cyril Bailey, *The Greek Atomists and Epicurus* (Oxford: Clarendon Press, 1928), p. 520.

(4) 田辺元『哲学入門——哲学の根本問題』(筑摩書房、一九六六年)、一七一-七三頁参照。

(5) Cf. M. L. Clarke, "The Garden of Epicurus," *Phoenix*, Vol. 27 (1973), pp. 386-87.

(6) これは「エピクロス哲学の柱を反映していた。つまりペリクレスが政治嫌いや引きこもりの意味で「愚かしさ」と呼んだものを肯定するということである。実際エピクロスは戦闘的な愚者であり、自分の庭園を公共生活からの隠れ家と考えていた。……思想家としてのエピクロスは、幸福の概念を非政治化し、市民性との伝統的な結びつきから切り離すことによってギリシア思想の主流から屹立していた」。Robert Pogue Harrison, *Gardens: An Essay on the Human Condition* (Chicago: The University of Chicago Press, 2008), pp. 72-73.

(7) 正確には「市民」ではない。エピクロスの弟子のなかには遊女のレオンティオンや奴隷のミュスもいた。

(8) Cf. Benjamin Farrington, *Science and Politics in the Ancient World* (London: George Allen & Unwin, 1939), chaps.10–12; *The Faith of Epicurus* (London: Weidenfeld and Nicolson, 1967), p. 14. エピクロスはプラトンを『国家』の「血と土の神話」にちなんで「黄金のひと」、その一門を「ディオニュシオスの追従者」と呼んで蔑んだ [DL. X. 8]。

(9) Cf. Rolf Westman, *Plutarch gegen Kolotes: Seine Schrift 'Adversus Colotem' als philosophiegeschichtliche Quelle* (Helsingfors: Acta Philosophica Fennica 7, 1955); Jean Salem, *Tel un dieu parmi les homes: L'éthique d'Épicure* (Paris: Bibliothéque d'histoire de la philosophie, 1989), pp. 150–51. エピクロスの散逸した著作『王政について』(Περὶ βασιλείας) は、読むと「王と生活をともにする気が失せてしまう」作品であったという (プルタルコス『モラリア』[XIV. 1127A = Us. 6])。

(10) カエサル暗殺をエピクロス主義が政治化した記念碑的事件とみたのはA・モミリアーノであった。Cf. Arnaldo Momigliano, "Review of *Science and Politics in the Ancient World,* by B. Farrington," *Journal of Roman Studies,* Vol. 31 (1941), pp. 151–57; Yasmina Benferhat, *Ciues epicurei: les Épicuriens et l'idée de monarchie à Rome et en Italie de Sylla à Octave* (Bruxelles: Éditions Latomus, 2005), p. 232.

(11) カッシウスの場合がこれにあたるとされる。Cf. Catherine J. Castner, *Prosopography of Roman Epicureans from the Second Century B. C. to the Second Century A. D.* (Frankfurt am Main: Peter Lang, 1990), p. 31.

(12) キケロ『国家について』[I. 10–11]、プルタルコス『モラリア』[XIV. 1125C]、ゲリウス『アッティカの夜』[X. 22. 24] も参照。ディオゲネス・ラエルティオスはこのことばをクリュシッポスに帰している [DL. VII. 121]。

(13) Cf. R. J. Leslie, *The Epicureanism of Titus Pomponius Atticus* (Ph. D diss. Columbia; Philadelphia, 1950), p. 13; Miriam Griffin, "Philosophy, Politics and Politicians at Rome," *Philosophia togata: Essays on Philosophy and Roman Society,* eds. M. Griffin and J. Barnes (Oxford: Clarendon Press; New York: Oxford University Press, 1989), p. 30; D. P. Fowler, "Lucretius and Politics," *ibid.,* pp. 127–28; Bernard Besnier, "Justice et utilité de la politique dans l'épicurisme: Réponse à Elizabeth Asmis," *Cicèron et Philodème: La polémique en philosophie,* eds. C. Auvray-Assayas et D. Delattre (Paris: Études de littérature ancienne 12, 2001), p. 148; Geert Roskam, *Live Unnoticed: On the Vicissitudes of an Epicurean Doctrine* (Leiden: Brill, 2007), p. 36; Jeffrey Fish, "Not All Politicians Are Sisyphus: What Roman Epicureans Were Taught about Politics," *Epicurus and the Epicurean Tradition,* eds. Jeffrey Fish and Kirk R. Sanders (Cambridge: Cambridge University Press, 2011).

（14）「わたし自身はかれをこう考えている——わが朋輩は不服であろうが——エピクロスの教えは尊く正しいうえに、近寄ってよくみれば厳格ですらある、と」（セネカ『幸福な生について』［13.1］）。セネカはエピクロスの教えを「公共のもの、とりわけわたしたちのもの」であるべきだとさえいう（「ルキリウスへの手紙」［33.2］）。マルクス・アウレリウス『自省録』［IX. 41＝Us. 191］も参照。

（15）Cf. Stephen Greenblatt, *The Swerve: How the World Became Modern* (New York: W. W. Norton, 2011)〔河野純治訳『一四一七年、その一冊がすべてを変えた』（柏書房、二〇一二年）〕.

（16）この「誤読」はハロルド・ブルームから借用した概念である。本書第一部のⅢを参照。

（17）もっとも詳細なエピクロス伝は Norman Wentworth de Witt, *Epicurus and His Philosophy* (Minneapolis: University of Minnesota Press, 1954) である。

（18）Cf. William Leonard Courtney, "Epicurus," *Hellenica: A Collection of Essays on Greek Poetry, Philosophy, History and Religion*, ed. Evelyn Abbott (London: Longmans, 1898); David Sedley, *Lucretius and the Transformation of Greek Wisdom* (Cambridge: Cambridge University Press, 1998), chap. 4. ヘルクラネウムで発掘されたラコニアのデメトリオスの小論は、すでに紀元前一〇〇年ごろの時点でエピクロスの著作の写本に毀損や異読があり、最初の本文批評が試みられたことを伝えている。Cf. Marcello Gigante, *Philodemus in Italy: The Books from Herculaneum*, trans. Dirk Obbink (Ann Arbor: University of Michigan Press, 2002), pp. 18–20.

第一部　古代のエピクロス主義

I　死すべきもののエティカ——エピクロス

死すべきものであるということはもっとも基本的な人間経験である。だが人間がそれを受け入れ、理解し、相応にふるまえたためしはない。死すべきものであるすべを人間は知らない。

ミラン・クンデラ『不滅』

1　死のロゴス

哲学者カルネアデスにまつわる興味ぶかい逸話を紹介しよう。ある人物が平然と服毒自殺した話を耳にしたかれは、いたく心を動かされた様子で蜂蜜酒を所望した。「組み立てられた自然はまた解体するだろう」が口癖の哲学者だけに、これは奇異なことであった。蜂蜜酒には生を甦らせる効能があると信じられていたからである［DL. IV. 64］。

自然の合成と解体と聞けば、事物の生成消滅をその最小構成要素の離合集散で説明する原子論が連想される。その系譜に属する思想家のなかでも、カルネアデスの逸話と直接に関連するのは、原子論を死の恐怖から人類を解放する福音として説いたエピクロスではないだろうか。肉体の死滅後も魂は残って冥界で責苦を受けると信じるひとは、死や死後を恐れる。では魂が不滅でないとしたらどうか、ひとが死ねばその魂も肉体とともに朽ちはてて原子の群に戻るのだとしたら。「死《タナトス》はわれわれにとって無にひとしい。なぜなら、解体されたものは感覚をもたず、感覚されないものはわれわれにとって無にひとしいからである」[DL. X. 139 = KD. 2; cf. Us. 500]。死者にすら死は無意味なのだとしたら、生者にとってまだ訪れぬ死にどんな意味があるというのか。エピクロス哲学の代名詞となった快楽主義も、出発点はやはり死についての省察にあった。

死はわれわれにとってなにものでもないと心得るよう習慣づけよ。善と悪はすべて感覚のうちに存するが、死とは感覚の喪失だからである。それゆえ、死はわれわれにとってなにものでもないと正しく認識すれば、生に無限の時間を加えるのではなく、不死への強い憧れを除去してしまうので、可死の生が享受しがいのあるものになる。生のないところには恐怖すべきものもないことを心の底から理解したひとにとっては、生きることにも恐ろしいものなどなにひとつないのであるから。……死は諸々の悪のなかでもっとも悪いものとされているが、実はわれわれにとって無にひとしい。なぜなら、われわれが現に生きて存在しているときには死はわれわれのもとになく、死が実際にわれわれのところにやってきたときにはわれわれがもはや存在しないからである。生者のもとに死は存在せず、死者は本人がもはや存在しないのであるから、死は生者にも死者にもなんらかかわりをもたない［DL. X. 124-25］。

原子論や自然学の領域ではアナクサゴラス、エンペドクレス、レウキッポス、デモクリトスらがおり、無神論にはテオドロス、快楽主義倫理学にもアリスティッポスの先例があったため、エピクロスはつねに剽窃の嫌疑をかけられてきた(1)。しかしその哲学の真価は、個々の教義《ドクトリン》よりもそこから導く議論《アーギュメント》に、無数の先行思想から意義あるものを取捨選択し、引用・圧縮・換骨奪胎してふたたび未来のなかへと送りだしたところにある。その凝集の核に死についての省察があったことをカルネアデスの逸話は暗示しているのだろう。もちろんセクストス・エンペイリコスにしたがえば、エピクロスの原子論は最終的な真実を発見したと主張する独断論の典型であり、そのような真実を把握不可能とみなすアカデメイア派——カルネアデスはその学頭であった——や、つねに探求途上にとどまって真偽判断を留保せよと説くピュロン主義とは水と油の関係にある（『ピュロン主義哲学の概要』［I. 3. 147; III. 32］）。だが当時のギリシアの哲学諸派を渉猟し尽くしたと伝わるカルネアデスのことだから、エピクロスの哲学を知悉していたとしても不思議はない。少なくともあの蜂蜜酒の件には、「およそ死すべきものどもに／本来の意味での生誕はなく、また呪うべき死の終末もない／あるのはただ混合と混合されたものの分離のみ／生誕とは人間がこれらにつけた名目にすぎぬ」［DK. Empedocles. 8］と言い放ったエンペドクレスにはない人間臭さが感じられ、死に際に青銅製の浴槽で湯につかりながら生の葡萄酒を味わった快楽主義者のひそみにならったのではないかとさえ思える [DL, X, 15]。たしかに「いちど人間として生まれたら二度生まれてくることはできず、あとはもう存在しないまま になる」（プルタルコス『モラリア』 [XIV, 1104E = Us. 204, cf. SV. 14]）。だからといって死の影に怯えながら生きるのは人間の自然に反する。ひとは生あるかぎり快楽を追求し、現在を享受するべきなのだ。

「死はなにものでもない」というエピクロスのテーゼは、連綿と変奏をくりかえしながら、今日なお真剣な哲学的反省を誘発するだけの衝迫力を秘めている。(2) しかしそれが万人にとっての福音たりうるかどうかは古来疑問視されてきた。肉体が解体しても不滅の魂は残って住処を変えるだけだと思いたがる多数者に死とは無になることだと説いても、かれらの恐怖を解消するどころか、かえって確証をあたえることにしかならないだろう（プルタルコス『モラリア』［XIV. 1104C–1105A］）。この思想が腑に落ちるのは生と死の絶対的懸隔を理解できる哲学者だけで、生から死への移行の瞬間に味わうはずの苦痛を想像して恐れおののくごくふつうの人間にとっては、おそらく気休めにすらならない。(3) 事実、エピクロスのまえにもあとにも、死をすら癒すという医神アスクレピオスに生贄を捧げる人びとの列は途絶えることがなかった。

いま生きている自分が遠からず死ぬとわかっていても、われわれは死んでいる自分を眼でみることができず、自分が死んだ知らせを耳で聞くことができず、死者となった自分に指で触れることもできない。自己の死は感覚や経験を超えているから恐ろしい。ただし感覚によっては知りえないこと、人間に課された自然的条件ゆえに経験の埒外にあることでも、ことば《ロゴス》に頼ればともかくもイメージできる。肉体の死後に魂は冥府で永遠の責苦を受けるのだと教える神話も、「地上にある人間にとってなによりもよいこと、それは生まれもせず／まばゆい陽の光も目にせぬこと／だが生まれた以上は、できるだけ早く冥府の門をくぐり／うず高く積み重なる土のうえに横たわること」（テオグニス『エレゲイア詩集』［425-428］）と詠う詩も、その意味では死のロゴスである。だが詩と神話――「文字のかたちで嘘をつく」ものと「都市や民族の全体が一体となって公に嘘をつく」もの（ルキアノス『嘘好き、または懐疑家』［2-3］）――は、死の恐怖をさらに煽り、あるいは死への憧れをいたずらにつのらせて、可死性を存在の条件として生きることから人間を遠ざけてしまう。ひるがえって死の恐怖から自由になることは、死を実際以上や以下のものに見せかける神々や死後についての物語の呪縛から、それゆえ社会の常識や慣習の拘束から、自分の魂を解放することにつうじる。「死はなにものでもない」というエピクロスのロゴスは、そのような覚醒した生こそがもっとも幸福な生であると告げるのである。

　だがそれは人間の不死への願いに応える哲学ではなかった。エピクロスを死の恐怖から人類を解放する神と崇め、その哲学を「真の理論（vera ratio）」と呼んだルクレティウスは、エピクロスでさえ死を免れなかったことに注意を促している［DRN. III. 1042-1044］。哲学ですら死は克服できず、エピクロスは可死の神にほかならない[4]。エピクロスの徒にとっては、実際それがもっとも重要なことであった。

　その他すべてには安全を確保することができるが、死にかんしては、人間はみな城壁のない都市（πόλις

ἀτείχιστος）の住人である［M. 92 = SV. 31 = Us. 339］(5)。

死の恐怖に憑かれた人間は、みずからの周囲に堅牢な壁を築けば死という敵の侵入を防ぐことができると錯覚し、ときには永遠の生への憧れが高じて、それ自体が目的であるかのように城壁建造に莫大なエネルギーを投じる(6)。そうして死というまだ見ぬ敵の訪れの待機にこの世の生をついやすことがいかに愚かしい徒労であるか、エピクロスの文章はそれを教えている。いくら神話や宗教が死後、来世、不滅の魂を説いて人間をおのが可死性から遠ざけても、死すべきものにとって死は不可避であるという事実は揺るぎもしない。賢者（σοφός）とはそれを受け入れるのに物語を必要としないひとをいう。

もちろん誰もが賢者になれるわけではないだろう。ソクラテスがアスクレピオス神に鶏を供えよという今際《いまわ》のことばを遺したのはなぜか（プラトン『パイドーン』［118A］）。この敬神のふるまいは、あの勇敢な哲学者ですら死すべきわが身を儚んだとニーチェの失笑を買ったが（『悦ばしき知識』［340 = KSA3, 569-70／I⑽三一二―一三頁］）、賢者に死を恐れる理由などあろうはずもない。ソクラテスは実に賢者たりえない多数者のために、死の瞬間にも都市道徳を守る「美しき善きひと（καλὸς κἀγαθός）」を演じてみせたまでのことである。多数の賢者ならざる人びとがいて、死の恐怖への慰藉となる物語を必要としているのなら、哲学者にもそれをおろそかにする権利はない。「美しく生きる練習と美しく死ぬ練習とは、結局同じものである」［DL. X. 126］と説いたエピクロスがそれを知らなかったとは考えられず、巷間伝わるエピクロスの臨終場面の真偽は疑わしいといわざるをえない(7)。

2　原子と物体

古代の原子論が近代自然科学におよぼした影響には絶大なものがある。アリストテレス以来の四元素説をしりぞけたボイルの微粒子一元論は、原子（ἄτομος）と空虚（κενόν）だけを実体とするエピクロスの自然哲学に範を仰いでいた（『懐疑的化学者』[I. 37-38／三六―三七頁]）。ニュートンは慣性法則を物理学の第一法則とするにあたり、空虚のなかを運動する原子は軽重・大小・形状に関係なく等速運動するというエピクロス説［DL. X. 61; DRN. II. 225-250］にその最初の定式化をみた（「慣性法則についての断片」[309-11]）。原子は無限にたくさんあるのにこの世界は有限数の原子でできているのだから、宇宙には無数の世界が存在するはずであり［DL. X. 45; 89］[8]、自然が原子の結合パターンを試し尽くしてもまだあまるほど宇宙が広大であるのなら、われわれの世界とまったく同じ原子的組成を有する別の世界が存在しても不思議はない［DRN. II. 1048-1089］。この複数世界論もモンテーニュ、ブルーノ、ケプラー、ガリレオ、デカルト、フォントネルらに継承された[9]。原子や分子の実在が証明され、科学的知識にかんして最小語数で最大の情報量を含む文章は「万物は原子でできている（all things are made of atoms）」だと称せられる今日（ファインマン『物理学講義』[I.2, 2／⑴四頁]）、名だたる自然科学者がエピクロスの原子論を詳述したルクレティウスに賛辞を献じている[10]。精密な観測機器のない時代に、肉眼で観察できる諸現象から原子の存在とその諸特性を類推してみせたことには、誰しも驚嘆を禁じえない。

原子の名の由来である「分割のない（ἄτομα）」とは、物体を次々に切り分けていくと最後にどうしても分割できないものが残るという意味ではない[11]。いかに小さな原子でも思考のなかではさらに小さなものに分解可能であり、原子における「極小（ἐλάχιστα）」とエピクロスが呼ぶのはそのような概念量のことであった。物体に感覚可能な最小の要素があるのなら、類比によって小さな原子にも最小の「極限（πέρας）」（あるいは「最小要素（minimae partes）」[DRN. I. 599–618; 749–752]）があって当然だが、それは概念上の存在にすぎず、原子から分離して自存する部分でもないので、原子をその総和とみなすこともできない [DL. X. 59]。「分割のない《アトマ》」ものであるとは、それが小さいというだけでなく、「結合、重さ、打撃、邂逅、運動」によって事物を産出するために必要な最小限の物理量をもつ実在の物質（materies）であることを意味する [DRN. I. 632–634]。

原子を「不可分割的（ἀδιαίρετος）」なものと表現したのはアリストテレスである。[12]『生成消滅論』でデモクリトスの原子論を物体の無限分割可能性を否定する精緻な議論として高く評価したアリストテレスは [316a13 = DK. Democritus. A48]、『自然学』で「不可分割的」を「部分をもたない（ἀμερής）」と同義とみなし [231a5–6]、原子は運動できないという結論を導いた。「部分をもたない」ものはふたつの場所にまたがって存在できないのであるから、原子はある場所に静止したままか、あるいはすでにそこから移動してしまっているかのどちらかであって、移動中ということはありえない [231b18–232a19]。原子に最小の大きさがあるとしたら、運動して最小空間を横切る瞬間に、原子のなかでこの空間をすでに通過した部分とまだ通過していない部分ができるはずであるから、「変化（運動）するものはすべて可分割的でなければならない」[234b10]。「部分をもたない」ものが運動するといえるのは、それが運動する物体の部分である場合だけである [240b8]。[13]

エピクロスが「不可分割的」や「部分をもたない」という語を避け、原子という「分割のない」最小連続量にすら「極小《エラキストン》」があると主張したのは、この議論が念頭にあったからだと考えられる。[14] アリストテレスは原子論をすべての連続量は「不可分割的＝部分をもたない」ものからなるという主張に還元することによって原子の場所的移動を否定したが、仮に「大きさ、運動、時間」のような連続体が際限なく分割可能であっても、そうしてできる小部分が原子における「極小」と同じく実在的には無にひとしい概念上の存在にすぎなければ、運動する物体はこれを逐一通過せずに連続体を一挙に踏破できるからである。この解釈が正しいとしたら、エピクロス主義は物理学的な分割不可能性と数学的な無限分割可能性の区別を、つまり「最小／無限小」の違いを知っていたことになり、そこから時間原子《タイム・アトム》や運動原子《モーション・アトム》の理論への展望すら開かれる可能性がある。(15) いずれにしても、「最小」というすぐれて原子論的な観念をめぐるふたつの哲学的系譜、すなわち、最小粒子の実在にこだわるデモクリトス＝エピクロスの「分割のない《アトマ》」ものの理論と、連続体を無限分割して得られる「最小子《ミニマ》」というアリストテレス起源の理論とが、その後も長きにわたって並存し混同されるようになったのはここに端を発している。(16)

デモクリトスの原子論にエピクロスが加えた明示的な修正のなかでも、原子の〈逸れ（παρέγκλισις; clinamen）〉の教義は今日にいたるまで評価が四分五裂している。デモクリトスの原子は、日陰にさしこむ太陽光線のなかを乱舞する塵埃のように絶え間なく不規則に運動し、激しく衝突しあうが［DRN. II. 114-132］(17)、この運動の原因は明らかでなかった。エピクロスが原子の性質としてデモクリトスの「大きさ」と「形状」に「重さ」を加えたのは、それを説明するためであったと考えられる［DK. Democritus. A47］(18)。だが原子が「重さ」により運動すると考えると別の難問が生じる。アリストテレスによれば、物体がある距離を運動するのに要する時間は物体が通過する媒質の濃度に比例するのであるから、いっさいの抵抗や摩擦がない空虚のなかではすべての物体がひとしく時間を要せずに、つまり無限の速度で運動することになる（『自然学』［215a24-216a11］）。エピクロスはこれに同意し、思考しうる最小限の持続時間で移動する距離を原子が想像を絶する速さ――「思考と同じ速度」［DL. X. 61］、あるいは光をはるかにしのぐ速度［DRN. II. 142-164］――で踏破することをみとめるが、この運動の原因が「重さ」となると、原子はすべて並行に等速で「落下」することになり、原子同士の軌道が交錯して衝突したり結合したりすることはありえない。しかるに眼にみえる大きさの物体が現に存在する以上は衝突が生じたはずであるから、原子は〈逸れ〉なければならない。ルクレティウスはそう説明している。

原子は自分の重量により空虚のなかを下方に向かって一直線に進むが、そのさなかに、まったく不定の時に不定の場所で、進路をごくわずかに、運動に変化をきたすといえる程度に逸れる（declinare）。ところで、もし原子が進路を逸れがちでないとしたら、すべての原子は雨滴（imbris gutta）のように深い空虚のなかを下方へ落下するばかりで、原子相互に衝突も起こらず、なんらの打撃も生じることもなく、こうして自然はなにものも生みださなかったであろう［DRN. II. 216–224］。

これがデモクリトスの必然性の原子論――偶然とは原因についての無知の言い訳に人間がつくったイメージにすぎない［DK. Democritus. B119］――から帰結する機械論的な決定論的宇宙観をしりぞけ、自由意志の存在を説明する偶然性の原子論の誕生を告げているのかどうかをめぐり、現在もあてどなく論争が継続している。だが〈逸れ〉ばかりが注目をあつめるのは、エピクロスの自然哲学は原子の〈逸れ〉を除けばすべてデモクリトスの受け売りでしかないというキケロの評価が（『神々の本性について』［I. 73］）、研究史をいかに根づよく呪縛してきたかの証左にもなる[19]。いまはそれが陽の目をみるのに二千年の歳月を要したことを指摘するにとどめ、エピクロスがデモクリトスの原子論に加えたもうひとつの決定的に重要な修正に着目しよう。

伝承によれば、デモクリトスは「慣習において（νόμῳ）色はあり、慣習において甘くあり、慣習において辛くあり、真実には（ἐτεῇ）原子と空虚がある」と語った［DK. Democritus. B125］。ガレノスはこれを、色や味のような感覚的性質は「われわれにとって（πρὸς ἡμᾶς）」、すなわち原子が集合して可感的な物体となったときにはじめて生じるのであり、いかなるものも特定の色や味をそれ自体でもつわけではないと説明し［DK. Democritus. A49］、セクストス・エンペイリコスを信じるなら、デモクリトスはそれを根拠に種々の感覚対象が実在することを否認したのであった（『学者たちへの論駁』［VII. 135 = DK. Democritus. B9］）[20]。ところでプルタルコスは、エピクロスも「色は物体に本来的にそなわるのではなく、原子のある種の配列や位置関係により、視覚とのかかわりで生まれる」と考えるのであるから、弟子のコロテスによるデモクリトス批判が妥当するはずだと述べている。すなわち、原子の合成体（σύγκρισις）を「慣習において」あるものゆえに否認するひとは、「自分を人間であるとも生きているとも考えられない」（『モラリア』［XIV. 1110C-F = Us. 30］）。だがこれはプルタルコスの誤解で、コロテスの批判は師の哲学にはあてはまらない(21)。なぜだろうか。

デモクリトスにとっての物体がすなわち原子であったのとは異なり、エピクロスは物体を原子と原子の合成体の二種に明確に区分している［DL. X. 40-41: DRN. I. 483-484］。マルクスはその意図に気づいていた。「デモクリトスにとって原子は στοιχεῖον、つまり質料的基体の意味しかない。ἀρχή と στοιχεῖον、つまり原理としての原子と基礎としての原子の区別はエピクロスのものである」（「デモクリトスとエピクロスの自然哲学の差異」［XL. II. 4, 293／(40)二二四頁］）。デモクリトスにおいては狭義の物体はつねにその構成要素の原子に引き戻されるが、エピクロスの原子はひとたび物体を合成すると、物体の可感的な諸性質からなる現象の世界の背後に隠れて姿を消す。マルクスが「エピクロスのもとではじめて現象が現象として把握される」［XL. II. 4, 296／(40)二二七頁］と述べたのは正しい(22)。デモクリトスの引き際を知らない原子論とは対照的に、エピクロスの原子論は物体が原子の属する形而上学的世界を脱して独自の現象主義的世界を形成することをみとめる。要するにエピクロスは原子論者であっても現象否認論者ではないのである(23)。

物体と原子は感覚の対象になるかならないかで区別される。眼にみえない原子は「不明なもの（ἄδηλον）」であり、「感覚をよりどころにしながら推論（λογισμός）を用いて立証しなければならない」［DL. X. 39］。他方、物体はもっぱら属性（συμβεβηκότα）および偶有性（συμπτώματα）の基体（ὑποκείμενον）となるものと定義され、属性とは「〔基体としての物体に〕永続的に随伴し、それなしには物体を考えられないもの」であるから、物体とはまず「眼にみえるもの、つまりそれら〔属性〕を感覚することでそれと知られるもの」[DL. X. 68]である。また偶有性とは「われわれにたいしてあらわれるがままに物体に付随しているだけのもの」をいうが、物体は全体的（ὅλος）なものとして十全であるためにもわれわれにたいして現象するそのつどの偶有性を必要とするがゆえに、「この明瞭なもの（ἐνάργειαν）を存在するもの（ὄντα）の領域から追放すべきではない」[DL. X. 71]。原子とその合成体である物体とは本質とその疎外態や仮象としての現象の関係にはなく、かたや感覚されない「不明なもの《アデーローン》」と、かたや感覚される「明瞭なもの《エナルゲイアン》」として、ともに存在するもの《オンタ》の範疇に属する。

エピクロスは微視的／巨視的のスケールの違いに形而上学的な意味をみた最初の原子論者であった。「世界《コスモス》は星々と大地とすべての現象を包含しつつ、天《ウラノス》のある限界づけられた部分をなしており、それが解体すると内部はすべて混沌としてしまう。つまり世界は無限なもの〔原子と空虚〕から切りとられた部分であり、ある限界でおわる」[DL. X. 88]。可感的な物体でできた巨視的な有形の世界と、原子と空虚しかない微視的世界とは、「燃えあがる世界の壁（flammantia moenia mundi）」（ルクレティウス）で画然と仕切られている。原子にも大小や軽重、形状の違いがあるとはいえ、その差異は原子の不可分割性・不変化性・不可嵌入性による制約の範囲内にあり[DL. X. 54]、またその運動も無限の空間を「思考と同じ速度」で通過したり衝突しあったりする一様なものである。だが物体は色、匂い、味、熱その他の「われわれにとって」存在する偶有性により千差万別のあらわれをもち、その運動には遅速や静止があって、原因もさまざまである。そしてそのすべては原理《アルケー》＝始原の原子から説明しようとすればできるのだが、われわれがこの世界で最初に眼にするのは原子でも原子の集塊でもなく物体、すなわち塔であり、馬であり、また人間であるがゆえに、それらのあらわれを支配する感覚の掟が、つまり「原子の法則（lex atomi）」（マルクス「デモクリトスとエピクロスの自然哲学の差異」[II. 1, 283／(40)二一二頁]）ならぬ「現象の法則（lex phaenomeni）」が重要なのだ。(24)エピクロスの感覚主義は、星の昇り・沈み・蝕のような天空の諸事象《メテオーラ》ですら感覚にあらわれる「明瞭な事実（ἐνάργημα）」のみから探究するほどに徹底していた。眼にみえるが遠隔ゆえにその生成を観察できない現象については、地上の既知のものを記号（σημεῖα）にして未知のものを理解する以外になく［DL. X. 87; 97］、そのさいには「現象が逆証しない（οὐθὲν ἀντιμαρτυρεῖ τῶν φαινομένων）」すべての説明を受け入れなければならない。もちろんこれは明白な背理――たとえば太陽は「みえるとおりの大きさ」である［DL. X. 91］――を導くこともあるだろう。[25] それでも感覚の明証性に殉じなければならないのは、現象の世界こそが人間の生きる世界であり、「われわれの信頼の基……生活と生存の存立がかかる土台」［DRN. IV. 505-506］だからである。[26]

しかし、近代の懐疑主義的な現象主義者《フェノメナリスト》たちが「現象の背後になにものをもとめてはならない。現象そのものが教説である」（ゲーテ『箴言と省察』［I. 308, 49／二七六頁］）[27] と信じるのにたいして、原子論者のエピクロスは「現象を救う（σῴζειν τὰ φαινόμενα）」だけであるところが異なる。偶然の〈逸れ〉から誕生した物体が必然的に解体するときを迎えると、現象の背後に隠れていた原子が原理＝始原としての姿を取り戻す。

> 諸々の世界も、われわれの世界で絶えず観察される事物のかたちをした限りある大きさのどんな合成体も、すべて無限なものから生成したのであり、いずれもが、より大きなものもより小さなものも、特有のしかたで凝集した状態から分離して生じたのである。そしてそのすべてはまた解体される。あるものは速やかに、あるものはゆっくりと、またあるものはこの原因の、他のものは別の原因のはたらきを受けて［DL. X. 73-74］。

物体が原子の合成体という実相をさらけだす解体（διάλυσις）、すなわち死は、巨視的レベルから微視的レベルへの存在の転移であり、現象的なものが本質的なものへと回帰する形而上学的なできごとである。空虚のなかを永遠に落下する原子の「雨滴」は、その恒常性と同一性の不毛さゆえにすでにそれ自体で死の象徴なのだ。[28] 生とはその無限反復から偶然に救出された有限性の謂であり、「生命の堡塁（vitai claustra）」［DRN. I. 415; III. 396; VI. 1153］に護られようやく成り立つ有形の世界につかのま許された猶予期間でしかない(29)。

この教えは聞く者の魂にどのような効果をもたらすか？　エピクロスにはデモクリトスがそれを自覚しないただの自然学者（φυσιολόγοι）とみえた。「人間の苦悩を癒してくれない哲学者のことばはむなしい。医術が身体の病を追い払わねば無益であるのと同じように、哲学も魂の苦悩を追い払わなければ無益だからである」（ポルフュリオス『マルケッラへの手紙』[31＝Us. 221]）。哲学が眼にみえる世界の背後にあってそれを成り立たしめているみえないものを一途に探究するのは、真理の追求がその主体の救済と一体不可分だからである。ところが原子論が開示するのは整然と安定してみえるこの世界の無根拠性と暫定性であり、人間の心に認識や科学への志向を育むどころか底知れぬ恐怖をかきたてるばかりで、死の影に怯える魂の癒しになどなりえない。エピクロスの真の独創性はこのアポリアを解消するやりかたにあった。すなわち、原子論が救済となるような主体の創造——教育である。

3　明瞭さの分析

エピクロスの神をめぐる根ぶかい誤解はつぎのような議論に端を発している。

エピクロスはいいます。神は悪を阻止しようと欲しているのにそれができないのか、悪を阻止できるのにそれを欲しないのか、悪を阻止できずそうしようとも欲しないのか、あるいは悪を阻止しようと欲しており、かつそれができるのか、そのいずれかであると。悪を阻止しようと欲しているのにできないのなら、神は無力です。悪を阻止できるのにそれを欲しないのなら、神は邪悪です。悪を阻止できずそうしようとも欲しないのなら、神は無力にして邪悪です。悪を阻止しようと欲しており、かつそれができるのなら、神父様、神はどうしてそうしないのですか（アナトール・フランス『神々は渇く』［14, 185／二〇九頁］）。

この弁神論的トポスのもっとも早い登場例はセクストス・エンペイリコス『ピュロン主義の概要』［III. 10–11］であり、おそらくはルクレティウスの「事物の自然は断じてわれわれのために神々によってつくられてはいない。自然はいかに多くの欠陥をそなえていることか」［DRN. V. 198–199］という一節を典拠としたうえでの推論である。しかしそれがこの世の悪の起源をめぐるキリスト教世界の論争においてくりかえし引照されるようになるのは、ラクタンティウスが『神の怒りについて』［13. 20–21］でエピクロスの説として言及して以後のことであり[30]、いずれにしてもエピクロス自身のテクストに由来する議論ではない。

エピクロスは神の非在を証明する戦闘的な無神論者ではなかった。摂理をもって宇宙を主宰するストア派のおせっかいな神の観念や[31]、人間の祈りに応える神々についての迷信を否定して、「不死かつ至福」である神々は「煩いをそれ自体にもたず他のものにあたえもしない。だから怒りや愛顧に動揺することもない。そのようなことはすべて弱者にのみ属する」［KD. 1 = DL. X. 139; cf. DL. X. 77］、あるいは「もし神が人間の祈りを聞き届けていたら、人間はすべてとうの昔に滅びていただろう。人間はたがいに禍い多かれとばかり神に祈ってきたのだから」［Us. 388］というのだが、類似の主張は同時代人の喜劇作家メナンドロスと「神なき者（ἄθεος）」の異名をとったテオドロスにもみえる[32]。いまも解釈が分かれるのは、この無為の神がどこかに実在するのかどうかという点である。実在説はキケロの記述に依拠しながら[33]、エピクロスのいう「中間世界（μετακόσμια）」こそが神々の「住まい」であるとし［DL. X. 89; DRN. III. 14; V. 146–165; VI. 75］、観念説はエピクロスの原子論的認識論を根拠に、神を「思考構築物」であり賢者の理想像であるとする[34]。

だがエピクロスが明示的に論じている神は、その本質はさておき、現象世界においてすでに所与となっている神である。「メノイケウス宛の手紙」から引用しよう。

神についての共通の観念として人びとの心に銘記されているとおりに、神を不死かつ至福の生き物と信じよ。神の不死性とは無縁なことや至福性に不似合いなことを神に押しつけてはならず、神の不死性と至福性を保てるものはすべて神のものと考えよ。神々はたしかに存在しており、神々についての認識は明瞭《エナルゲース》だからである。だがその神々は多数者の信じているようなものではない。多数者は神々にかんする考えを自分で堅持していないからである。だから不敬虔なひととは多数者の神々を否認する者ではなく、多数者の臆見を神々に押しつける者のことである。なぜなら、多数者が神々について[35]主張しているのは先取観念ではなく偽りの想定であり、それによれば悪人には最大の禍いが、また善人には最大の祝福が、神々の贈り物として降り注ぐというのだから［DL. X. 123-24］。

「明瞭」な認識という以上は、実在する物体を前提として感覚により裏づけられるはずだが、神の場合はそうでないらしい。ここで示唆されているのは、「共通の観念（κοινὴ νόησις）」ないし先取観念（πρόληψις）により「明瞭」に認識されるものとしての神である。

ディオゲネス・ラエルティオスは先取観念を感覚や感情と並んでエピクロスの認識論における「真理の基準（κριτήρια τῆς ἀληθείας）」とみなしており［DL. X. 31］、「一種の直接的把握（κατάληψις）、正統な臆見（ὀρθὴ δόξα）、心象（ἔννοια）、貯えられている普遍的概念（καθολικὴ νόησις）」とストア派の用語を交えてさまざまにいいかえながら、先取観念が明瞭であるゆえんを力説する［DL. X. 33; cf. VII. 54］。感覚経験の反復が記憶（μνήμη）として蓄積されると一般概念ないし表象が形成され、それが類似の事物をみるたびに名辞として心に浮かび、判断に先立って対象を同定する。ある動物を遠くから眺めて「あれは馬か、それとも牛か」と問うことができるのは、そもそも馬と牛を先取観念によって知っているからである。

ただしエピクロス自身は感覚・感情・精神の表象的把握の三つ(36)を「基準」にあげ、先取観念を含めていない [KD. 24 = DL. X. 75-76]。実際、先取観念の明瞭性は感覚の明瞭性とは対照的にアンビヴァレントである(37)。たとえば視覚は、事物の表面から原子が薄い膜状に絶え間なく剝離して映像（εἴδωλον）となり、空間を運動して感覚器官の原子と物理的に接触することにより成立する [DL. X. 46a-50]。つまり感覚はそのつどの知覚対象の直覚的な――「ロゴスをもたず（ἄλογος）、記憶を受けつけない」[DL. X. 31] ――把捉であり、「外界の事物はそれら自体のもつ色やかたちのあるがままをわれわれに印象づける」[DL. X. 49] がゆえに明瞭である。遠方から角柱にみえた塔が近寄ってみると円柱であったという場合、どちらも感覚的与件としては真実なのに、この感覚像に即して下される判断は真にも偽にもなりうる（それゆえ判断は想定（ὑπόληψις）と呼ばれる [DL. X. 34; 50]）(38)。エピクロスにとって感覚はつねに過たないものなのだ（セクストス・エンペイリコス『学者たちへの論駁』[VIII. 9]）。ところが先取観念を特徴づけるのは起源の記憶という性格、すなわち対象の直接的現前の欠如である。そこで対象の知覚にあたり先取観念が心象《エンノイア》として最初に心に浮かぶときにも、過去の感覚における直覚的明証性を保存しているがゆえに明瞭な場合と、そこから自立したイメージがなかば言語化し、感覚に現象するものによる逆証を受けつけないほど「正統な臆見《オルテー・ドクサ》」（すなわち「オーソドクス」）と化しているがゆえに明瞭な場合とがあると考えられる(39)。

「ヘロドトス宛の手紙」冒頭で、探求に用いられることばをつねに「語の根底にあるもの（τὰ ὑποτεταγμένα τοῖς φθόγγοις）」[DL. X. 37] に関係づけよとエピクロスがいうのは、先取観念が感覚経験の明瞭さを保存している場合には、客観的実在との対応を欠いたことばよりも信頼できるという意味である(40)。しかし「ヘロドトス宛の手紙」で唯一明示的に先取観念に言及した箇所は、その明瞭さを言語との関連で問題視している。すなわち、時間（χρόνος）は先取観念と関連づけて探求するべきものではない(41)。時間とは、それ自体が基体となって属性や偶有性が付与されるものでもなければ、それ自体を属性や偶有性にしてなにかが基体として規定されるものでもなく、いわば基体なき偶有性――「偶有性の偶有性（σύμπτωμα συμπτωμάτων）」（セクストス・エンペイリコス『学者たちへの論駁』[X. 219]）――であって、その考察は「明瞭な事実《エナルゲーマ》」に照らし、また「時間についての通常の表現」を用いなければならない[DL. X. 72]。「長い時間」や「短い時間」というときの「長い／短い」は、たしかに時間にかんしてわれわれがそのつどおぼえる感覚（「時間が長く／短く感じられる」）をあらわすにすぎない(42)。しかしその直覚的な事実性にこそ時間の「独自なもの」があり、時間が「長い／短い」のような日常語はそれを明瞭に表現しているので、先取観念に関連づける必要はない(43)。

ところで言語とは、エピクロスによると、自然に起源をもちながらやがて自然から自立するにいたった恣意的な記号《セーマ》の体系である。

> 人間の自然もまた、事物そのものに教えられ強いられて、あらゆる種類の多くのことをしてきた。しかしその後、人間はさまざまに推理することにより、自然によって授けられたものを精巧に仕上げ、あらたな発見を加えた。……事物の名称（ὀνόματα）も、はじめからとりきめによって（θέσει）生じたわけではない。むしろほかならぬ人間の自然が、種族ごとにそれぞれ固有な感情や印象をもっており、そのおのおのを象った息をそれぞれ異なる固有のやりかたで発したのである。その場合に、息の発しかたは、各種族の住む地域の違いからくる種族間の違いによっても異なっていた。そしてのちになってはじめて、ことばの意味が相互にとってより曖昧でなくなるように、またより簡単にあらわせるようにと、種族ごとに固有の名称が共同で設定されたのである[DL. X. 75–76]。

『自然について』の残存する断片のひとつには、「ことごとく人間の誤りは、種々雑多な言語の慣行（ἐ[θι]σμούς

τῶν λέξεων）のために、もっぱら先取観念や現象とのかかわりで生じるという形態をとる」［EO. XXVIII.［31］10.7-12］とあって、先取観念の成立に自然言語が負の効果をおよぼす可能性が示唆されている。先取観念そのものが真理をめぐって感覚と記号が争うアリーナになるのだとしたら、その明瞭さはさらに問題視されることになるだろう。

では神の認識の場合はどうであろうか。時間と違って神は感覚対象として現前するわけではないから、その認識の明瞭性はもっぱら先取観念に依存すると考える以外にはない[44]。先取観念は対象の普遍的属性だけを心に喚起するのだとすると、神にかんして明瞭に認識されるのは不死性（ἀφθαρσία）と至福性（μακαριότης）のみである。それ以外の擬人的性格を神に帰するのは、偶有性にすぎないものを属性と誤認した推論が先取観念に加わった結果であり、おそらくは夢でみた幻――「夢は神的な性質も予言の力ももっていない。それは映像《エイドーラ》が飛び込むことによって生じる」［SV. 24］――を現実と錯認したためであろう。セクストス・エンペイリコスはこう述べている。「人間たちが神の概念を引きだしたのは、睡眠中に得られる諸表象からだとエピクロスは考える。というのも……、大きくて人間のかたちをした諸々の映像が睡眠中に現出することから、人びとはなにかそのようなかたちをした神々が実際に存在すると想定したからである」（『学者たちへの論駁』［IX. 25 = Us. 353］）。多数者が「神」という名辞を口にするときには、こうして成立した「偽りの想定（ὑπόληψις ψευδής）」にもとづく臆見が喚起されているのだと考えられる。

多数者の臆見は、信仰（πίστις）と認識（διάνοια）の関係にエピクロスの先取観念を適用するアレクサンドリアのクレメンスの議論で説明することもできる。それによれば、なにごとかについての探求、懐疑、判定、論議に先立ちその概念や表象をあたえる先取観念には、認識に先立って対象の実在を措定する信仰と同じ効力がある（『ストロマテイス』［II. 4. 16. 3-17.1 = Us. 255］）。ここで先取観念が概念化される過程で自然言語の影響を受けやすいと仮定すれば、そうして成立した先取観念が「正統な臆見」として呼びおこす神の名辞も、はじめからさまざまな文化的夾雑物にまみれていることになるだろう。

このいずれの解釈においても、先取観念にあたえられた不死性および至福性という属性の基体となる神の本質は説明されない。仮に神の先取観念も過去の感覚経験に由来するのだとしたら、神の「微細な」映像を直接受けとる精神の表象的把握が真理の「基準」とされることに説得力が生じるが(45)、同時に映像の発出源である神は物体、つまり解体可能な原子の合成体ということになって、神の不死性と矛盾する。先取観念を感覚起源ではなく生得的なものだとするキケロ説や(46)、神の不死性を人間からのある種の類推の結果だとするセクストス説が出てくるゆえんである(47)。だが、現象世界における神の認識を論じるエピクロスに、原子論的にみた神の本質如何を問い質してもあまり意味はない。むしろ問われるべきは、「不死かつ至福なもの」という神々の先取観念がそもそも是とされる理由である。その答えは、神の崇拝に用いられることばの問題との関係でつぎのように説明されている。

そのような諸観念に適用されるどんな名辞《オノマータ》においても、われわれは尊厳性（σέμνωμα）を十全に守るようにするべきである。それは、われわれのことばづかいから尊厳性と矛盾する考えが生じないようにするためでもある。そうでないと、この矛盾そのものがわれわれの魂のなかに最大の動揺を引きおこすことになるだろう［DL. X. 77］。

もちろん多数者の臆見でも神々は尊厳あるものとされるが、天界を主宰したり人間の祈りに応じたりするその擬人的な性格はわれわれの心の平静を脅かす。「天空の事象についての知識から得られる目的は……その他のことがらについての知識の場合も同様に、心の平静と確固たる信念を得ること以外のなにかと考えてはならない」［DL. X. 85］。自然研究においては、感覚にあたえられる諸現象を神々に訴えずにいくらでも説明できるということが心の平静を確保する要件である。だが「生活にかんする議論（περὶ βίων λόγους）」においては、反対に説明がひとつしかないことに心の平静はかかっているのだ［DL. X. 86: cf. 78］。

現象の世界とは、物体の多様なあらわれについて人間のとりきめた種々の約束事《コンヴェンション》が網の目のように張りめぐらされ、人びとの心がその捕囚となっている世界のことでもある。[48] それを知る者はことばづかいにきわめて慎重でなければならない。「われわれ自身の語法は言語の慣行をおろそかにせず、周知のことがらにかんして名辞を変更することもない」[EO. XXVIII. [31] 14. 8–12]。同じ神々を戴くことにこの世の生活秩序がかかるのなら、それを明示のことばやおこないで否認したり別の神を奉じたりする者は道徳の根拠を掘り崩す無神論者と謗られ、処罰を余儀なくされるだろう（プラトン『法律』[906D–910D]）。その不安と恐怖が魂を動揺させるがゆえに、多数者の神々を否定するのはなによりその当人にとって望ましいことではない。神の名で「不死かつ至福なもの」を想起する者が同じ心配で魂を煩わされないのは、畢竟それが基体なき属性であるがゆえに、多数者の信じるいかなる神々とも共存可能だからである。エピクロスの神が実在するかどうかはもはや重要ではない。それは偽りの約束事からなるこの世界で賢者が心の平静を維持するために提起されたもの、社会の要求と真理の要求を同時に満たさなければならない哲学者に必須の「美しい生きかたの要素（στοιχεῖα τοῦ καλῶς ζῆν）」[DL. X. 123] であった。

4　修練としての快楽主義

現象世界における認識の「基準」が感覚《アイステーシス》なら、行為の「基準」は快楽《ヘドネー》という感情である。感覚がなにかを明瞭《エナルゲー》にあたえて主体にその存在を確証するように、快楽はなにかが善《アガトス》であると告げ、主体にそれを選択するよう命じる。その快楽を「至福の生の始原にして終局＝目的（ἀρχὴν καὶ τέλος）」[DL. X. 129] と呼ぶエピクロスの倫理学は快楽主義と称せられる。

エピクロスの快楽思想はキュレネ派の始祖アリスティッポスの剽窃を疑われてきたが、これは若干の留保を要するだろう(49)。少なくとも、すべての生き物が生まれながらに快楽をもとめ苦痛を避けることを根拠に善と快楽を同一視し、正義や節制の徳も快楽をともなえばこそ好ましいとする思想は、アカデメイアに一時期籍をおいたエウドクソスにまで遡る（アリストテレス『ニコマコス倫理学』[1172b9ff.]）。プラトンが批判するピレボスの快楽主義はこのエウドクソスの思想に近く（『ピレボス』[11B: 60A-B]）、キュレネ派とエピクロスはともにその議論を参照しながら独自の快楽主義倫理学を形成した可能性がある。

　プラトンの分析によれば、ピレボスが善とみなす快楽は、飢えや渇きのような苦痛が先にあって、この欠落を埋めようとする欲望が満たされることにより生じる「混合快楽」である[46Aff.]。だがよい香りを嗅いだり完璧な対称図形を眼にしたりするときにひとがおぼえる快楽は、先行する苦痛がないという意味で「純粋快楽」であり、知の快楽はその頂点に位置する[51B]。キュレネ派の見解をみると、快楽そのものが目的でありそれ自体で望ましく、また諸々の快楽に質的差異はなくすべて欠落を埋める運動ないし変化であるがゆえに[DL. II. 86-88]、少なくとも苦痛がないというだけでは「眠っているひとの状態」[DL. II. 89]ないし「死人の状態」[Us. 451]も同然だとされており、これはほぼピレボスないしエウドクソスの快楽主義の再提言といってよい。他方のエピクロスは、『選択と忌避について』(Περὶ αἱρέσεων καὶ φυγῶν)で「動揺がないこと《アタラクシア》と苦痛のないこと《アポニア》は静的な快楽であり、喜びや陽気さは動的な活動状態とみなされる」[DL. X. 136: Us. 2]といい、不安や苦痛の欠如した状態が快楽の上限で、それを超えても快楽が多様化するだけだと主張する[KD. 18 = DL. X. 144]。生きていることによってつくりだすエントロピーが相殺され、低エントロピーの定常状態を維持しているときにわれわれがおぼえる快適さ、それがエピクロスのいう「静的な快楽」である。ブロシャールはこれを「構成的快楽」と呼び、心の平静をプラトン以来の「純粋快楽」の系譜に位置づけている(50)。

　心の平静のより直接的な発想源としては、デモクリトスが生の目的に掲げた「明朗闊達さ（εὐθυμία）」も有力候補である。ディオゲネス・ラエルティオスによれば、それは「一部の人びとが小耳にはさんで合点した快楽と同じものではなく、魂がどんな恐怖や迷信やその他いかなる情念にも乱されずに、安らかで健全に（γαληνῶς καὶ εὐσταθῶς）生きる基になるものをいい、かれはそれを幸せ（εὐεστώ）その他の名で呼ぶ」[DK. Democritus. A1 = DL. IX. 45](51)。エピクロスの用例では、「健全さ（εὐστάθεια）」は肉体と関係づけられ(52)、「安らぎ（γαλήνη）」はもっぱら精神の状態と結びつけられている。「ヘロドトス宛の手紙」で自然研究に打ち込む生活は「安らぎ」をもたらすと二度明言されており [DL. X. 37; 83]、「ピュトクレス宛の手紙」で天空《メテオーラ》の諸事象の究明から心の平静が得られるというのも、おそらく同趣旨であろう [DL. X. 85]。デモクリトスと異なるのは、エピクロスがこれを快楽と呼ぶことである。

もし全宇宙の本性のなんたるかを明確に認識せず、神話が語ることに煩わされたままでは、もっとも重要なことにかんする恐怖を解消できないだろう。それゆえ自然研究がなければ快楽を純粋なかたちで手に入れることはできないだろう [KD. 12 = DL. X. 143]。

自然研究にそもそも価値をみとめなかったキュレネ派との相違は明確だが [DL. II. 92]、プラトンが『ティマイオス』で語る神的原型に似せてつくられ数学的均整のとれた唯一永遠の宇宙とは異なり、「ニガヨモギ」（ルクレティウス）のようにおよそ甘美でなく、むしろ恐怖の対象にすらなりかねないエピクロスの宇宙像が、どうして快楽をもたらしうるというのだろうか。「メノイケウス宛の手紙」の議論をたどり直してみよう。

エピクロスは欲望に「自然で必要な欲望／自然だが必要ではない欲望／自然でも必要でもない欲望」の三つを区別する [DL. X. 127–128; cf. KD. 26; 29]。第一の欲望は、肉体の基本的なニーズを満たすことと魂を動揺させる恐怖から解放されることをもとめる。第二の欲望は、贅食のように快楽の自然的な限界を超えたものをもとめ、快楽を多様化するだけで苦痛の除去にはいたらない。第三の欲望は、およそ人間の自然ではなくむなしい臆見に発しており、権力や名誉や富への欲望がこれにあたる。もちろん生の目的として追求すべきは、「自然で必要な欲望」が満たされた心身の健やかな状態を維持することである。

ひとたびこの目的が達せられると、魂の嵐は完全に鎮まる。そのとき生き物は、もはや自分に欠けているものを探して歩きまわる必要はなく、魂の善と身体の善とを完全に満たしてくれるなにかを別に探しもとめる必要もない。……それゆえわれわれは、快楽は至福の生の始原《アルケー》にして終局《テロス》＝目的であるという。なぜなら、われわれは快楽を第一にして生まれながらの善とみとめ、それをすべての選択と忌避の出発点にし、すべての善を判断する基準にすることで快楽へと立ち戻るのであるから［DL. X. 128-29］。

快楽は「第一にして生まれながらの善（πρῶτον ἀγαθὸν τοῦτο καὶ σύμφυτον）」、「われわれの自然に親近（οἰκεῖαν）ゆえに善い」［DL. X. 129］といった件は、エピクロスが善を「火が熱いとか、雪が白いとか、蜂蜜が甘いとか感じられるのと同じ」レベルの経験的事実に還元し（キケロ『善と悪の究極について』［I. 29-30］）、あるいは「生き物は生まれるとすぐに快楽に喜びをおぼえ、苦痛には理由もなく自然的に反発するという事実」［DL. X. 137］をもって快楽を生の目的としたという憶測を招き、言語や教育のような人為に汚されていない無垢な生物、たとえば動物や新生児を自然的な人間存在のモデルにする「ゆりかご論法」で解釈する傾向を促してきた[53]。だがエピクロスの倫理学が主体に要求するある種の賢《さか》しさは、どうみても「子ども」にふさわしくない。

いっさいの選択と忌避の原因を探し、魂をとらえる極度の動揺の生じるもとになるさまざまな臆見を追い払う素面の思考こそが、快楽の生活をもたらす［DL. X. 132］。

ひとは恐怖のために、あるいは際限のないむなしい欲望のために不幸になる。だがもしこれらに手綱をつけるなら、祝福された思考を自分自身にかちとることができる（ポルフュリオス『マルケッラへの手紙』［29＝Us. 485］）。

最高の快楽を獲得するには、快楽の自然的限界を知ること、むなしい欲望を抑制すること、快苦の収支を正確に計算できることのような「推論と議論を用いて幸福な生を確保する活動」（セクストス・エンペイリコス『学者たちへの論駁』［XI. 169＝Us. 219］）が必要になる。少なくともこの快楽主義は心理学的＝自然主義的快楽主義ではなく、[54]それが追求する幸福は高度に洗練された知的生活術の賜物であり、エピクロスによれば自然の諸事象についての知識はそのもっとも重要な要素なのである。

エピクロスの快楽主義と近代の功利主義の違いを説明する試みは無数にあるが、その多くは主体に快楽をもたらすものの存在論的特質に着目し、その相違から説きおこす。[55]しかしラボウやアドが指摘するように、古代哲学の快楽観を特徴づけるのは、快楽そのものにもまして快楽をおぼえる主体への強い関心である。ストア派とエピクロス主義を筆頭に、ヘレニズム期の哲学は本質的に修練（ἄσκησις）をつうじて自己に変容をもたらす「魂の教導（ψυχαγωγία）」の性格を有し、[56]真の知恵を獲得するべく主体が自己を超出する努力、「独立と内的自由（自己充足《アウタルケイア》）を、自我が自分以外のなにものも恃みとしない状態を達成するやりかた」[57]によって際立っていた。エピクロスが快楽は「始原にして終局＝目的」であるというのも、真の快楽はある種の訓練を経てはじめて十全に享受できるものだからである。官能的な快楽は「始原」にすぎず、どの快楽を選択し忌避することが自分の善となったかの経験から学び、いかなる状況下でも真の快楽を獲得できるような魂になることが「終局＝目的」なのだ。心の平静が快楽となるのにもそれなりの精神的な修練《アスケーシス》が必要になる。苦しみから目を逸らして過去の悦ばしい経験を想起するというやりかたが［DL. X. 22］、ストア派的峻厳さの対極にある精神の弛緩にしかみえなくても、実はそれが魂を変容させるエピクロス一流の快楽主義的修練であった。[58]自然研究ですらその重要な一環をなしていたことをメトロドロスのことばは伝えている。「ほかの仕事は完了してはじめて成果が得られるが、哲学研究の場合の満足は認識の深まりとともに深まっていく。学び知ったのちに悦びがあるのではなく、学び知ることと悦びとが同時だからである」[M. 88 = SV. 27]。

それでもエピクロスの名が享楽家と同義に用いられ、帰依者ですら「エピクロスの豚」をあえて自虐的に名乗ってきたのは（ホラティウス「ティブッルス宛書簡詩」[1. 4. 15-16]）、エピクロス自身が快楽の原型を食の快楽にみたことと無関係ではない[59]。食欲が満たされても、それは生きているというだけで、「善く生きる」には理性が正義および法と協力して欲望を制御する必要があるとプルタルコスは非難した（『モラリア』[XIV. 1108C]）。アテナイオスは『食卓の賢人たち』[546e-f] でエピクロスの快楽主義のもっともスキャンダラスな表明を紹介している。伝存しない『目的について』（Περὶ τέλους）からの引用がふたつ、すなわち「もし味覚の快楽を遠ざけ、性愛の快楽を遠ざけ、聴覚の快楽を遠ざけ、さらに姿形が視覚にもたらす快楽を遠ざけたら、なにを善と考えたらいいのかわたしには見当がつかない[60]」[Us. 67: cf. DL. X. 6]、および「善と諸徳およびこの種のものは、快楽をあたえるなら誉むべきだが、そうでないのなら唾棄すべきである」[Us. 70] と、このそれぞれに対応する出所不明のふたつの箴言、「いっさいの善の始原にして根源は胃袋の快楽である。知恵やその他の善きことどもは、これに帰せられねばならない」[Us. 409] と、「善がいかなる快楽をも生まないとき、わたしはその善とそれを無益に賞賛する人びととを唾棄する」[Us. 512] である。

エピクロス自身の弁によれば、「飽くことを知らないのは、多数者のいうように胃袋ではなく、胃袋についての臆見、すなわち胃袋を満たすには際限なく多くの量が必要だという臆見である」[SV. 59]。食の快楽には自然的な限界があるがゆえに、胃袋は過たない。限度を超えた快楽を追求してしまうのは、それゆえ治療を必要とするのは、つねに魂のほうなのである。だがエピクロスが快楽をつねに食べること――「味覚」「胃袋」「食事」――との関連で説明したり、快楽の筆頭に食の快楽をあげたりすることには、明示的には語られないものの、やはりそれなりに重要な理由があるように思われる。

たとえば名誉・名声・栄光・権力を追求する人間や富と所有に憑かれた人間は、なぜ真の幸福を手にできないのだろうか。エピクロスによるとその理由は、かれらを駆り立てる欲望が飽くことを知らず、その快楽に自然的な限界がないからであり〔KD. 15 = DL. X. 144〕、また他者に優越し多数者の称賛をあつめれば安全が保証されるというかれらの信念がそもそも臆見に発しているから〔KD. 7 = DL. X. 141〕、要するに、他者がいなければ満たされず、他者がいるかぎり完全に満たされることもない欲望に支配されているからである。それとの対比で、食欲は他者を必要とせずに満たされ、自然的な限界内にとどまれば十分な快楽をあたえてそのひと自身を幸福にするがゆえに、自己充足的といえるだろう。「自己充足はあらゆる富のうち最大のものである」（ポルフュリオス『マルケッラへの手紙』〔28 = Us. 476〕）とも、「自己充足の最大の果実は自由である」〔SV. 77〕ともいわれるのは、そういう意味である。

その食欲と対照的な関係にあるのが性欲であった。名誉欲や支配欲のように快楽の享受を他者の存在に依存するすべての欲望は、男女を問わず相手がいなければ満たされない性欲のヴァリエーションであり、ルクレティウスのいう性愛《ウェヌス》に憑かれた人間の「他者のいいなりになって生きる」〔DRN. IV. 1122〕不幸から逃れられなくする。(61) エピクロス主義者にとって性愛が他者関係の原像であることは、快楽のなかでも性愛の快楽との関連でのみ法《ノモス》への言及があることからもわかる。若きピュトクレスを諭してメトロドロス曰く、

肉欲がつのって性愛の快楽がたまらなく欲しい、と君はいう。もし君が法や善き慣習を破らず、隣人の誰かを悩ませず、自分の肉体もそこねないし、乏しい生活の糧を浪費もしないのなら、欲望の赴くまま思う存分耽るがよかろう。だがいつかはこれらの障害のどれかに突き当たるはめになる。性愛の快楽がひとを益したためし

はなく、害にならなければ幸運とするべきなのだ［M. 104＝SV. 51; cf. Us. 62; DL. X. 118］。

食の快楽と性愛の快楽の対比から、知の快楽の特異な性質が透かしみえてくる。ポルフュリオスが『マルケッラへの手紙』で引用するエピクロスの箴言のなかには、「むなしい臆見ではなく自然にしたがうひとは、万事に自己充足的である」［27＝Us. 202］や、「真の哲学への愛によって、心を動揺させるやっかいな欲望はことごとく解消される」［31＝Us. 457］のような学知への手ほどきとおぼしきものもあった。知の欲望それ自体は、快楽の享受を他者に依存しないという意味での私的な自己充足性を食欲と共有しており、またそのかぎりでエピクロス的な意味での最高の快楽である心の平静をもたらす。しかし知の欲望が節度を欠くときには、食欲よりも性欲との類似があらわになるだろう。過食や美食は自分の健康をそこなうだけなのに、性愛と知の快楽を無節操に追求すればどちらも都市の健康を、すなわち社会の秩序と調和をそこない、またそれゆえに法や慣習による制裁をみずから招いてしまうおそれがある。神々の権威を公然と傷つける自然学者たちが非難されるのも、知の快楽をもとめる欲望が社会の要求と矛盾する危険にかれらが無自覚なためであった。メトロドロスはこう述べている。

> 自然研究をするひとは、多数者の反感を招く学識《パイディア》を誇示したり、吹聴してまわったり、広言するようなまねはできなくなる。むしろ泰然として自己充足的になり、俗事の善ではなく自分ひとりの善を重んじるようになる［M. 89＝SV. 45］。

食の快楽の完全なる享受が自分自身の健康への配慮にかかっているように、知の快楽のあくなき追求者である哲学者には、哲学者ならぬ大多数の人びとの常識や社会通念への配慮が要求される。「隣人に知られたら自分が恐怖をおぼえるはめになるようなことは、生涯にただのひとつもするべきでない」［SV. 70］。ラディカルな自然の研究に邁進する者は、そのような節度の修練を積まなければ知識から満腔の快楽を得られないのである。

5　正義のコンヴェンショナリズム

『主要教説』には、「自然の正義（τὸ τῆς φύσεως δίκαιον）」を「たがいに害をあたえたり受けたりしないことから得られる相互利益をあらわす符合（σύμβολον）」〔KD. 31 = DL. X. 150〕と定義することにはじまり、その含意を漸次展開する一連の命題がある。エピクロスによれば正義は、人びとが相互に危害をあたえないことを約束しあい、この合意を守ることが相互の利益になった経験の産物である。そのような合意がない場合、たとえば相手が動物や約束を結べない人間であるか、または合意成立以前の状態には、正／不正の区別そのものが存在しない〔KD. 32 = DL. X. 150〕。したがって「正義はそれ自体で存在するものではない。正義とは、時と場所とを問わず、人間相互の交渉にさいして、たがいのあいだで加害も被害もなくすための一種の契約（συνθήκη）である」〔KD. 33 = DL. X. 150〕。なにをもって利益とみなすかは事情次第で変わるのだから、正しいとされることの内容も民族や時代により異なり、同じ行為がつねに正しいとはかぎらない。にもかかわらず、「一般的にいえば正義はすべてのひとにとって同一である。なぜなら、正義とは人間相互の交渉にさいしての一種の相互利益（συμφέρον）のことだからである。だが地域それぞれの特殊性その他のさまざまな条件があるために、同じことでも結局は万人にとっての正義でなくなってしまう」〔KD. 36 = DL. X. 151〕。人びとの相互利益の増進に資するものは「正義の本性（τὴν τοῦ δικαίου φύσιν）」を有しており、これが正義の先取観念をなす。人間の行為が社会において正しいとみとめられるには、正義の先取観念と矛盾してはならない〔KD. 37-38 = DL. X. 152-153〕。

この議論は、正義＝友愛＝人間的共同性のアリストテレス的三幅対[62]をおおよそ下敷きにしながら、自然的な正義、の存在を否定することによってそれを換骨奪胎している。自然的な善はたしかに存在する――エピクロス主義者にとってそれは快楽である――が、「善とその反対を、もとめるべきものと忌避すべきものを区別するように正と不正を区別することは、自然にはよくなしえない」（ホラティウス『諷刺詩』〔I. 3. 113-14〕）。なにが正しくなにが正しくないかは自然に根拠をおくものではなく、人びとが契約でとりきめた約束事《コンヴェンション》なのだ。これを正義のコンヴェンショナリズムと呼ぶことにしよう。エピクロスは正義を人工物にすぎないといってしりぞけるのではない。ストア派のゼノンは「りっぱなもの（honestrum）でなければなにごとも善ではないと考えた」（キケロ『法律について』〔I. 54〕）が、エピクロスは「人びとから煩いを受けないように自分を守るうえで、およそこの目的の達成手段となりうるものは自然的善である」〔KD. 6 = DL. X. 140〕と述べて、正義とそれを強制する法の価値を有用性に見いだしている。[63] 私的快楽を追求する人間の自然を所与のものとすれば、各人の利益享受をより確実にするために相互危害を禁じる正義の合意は、たとえそれ自体は自然的なものではなくても自然の目的にかなっているといってよい。

正義を相互利益の増進を目的とした人間の約束事とみなすエピクロス主義は、古代にあって近代的な法・正義観を先取りした思想とみなされがちだが[64]、少なくともエピクロス自身は理性の合意から望ましい社会秩序の選択を導く社会契約論者ではなかった。エピクロスのテクストには正義や法の軽視を奨めているともとれる多くの文言がある。『主要教説』の正義命題のなかには、「不正それ自体は悪ではない。不正行為の処罰を職務とする人びとの眼からは逃れられないという気がかりが恐怖を生んで、はじめて不正が悪になる」〔KD. 34 = DL. X. 151〕という一節がある。また『問題集』（Διαπορίαι）の伝存する唯一の断片にも、「気づかれないとわかっていたら、賢者は法が禁じることに手を染めるだろうか。単純明快な答えは容易に見つからない」〔Us. 18〕とあり、イドメネウスに宛てた手紙には「法や世の意見に隷属して生きてはならない、隣人の手で鞭打たれる災難が用意されているのでないかぎり」と記されていたという〔Us. 134〕。ルクレティウスもそれにならい、悪事を犯したという自覚から恐怖や呵責にさいなまれ、この世を冥府にしてしまうのは愚者だけだと言い放った［DRN. III. 1011-1023］。エピクロス主義者への非難の多くは、こうした言辞の背後に推定される非道徳的な教えに向けられてきた――かれらが不正の忌避を説くのは、露見をおそれて心の平静が脅かされるのを好まないからにすぎず、悪行そのものを非とするわけではない。法を守るのはもっぱら処罰の恐怖のためで、発覚のおそれがなければ不正をおこなってはばからない。結局かれらにとっては正義も自分の利益になるかどうかの思慮に服するのであり、それ自体で選択にあたいする徳ではないのだ。ソロンやリュクルゴスのような偉大な立法者を嘲るエピクロス主義者たちの罪は、すべての法を軽蔑せよと説いた師に遡って問われねばならない、と（プルタルコス『モラリア』［XIV. 1127D］）。

正義の確立以前の「野獣のごとき」生活を経て、「たがいに害をあたえたり受けたりしない（τὸ μὴ βλάπτειν ἀλλήλους μηδὲ βλάπτεσθαι）」[65] 合意や契約により政治社会の成立にいたる歴史的過程の説明は、エピクロス以前にもヘラクレイトス、ヘロドトス、デモクリトス、ソフィストたちの著作にみえる。ただしこの議論は、紀元前五世紀中葉に人為《ノモス》／自然《ピュシス》の区別が発見される以前と以後とで実践的な意図が逆転している。プロタゴラスのプロメテウス神話やクリティアス（あるいはエウリピデス）のサテュロス劇『シジフォス』が示すように、自然発見以前の正義論は、法のみによって成り立つ秩序を正統化するために人為の正義を神々や慣習の権威で補強することに主眼がおかれていた[66]。アナクサゴラスによりアテナイにもたらされたイオニアの自然哲学は、そこに自然の観点をもち込み、先祖伝来のものや慣れ親しんだものをものごとの本来のありかたから問い質したのである[67]。すでにアナクサゴラスの弟子のアルケラオスは、「正しさと醜悪さは自然ではなく人為のことがらである」［DK. Archelaos. A2］と述べていたという。

さらにソフィストのアンティポン曰く、

……正義とは、自分が市民生活を営む都市の法制度を踏みにじらないことである。そこで、証人がいるときには法を、いないときには自然の掟を重視するというのが、自分にもっとも有利な正義の用いかたになるだろう。なぜなら、法の掟は恣意的なものだが、自然の掟は必然だからである。つまり法の掟は合意したもので、自然に生じたものではなく、自然の掟は自然に生じ、合意したものではない。したがって法制度を踏みにじっても、合意した人びとに気づかれなければ恥も罰も免れるが、気づかれたらそうはいかない。しかし自然によりそなわった掟のどれかがひとに無理やりねじ曲げられる場合、たとえ万人に気づかれなくても、そのひとの害悪がそれだけ小さくなるわけではけっしてなく、逆にまたすべてのひとがみていても、それだけその害悪が大きくなるということはまったくない。というのも、かれはひとの思惑によってではなく、真理によって害されるからである［DK. Antiphon. B44A. cols. 1–2］。

ソフィストたちがこれを転用して実定的な法秩序を攻撃したことは、プラトンの対話篇に伝えられるとおりである。『ゴルギアス』のカリクレスによれば、不正を被ることに含意される弱さや恥辱こそ自然に反しており、不正なおこないが悪とされるのは弱者たる多数者の法や習慣の定めによる［482c4–486d1］。優者が劣者より多くを得るのを自然にかなったこととみなす思想は、『国家』では正義を「強者の利益」と広言してはばからないトラシュマコスによって体現されている。そのあとを受けたグラウコンの「正義の本性」論は、正義の本質への問いを正義の起源への問いと同一視する。すなわち正義とは、「不正をはたらきながら罰せられないという最善と、不正な仕打ちを受けても仕返しできないという最悪との中間的な妥協」に利益を見いだした弱者たちの社会契約にほかならない［358e3–359b］(68)。『プロタゴラス』のヒッピアスは、変転する法と不変同一なる自然とを対比するとき、前者はつねに劣ったものとしてあらわれるという［337c–e2］。ソフィストたちにとって、人間の自然に合致した善なる生活とは快楽の生活のことであった。だが快楽の無限定な追求は都市の平和と調和を脅かしかねないがゆえに、政治社会は正義の名において快楽の追求に一定の制約を課し、他者への配慮を強制する——「法に定められているのは……心にたいしては望むべきことと望んではならないこと」[DK. Antiphon. B44A. col. 3]。性愛、名誉、所有の快楽、とりわけ他者を支配する快楽を追求する人間からみれば、実定的な法秩序は最高の善の獲得にとっての障害以外のなにものでもありえない[69]。したがってこの快楽主義の行き着く先は、法なきところですべての他者に優越すること、あるいはこの優越が正義のみかけをとること、すなわち僭主の生活とならざるをえなかった[70]。

その点でエピクロスは、快楽享受の自制と他者への配慮を強制する自然に反したとりきめを単純に否定せず、快楽の無軌道な追求よりも一定の制約下で相互利益を得ることに合理性をみとめ、それを正義の名において推奨しているようにみえる。現代の解釈者たちも、正しい法を蔑ろにする快楽主義的理由はないという結論に達している。エピクロスはいかなる快楽も無条件に肯定したわけではなく、苦痛を除去して最終的に心の平静をもたらす自然的快楽を追求すべしと説いたのであり、相互危害を禁じる正義の保証はこの至高快楽を享受するさいにも大前提となる。それゆえ、「たがいに害をあたえたり受けたりしない」ことが相互の利益になるという合理的な事実を理解しない多数者にこれを強制する法は、エピクロス主義者も尊重するのに吝かではない[71]。違法な行為が正当化されるとしたら都市の法が「自然の正義」にかなっていない場合にかぎられ、正しい法に反した行為が許されるのはあくまで例外としてであろう。たとえば、窮地に立たされた友人を救助するためとあらば、エピクロス主義者は法を破ることも辞さないかもしれない。「友情（φιλία）のためなら危険さえもあえて冒さなければならない」[SV. 28] からである[72]。

しかし都市の法と正義にたいするエピクロスの軽蔑は、その正義論を不正の奨めで片づけない論者たちが考える以上に深くエピクロス哲学の基本的前提に根ざしている[73]。たしかに他者から受ける危害は、「通常、自然が人びとにたいして許している生きる時間をまっとうする保証」（ホッブズ『リヴァイアサン』[XIV. 198／(1)二一七頁]）を奪い、暴力死の恐怖に不断にさいなまれる生活を人間に強いる。法をそなえた社会生活を人間が選んだのも、孤独と野蛮の自由より強制下で相互利益を享受するほうがよいという犀利な計算の、それゆえ思慮の結果であったのだろう。その意味では、人間相互の安全を約束する正義と法に至高の価値がみとめられてよさそうなものだが、エピクロスの考えではそうならない。

> 天上のことと地下のこと、総じて無限の宇宙で生じるあらゆる事象が気にかかったままでは、いくら人間同士の安全保障があっても無益である［KD. 13 = DL. X. 143］。

他者から危害を加えられないことを保証する正義は万人の利益となるが、その意味は万人にとって同じではない。正義が至高の徳となるのは、この保証さえあれば幸福になれると信じるひと、つまり富や所有への欲望に囚われた大多数者であって、心の平静をもとめる人間はそうではない。心の平静を脅かす最大の要因は神々および死にかんする臆見から生じる恐怖であり、それを追い払うのに欠かせないのは自然哲学の知であった。相互危害を禁じる正義や法はこの世の「安全保障（ἀσφάλεια）」になりはしても、人間の心を悩ます「もっとも重要なこと（τῶν κυριωτάτων）」、つまり死そのものの問題には答えてくれないのだ。哲学のみが死すべきものを死の恐怖から解放すると考えるエピクロス主義者にとって、正義とそれを強制する法は哲学的生活に必要な平和と秩序を確保するその道具的有用性ゆえに擁護されるにすぎず、それ自体で選択にあたいする徳ではない。これを単刀直入にいえば、「法は賢者たちのために存在する。賢者が不正をはたらかないためにではなく、不正を被らないために」[74]（ストバイオス『精華集』［IV. 43. 143 = Us. 530］）となるだろう。

このアンビヴァレンスがエピクロス的賢者に特有の処世法を生みだす。哲学的快楽主義者である賢者は、都市の法を遵守する「正しいひと（ὁ δίκαιος）」としてふるまう。正義が人間の魂のありかたとは無関係であるのなら、ともかくも外面的な行為で法に服しさえすれば、正義がもたらす安全の快楽は手に入るからである。(75) このとき、都市の法を正しいと信じて守るよき市民と、正義を軽蔑しながら服従してみせる賢者とは、少なくとも外見上は区別がつかないだろう。正義は賢者にとっても安全保障なのだ。ただしそれは、他者から危害を受けないという一般的な意味に加えて、都市の多数者に危険視される心配がない――「正しいひとは心の動揺がもっとも少なく、不正なひとは極度の動揺に満ちている」［KD. 17 = DL. X. 144］、「正義の最大の果実は心の平静である」（アレクサンドリアのクレメンス『ストロマテイス』［VI. 2. 24. 10: Us. 519］）――という哲学者に特有の意味においてである。

6　エソテリックなエピクロス

エピクロスはソフィストたちのように自然に直接訴えて人為の法と正義をあからさまに軽蔑するのでもないし、「不正な法は法にあらず（lex iniusta non est lex）」（アウグスティヌス『自由意志論』［I. 11］）と主張するわけでもない。賢者は合法的な結婚はしても都市の法が禁じる相手との性交は忌避し、都市の祭礼に参列したり神々の像を奉納したりする模範的市民でありながら、死後の自分の埋葬方法には無頓着である［DL. X. 118: 120a: 121b］。敬虔さと不敬虔さとが同居する賢者が単純な遵法精神の持ち主でないのは明白だが、そのような推測を許すエピクロスの発言の多くが同門学徒に宛てた私信の文言であることから、自分の教えを普遍的かつ無条件に唱道する意図がないのも明らかである。フィロデモスは『敬虔さについて』につぎのようなエピクロスのことばを引用している。

ともかく敬虔かつ美しく生贄を捧げよう。それが法《ノモス》だというのなら、万事ぬかりなくやってのけよう。だがたとえそうしても、もっとも気高く尊厳あるものについての臆見で心の平静をかき乱されないようにしよう。

臆見にしたがってそうするのは正しいことでさえある。なぜなら、そのようにしてはじめて自然に即して生きる（φυσ[ικῶς] ζῆν）ことが可能になるのだから……［col. 31. 879–893 = Us. 387］[76]。

「メノイケウス宛の手紙」に思慮（φρόνησις）は「すべての始原にして最大の善」であるがゆえに「哲学よりも尊い」［DL. X. 132］とあるのは、満足の極大化をもくろむ快楽計算のことではない。「思慮ぶかく（φρονίμως）美しく（καλῶς）正しく（δικαίως）生きることなしには快く（ἡδέως）生きることもできず、快く生きることなしには〈思慮ぶかく美しく正しく生きることもできない〉」［KD. 5 = DL. X. 132］というエピクロスの一節のプラトン的な語彙に着目したベイリーは正しい[77]。この思慮はソクラテスの思慮と同じ性格のものであり、哲学者が知の快楽を享受するためには、あえて都市の法慣習を守る一市民に、すなわち「美しき善きひと《カロス・カガトス》」になる必要があることをあらわしている。

エピクロスの遺言状はそれを理解する好材料になるだろう。アテナイの公文書館《メトローオン》に登記された唯一の私文書であるこの遺言状は、エピクロスの全財産をアミュノマコスおよびティモクラテスなる二名のアテナイ市民に遺贈するにあたり、後継学頭に指名されたヘルマルコスに「庭園」と附属施設を譲渡すべしという条件を付している［DL. X. 16–20］。アテナイの法が在留異邦人《メトイコイ》の不動産所有を禁じていたため、ミュティレネ人のヘルマルコスに「庭園」を遺すには、仲介役としてアテナイ人を正当な相続人にするよりほかなかったのである[78]。しかし遺言はヘルマルコスを遺産管理人に加えることも相続の条件としており、贈与される財産から生じる収入の使途は学園の運営費や学徒の生活・養育費など詳細に指示されている。名目上の指定相続人であるふたりの市民の手にわたるのは、実質的にはメリテ区のエピクロスの地所に建つ家屋だけであり、おそらくは仲介役をつとめることへの謝礼であったと推測される[79]。

ここで注目すべきは、学派の存続を画策するエピクロスが手段の合法性にこだわることである。この遺言を取りあげて死後を思い煩うなと説いた哲学者の矛盾を指摘したキケロも、学派存続の（道徳的には褒められない）やりかた自体にはなにも論評を加えない（『善と悪の究極について』[II. 100–103]）。ソクラテスが死に臨んで脱獄の勧めをしりぞけ、慣習にならって医神アスクレピオスに鶏を捧げよと弟子たちに命じたように、エピクロスもみずからの死後、たとえ哲学のためですら都市の法を破ることは弟子たちに許さなかったのである。

無神論の嫌疑がかかる哲学者の敬神と遵法のふるまいは、古来、哲学者の教えのなかに公教的《エクソテリック》な部分と秘教的《エソテリック》な部分を区別することによって理解されてきた(80)。アレクサンドリアのクレメンスはつぎのように証言している。「多くのことがらにかんして隠された表現を用いて語ったのは、ピュタゴラス派およびプラトンだけではない。エピクロス派もまた、エピクロスから伝授された若干の語りえないことがあり、かれの書物を読むことが誰にでも許されるわけではないと伝えている」（『ストロマティス』[V. 9. 58. 1]）。現代のわれわれが読むエピクロスの主張の大半は、部外者の眼にふれないという前提のもとで手紙に率直に記された哲学教義である。プルタルコスがエピクロス派を非難して、かれらは神の摂理を否定する教えを「婉曲にというのでも、曖昧にぼかすとか謎のかたちでというわけでもなく直截に」記したというのは（『モラリア』[XIV. 1125E-F]）、学派の内向きの文書であればむしろ当然のことなのだ。ディオゲネス・ラエルティオスはエピクロスが「自分の秘密の教えを外部に公表した」弟子たちですらも称賛したといい [DL. X. 5]、またエピクロスの用語法が「きわめて特異」であったという文法学者アリストパネスなる人物の評言にふれている [DL. X. 13]。エピクロスの徒が世間の眼にしばしば「オデュッセウスの仲間の群れ」や「魔法使いの集会」と映ったというのも（ガッサンディ『エピクロスの生涯と流儀』[V. 218B]）、おそらくは哲学のエソテリックな性格と関係があるのだろう。『エピクロス集』の編者ウーゼナーは、エピクロスには公に広めてよいことがらとそうでない少数者向けのことがらの「ふたつの教え（duo sermonis）」を書き分ける習慣があり、書簡は初学者向けではなく、「エピクロスの著作にすでに通じた者にとって記憶を助けるもの（ὑπομνήματα）」となることを意図したものだと主張している。(81) エピクロスの遺言状もまた、学園につどう「哲学仲間（συμφιλοσοφοῦντες）」とその周囲を取り巻くアテナイ社会の「二重の聴衆」を想定して書かれたと考えられるのである。(82)

人間の魂を恐怖でさいなむのは神々と死だけではなかった。自然学者《ピュシオロゴイ》の教説がこの世の道徳的秩序を揺るがすことを危惧したアリストテレスは、神聖な天体を愚弄するかれらの不敬虔を戒め、「わたしはかつてわが家が大風や荒天に打ち倒されるのを恐れたものだが、いまや議論《ロゴス》で全宇宙を破壊しようとする者どものせいでより大なる恐怖につきまとわれている」と述べた（『哲学について』[frg. 18]、プラトン『法律』[886D–E: 966E–967E]）。神々や死についての多数者の臆見と、その恐怖をかきたてる神話とに挑戦するラディカルな自然研究そのものが、古代においては人びとを怖気づかせたのである。エピクロスの自然哲学も例外ではなかった。それが開示する裸形の宇宙像——無限の空虚、そのなかを音もなく落下する無数の原子、その原子が偶然に直線軌道から〈逸れ〉て衝突することにより誕生したこの世界、そして万物を待ち受けている解体と死——は、少なくとも不慣れな人間の心に深淵をのぞきこむひとを襲うような恐怖を、死後についての迷信にもまして大いなる恐怖を惹起したことだろう。神々と死の恐怖から人間の魂を解放する「真の理論《ウェラ・ラティオ》」とエピクロスの哲学を称えたルクレティウスですら、瀆神のことばを吐いても恐れる必要はないことを再三強調せねばならなかった。

> 万が一にも宗教《レリギオ》に囚われ、大地、太陽、天空、海、星々、月は神聖な身体をそなえて永遠に存在するなどと君は考えないでほしい。議論《ラティオ》を立てて世界の壁を打ち破り、死すべき人間のことばを弄して不死なるものを論じたり、上天の燦然たる太陽を消さんと欲したりする者は、ことごとく絶大なる罪の報いとして巨人たちのように罰の重荷を課せられて当然だとは考えてもらいたくないのだ[DRN. V. 114-121]。

エピクロスが偽りの約束事でできた社会に背を向けて「隠れて生きよ」と説くのは、哲学的真理が万人向けではなく、むやみに広言してよいものではないことを承知していたからである。「自分だけのために哲学を研究することと、全ギリシアに向けて哲学を宣告することとの違いを君は心得た。わたしは君と喜びを分かちあう」[83] [SV. 76]。真理はそれを真に必要とする人間のもの、あるいは、適切な哲学的修練《アスケーシス》を積んで真理の過酷さに耐えられるようになり、それに快楽を見いだすまでに変容を遂げた人間のものであった。

> わたしは多数者の歓心を買おうとは思わなかった。多数者の気に入るものをわたしは知らず、わたしの知ることは多数者の感覚から遠く隔たっていたからである [Us. 187]。

> 臆見にすりよって多数者の喝采を思う存分浴びるよりも、自然の研究にたずさわり、たとえ理解するひとはなくとも、万人に役立つことを神託のように腹蔵なく語る（παρρησία）ほうをわたしは選ぶ [SV. 29]。

万人がエピクロスのロゴスに耳を傾ける日が来るまで、エピクロスの徒は師の教えを隠し伝えながら、多数者の奉じる神々をともに祀る「正しいひと」としてふるまわねばならない。それが都市の安寧をそこなわずに哲学する自由を享受する唯一の方法だからである。レオ・シュトラウスはこの哲学をつぎのように要約している。

> 唯一の救済策は哲学することのうちにある。哲学だけがもっとも確固とした快楽をあたえてくれる。しかし哲学は「われわれの世界」への帰属から自由になることをもとめるがゆえに、人びとの反発を買う。そうかといって、人びとは初期社会の幸福な素朴さへと引き返すことはできない。したがって人びとは、強制的社会と宗教の協力によって特徴づけられるあの全面的に自然に反した生活をつづけなければならない。善き生活、自然に合致した生活は、政治社会の辺縁に生きる哲学者の隠遁生活である。政治社会と他人への奉仕に捧げられた生活は、自然に合致した生活ではない。[84]

かれらがつどう「エピクロスの園」は友情《フィリア》の国であった。「有限の存在においては、友情のもたらす安全こそがもっとも完全なものである」［DL. X. 148＝KD. 28］のような文章を読むと、エピクロスは見返りを要求されずに援助を期待できる友情に正義と同様の安全保障上の効用しかみていないようにも思える。[85]だが、「友情はすべてそれ自体のゆえに望ましい、助けあう（ὠφέλεια）必要からはじまるのであるが」［SV. 23］という箴言には、「われわれが必要とするのは友人の助けそのものではなく、助けてくれるという信である」［SV. 34; 39］というつづきがあった。これは友情が安全という利益を最大限にもたらす一種の正義であるだけでなく、強制を必要としない唯一の正義でもあることを、それゆえ友情が正義に似ているというよりも正義のほうが友情の不出来な代用品であることを意味すると理解すべきであろう。そしてディオゲネス・ラエルティオスがいうように「友情は快楽で満たされた人びとの生活の共同をつうじて保持される」［DL. X. 120b］のだとすれば、たしかに「エピクロスの園」とは、真の快楽を追求する者同士のあいだでおのずと友情が育まれ、それがまた快楽の安全な追求を可能にするような正義の環境であったといえる。[86]

ディオゲネス・ラエルティオスは、死の恐怖に煩わされない魂となるための修練に捧げられた哲学的共同体が、精神の自由をもとめるすべてのひとに門戸を開き、エピクロスが国難のときもアテナイにとどまって教育に邁進したことにふれ、哲学者の人類愛（φιλανθρωπία）と祖国愛（πρὸς πατρίδα φιλίας）を称賛している［DL. X. 10］。だが「エピクロスの園」は来たるべき理想社会のモデルではなかった。「メノイケウス宛の手紙」はつぎのようなことばで閉じられる。

以上のこと、またこれに類したことについて、ひとりで、また同類の友と一緒に、夜も昼も考えよ。そうすれば君は、目覚めていても眠っていてもけっして煩わされることなく、人間のなかの神のように生きるであろ

う。不死なる善きことどものなかで生きる人間は、可死の生き物とはいささかも似るところがないのだから
[DL. X. 135]。

死すべきものが死を恐れさえしなければ、いつの時代に、どの国に、どのような地位に生まれつこうとも、またどんな支配者のもとでいかなる法を課せられようとも、不死の神々にひとしい幸福な生を得ることができる。変えるべきは自己であり死の恐怖に怯える魂であって、土地や住処、あるいは世界ではない。自分の「庭園」を耕しつづけよ——哲学者エピクロスはくりかえしそう説いたのである。

注

（1）キケロ『神々の本性について』［I. 73］および『善と悪の究極について』［I. 17-26］、プルタルコス『モラリア』［1108E-F; 1111C］、ディオゲネス・ラエルティオス「アリスティッポス伝」［DL. II. 97］および「エピクロス伝」［DL. X. 4］、参照。

（2）以下を参照。トマス・ネーゲル「死」、永井均訳『コウモリであるとはどのようなことか』（勁草書房、一九八九年）。David J. Furley, "Nothing to us?" *The Norms of Nature: Studies in Hellenistic Ethics*, eds. Malcolm Schofield and Gisela Striker（Cambridge: Cambridge University Press, 1986）; Stephen E. Rosenbaum, "The Symmetry Argument: Lucretius Against the Fear of Death," *Philosophy and Phenomenological Research*, Vol. 50 No. 2（Dec., 1989）; "How to Be Dead and Not Care: A Defense of Epicurus," *The Metaphysics of Death*, ed. John Martin Fisher（Stanford, CA: Stanford University Press, 1993）; Bernard N. Schumacher, *Death and Mortality in Contemporary Philosophy*（Cambridge: Cambridge University Press, 2011）, p. 123 and chap. 8; Irvin D. Yalom, *Staring at the Sun: Being at Peace with Your Own Mortality*（London: Piatkus, 2008）, chap. 1.

（3）Cf. Jean Salem, *Tel un dieu parmi les homes: L'éthique d'Épicure*（Paris: Bibliothèque d'histoire de la philosophie, 1989）, pp. 205-7; Charles Segal, *Lucretius on Death and Anxiety: Poetry and Philosophy in De Rerum Natura*（Princeton: Princeton University Press, 1990）, pp. 28-30. 死の恐怖にも①死の状態への恐怖、②これから迎える死への恐怖、③時ならぬ死

（暴力死）への恐怖、④死ぬ過程への恐怖があるが、エピクロスが論じるのはもっぱら①である。Cf. James Warren, *Facing Death: Epicurus and His Critics* (Oxford: Clarendon Press, 2004), p. 4.

（4）Cf. Michael Erler, "Epicurus as *Deus Mortalis*: *Homoiosis Theoi* and Epicurean Self-Cultivation," *Traditions of Theology: Studies in Hellenistic Theology, Its Background and Aftermath*, eds. D. Frede and B. Inwood (Leiden: Brill, 2002).

（5）ストバイオスはこの箴言をエピクロスの弟子のメトロドロスに帰している（『精華集』[IV. 51. 32]）。フィロデモス『死について』[37. 27-29] における言及でも出所は明らかにされていない。

（6）「万里の長城」を題材に哲学的省察を展開する三篇を参照。カフカ「万里の長城」（一九一七年）、ボルヘス「城壁と書物」（一九五〇年）、開高健「流亡記――F・K氏に」（一九五九年）。

（7）ニーチェによれば、ディオゲネス・ラエルティオスが典拠としたペリパトス派の伝記作家ヘルミッポスはそこに諷刺を含ませていた（「ラエルティオス・ディオゲネスの資料研究と批判への寄与」[I = KGW. II, 199／(1)二七四頁]）。名にし負う快楽主義者の最期にいかにもふさわしい小道具にみえる温浴や水で割らない葡萄酒は、いずれも当時の作法に反したものである。Cf. Felix Jacoby, *Die Fragmente der Griechischen Historiker Continued, Part 4: Biography and Antiquarian Literature*, ed. G. Schpens, IV A: Biography Fascicule 3 Hermippos of Smyrna (Leiden: Brill, 1999), pp. 553-57.

（8）それを聞いたアレクサンドロスは、自分はまだそのどれひとつ征服していないと嘆いたという（ウァレリウス・マキシムス『著名言行録』[VIII. 14, ext. 2]）。

（9）Cf. Steven J. Dick, *Plurality of Worlds: The Origins of the Extraterrestrial Life Debate from Democritus to Kant* (Cambridge: Cambridge University Press, 1982).

（10）光の粒子性と想像を絶する運動速度の描写――「光のあとを光が埋め、いわば一列に閃光が閃光に押しのけられ……筆舌に尽くしがたい空間を一瞬で走破できる」[DRN. IV. 189-193]――は、現代の理論物理学者を驚嘆させた（ド・ブロイ『物質と光』[I. 2, 35／三二―三三頁]）。原子には「鈎」で緊密にからみあって容易に分離できないものがあるという説ですら [DRN. II. 391-397]、分子の化学結合を量子力学で解明する手がかりとなり（ポーリング『科学論文選集』[II. 14, 1104]）、ルクレティウスの科学的業績は分子の立体構造を発見したファント・ホッフに比肩するとさえ称される（マッカイ「ルクレティウス、あるいは化学の哲学」[307]）。

（11）ウィトルウィウスは、原子を「切り分けられないもの（insecabilia corpora）」や「不可分割的なもの（individua corpora）」

といいかえるのは「われわれの学者たち」の習慣であり、デモクリトスは原子をそのような名で呼ばなかったという（『建築について』[II. 2. 1]）。

（12）クサヌスの原子論の定義（連続体は思考のなかでは無限分割可能でも、実際に分割するともはやそれ以上分割できない最小にいたるという説）もアリストテレスにならっている（『無学者、精神について』[IX, 567]）。

（13）メガラ派のディオドロス・クロノスがこの議論を逆手にとって「部分をもたない」ものは移動しないと主張し、それに影響されたエピクロス主義者は、原子の存在に確証をあたえるかわりに原子の場所的移動の説明に苦慮したと伝えられる（セクストス・エンペイリコス『学者たちへの論駁』[X. 85-87; 142-44]）。

（14）エピクロス主義者が「大きさ、運動、時間は部分をもたないものでできている」と考えていたというシンプリキオスの証言は（『アリストテレス『自然学』第五―八巻注釈』[934. 24ff = Us. 278]）、アリストテレスの原子論理解を鵜呑みにしており信憑性に乏しい。Cf. David J. Furley, *Two Studies in the Greek Atomists*（Princeton: Princeton University Press, 1967）, chap. 8.

（15）Cf. Salomo Luria, "Die Infinitesimaltheorie der antiken Atomisten," *Quellen und Studien der Geschichte der Mathematik, Astronomie und Physik*, 2. Abt. B（1932-33）, S. 172f; Richard Sorabji, *Time, Creation and the Continuum: Theories in Antiquity and the Early Middle Ages*（London: Duckworth, 1983）, pp. 375-77.

（16）一七世紀に原子論が復活する以前にも中世のスコラ哲学者やアラビアの哲学者が原子論を唱えていたことは、ラスヴィッツの研究によりよく知られている。Cf. Kurd Lasswitz, *Geschichte der Atomistik vom Mittelalter bis Newton*, 2 Bde.（Hamburg und Leipzig: Leopold Voss, 1890）. しかしファン・メルセンによれば、コンシュのギヨームやアヴェロエスらの原子論はアリストテレスの「自然的最小子（minima naturalia）」の系譜に連なり、デモクリトス的な最小粒子論にはほとんど影響されていない。両者が一七世紀に合流してはじめて原子論の復活と呼ばれる事態が生じたのである。Cf. Andrew G. van Melsen, *From Atomos to Atom: The History of the Concept Atom*（Mineola, NY: Dover Publications, 2004; originally 1960）, p. 116.

（17）原子の運動を塵埃に喩える例はアリストテレスにもある（『霊魂論』[A. 404a3-4]）。ただしこれはデモクリトスの魂の原子の形容に限定されている。

（18）デモクリトスも原子に重さがあることをみとめていた可能性があるが [DK. Democritus. A61]、それを原子の運動の原因とはみなさなかった（アリストテレス『生成消滅論』[326a9-10]）。Cf. Eduard Zeller, *Die Philosophie der Griechen in ihrer geschichtlichen Entwicklung*, Tl. 1 Hft. 2（Hildesheim: G. Olms, 1963）, SS. 1076-95.

(19)「この偉大な人物〔デモクリトス〕についてわれわれが知ることといっては、エピクロスがかれから借りてきたものくらいであり、しかもエピクロスはつねにもっともよいものをとってくる能力を欠いていた」（デ・メゾ宛一七一一年七月八日付のライプニッツの手紙［II, 66-67］）。サンタヤナもエピクロスは「古代のハーバート・スペンサー、自然哲学面では受け売りの知識の百科全書」であるという（『三人の哲学的詩人』［II, 29］）。経験との矛盾を恐れず単純な原子観から出発するデモクリトスの合理主義との対比で、自由の存在を説明するためにあらかじめ内容豊富な原子を想定するエピクロスは「プラグマティック」と評される。Cf. Léon Brunschvicg, *L'expérience humaine et la causalité physique* (Paris: F. Alcan, 1922), p. 381. ガストン・バシュラール、豊田彰訳『原子と直観』（国文社、一九七七年）、序論参照。自然哲学上の〈逸れ〉については、中金聡「甦るルクレティウス——原子の〈逸れ〉と現代物理学（上・下）、政治哲学研究会編『政治哲学』第27・28号（二〇二〇年）を参照。

(20) デモクリトス自身が感覚の明証性を否定する懐疑主義者であったかどうかは明らかでない。Cf. Salomo Luria (ed.), *Democritea* (Leningrad: Nauka, 1970), p. 43 [79-80]. 西川亮『デモクリトス研究』（理想社、一九七一年）、一八四頁以下参照。

(21) 後二世紀のエピクロス主義者オイノアンダのディオゲネスの碑文にはこうある。「デモクリトスでさえ、存在物のなかで原子だけが真に実在してあとはすべて慣習により存在すると述べたときは、かれらしからぬ誤りをおかした。というのも、デモクリトスよ、あなたの説明にしたがうと、われわれは火や殺戮……から自分の身を守れなくなり、真理を発見するどころか生きることすらできなくなってしまうからだ」[frg. 7]。

(22) ただしそれを「自己意識の自然学」に押し込めるマルクスの解釈は眉唾である。「原子が抽象的な個別の自己意識という自然形式にほかならないように、感性的自然は対象化された経験的な個別の自己意識にすぎない。これが感性的な自己意識である。それゆえ、抽象的な理性が原子の世界における唯一の基準であったように、感覚器官は具体的な自然における唯一の基準である」[XL. II. 4, 297／㈣二二八頁]。

(23) Cf. James Warren, *Epicurus and Democritean Ethics: An Archaeology of Ataraxia* (Cambridge: Cambridge University Press, 2002), pp. 193-95.

(24)「われわれの感性や認識の性格からして、それ自体で不変・不可嵌入のきわめて小さな、またそのようなものとして自然のあらゆる変化の基体をなすような稀代な対象が存在しなければならない。だが、他の原子との関係を考慮せず原子に必然的に帰せられるべき性質は、これに尽きる。……原子のその他の性質は原子群の性質であり、すなわち原子の結合により制約されたものである」。Kurd Lasswitz, *Atomistik und Kriticismus: Ein Beitrag zur erkenntnisstheoretischen Grundlegung der Physik* (Braunschweig: Friedrich Vieweg, 1878), S. 52.

(25) この背理は、視野角というものが知られていなかったことや、仮説を観測・実験により検証する近代科学の方法もそれに必要な精密な装置もなかったことを口実にできない。すでにターレスの時代に三角測量法があったからである（シュレーディンガー『自然とギリシア人』[80-82／一〇四―六頁]）。

(26) 「エピクロスは実践哲学のカントである、ちょうどカントが思弁哲学のエピクロスであるように」（ショーペンハウアー『初期遺稿集』[I. 1810. 17. 12]）。

(27) 「現象を救う」についてはO・バーフィールドの著作を参照。Cf. Owen Barfield, *Saving the Appearances: A Study in Idolatry*, 2nd ed. (Middletown, Ct.: Wesleyan University Press, 1988), p. 153; *Worlds Apart: A Dialogue of the 1960's* (Oxford: Barfield Press, 2010), "Second Day," especially pp. 108f.

(28) 「エピクロスの哲学にあって不死なるものとは死である、といえる。原子、空虚、偶然、恣意、合成は、それ自体では死である」（マルクス「エピクロスの哲学」[XL. IV. 4, 181／㊵一三三頁]）。

(29) 「世界の壁」と「生命の堡塁」の対応を指摘するSegal, *op.cit.*, chap. 5, especially p. 109を参照。

(30) ピエール・ベール（『歴史批評辞典』の「パウリキウス派」の項の注E [XI, 479B／(Ⅲ)七九頁]）とヒューム（『自然宗教にかんする対話』[II. 10, 440／一一六頁]）は、いずれもラクタンティウスの議論にもとづきながらこれに反論している。

(31) キケロの『神々の本性について』に登場するエピクロス主義者のウェレイウス曰く、「宇宙そのもののなかでなんらかの神が支配者ないしは統治者として君臨するのなら、あるいは星座の運行や四季のうつろい、事物の変化と秩序を司り、さらには大地や海に注意を払いながら、快適な人間の暮らしを守るのだとしたら、そのような神はなんと面倒でやっかいな仕事にかかわっていることだろう」[I. 52]。

(32) メナンドロス（「女祭司」[frg. 245]）、参照。アレクサンドリアのクレメンスは、迷信の誤りを見抜いていただけテオドロスの無神論のほうが異教徒よりましだという（『プロトレプティコス』[II. 24. 1-2]）。

(33) 「面白半分にエピクロス曰く、神々は薄っぺらで吹けば飛んでしまい、世界の崩壊を恐れて、さながらふたつの森のあいだに住むように、ふたつの世界のあいだに（inter duos mundos）住んでいる」（『占いについて』[II. 40]）。だがキケロはつづけて、「こうしてかれは遠回しに神を否定している」と述べる。

(34) 実在説をとるものにWalter Scott, "The Physical Constitution of the Epicurean Gods," *The Journal of Philology*, Vol. XII

(1883); Jaap Mansfeld, "Aspects of Epicurean Theology," *Mnemosyne*, Vol. 46 Fasc. 2 (1993); David Konstan, "Epicurus on the Gods," Fish and Sanders, *op.cit.*; *A Life Worthy of the Gods: The Materialist Psychology of Epicurus* (Las Vegas: Parmenides Publishing, 2008), pp. 115f. などがあり、観念説をとるものに A. A. Long and D. N. Sedley, *The Hellenistic Philosophers, Vol. 1: Translations of the Principal Sources, with Philosophical Commentary* (Cambridge: Cambridge University Press, 1987), p. 145; Dirk Obbink, "'All Gods Are True' in Epicurus," *Traditions of Theology: Studies in Hellenistic Theology, Its Background and Aftermath*, eds. D. Frede and B. Inwood (Leiden: Brill, 2002); David Sedley, "Epicurus' Theological Innatism," Fish and Sanders, *op.cit.* などがある。

（35）「善人には（τοῖς ἀγαθοῖς）」はガッサンディによる補足である。その意味については本書第二部のⅡを参照。

（36）精神の表象的把握（φανταστικὰς ἐπιβολὰς τῆς διανοίας）とは、神の映像のようにあまりに微細なために感覚器官で把捉されない映像が、精神によって直接把握されるものをいう。

（37）Cf. Furley, *Two Studies*, pp. 205-6. ランゲは先取観念についてこう述べている。「それは原因への移行にあたっての、すなわち「物自体」の探求にあたっての中項をなす。科学で最初に成立するのはこの探求である。総じて原子論とは、諸現象の根底に存する物自体についての一理論以外のなんであろうか。同様にしてあらゆる普遍命題の真理の基準は、つねにあらゆる認識の基盤である知覚による確証なのだ。それゆえ普遍命題は、優れて確実なわけでも真であるわけでもけっしてない。それはさしあたり、人間と事物の交流からおのずと生じる「臆見」でしかない」。Friedrich Albert Lange, *Geschichte des Materialismus und Kritik seiner Bedeutung in der Gegenwart*, Bd. 1 (Frankfurt am Main: Suhrkamp, 1974), S. 87.

（38）Cf. Gisela Striker, *Essays on Hellenistic Epistemology and Ethics* (Cambridge: Cambridge University Press, 1996), chaps. 2 and 3; C. C. W. Taylor, "All Perceptions are True," *Doubt and Dogmatism: Studies in Hellenistic Epistemology*, eds. Malcolm Schofield, Myles Burnyeat and Jonathan Barnes (Oxford: Clarendon Press, 1980).

（39）先取観念を「真理の基準」としたうえでその言語的表象作用を論じるものとして、西川亮『古代ギリシアの原子論』（渓水社、一九九五年）、三六八―六九頁参照。

（40）ルクレティウスはこれを懐疑主義者への批判の論拠に用いている。「事物のなかに真なるものをかつていちどもみたことがないとしたら、知っていると知らないとはどういうことなのかをどうやって知るのだろうか。なにが真と偽についての先取観念（notitia）をつくり、なにが疑わしいものと確実なものとの相違を証明してくれたのであろうか」[DRN. IV. 473-477]。ディドロは『百科全書』の「エピクロス主義（EPICURÉISME）」の項にこう記している。「なぜ人びとは誤りに陥ったままなのか。それはかれらが名辞を証明とみなすからである。……われわれは真理の探究にいそしむことができるどころか、記号《シーニュ》をこしらえあげる状態にすらない。だからあなたの感覚器官をたゆみなく用いて先取観念（prénotions）を増やすがよい。他人が確立した記号の正確な価値を調べあげ、自分が確立する記号の価値を入念に見さだめるがよい」[XIV. 509]。

（41）先取観念に関連づけて考察すべきでないもうひとつの例は魂である。魂が「微細な」原子でできた物体であることを理解するには「感情と感覚」に訴えればよい [DL. X. 63; 68]。

（42）ルクレティウスの表現も参照。「時間もまたそれ自身で独立に存在するものではなく、ものそれ自体が基となり、そこから、過去になにが為され、つづいて現になにがあり、さらにこれからなにが起こるかの感覚が生じるだけである」[DRN. I. 459-461]。

（43）エピクロスにとって時間と呼べるものはこの主観的な時間感覚だけである。微視的世界には長短も昼夜もない「原子的時間」[DL. X. 46b] しかなく、巨視的世界において不可逆的に進行する時間（いわゆる「時間の矢」）に相当するのは宇宙のエントロピー増大である。

（44）セドレーはフィロデモスの証言（『敬虔さについて』[col. 66A]）にもとづき、神の先取観念は「認識論的にユニーク」なものだと主張する。Cf. Sedley, "Epicurus' Theological Innatism," pp. 43-44.

（45）アエティオスによれば「神々は人間の姿をしており、映像の本性をもつ微細さ（λεπτομέρεια）ゆえに観《テオレオー》ることができるとエピクロスはいう」[Us. 355] が、ルクレティウスは「神々は希薄な本性（tenuis natura）で、われわれの感覚もおよばず、精神《アニマ》の理解力でもみとめられない」[DRN. V. 148-149] と主張する。

（46）キケロのウェレイウスは、神々についての先取観念は自然がすべての人間の心に植えつけた「生得的（innatus）」なものであり、これを根拠にエピクロスは神々の存在をみとめていたと述べている（『神々の本性について』[I. 43-45]、『善と悪の究極について』[I. 31] も参照）。Cf. Robert Philippson, *Studien zu Epikur und den Epikureern*, im Anschluß an W. Schmid, hrsg. C. J. Classen（Hildesheim: Georg Olms, 1983）, S. 249f.

（47）「神が存在するという考えの出発点は、睡眠時にあらわれてくるもの、ないしは宇宙において観取されるものから得られ、他方、神が永遠不滅で幸福という点で完全だということは、人間たちからの移行《メタバシス》にもとづいて出てきたのである。というのも、われわれはふつうの人間を表象において拡大し……キュクロプスという考えを得たのとちょうど同じように、幸福で至福の、すべての善きもので満ち足りた人間を考え、それからそれらをさらに強め、まさしくそれらの点で頂点にある者を神だと考えたからである」（『学者たちへの論駁』［IX. 45-46］）。この説明はエピクロスのテクストには存在せず、ルクレティウス［DRN. V. 1161-1193］を典拠にしているようである。Cf. Holger Essler, *Glückselig und Unsterblich: Epikureische Theologie bei Cicero und Philodem* (Basel: Schwabe Verlag, 2011), S. 178f.

（48）エピクロスは法（νόμος）に類した人間の約束事・とりきめの暫定的で試行的な性格を強調するために、θέσις; τίθημι の同族語を多用する。言語は「共同で設定されたもの（κοινῶς τεθῆναι）」、自然についての学説は「法則定立（νομοθεσία）」、正義は「契約（συνθήκη）」である。ルクレティウスは初期社会の成立を語った直後に言語の成立を説明している［DRN. V. 1011-1055］。エピクロス主義が言語と社会を同根とみなすことについては Victor Goldschmidt, *La doctrine d'Épicure et le droit* (Paris: Librairie philosophique J. Vrin, 1977), pp. 166-70 を参照。

（49）アリスティッポスが快楽信奉者であったことはたしかだが（クセノフォン『メモラビリア』［II. 1］）、キュレネ派を快楽主義の哲学学派として確立したのがアリスティッポスの同名の孫だとすると、エピクロスの存命期と重なる。コロテスはキュレネ派を自分の同時代人として論じている（プルタルコス『モラリア』［XIV. 1120C］）。Cf. A. E. Taylor, *Epicurus* (New York: Dodge, 1910), pp. 82-83 note 1.

（50）Cf. Victor Brochard, *Étude de philosophie ancienne et de philosophie moderne* (Paris: Vrin, 1954), pp. 269-70.「静的快楽」の主張はもっぱらキュレネ派との差異化が目的であった可能性がある。笹谷満『懐疑・言語・真理——ヘレニズム時代の哲学』（理想社、一九九四年）、二八三―八四頁参照。

（51）ストバイオス（『精華集』［III. 1. 210 = DK. Democritus. B191］）による「明朗闊達さ」の説明は、ラディカルな自然学的要素を捨象し、セネカ経由で混入したストア派の語彙が用いられるなど、ヘレニズム期ローマにおけるデモクリトス受容の特徴をよくあらわしている。オイノアンダのディオゲネスが建立した石碑の「明朗闊達さ」に言及した文言にも同じことがいえる。「多くのことをやりすぎず、やっかいなことには手を出さず、自分の力に余ることはあえてやらないことほど明朗闊達さを生みだすものはない。というのも、これらはすべて自然のうちに攪乱をもたらすものだからである」［frg. 113］。Cf. Warren, *Epicurus and Democritean Ethics*, pp. 33-36, especially p. 34 note 18; Konstan, *A Life Worthy of the Gods*, pp. 37ff.

（52）「肉体の健全な状態およびそれが持続するという確たる希望は、それを正しく思考できるひとにとっては、最高のもっとも確固とした悦びを含んでいる」（プルタルコス『モラリア』［1089D = Us. 68］）。

（53）Cf. Jacques Brunschwig, "The Cradle Argument in Epicureanism and Stoicism," Schofield and Striker, *op.cit.*

（54）Cf. John M. Cooper, *Reason and Emotion: Essays on Ancient Moral Psychology and Ethical Theory* (Princeton: Princeton University Press, 1999), chap. 24.

（55）Cf. Brochard, *op.cit.*, pp. 262–63, 273–74.

（56）Cf. Paul Rabbow, *Seelenführung: Methodik der Exerzitien in der Antike* (München: Kösel, 1954), S. 18ff.

（57）Pierre Hadot, *Exercices spirituels et la philosophie antique* (Paris: Institut d'Études augustiniennes, 1993), pp. 291–92.

（58）Cf. *ibid.*, pp. 36–38.

（59）デモクリトスでさえこう述べている。「食事、飲酒、性愛において適度を超過して胃から快楽を得るかぎりの者たちには、快楽はわずかしか存続しないものとなる。つまり、食べたり飲んだりするあいだしかつづかない。ところが苦痛はより多くのものとなる。なぜなら、いつも同じものにたいするこの欲求が存在し、かれらが欲求するものが生じても快楽はすぐに過ぎ去り、しかもそこには短い喜び以外にいかなる有用なものもないのに、また同じものが必要になるのだから」（ストバイオス『精華集』[III. 18. 35＝DK. Democritus. B235]）。

（60）『目的について』の当該箇所は正確にはこうなっていたという。「味覚で感じとれる快楽、朗読や歌におぼえる快楽、眼で心地よい動きとして知覚されるひとの姿形の快楽、またそれ以外の人間のあらゆる感覚において生じる快楽を除外してしまうと、善として理解しうるものをわたしはひとつも知らない。それどころか、精神の喜びのみが善であるともいえなくなる。というのも、いま数えあげたすべてのものを希望すること、そして、われわれの本性がそれらを獲得しようとするときに苦痛がないという希望をもつこと、これこそが精神の喜びだとわたしは考えるからである」（キケロ『トゥスクルム荘談義』[III. 41]）。

（61）ルクレティウスはそこに性愛の欲望と死の恐怖の共通点をみる [DRN. IV. 1141–1170]。死の恐怖が死を実際以上に恐ろしく感じさせ、不死なるものについて誤った観念を抱かせるのと同じように、性愛の欲望は相手を実際以上に美しくみせ、その幻想の他者と完全に合一することによってひとは可死なるおのれの条件を超出したいと願う。つまりふたつの情念は対象を過大評価させる点で同類である。Cf. James H. Nichols, Jr., *Epicurean Political Philosophy: The De rerum natura of Lucretius* (Ithaca: Cornell University Press, 1976), pp. 98–99.

（62）「あらゆる人間にとって、法と契約を共有できるすべての人間にたいしては、なんらかの正が、それゆえ人間が相手であるかぎりで友愛も、存在すると考えられる」（『ニコマコス倫理学』[1161b6–8]）。

(63) その具体例として「支配と王政（ἀρχῆς καὶ βασιλείας）」という文言が本文にあったかどうかは校閲者たちの意見が分かれるところである。ウーゼナーとベイリーは古注《スコリオン》として省いている。*Epicurea*, hrsg. Hermann Usener (Leipzig: Teubner, 1887; Dubuque: Brown Reprint Library), S. 72; *Epicurus: The Extant Remains*, trans. and Notes by Cyril Bailey (Oxford: Clarendon Press, 1926), p. 94. ヒックス、ロング、マルコヴィッチはかっこつきで本文に入れる。Diogenes Laertius, *Lives of Eminent Philosophers*, Vol. 2, trans. R. D. Hicks (London: Heinemann, 1950), p. 664; *Vitae Philosophorum*, Recognouit Breuique Adnotatione Critica Instruxit H. S. Long (Oxford: Clarendon Press, 1966), p. 560; *Vitarum philosophorum, Vol. I: Libri I-X*, edidit Miroslav Marcovich (Stuttgart: B. G. Teubner, 1999), S. 804. ミュール、ディアーノ、アリゲッティは無条件で本文中に入れる。*Epicuri epistulae tres et ratae sententiae e Laertio Diogene Servatae in usum scholarum, Accedit Gnomologium Epicureum vaticanum*, edidit Peter von der Muehll (Lipsiae: In aedibus B. G. Teubneri, 1922), S. 52; *Epicuri Ethica*, edidit adnotationibus instruxit Carlo Diano (Florentiae: In Aedibus Sansonianis, 1946), p. 13; *Epicuro Opere*, introduzione, testo critico, traduzione e note di Graziano Arrighetti (Torino: Giulio Einaudi Editore, 1973), p. 123.

(64) スピノザの法（lex）の定義にはその顕著な影響の跡が確認できる。「この法は、自然の必然性によるか、人びとのとりきめ（placitum）によるかのどちらかである。自然の必然性による法とは、事物の本性そのものまたは定義から必然的に帰結する法のことである。これにたいして、人びとのとりきめによる法とは、むしろ正（jus）と呼ぶのが適当であろうが、人びとがより安全で快適に暮らすために、あるいは他の理由から、自分と他人に課す法のことである」（『神学政治論』[IV, 57／(上) 一八九—九〇頁]）。Cf. Dimitris Vardoulakis, *Spinoza, the Epicurean: Authority and Utility in Materialism* (Edinburgh: Edinburgh University Press, 2020), pp. 110–11.

(65) ルクレティウスの類似の表現（nec laedere nec violari）[DRN. V. 1020] はそのラテン語訳である。Cf. Cyril Bailey, *Titi Lucreti Cari, De rerum natura*, Vol. 3 (Oxford: Clarendon Press, 1947), p. 1485.

(66) Cf. Charles H. Kahn, "The Origins of Social Contract Theory," *The Sophists and Their Legacy*, ed. G. B. Kerferd (Wiesbaden: Franz Steiner, 1981), p. 101; G. B. Kerferd, *The Sophistic Movement* (Cambridge: Cambridge University Press, 1981), chaps. 10 and 12.

(67) Cf. Leo Strauss, *Natural Right and History* (Chicago and London: The University of Chicago Press, 1953), pp. 82–90〔塚崎智・石崎嘉彦訳『自然権と歴史』（ちくま学芸文庫、二〇一三年）、一二一—一三一頁参照〕.

（68）人為の法の本質的な恣意性についてはアリストパネスの喜劇『雲』における邪論とそれに感化されたペイディピアデスの発言を［1421-1429］、また優者常勝を自然の法とする思想については、トゥキュディデスによって記録されたメロス会談におけるアテナイ使節団の主張を［V. 85-116］、それぞれ参照。

（69）レオ・シュトラウスはこの正義のコンヴェンショナリズムの推論を三段論法のかたちでつぎのように表現する。「すべてのひとは自然的に自分自身の善をもとめ、自分自身の善以外のなにものももとめない。しかし正義はわれわれに他人の善をもとめるよう命じる。したがって、正義がわれわれから要求することは自然に反することである」。Strauss, *op.cit.*, p. 106〔邦訳、一五二頁〕.

（70）Cf. *ibid.*, pp. 114-15〔邦訳、一六一―一六二頁参照〕.

（71）Cf. Philippson, *op.cit.*, S. 299f.; Paul A. Vander Waerdt, "The Justice of the Epicurean Wise Man," *Classical Quarterly*, Vol. 37 No. 2（1987）; Julia Annas, *The Morality of Happiness*（New York: Oxford University Press, 1993）, pp. 293-302; Antonina Alberti, "The Epicurean Theory of Law and Justice," *Justice and Generosity: Studies in Hellenistic Social and Political Philosophy, Proceedings of the Sixth Symposium Hellenisticum*, eds. André Laks and Malcolm Schofield（Cambridge: Cambridge University Press, 1995）; John M. Armstrong, "Epicurean Justice," *Phronesis*, Vol. 42 No. 3（1997）; A. A. Long, *From Epicurus to Epictetus: Studies in Hellenistic and Roman Philosophy*（Oxford: Clarendon Press, 2006）, pp. 189-93.

（72）ディオゲネス・ラエルティオスによれば、エピクロス的賢者は「どんな友人も見捨てることはない」［DL. X. 120a］、「友人のために命を捨てることもある」［DL. X. 121b］。

（73）Cf. Vander Waerdt, *op.cit.*, p. 421; Long and Sedley, *op.cit.*, pp. 134-35; Armstrong, *op.cit.*; Tim O'Keef, "Would a Community of Wise Epicureans be Just?" *Ancient Philosophy*, 21（2001）; Emily A. Austin, "Epicurus and the Politics of Fearing Death," *Apeiron*, Vol. 45 No. 2（2012）.

（74）ポルフュリオスの引用では法が「成文の法」、賢者は「謙虚なひと」となってトーンダウンする（『マルケッラへの手紙』［27］）。

（75）「正義と他の諸徳とのあいだには決定的な違いがある。思慮、節制、勇気はその自然的帰結をつうじて快楽をもたらすが、正義はそれに期待されている快楽――安全の感覚――をただ約束事にもとづいて生みだす。他の諸徳は、当人が実際に思慮のひと、節制のひと、勇気のひとであると他の人びとが承知しているかどうかにかかわりなく好ましい効果がある。だが正義は、当人が正しいひとだと思われるだけで好ましい効果がある」。Strauss, *op.cit.*, pp. 110–11〔邦訳、一五七―五八頁〕.

(76) フィロデモスはこう付言する。「実際にも哲学者のなかには、その生きかたや教えのゆえに告発された者、都市から、同盟都市からさえ追放された者、処刑された者がいて、ことごとく喜劇作家の格好の標的になったのに、エピクロスだけは自分と学派の真正なる教えにしたがってともに暮らす者たちのために堂々と身の安全を確保し、徳嫌いの傍迷惑な喜劇のむだ口の餌食にはならなかった」[col. 53. 1512–1531]。アウグスティヌス『神の国』[XVIII. 41. 2／(4)四六六頁]、ピエール・ベール『歴史批評辞典』の「ルクレティウス」の項 [IX, 520B-22A／(II)六〇九―一一頁] も参照。

(77) Cf. Bailey, *Epicurus: The Extant Remains*, p. 339.〈 〉内は古注。

(78) Cf. Diskin Clay, *Paradosis and Survival: Three Chapters in the History of Epicurean Philosophy* (Ann Arbor: University of Michigan Press, 1998), p. 70; Martti Leiwo and Pauliina Remes, "Partnership of Citizens and Metics: The Will of Epicurus," *The Classical Quarterly*, Vol. 49 No. 1 (1999); Warren, *Facing Death*, pp. 162–65.

(79) Cf. Leiwo and Remes, *op.cit.*, p. 165.

(80) 「インド人、ギリシア人、ペルシア人、回教徒たちなど、要するに階級の序列は信じても、平等と平等の権利など信じられていなかったところではどこでも、以前は哲学者たちのあいだで公教的なものと秘教的なものとが区別されていたものだ……」（ニーチェ『善悪の彼岸』[30＝KSA5, 48／II(2)六二頁]）。

(81) Cf. Hermann Usener, "Praefatio," *Epicurea*, S. xlii. エピクロスにおけるエソテリシズムの重要性を指摘するものに以下がある。 Wolfgang Schmid, "Epikur," *Reallexikon für Antike und Christentum*, Bd. 5 (Stuttgart: Hiersemann, 1950–), cols. 709–11; Diskin Clay, *Lucretius and Epicurus* (Ithaca: Cornell University Press, 1983), p. 57 and 297 note 5; Arthur M. Melzer, *Philosophy Between the Lines: The Lost History of Esoteric Writing* (Chicago and London: The University of Chicago Press, 2014), pp. 188–89.

(82) Cf. Warren, *Facing Death*, p. 191.

(83) これをベイリーは、世界に向けて宣告されるべきエピクロスの哲学との対照で他の哲学学派のエソテリシズムを批判したものと誤解している。Cf. Bailey, *Epicurus: The Extant Remains*, p. 387.

(84) Strauss, *op.cit.*, p. 113〔邦訳、一六〇頁〕. シュトラウス派のL・ランパートは、世俗内超越としての隠棲こそがエピクロスにとっての政治、すなわち「哲学のための政治」であったと主張する。Cf. Laurence Lampert, "Who is Nietzsche's Epicurus ?" *International Studies in Philosophy,* Vol. 24 No. 2（1992）, p. 105.

（85）ホッブズ『人間論』［XI. 6, 98／一五〇―一頁］およびラ・ロシュフコー『箴言集』［§81-83／三二―三三頁］を参照。エピクロス主義者は利己的快楽主義者であるが、友人との関係においては「利他的快楽主義者」になると解釈するものに以下がある。Cf. Henry D. Sedgwick, *The Art of Happiness, or the Teachings of Epicurus,* reprint edition（North Stratford, NH: Ayer, 1999）, chap. 13; Norman Wentworth de Witt, *Epicurus and His Philosophy*（Minneapolis: University of Minnesota Press, 1954）, p. 31; Phillip Mitsis, *Epicurus' Ethical Theory: The Pleasures of Invulnerability*（Ithaca: Cornell University Press, 1988）, chap. 3.

（86）「エピクロスの園」の入口には「客人よ、ここでならよい逗留ができよう。ここでの最高善は快楽である（hic summum bonum voluptas est）」と掲げられていたという（セネカ『ルキリウス宛の手紙』［21. 10］）。

II 城壁をめぐる攻防——ローマのエピクロス主義者たち

おれはエピクロスを堅く信じ、その説を奉じてきた。それがいまでは宗旨変えだ、前兆とやらも少々信じている。

シェイクスピア『ジュリアス・シーザー』

1 真正なる哲学 vs. 真の理論

紀元前二七〇年にエピクロスが没したのちの学園の消息については、ヘルマルコスが後継学頭となり、さらにそのあとをポリュストラトス、ディオニュシオス、バシレイデスなる人物たちが継承していったこと以外にほとんどなにも伝わっていない(1)。しかしそれら切れぎれの情報を繋ぎ合わせると、ギリシアがローマの支配下におかれたのちも帰依者をあつめつづける学派の健在ぶりが浮かびあがってくる。ハドリアヌス帝は先帝トラヤヌスの妃プロティナのもとめに応じて、エピクロス派の学頭が非ローマ市民を後継者に指名できるよう紀元後一二一年に法を改正し、マルクス・アウレリウス帝はアカデメイア派、ペリパトス派、ストア派と並びエピクロス派の哲学者を宮廷に召しかかえ、各派にたいして平等に年間一万ドラクマを下賜したと伝えられる(2)。そして三世紀当時のディオゲネス・ラエルティオスの証言を信じるなら、ほかの学派が絶えたのちもエピクロスの学園は存続し、優秀な学頭を輩出していたのである［DL. X. 9］(3)。

ライバルであったストア派の哲学が刻々変貌を遂げていったのとは対照的に、一哲学学派としてのエピクロス主義は始祖の死後もその教えを正確に堅持しつづけた。そこに宗教的教団にもつうじるカルト性――『主要教説』を典型とするプロポ形式の教義集を用いた教育方法、エピクロスの肖像や生涯の神聖視、入信の儀式、あるいは同信者相互の疑似家族的な関係――が大いに寄与していたことはたしかである。[4] だが入信者が途絶えることなく、またその教えがヨーロッパ各地に伝播していった最大の理由は、エピクロスの哲学が死の恐怖から人類を救済する福音的な性格をもっていたことにあった。かつてオイノアンダと呼ばれたトルコ内陸部リュキアで一八八三年に発掘されたハドリアヌス帝時代の碑文は、それを雄弁に物語っている。ディオゲネスと名乗る建立者は、全長八〇メートルにおよぶ巨大な壁状の石碑にエピクロスの著作の抜粋を刻ませ、死の恐怖という人類の宿痾の治療薬として道行く旅人と来たる将来世代とにPRしようとしたのである［frg. 3］。アテナイからはるか辺境の地に届いたエピクロスのメッセージは、「エピクロスの園」設立から四世紀を経てなお始祖の教えが驚くべき同一性を維持していたことを示すだけでなく、つぎのような「黄金時代」の記述があることでも知られている。

（あまねくわれわれが知恵に達することはあるまい。）それは誰にでもできることではないのだから。だがもしそういうことが可能なら、神々の生活が真に人間のものとなるだろう。というのも、あらゆるものが正義と友愛で満たされ、城壁（τείχος）も法（νόμος）も、つまりわれわれがおたがいのゆえにこしらえるものすべてが不要になるだろうからである［frg. 56. I. 1–12］。

「友愛（φιλαλληλία）」や「完全なる救い（διασώζω）」［frg. 72. III. 13］のような他のエピクロス主義文書にはみられない用語に彩られたこのユートピア思想は、エピクロス主義にやや遅れてローマの領内に燎原の火のごとくに広まった原始キリスト教との関連をうかがわせる。[5] ただし、城壁も法もない「神々の生活」に誘うディオゲネスの碑文が、国家の退場を論じるマルクス主義者のようにそれが訪れる日を歴史のかなたに遠望してみせたのだとしたら、誇大広告の気味があるといわねばならない。エピクロスが自分の教えを学ぶ者に約束したのは、神と同じ不死の存在になることではなく、「人間のなかの神のように（ὡς θεὸς ἐν ἀνθρώποις）」生きることであった［DL. X. 135］。この表現は、エピクロスの哲学で死の恐怖を克服した者にあってすら可死の存在という人類永遠の境涯は超克できないこと、またエピクロスを知る少数の賢者の周囲にいまだエピクロスを知らない多くの人びとがいることを暗示している。「その他すべてには安全を確保することができるが、死にかんしては、人間はみな城壁のない都市の住人である」［Us. 339］。それを理解しない大多数の人間は、「城壁」で死の侵入を防ぐことができると信じて疑わない。それゆえかれらは、ヘラクレイトスのいうように「城壁を守って戦うがごとくに、法を守るために戦わねばならない（μάχεσθαι χρὴ τὸν δῆμον ὑπὲρ τοῦ νόμου ὅκωσπερ τείχεος）」［DK. Heraclitus. B44］。エピクロス哲学の熱烈な信奉者であったディオゲネスがそのことを理解していなかったはずはないだろう。つまり公共の場に立つ石碑に刻まれたメッセージはアイロニカルに読まれなければならないのである。――もしすべてのひとがエピクロス的賢者になれば、法を含むいっさいの強制装置は無用のものとなるに相違ない。だがそのときが到来するまで、われら死すべき人間は「城壁」を必要とするのだ、と。(6)

一方、イタリア半島に伝わったエピクロス主義は、長編学問詩『事物の本性について』でエピクロス哲学を「真の理論（vera ratio）」［DRN. I. 51］と讃えたルクレティウス、カンパニア地方でエピクロス主義の哲学サークルを主宰したヘルクラネウムのフィロデモスとナポリのシロンを輩出し、カッシウスやL・カルプルニウス・ピソなど政治的有力者のなかにも信者があらわれた紀元前一世紀に最盛期を迎える。(7) そのなかにあってひとり徹底した反エピクロス主義プロパガンダを展開したのがキケロであった。それによると、共和政期ローマにあって「善く生きるという教え（bene vivendi disciplinam）」は卓越した指導者たちの生きかたに体現されるのみで、ソクラテスからアカデメイア派、ペリパトス派、ストア派に伝わった「真正の洗練された哲学（verae elegantisque philosophiae）」はいまだラテン語に訳されていなかった。その間隙をぬうようにして、平易なエピクロス哲学解説書をラテン語で大量に著したアマフィニウスやラビリウスらの「耳ざわりのよい快楽主義」がローマを席巻してしまったというのである（『トゥスクルム荘談義』［IV. 6–7］、『アカデミカ後書』［I. 5］、クィンティリアヌス『弁論家の教育』［X. 1. 124］）。

それでは「真正なる哲学《ウェラ・フィロソフィア》」とはどのような哲学をいうのだろうか。キケロの棹さすプラトン主義の伝統に尋ねることにしよう。プラトンは一般に流布している哲学のイメージをつぎのように提示している。

> ソクラテス、哲学というものはたしかに結構なものだよ、ひとが若い年頃にたしなむ分には。しかし必要以上に哲学にかまけていたら身の破滅になる。なぜなら、せっかくよい素質をもって生まれてきたのに、いい年齢をしてまだ哲学をつづけていたのでは、立派で優れた人間として名声をうたわれるために身につけておくべきことがすべて心得ないままになってしまうからだ。すなわち、そのような人間は都市に布かれた法律に疎くなり、公私を問わず人びととの交渉にどんなことばを用いねばならないかも心得ず、さらに人間がもついろいろな快楽や欲望にも無知な者となるからである。一口でいえば、人事百般にまるっきり心得のない者になってしまうのだ。そんな状態で公事や私事に手をつけてもものの笑いの種になるだけだろう。それはちょうど、思うに政治家たちがあなたがたの日常の談話や討論に加われば笑いものになるのとまったく同じことなのだ（『ゴルギアス』［484C–E］、『国家』［487C–D］）。

二世紀の著述家ゲリウスは『アッティカの夜』にこの一節を引き、それが「真正なる哲学」のなんたるかを知らない者による哲学批判にすぎず、哲学者を無益な思弁に耽って公共のことがらを顧みない人種と誤解したものだと主張している。

……プラトンはこうした感情を、およそ取るに足らないとはいえ、良識と知力に加えて妥協を知らないある種の率直さで定評のある人物に語らせた。もちろんプラトンがいうのは、あらゆる徳の教師である哲学、公私いずれの義務もはたして比類がなく、それゆえに邪魔だてさえなければ、都市でも国家でも断固として果敢に、また知恵をもって治めるあの哲学のことではない。むしろ、生をまっとうし導くのになんら裨益しない些事にむやみと子どものように執着することをいっているのだ。だが、そうして「時ならぬおふざけ」に耽って大人になるこの手合いが俗衆から哲学者とみなされており、わたしが引用したことばは、やはり哲学者をそのような人びととみなす人物の口から発せられているのである〔X. 22. 24〕。

「真正なる哲学」と「偽りの哲学」はたんに知恵の有無や程度によって区別されるのではない。知恵を徳に変え、善き生を私事にとどめず公共のことがらとして追求するところが「真正なる哲学」の真正たるゆえんであり、それがキケロの哲学観の根底にあることは『国家について』の冒頭で明らかにされている。「……徳は、それを用いなくても、ある種の技術のように所有するだけで十分というものではない。技術はそれを用いないときでも知識そのものによって保持できるが、徳はひとえにその活用にかかっている。そしてその最たるものが国家の指導であり……」〔I. 2〕。だが、哲学者のパブリック・イメージが「俗衆」の誤解に発していることを強調するゲリウスは、「偽りの哲学／真正なる哲学」の区別自体がプラトン主義に起源をもつことをはからずも暴露している。この「真正なる哲学」の優位にギリシアで最初の反旗を翻したのが、「隠れて生きよ」と説いて哲学者の国政関与を戒めたエピクロス主義にほかならない。「賢者は時勢とやむをえない事情によって強いられないかぎり国政にまったく関与しないだろうというかれらの留保を、いったい誰が是認するだろうか」(8)（『国家について』〔I. 10〕）とキケロが揶揄し、「邪魔だてさえなければ、都市でも国家でも断固として果敢に、また知恵をもって治めるあの哲学」を知らない人びととゲリウスが嘲るのは、もちろんエピクロス主義者たちのことである。おそらくそれを読む者は、同胞ローマ人のためにエピクロスの「真の理論」をラテン語で解説したルクレティウスの一節をただちに想起したであろう。

大海原で嵐が波をかき立てているとき、陸のうえから他人の苦労を眺めるのは愉しい。他人の困難が心地よく愉しいのではなく、自分はこの不幸に見舞われていないと自覚するから愉しいのである。平原に広がる戦争の大合戦のもようを、自分ではその危険にさらされずにみるのも愉しい。とはいえ、なにより愉しいのは、賢者の学問で築き固められた平穏な殿堂にこもって、高所から人びとを見おろし、かれらが人生の途をもとめて彷徨い、あちらこちらと踏み迷っているのを眺めていられること、才能や生まれのよさを競いあい、日夜はなはだしい辛苦を尽くして権力の高みに昇りつめ、あるいは富のかぎりを手に入れようとあくせくするさまを眺めていられることである［DRN. II. 1-13］(9)。

共和政期のローマでエピクロス主義が流行したのは、快楽の思慮的追求を旨とするそのプラグマティックな生活術的道徳観が実際的なローマ人の精神と文化に適合したからかもしれないし(10)、共和政から帝政への体制転換にともなう混乱と暴力に倦み疲れた人びとの魂には、心の平静《アタラクシア》をもとめるエピクロス主義を筆頭に、概して「健康な感覚的英知を説く気持ちのよい学派」（ペイター『エピクロスの徒マリウス』［VIII. 143-44／(3)九六―九七頁］）がよく訴えたことも否定できない。しかし、そのようなもっぱら非政治性によって際立つエピクロス主義こそ、実はキケロ作品に代表される反エピクロス主義言説により「偽りの哲学」として表象され、人口に膾炙したイメージであった可能性がある。ローマのプラトン主義者たちがエピクロスの哲学のなかにきわめて危険なものをみてとったことは明らかであった。ならばかれらはなにをエピクロスの哲学から護ろうとしたのか、そしてこの哲学的攻防戦はどのように決着したのか。エピクロス主義とプラトン主義をローマでそれぞれ代弁したルクレティウスとキケロの対決を中心にみてみよう。

2　ルクレティウスの『事物の本性について』

ヒエロニュムスがエウセビオス『年代記』のラテン語訳に付した補注に、オリュンピア暦一七一年（紀元前九四年）のできごととして「詩人ティトゥス・ルクレティウス誕生。のちに媚薬を飲まされ狂気に陥ったが、錯乱の合間に多くの著作をものし、後年キケロが編集の手を入れた。四四歳で自死する」〔II. interpretes. 1920〕と記して以来、謎に包まれたその生涯は後世の文人たちの想像力を大いにそそってきた[11]。同時代のエピクロス主義サークルとの交流を示す証拠もなく、完全に孤立した存在のようにみえる一方、アウグストゥス帝時代に早くも古典として認知され、ウェルギリウス、オウィディウス、ホラティウスら文芸黄金期の名だたる詩人の作品には、ルクレティウスの「ほぼ完全な引き写し」が多々みられる（ゲリウス『アッティカの夜』〔I. 21. 7〕、マクロビウス『サトゥルナリア』〔VI. 1: 2; 4〕）。

カルプルニウス・ピソの庇護をうけたフィロデモスに自然学を講じた著作がないことは、ローマのエリート層がエピクロス主義に寄せた関心の性質を暗示する。それとは対照的に、ルクレティウスにとってエピクロスの哲学は、「自然は自由であり、傲慢なる主人に左右されることなく、それ自体で自由勝手な独立行動をとっていて神々とは関係がない」〔DRN. II. 1090-1092〕と謳われるそのラディカルな自然哲学ゆえに「真の理論」と称されるのであり、『事物の本性について』もこれにならって自然をなにものかの象徴としてではなく、それ自体の運動と生成のメカニズムの観点から記述している。詩人シュリ・プリュドムは「韻文を思想にしたがわせる秘訣」を訊きだすためにそれを仏訳したが（『事物の本性について第一巻』緒言［I］）、哲学者たちは「神を奪われた自然と世界を奪われた神」（マルクス「エピクロスの哲学」［XL. IV. 4. 171／(40)一二六頁］）を説明する自然主義哲学そのものに魅了されてきた。「事物そのものが詩をもつ」ことをあますところなく明らかにした「この洞察の崇高さのまえでは、どんな形態の悲愴な錯誤も陳腐でわざとらしくみえる。幼稚な心にとって唯一可能な詩である神話も、これにくらべれば下手なレトリックにしか聞こえない」（サンタヤナ『三人の哲学的詩人』［II. 34 and 35-36］）のである。

ルクレティウスによれば、エピクロスの哲学は自然の諸事象の真因を明らかにし、誤った宗教の軛《くびき》から全人類を解放する福音であった。

> 天空のいたるところに顔をのぞかせ、恐ろしい形相で人類をうえから威《おど》しつける重苦しい宗教（religio）[12]に圧迫され、人間の生活が地上を這いずりまわり、誰の目にも見苦しく映っていたそのときに、はじめてギリシア人の死すべき一介の人間が目をあげ、不敵にもこれに反抗した。かれこそはこれに逆らって立ちあがった最初のひとである。神々のことを語る神話も、電光も、雷鳴で脅す天空も、このひとを抑えつけることはできず、かえってその精神の烈々たる気迫をますますかきたてた結果、人間としてはじめて自然の扉の堅い閂を破り除くことを望ませるにいたった［DRN. I. 62-71］。

トロイアに向かう艦隊の出帆をまえにアガメムノンが娘イピゲネイアをアルテミス神の祭壇で犠牲に捧げた故事を取りあげて、「宗教はかくもはなはだしき悪事を為さしめえた（tantum religio potuit suadere malorum）」［DRN. I. 101］と喝破する第一巻は、後世の宗教批判の試みすべての範となった[13]。つづく諸巻でルクレティウスはエピクロス哲学の主たる教義を順次解説していく――神々はわれわれ人間の行く末には無頓着である［DRN. II. 644-660］。宇宙は無限に広がる空虚とそのなかを落下する無限個数の原子からなり、万物はその原子の偶然的な結合からできている。

それゆえ世界は複数ありえるが、どれひとつとして永遠ではなく、いつの日かかならず終末を迎える［DRN. II. 1048-1066］。人間の肉体のみならず魂もまた原子の合成体であり、したがって解体可能であるがゆえに不死ではない。死の国《タルタルス》も冥府《アケロン》も地獄の犬《ケルベルス》もすべて人間の恐怖がつくりだした迷信でしかない［DRN. III. 978-1023］。ケンタウロスのイメージや夢にみる死者の姿は、事物の表面から剝離した原子が膜状になって眼にとどく映像《エイドーラ》の理論により合理的に説明可能である［DRN. IV. 722-776］、……。

エピクロスの忠実な徒を自称して、その教えの解明に成功したことを誇っても独創を気どることはないルクレティウスだが、[14]『事物の本性について』のなかにはエピクロスが明示的には語らなかったか少なくとも伝存するテクストに記されていない思想がいくつかあり、いずれも散逸した主著『自然について』に詳述されていたものと考えられている。そのなかから、以下ではエピクロス主義の文明観および政治社会観が展開される第五巻の世界誌《コスモグラフィア》［V. 925-1457］を取りあげよう。

仮に『事物の本性について』が『自然について』の内容に忠実であるとしたら、[15]文明社会を確立する以前の人間の生活をエピクロスは単純に「野獣じみた」悲惨な状態とは考えていなかったと信じてよいことになるだろう。[16]かれらは「自然で必要な」欲望のみを満たし、不必要な欲望を欠いていた。夜陰を恐れず、仲間が野獣に襲われて落命しても自分の死に思いを馳せることはなかった。「共同の幸福を考えることすらできず、相互のあいだに習慣や法を実施する術も知らなかった」［DRN. V. 958-959］が、たがいにいたわりあいながら、簡素で粗野ではあるが平和な生活を送っていた。やがて人類は火の利用をおぼえ、家族を形成し、言語を獲得することによって穏和になり、「たがいに害をあたえたり暴力を受けたりしない（nec laedere nec violari）」ことで合意して絶滅を免れるにいたった［DRN. V. 1011-1027］。しかしこの平等主義的な黄金時代はやがて終焉を迎える。所有が豪奢への欲望をつのらせ、分配の必要が支配を生み、美貌・力・才知のような天与の資質よりも富や財貨の多寡が重要視されるようになると、人間は他者への優越をもとめて際限のない野蛮な競争に駆られていった。そして圧倒的な富・名声・勢力の獲得が人間相互の関係で安全を保証するかにみえたとき、人類は残酷な復讐に見舞われる。

> ときに羨望がいわば雷電のように絶頂から打ちおとし、侮蔑を加えて忌まわしい死の国に陥れてしまう。羨望は雷電に似て、頂上にあるものを、またなんであれ他より上位にあるものを通常焼きつくすものだからである。それゆえ、権力を握って国を支配したり、王国を握ったりすることを望むよりは、平和を得ようとすることのほうがはるかにましである。だから野望の狭い道で苦闘し、困憊しきって、いたずらに血の汗を流す者にはそうさせておくがいい。こうした輩は他人の口によって賢く、自分の考えでなく受け売りの話でものごとをおこなおうとする者であるから［DRN. V. 1125–1133］。

こうして剝きだしの力が支配する生活に倦み疲れた人間は、みずから定めた法に処罰の恐怖から服するようになり、天空の諸事象を引きおこす不可視の力を神々と呼んでその善意をひたすら乞い願った［DRN. V. 1175］[17]。他方で冶金・農業・航海などの技術を手に入れ、かつて自分たちを餌食にした野獣を飼い馴らしたが、その結果、戦争はより残虐で大規模になっていった［DRN. V. 1297–1349］。

文明生活の起源にかんするルクレティウスの疑似歴史的説明は、エピクロス主義の正義論を理解するにあたってある重要な示唆をあたえてきた。「たがいに害をあたえたり受けたりしないこと（τὸ μὴ βλάπτειν ἀλλήλους μηδὲ βλάπτεσθαι）から得られる利益をあらわす符合」［DL. X. 150］とエピクロスが定義した「自然の正義」は、すでにある程度の文明生活（「小屋、獣皮、火」）を営みはじめて「柔弱になった（mollescere）」［DRN. V. 1014］人類が、弱者（「子どもと女たち」）を保護するために結ぶ社会契約とみなされる[18]。しかしこの人類史の記述全体を進化論的な適者生存のロジックで解釈し、またそれをエピクロス主義一般の社会・政治思想へと拡大適用することには無理がある。少なくともルクレティウスは、文明が発明したさまざまなテクノロジーのもたらす便益が人類の享受する真の快楽の増大に貢献したとは考えていない［DRN. V. 1430-1435］。文明化にともない人類が経験した堕落——その原因をルクレティウスは「金と銀」（豪奢）にもとめ、ルソーは「鉄と小麦」（冶金と農業）にみる（『人間不平等起源論』［II. 171／⑷九七頁］）——は、むしろそれが火よりも先に鎮めなければならないとヘラクレイトスのいう傲慢《ヒュブリス》の物語［DK. Heraclitus. B43］、あるいは旧約聖書的な楽園喪失譚の一変種として理解されるべきものであることを示している。

　ルソーとの比較はここでも有益である。原初の人類は生存に必要な自然的欲望のみに突き動かされ、不必要でむなしい欲望やいわれなき恐怖とは無縁な「幸運なる無知」ゆえに幸福であったが、この素朴な生活の安らぎも「新しさ」のまえでは色褪せ、進歩の鉄輪に蹂躙されてしまう［DRN. V. 1412-1415］。だがルクレティウスにとって政治社会成立以前の人類の生活は、ルソー的な「自然状態」では断じてありえなかった。もっとも幸福で自然にかなった生活とは、自然にかんする真の知識にもとづいて「自然で必要な」欲望が満たされた哲学的生活にほかならず、それはまたある程度の豊かさと文明の賜物である余暇や平和なしには不可能だからである［DRN. VI. 1-6］[19]。つまり文明化は人類にとってアンビヴァレントなのであり、所有の快楽、豪奢の快楽、支配の快楽をもとめる「自然でも必要でもない」欲望を増殖させる一方、そのむなしさを知って真の快楽を思慮的に選択する理性《ラティオ》もやはり文明化の所産であった［DRN. V. 1448-1457］。

　そこにさらにエピクロス主義的な色彩を加えているのは、「城塞（urbis arx）」としての文明というメタファーである［DRN. V. 1108］。かつて人類がこの世界を安定して堅固なものと信じることができたのは、「燃えあがる世界の壁（flammantia moenia mundi）」によって保護された有限の宇宙に生きていたからであった[20]。しかし太古の純真さと引き換えに知恵を獲得した人類は、単純で幸福な生活を約束していた「世界の壁」への無垢なる信頼を失い、はじめて自分の可死性に直面し恐怖をおぼえるようになった[21]。そのような境涯からの解放をもとめて、人間はみずからの周囲に強制的な社会を「城壁」として張りめぐらし、また全能にして善なる神々を信仰することでみずからを慰めた。要するに正義、法、宗教、技芸は、かつて人類を無限の深淵から保護していた「世界の壁」の薄い膜の代用品なのである。(22)『事物の本性について』はアテナイを襲った疫病の惨禍で全巻の幕をおろす［DRN. VI. 1138-1286］。病に斃れた者のみならず、生き残った者をも見舞った過酷な運命を記してトゥキュディデス（『歴史』［II. 47-54］）以上に悲惨なその描写は、都市の文明生活が死をまえにしてまったく無力であることを証している。それはまた、創造と愛と生の女神ウェヌスへの祈りをもってはじめた循環的世界の神話を完結させるために、詩人が破壊と争いと死の神マルスを呼びだして釣合いを保とうとしたかのようである（サンタヤナ『三人の哲学的詩人』［II. 39-42］）。

失われた「世界の壁」を再建しようとする宗教《レリギオ》は、人類の救済策であるどころか、むしろそれ自体があらたな恐怖の源泉となるだけであった。ルクレティウスによれば、真の救済をもたらすのは哲学、それもひとりエピクロスの哲学だけである。「空間のひろがりがこの世界の壁を越えて無限に広大であるとすれば、その先にはいったいなにがあるのかを心はあくまでつきとめようとする。精神はそれを望見してやまず、われわれの心の自由な飛翔はどこまでも天翔けていく」［DRN. II. 1044-1047］。

神のごとき叡智から迸りでるあなたの理論が、万物の本質を宣言しはじめるやいなや、たちまちにして精神の恐怖は飛び失せ、世界の壁は開き、全空間にわたって活動の起こっているのがわたしには見えてくる。……このために生じる一種神聖な喜悦が、また戦慄がわたしを捉える。ひとえにあなたの力によって自然がかくも明らかにされ、くまなく姿を露呈するにいたったからである［DRN. III. 16-30］。

この哲学が開示するのは、文明によってわれわれ人類から遠ざけられ隠されてしまった裸形の真理である。この世界、そのなかのあらゆる事物、そして生きとし生けるものすべては、どれひとつとして理性的な存在根拠をもたない偶然の産物であり、空虚のなかを等速でどこまでも並行落下する原子同士の予期せぬ衝突から誕生して、いずれは解体しふたたび虚空のなかへと消滅していく。「世界の壁」を失った人間はいまや「無限の空間の永遠の沈黙」（パスカル『パンセ』［B206＝L201＝S233］）のなかに放擲されており、神々はたとえ実在しても人類のおこないや行く末にはいっさい無関心である。「人間はみな城壁のない都市の住人である」。真の哲学者とはこの過酷な真理に耐えられる者、そこに真の救済をみて快楽すらおぼえ、心の平静を得る者、「これらの無限の空間の永遠の沈黙はわたしを恐れさせる（m'effraie）」どころか「わたしを安らがせてくれる（m'apaise）」とつぶやく者をいうのであった。(23)おそらくはかつて死の国の幻影に恐れおののくひとりであったルクレティウスは、宗教的回心者がおぼえる法悦のなかで覚醒し、エピクロスの救いの道を万人に説くことをみずからの使命と見さだめたのだろう。(24)

だが大多数の人間にとって、世界のまったき無根拠性を説くこの「真の理論」は現世の法の処罰と神々の怒りよりもさらに大なる恐怖を呼びおこす。エピクロスの簡潔な散文ではなく、エンペドクレスの哲学詩をモデルとした六脚律《ヘクサメトロス》の詩型が採用されたのはそのためであった。苦く嫌悪をもよおすニガヨモギの汁を子どもに薬として飲ませようとする医者は、杯の縁に甘い蜜を塗ってごまかす。詩はちょうどそれと同じはたらきをするのである。

この理論は慣れていない一般の人びとにとってはむずかしすぎるかもしれないし、世人はこれに尻込みする。そこでわたしは、ことば甘き詩神《ピエリス》の歌によってわれらがこの理論を君に説きあかしたいと思った。そして事物の本質がすべていかなる姿をとっているかを君が了解してくれるまで、この説きかたを用い、いわば詩という甘い蜜の味を効かせて君の心をわが詩に繋ぎとめておければ、と考えたのである［DRN. I. 943-950; IV. 11-25］。(25)

たとえばルクレティウスは、第二巻で大地の生成と構造を原子論的に説明したのち、これを大地の女神キュベレ——その像の頭部は城壁をかたどった冠で飾られ、都市の守り神としてローマ民衆に信仰されていた——の物語に結びつけ、家族や同胞市民のあいだの絆に宇宙論的な説得力をあたえようとする［DRN. II. 600–643］[26]。このやりかたが、「賢者だけが音楽や詩の創作について正しく論じることができるだろうが、賢者は自分で実際に詩をつくることはないだろう」［DL. X. 121b］と述べたエピクロスの教えと齟齬することを指摘する論者は多い[27]。だがルクレティウスの反駁を企てたポリニャックですらその甘美さと崇高さを妬んで模倣したように（『反ルクレティウス』［I. 50–51; III. 42–57］）、詩は哲学的説得の常套手段であり、『事物の本性について』こそは古代におけるその頂点であった。

レオ・シュトラウスは哲学と詩の違いをつぎのように説明する。「哲学はもっとも根ぶかい痛みを生むといってよい。心地よいまやかしから生じる心の平安と、不快な真理から生じる心の平安のどちらかを選ばなければならない。哲学は世界の壁の崩壊を予期しつつ、世界の壁を突き抜けて世界への愛着を捨てる。この放棄はきわめて痛ましいものである。他方、詩は宗教と同じくこの愛着に根ざしているが、宗教とは違って離脱に役立てることができる。詩は前哲学的な愛着に根ざし、この愛着を強化・深化させるがゆえに、哲学的詩人は世界への愛着と世界からの離脱への愛着とを繋ぐ完璧な媒介者なのである[28]」。ただし詩というアートは、「ふつうの人間が真なる教説を受け入れるのを妨げる種々の感情についての深い理解を前提とする」。苦い薬を詩や神話のオブラートで包んで「子ども」に飲み込ませるやりかたは、『事物の本性について』の直接の名宛人であるメンミウスのような非哲学的人間にはたしかに似つかわしい。だがこうして苦みを緩和された哲学による宗教批判こそが、現世の社会にもっとも大きな災厄をもたらすのである。キュベレ信仰につづけて神々の無関心について聞かされるわれわれは、「もし祖国愛や父祖への敬愛の欠如を罰する神々を信じなくなったら非哲学的な多数者がどんなふるまいにおよぶか、という問題のトゲが刺さったままになる。とくに、ルクレティウスが首尾よくメンミウスをエピクロス主義に宗旨変えさせることができたとして、メンミウスの祖国愛や国家繁栄への関心になにがおこるかわかったものではない[29]」。

宗教の評価をめぐるエピクロス主義内部の緊張はここに根ざしていた。エピクロスは自分の帰依者たちに宗教上のしきたりを軽んじてかまわないとは教えず、かえって真の賢者は都市の公共祭祀に連なり、神々の像を奉納するべきだと説いた。だが宇宙の本性を開示するエピクロスの「真の理論」を万人救済の唯一の道と信じるルクレティウスは、ローマの宗教的慣行をすべて愚かしく無益な迷信とみなしてこれを唾棄する。

いくら頭をヴェールに包んで石像に向き直ってみせても、祭壇とみるや駆け寄っても、いや、いくら神々の社殿のまえで掌をひろげて地に投身平伏し、犠牲獣のあふれる血を祭壇に注ぎ、誓いに誓いを重ねても、それで敬虔なわけではけっしてない。敬虔とはむしろ心を平静に保って万物を観照できることをいうのである〔DRN. V. 1198-1203〕[30]。

みずから築く「城壁」に保護されたこの世の生を最善と信じ、その偽りの救いに甘んじるのか、それとも、エピクロスの「真正このうえない理論」(ratio verissima)」〔DRN. VI. 80〕にしたがって醜く苦い真実の救いにいたるのか。『事物の本性について』は読む者すべてをこの過酷な二者択一のまえに立たせ、蒙昧からの覚醒を迫る。しかし、この古代の啓蒙の試みがその成否をはかるための適切な文脈を見いだすにはなお十余世紀を待たねばならず、ルクレティウス自身が願った同時代への効果は疑わしかった。のちにカエサルとの政争に敗れアテナイに亡命したメンミウスは、メリテ区にあるかつてのエピクロスの地所を手に入れ、廃墟と化したエピクロスの家屋を撤去しようとしたからである。学園を当時率いていたパトローンの嘆願に応じてメンミウスを思いとどまらせようとしたのは、ローマにおけるエピクロス主義批判の急先鋒と目されていたキケロであった[31]。

3　キケロのエピクロス主義批判

キケロの主要対話篇には当時の代表的なエピクロス主義者が登場し、原子論にもとづく神々の解釈（『神々の本性について』のウェレイウス）や最高善の快楽主義的な理解（『善と悪の究極について』のアッティクスとトルクアトゥス）を披露しては、それぞれに対応するストア派の教義と比較され論破される。だがこのエピクロス主義批判は明らかに公平を欠いており、当否が疑問視されるだけでなく、[32] 意図にそもそも不可解な点が多い。たとえばキケロはアマフィニウスらの快楽主義が猖獗をきわめることを嘆いていたが、これは通俗的なエピクロス主義と本来のエピクロス哲学の区別を暗示こそすれ、両者を同一視するものではない。事実、若き日に遊学先のアテナイで当時のエピクロス派学頭であったシドンのゼノンの講義を聴き、ナポリのシロンやヘルクラネウムのフィロデモスとも親しく交流したキケロは（『トゥスクルム荘談義』[III. 38]、『善と悪の究極について』[I. 16; II. 119]）、アマフィニウス一派によってラテン化される以前のエピクロス哲学について十分すぎるほどの知識をもっていたと考えられる。そしてそのなかには、ルクレティウスの『事物の本性について』を頂点とする自然学的エピクロス主義があってしかるべきだが（『善と悪の究極について』にはそれをうかがわせる箇所が多々ある）、キケロは自作でルクレティウスの名前をあげたことはなく、その存在を意図的に黙殺しているようにすらみえるのである。[33]

人類を死の恐怖から解放しようとするエピクロス主義を本質的に平等主義的な志向をもつ哲学と解釈し、その観点からデモクラシーや原始キリスト教との親和性を指摘する論者は、貴族政志向のプラトン主義者キケロにとって、エピクロス主義はポピュリズムを助長する危険な政治運動以外のなにものでもなかったと説明してきた。[34] しかしギリシアの都市が崩壊したのちに登場したヘレニズム期哲学のご多分にもれず、エピクロス主義と特定の国制との結びつきはそもそも偶然的でしかないばかりか、哲学的にラディカルな本来のエピクロス主義はおよそいかなる体制にとっても危険であったというべきだろう。「自然」への回帰を主張する哲学諸派が一様に現実否定傾向を強めるヘレニズム期にあって、この「自然」に即した生を宇宙大の道徳的秩序への帰属にもとめたストア派とは対照的に、エピクロス主義はあくまで極私的な快楽を追求することが人間の「自然」にかなっていると主張し、哲学的隠棲生活をよしとした。キケロもまた「隠れて生きよ」のモットーに象徴される非政治性をエピクロス哲学の本質的要素とみなして、それがローマの有能な人士を公職から離反させかねないことを再三危惧している。(35) 前四四年のカエサル暗殺を頂点とする政治の季節の到来とともにローマのエピクロス主義が退潮に転じていったことも、この診断の正しさを裏づけるようにみえる。

プルタルコスの『ブルトゥス伝』には、エピクロス主義に特定の国制への選好がないことに加えて（『ブルトゥス伝』は支配（ἀρχή）に憤慨し、カッシウスは支配者たち（ἄρχων）を憎悪した」［8.3］）、合理精神にもとづく徹底した迷信否定がエピクロス主義の特徴であることを暗示した箇所がある。四四年三月一五日のカエサル暗殺が予言者によって警告されていたにもかかわらず決行されたのは、首謀者カッシウスが夢にあらわれる前兆やひとの姿をもつ神々を幻とみなしたからであり、そのカッシウスがピリッピの戦いで敗北したのは、アントニウスおよびオクタウィアヌスとの決戦をまえに自説を枉《ま》げ、凶兆を信じて神々に生贄を捧げる因習的な儀式を執りおこなったからであった（『ブルトゥス伝』［37.1-3, 39.1］、スエトニウス『皇帝伝』［I.81］）。「エピクロスはこの種のばかばかしい夢占いをきわめて機智に富んだ議論で断罪している」（ペトロニウス『サテュリコン』［104.3-4］）のであり、カッシウスはその中途半端なエピクロス主義によって自滅したのだといえる。

キケロのエピクロス主義嫌いも当時の社会情勢からだけでは説明できない。独断を排するアカデメイア派の懐疑主義を所与のものとすれば――キケロはその信奉者を自称している（『トゥスクルム荘談義』［V.83］）――同断であるはずのエピクロスの哲学とストア派の哲学をことさら図式的に対比するその真意を探るとき、透かしみえてくるのはむしろキケロの奇妙なアンビヴァレンスである。

　エピクロス主義と入れかわるようにしてローマ政界に浸透したストア派の哲学、とくに自然法の理論が、ストア派本来のラディカルな「自然」の哲学ならぬその通俗版であったことをキケロ作品は明らかにしていた。『法律について』に登場するエピクロス主義者のアッティクスは、キケロの説くストア派の理論に同意する。だがそれはあくまで政治社会と調和するパナイティオスやポセイドニオスの穏和な自然法の理論であり、現存するいかなる国家の要求とも両立しえないばかりか、およそ非人間的ですらあるキュニコス派的＝原ストア派的な「自然」の教義――アンティステネスのあまりにも峻厳な「徳」の観念、キティオンのゼノンがいう賢者の「絶対的支配」、死者の肉を食べることを許すクリュシッポスの「正義」［DL. VI. 14; VII. 122, 188］――ではなかった。しかもアッティクスが自然法の理論に同意したのは、哲学者としてそれを真理とみとめたからではなく、「国家を確立し、法を強化し、国民を健全なものにすることを目指す」（『法律について』［I. 37, III. 14］）かぎりでこの理論が政治的に有益であることをみとめたからでしかない[36]。キケロ自身はこの議論の立てかたを「古いアカデメイア派」、つまりプラトンにならったものだという。なぜなら、自然に即した生活だけを善とするストア派とは異なり、プラトンにとってはそのような生活を可能にするものすべてが善とみなされるからである［I. 54］。同様に、『国家について』第三巻でスキピオが支持したラエリウスのストア派的な正義の教えも［III. 33-41］、いわばその「公教的《エクソテリック》なヴァージョン」でしかなかったとレオ・シュトラウスは解釈する。

　都市を導こうとする哲学者は、都市に有益で役立つには知恵の要求が制限され薄められねばならないことをあらかじめ知っている。もし知恵の要求するものが自然的正や自然法と同じなら、自然的正なり自然法は希釈され、都市の要求と両立できるものにならなければならない。……市民生活は、約束事にすぎない正によって自然的正が希釈されることをもとめる。自然的正は政治社会にとってダイナマイトの役割を果たすだろう。別言すれば、端的に善きもの、つまり自然によって善きものであって先祖的なものとは根本的に異なるものは、政治的に善きものへと、すなわち端的に善きものと先祖的なものをいわば足して二で割ったものへと変形されねばならない(37)。

正義の理解をめぐってはたしかに真っ向から対立する関係にある本来のエピクロス主義とストア派も、「希釈されない」哲学としては実に多くのものを共有していたことを想起しよう。知恵こそが自然に即したもっとも幸福な生活をもたらすこと、そしてまさしくこの人間的完成を達成する見込みにおいて人びとがけっして平等ではないことをみとめる点で（『善と悪の究極について』［IV. 56］）、ふたつの哲学学派は一致する。さらには、現実の都市の正義がいわば集合的利己心の産物以外のなにものでもないという認識や、約束事に縛られた多数者の生活への軽蔑さえ、もともと両派は共有していたといってよい。したがってキケロの図式におけるエピクロス主義とストア派の対比は、相矛盾するふたつの哲学教説間の抗争ではなく、「希釈されない」哲学と都市の要求を受け入れ「希釈された」哲学の、それゆえ哲学そのものと都市そのものの抗争をあらわしている。そしてエピクロス主義者の主張がストア派によって論破されるのは、スキピオ・サークルの一員たる政治家にしてアカデメイア派の哲学者でもあったキケロが、カルネアデスよろしく名裁判官ぶりを発揮した結果とみるべきなのである(38)。だからといって、キケロ自身がアッティクスやウェレイウスらエピクロス主義者に内心与しており、快楽こそが最高善で、神々は人間のおこないにいささかも関心を寄せず、正義はコンヴェンショナルなものだと考えていたということにはもちろんならない。確実にいえるのは、すべての宗教を根こそぎにするというコッタのエピクロス主義批判が（『神々の本性について』[I.115, 121])、ルクレティウスにはあてはまってもエピクロスそのひとには妥当しないということである。(39) キケロが黙して語らないその真意は、同時代人のウァロが率直に代弁している――都市は宗教の問題にかんして欺かれているのがよい。哲学者の「自然神学」は四囲を塀で閉ざした学園のなかでだけ論じることを許され、広場で公言して民衆の耳に入るようなことがあってはならない(アウグスティヌス『神の国』[IV.27, 31-32; VI.5])。

だがこれは、自他ともにみとめるエピクロスの徒ルクレティウスよりも、反エピクロス主義の旗手キケロのほうが実はエピクロスのよき理解者であり、その教えを少数の注意ぶかい読者に伝えようとしたという結論を導くのだろうか。キケロの説く自然法思想に同意するアッティクスは、プラトン『国家』第一巻に描かれるトラシュマコス――ソクラテスに論破されたわけでもないのに自分の非をさとって沈黙する[336B-354C]――に似ている。哲学が対話篇という文学形式を利用し、しばしば一登場人物の口を借りて危険な教えを語ってきたことを想起するなら、キケロの対話篇でエピクロス主義者にその役割が割り当てられている可能性は十分にある。だがそれはどこまでもプラトン主義的な「真正なる哲学」の意匠のもとに馴致されたエピクロス主義でしかなく、ルクレティウスの崇める「真の理論」にはなおほど遠いものであった。エピクロス本来の哲学が堅く重い軛から解かれてふたたび歴史の表舞台に登場するのは、かなりのちのことである。いまは、「真正なる哲学」がキケロのアンビヴァレンスをかなぐり捨てたときなにが起こるかを一瞥しておこう。

4　真正なる哲学としての法律学

エピクロス主義にたいするキケロのアンビヴァレントな態度がよくあらわれたもうひとつの例は、市民法と正義の関係をめぐる議論である。『善と悪の究極について』のなかに、ある資産家の遺産相続人となった男の行動を引きあいに出してエピクロス主義を批判した箇所がある。当時のローマでは、遺贈能力に厳しい制限を課したウォコニウス法（前一六九年制定）によって女性を相続人にすることが禁じられていたため、一人娘に財産を遺したければ、別に正当な男性相続人を指定して信託遺贈する以外にはなかった。そこで資産家は遺言で娘に遺産を引き渡してもらいたいと懇願していたにもかかわらず、男はその事実を伏せて遺産をすべて自分のものにしたのである。莫大な遺産に目がくらんで信託を実行しなかった指定相続人は、たとえ法に忠実であったとしても高潔さや正義を蔑ろにしたといえる。このような場合には、人間的な選択の究極目標を快楽におくエピクロス主義者でさえその「誤った学説」を捨て、「正しい自然」にしたがって悪しき市民となることをあえて選ぶはずである［II. 55-58］。さて、ここでキケロの批判の矛先は単純な利己主義に還元されたエピクロスの倫理学に向けられているようにみえる[40]が、モンテスキューによれば実はそうではない。この議論の実際の標的は、財産を娘に相続させたいという遺言者の「自然の感情」に反し、また被信託者を善き市民と善き人間とのあいだで引き裂くローマの法そのものなのである（『法の精神』［VI. 27, 785-86／（下）一三一―一三二頁］）。

エピクロスにしたがえば、市民法の起源は相互危害を禁じることによって生じる集合的利益であり、それを正義とみなして多数者が結んだ合意であった。『国家について』第三巻でカルネアデスのコンヴェンショナリズムを代弁するピルスが、ほかならぬウォコニウス法を「男の利益のために提案された法律」［III. 17］と喝破していることから、エピクロス主義のそのような主張をキケロは十分承知していたと考えられる。プラトンの『法律』を模した『法律について』でも、市民法がそれ自体のうちに権威をもたないことは否定されない。だがそこからキケロが導く結論は、「法律そのものを読みあげるまえに、その法律の推薦の辞を述べる」［II. 14］哲学的法律学が必要だということであった。プラトンにならっていえば、法が法として機能するためには、「僭主的命令（τυραννικὸν ἐπίταγμα）」にすぎない純然たる法律の「本文」のまえに、人びとの自発的服従を喚起するためのなんらかの説得的な工夫が

「序文（προοίμιον）」として付されねばならない（『法律』[722B–723D; 907C–D]）[41]。『法律について』でストア派の教義として紹介される自然法思想、すなわち万物に浸透した自然の理性《ロゴス》、善なる神々の摂理、不敬虔者の魂を死後に見舞う神罰等々は、そのような「法律への序文」以上の意味をもってはいないのである [II. 15–16]。ならば法の「本文」とはどのようなものか。この問いにもしキケロが腹蔵なく答える機会があったとしたら、ピルスやアッティクス、そしてエピクロスと同じ回答が返ってくるものと信じてよかろう。

キケロの影響下で自然法をローマ法体系に編入しようとした古典主義時代の法律家たちは、ある国民に特有の慣行にもとづいて制定される市民法（ius civile）と、さまざまな法の差異を超越して普遍妥当的な効力を有する自然法（ius naturale）のあいだの矛盾を解消するために、人為の法でありながら人間理性の普遍的合意に基礎をもつがゆえに「自然」にかぎりなく近い万民法（ius gentium）の観念を導入した。法律家たちの試みは、のちの六世紀に東ローマ帝国皇帝ユスティニアヌス一世の勅命によりトリボニアヌスが編纂した『市民法大全』（*Corpus Iuris Civilis*）に第二部『学説彙纂』（*Digesta*）として収められることになる。ガイウスとウルピアヌスは、自然法・万民法・市民法の三つの法の関係についてそれぞれつぎのような説明をあたえている。

ガイウス『法学提要』

法律および慣習の支配のもとにある国民は、一部は国民特有の法を遵守しつつ、一部は全人類に共通の法を遵守している。なぜなら、ある国民が自分のために制定した法はその国民特有のものであり、国民特有の法として市民法の名があるのにたいして、自然の理性が人類一般のために制定した法は万人によりひとしく遵守され、諸国民の用いる法として万民法の名があるのだから [Digesta. I. 1. 9]。

ウルピアヌス『法学提要』
自然法とは、自然がすべての動物に教えた法のことである。なぜならこの法は、人類に特有ではなく、海や陸に生まれるあらゆる動物、また空を飛ぶ鳥類にも共通のものだからである。雌雄の結合、すなわち人類におけるいわゆる婚姻、子どもの出生やその養育もこの法にもとづく。動物一般、とくに野獣でさえ自然法の知識をそなえていることはわれわれもみとめるのだから。万民法とは諸国民のあいだの法をいう。この法が自然法と異なることは容易に理解されうる。なぜなら、後者はすべての動物に共通する法であるが、前者は人類相互のあいだでだけ共通の法だからである［Digesta.I.1.3-4］。

どちらの法分類も古典的な「自然／人為」のカテゴリー的二分法を根底においているが、打ち込まれた楔の位置が異なる。ガイウスが万民法をストア派的な「自然の理性」にもとづく自然法と同一視し、ある特定の政治社会の利益のために制定される市民法と対比するのにたいして、ウルピアヌスは自然法と万民法とのあいだに妥当範囲の違いをみとめ、三種の法を厳格に区別する。だがこの齟齬はみかけほど大きなものではなかった。動物と人間とに共通する自然法は、固有に人間的なことがらにかんするかぎり二次的な役割しか演じないと考えられるからである。[42]たとえば、奴隷制および人間の三種の区別（自由人・奴隷・被解放者）を自然法ではなく万民法に源を発したものと考える理由として、ウルピアヌスは「自然法によるならば人類はすべて生来の自由人であり、奴隷制はみとめられないであろうから（utpote cum iure naturali omnes liberi nascerentur nec esset nota manumissio）」をあげている［Digesta.I.1.4］。この平等主義的な議論は人為の万民法を自然法の観点から相対化するストア派の主張に由来するようにみえるが、そこに用いられている仮定法表現は、むしろ「自然」が「法」によって修正される可能性を示唆するものととるべきであろう。妻が夫の許可なく奴隷を解放することは、それを禁じる法が存在するかぎりけっしてできないのである。「たしかにこれはあまりに過酷であるが、法律にはそのように書かれている（quod quidem perquam durum est, sed ita lex scripta est）」［Digesta. XL. 9. 12. 1］。ウルピアヌスによれば、これは「法」が「自然」に依拠することなくそれ自体で独立に正義を主張しうるという意味ではない。三つの法がそれぞれに正義の源泉を主張しながら共存できるのは、自然法の定める正義がそもそも可変的であり、状況に応じて具体化されることを要するからなのである。「市民法は自然法または万民法と完全に別物でもないし、逐一これらに下位従属するのでもない。それゆえ共通法になにかを挿入したり削除したりすれば個別法が、つまり市民法ができあがる」［Digesta. I. 1. 6］。

万民法を実質的に自然法とみるか、市民法に近づけて理解するかの違いはあっても、ガイウスとウルピアヌスが万民法の観念をローマに導入する意図は同じであった。法律家たちが危惧していたのは、正義の多様性を理由に自然的正義の存在を否定するソフィストやカルネアデスらの「偽りの哲学」である。あらゆる正義の人為性を主張するかれらのコンヴェンショナリズムは、返す刀で法の起源が征服の暴力や強者の利益でしかないことを赤裸々に暴露し、市民法への服従義務からその道徳的基盤を奪うだろう。自然と人為のあいだの薄明のなかにとどまりつづける万民法は、「権威によってのみ支えられている理性の暗さ」を「自然の理性を照らしだすたしかな光と輝き」によって隠蔽する効果を期待されていたのである（ヴィーコ『新しい学』［321; 324／(1) 一八二—八三頁］）(43)。もちろん法律家たちの願いが成就するのは、万民法が自然法と完全に一致して「万民の自然法（diritto naturale delle genti）」となるときを待つよりほかない。しかしその日がくるまでは、万民法の疑似自然性によって衡平（aequum）を真理（verum）と錯覚させ、あらゆる実定的な法秩序を起源の恣意性と偶然性に引き戻そうとする「偽りの哲学」の過激な主張からローマの法を保護しなければならない。それが哲学的法律学に課せられた使命であった(44)。

古典主義時代の法律家たちが直面した困難は、かれらの営為を龜鑑としたユスティニアヌス法典編纂者たちをも当然に見舞った。D・R・ケリーもいうように、「哲学的にいえば、法律家たちは約束事としてのルールを自然法の諸基準と調和させねばならなかった。さらには、この両者と全体としての法制度とにふさわしく、それでいて同時に「衡平」の特定の諸要求とも整合的なやりかたで法律を社会諸制度に適用せねばならなかった。法律家たちは職業柄、法についての古代的な厳格さを控え、「法の理性」を約束事と自然の均衡にもとめることを強いられた[45]。この難問の解決を可能にしたのが「真正なる哲学《ウェラ・フィロソフィア》」の理念である。哲学の本分が宇宙と人間の本性の探求に尽きるのではなく、それをつうじて公共善の実現を追求することにあるのなら、法律学こそ哲学の大義が託されるべき「真正なる哲学」の名にふさわしい。『学説彙纂』の冒頭にはウルピアヌスの『法学提要』からつぎの一節が掲げられている。

> 世の人びとがわれわれをこの術の神官（sacerdotes）と称しているのは、思うに当を得ている。われわれは正義を涵養し、なにが善で衡平であるかをわきまえる者である。正邪を分かち、合法と非合法を区別し、処罰の恐怖に賞賜の奨励を加えてひとを善くすることを切望し、私見に誤りがなければ、真正にして偽らざる哲学（veram nisi fallor philosophiam）を心がける者である［Digesta. I.1.1.1］。

法律家を「神官」になぞらえたウルピアヌスにとって、「真正なる哲学」としての法律学は正義・善・衡平の術をつかさどるだけでなく、それ自体が「神事および人事にかんする知識」［Digesta. I.1.10.2］でもある[46]。そこに暗示される法の聖域化は、五三三年の勅法がユスティニアヌス帝の名において説明する『学説彙纂』の意図――「正義の聖なる殿堂」を建立するべく、ローマ古来の法に「防壁をめぐらせて（muro vallatum）その域外になにものも残さない」［Digesta. Deo auctore. 5］――に正確に呼応しているだろう。法律学は実定的な法秩序を保護するための「城壁」、いわば「城壁」の外側にもうけられたいまひとつの「城壁」となるのである。五賢帝時代にローマの最盛期をみてビザンツ帝国を嫌ったギボンも、ユスティニアヌス帝の立法者としての功績は高く評価し、衰亡の一途をたどる帝国史の筆を休めてローマ法学の説明に一章を割いたうえ、トリボニアヌスの学識をベーコンに喩えた（『ローマ帝国衰亡史』［IV. 44. 462／⑹三七七頁］）。しかし人類に恒久的秩序をもたらすべく『市民法大全』が人為の法に装わせた聖なる外被は、もはやストア派的な自然の法そのものでなく、万民法という名のその代用品でしかなかったのである。

5　エピクロス主義とキリスト教

ところで、キケロの作品群をつうじて定着したストア派とエピクロス主義の対立の構図は、マルクス・アウレリウス帝の同時代人で漂泊の諷刺作家ルキアノスの『悲劇役者ゼウス』にもみられる。ただしそこに登場するストア派とエピクロス派のふたりの哲学者は、キケロとヴァロの警告を嘲笑うかのようにオリュンポスの神々の命運を賭けて公衆の面前で論争したあげく、エピクロス主義者が勝利をおさめるのである。

ユウェナリスやルキアノスが旺盛な執筆活動を展開した紀元後二世紀は、ローマの版図東漸につれて東方の文物が同化された結果、ヘレニズム期の哲学諸派が神秘主義化の度合いを強めていったころにあたる。そのような状況下で合理的精神の孤塁を守るエピクロス主義の健在ぶりを伝えているのが、占い、神託、予言のような迷信的因習に哄笑を投げつける諷刺文学であった。ルキアノスの『偽予言者アレクサンドロス』は、黒海沿岸の小都市ポントスを舞台に、医神アスクレピオスの生まれかわりと称してあまねくローマを籠絡した実在の偽予言者とエピクロス主義者の抗争を描いている。巧妙なからくりによって数々の奇蹟を起こす偽予言者は、その化けの皮をはがそうとするエピクロス主義者たちに無神論者の烙印を押し、民衆を扇動してかれらの迫害をもくろんだあげく、エピクロスの『主要教説』を焚書にする。この書は「恐怖されることがらや幻影や凶兆から、またむなしい希望や過剰な欲望から人びとを解放し、そのかわりに理知と真実を心のなかに生じさせて、真に考えかたを浄めてくれる」[47]からである。ルキアノスは、「生まれつき真に神々しい聖人であり、かれただひとりが美なることを真実に認識し、それを教授して、その教えを聞く者たちの解放者となった」[61] エピクロスの名誉のためにこの顛末を書きとめたと述べている。ここにはエピクロス主義を取り巻く当時のローマ社会の状況がかなり正確に描かれていると考えられるが、なかでも興味ぶかいのは、プラトン主義者やストア派やピュタゴラス派までもが与した偽予言者にたいして、エピクロス主義者とともにキリスト教徒が呵責ない批判を浴びせる様子を記録している点である [25: 38][47]。

新約聖書に記されたパウロの例をみるまでもなく、キリスト教とエピクロス主義の最初の接触はけっして友好的なものでなかった。アテナイでストア派およびエピクロス派の哲学者たちと神の観念をめぐってかわされた対話はおよそ不首尾におわり（『使徒行伝』[17.16-34]、アレクサンドリアのクレメンス『ストロマティス』[I.11.50.5-6]）、またテサロニケでの布教を妨害した「平和と安全（εἰρήνη καὶ ἀσφάλεια）」を叫ぶ人びととはおそらくエピクロス主義者たちであったと考えられ[48]、パウロはいつの日か唐突に――「盗人の夜きたるがごとくに」――訪れるキリスト再臨をまえにしたとき、この地上の平和なるものがむなしいことを警告したのであった（『第一テサロニケ書簡』[5.2-3]）。ギリシアの哲学による教義の合理化に着手した初期のキリスト教神学の内部で、正統と異端をめぐりその後長くつづく熾烈な論争の発端になったのもエピクロス主義である。「至福かつ不死のものは、それ自身煩いをもたず、他のものに煩いをあたえることもない」[DL. X. 139] というエピクロスの神概念に示唆を得たマルキオンは、善と悪とが混在するこの世界の創造者にして厳格な律法を人間に課す偏狭な旧約聖書の「不完全な神」とは異なる、キリストにおいて啓示された救いの神を新しい「知られざる神（Ἄγνωστος Θεός）」と呼んだ。テルトゥリアヌスとオリゲネスは、怒りや復讐の能力を欠いたエピクロスの「無感覚で無感動な神」の観念に依拠するマルキオン派を、ウァレンティヌスらのグノーシス派とともに最終的な救いを秘教的な知に託す異端として排撃するのみならず[49]、それがエピクロス主義としてすら矛盾を内包していると指摘する。[50]それでも、肉体と不可分であるかぎりでの魂の物体性、感覚への信頼、快楽の重視などエピクロス主義起源の思想を受け入れる素地がキリスト教正統神学のなかにすらあったことは、テルトゥリアヌスの著作に散見されるエピクロス＝ルクレティウスへの暗黙の引照が如実に物語っていた（『霊魂論』[V. 6; XVII. 4; XXXVIII. 3]、『肉体の甦りについて』[17; 35]）。[51]

だがたとえ一部なりとはいえ、宗教批判で名高いエピクロス主義がキリスト教神学に導入されるにあたっては、ある本質的な変容を経験しなければならなかった。すなわち、死後の魂に永遠の責め苦を負わせる神々の裁きやその恐怖を煽る宗教の批判によってエピクロスが追求した心の平静は、むしろ善良にして慈悲ぶかい神へのパウロ的信仰によってこそ獲得しうると解釈されたのである。レオ・シュトラウスはこれをエピクロス主義の「ポスト・キリスト教的変容（eine nachchristliche Modifikation）」と呼び、つぎのように説明する。

異教徒の神々への信仰が全能でひたすら善良なる神への信仰におきかえられると、エピクロス的気質がもはや宗教批判を必要としなくなる可能性が開かれるというだけでない。エピクロス的気質は宗教的諸観念と調和するばかりでなく、ほかならぬ宗教的諸観念のなかにおのれにもっともふさわしいもの、すなわち心の平静と恐怖なき生にとってもっとも有益なもの、唯一の慰撫となるものとそれにかんする真の見解を最大限認識する可能性が開かれたのである。[52]

ニーチェもいうように、「神がみずから愛の対象となろうと思うなら、神はまず審判の念と正義の主張をあきらめなければならぬであろう」（『悦ばしき知識』[140＝KSA3, 489／Ⅰ⑽二〇六頁]）。そのような原理的逆転を経て可能になったエピクロス主義のキリスト教化は、マルキオン派やグノーシス派をめぐる正統と異端の論争の渦中でむしろ確実に進行していたとさえいえる。しかし三、四世紀のアルノビウス、ラクタンティウス、エウセビオスは、プラトン、アリストテレス、あるいはストア派の教義を選択的に援用することはあっても、魂の不死性と神の摂理を否定するエピクロス主義には一様に拒絶反応しか示さなくなる。それでは、ルキアノスが目撃したエピクロス主義者とキリスト教徒の提携も、個人の重視、迷信にもとづくローマの国家宗教にたいする批判、政治否定傾向のような表層の類似が一瞬の交錯をみたにすぎず、両者は本来どこまでいっても不倶戴天の敵同士でしかありえないのだろうか。アウグスティヌスの場合をみてみよう。

もともとキケロ作品をつうじてアカデメイア派の懐疑主義に親しみ、ヘレニズム哲学全般に通暁していたアウグスティヌスは、三八六年のこととされる回心を経験したのちも、異教徒の哲学のなかにいくばくかの真実があることを否定しなかった(53)。キリスト者と哲学者は、ともに自分が真理を追求する者であって真理をすでに所有する者ではないこと、すなわち「真理についての無知（ignoratio veri）」を自覚する点で共通している。アテナイでパウロとストア派およびエピクロス主義の哲学者たちがそもそも対話の席につくことができたのも、おそらくはそのためである（『告白』[VII.9.13-15]）。違いがあるとすれば、最終的に「真理との出会い（verum invenire）」が人間に可能と考えるかどうかにあった。キケロをはじめとするアカデメイア派の哲学者たちが、蓋然性の観念を楯にそれを否定する懐疑主義を主張していたのにたいして、ラクタンティウスやアウグスティヌスは同じ蓋然性に依拠しながら、そこにむしろ人間が真理に到達する可能性をみたのである(54)（『アカデメイア派駁論』[II.9.23]）。神の実在は知ではなく啓示において確信されるのであり、また被造物に真理の観念をあたえた善なる神への信仰によって、「真理との出会い」はたんなる希望以上のものとなりうる。「神を知の対象にすることがどうしてできないかの知のほかに、魂のなかに神についての知はない」（『秩序』[II.18.47]）。この哲学的なパラドクスのうちに懐疑主義を克服する「真正なる哲学《ウェラ・フィロソフィア》」を発見したアウグスティヌスは、神の存在を否定する者の誤りをつぎのように説明している。

あなたがいずこにも存在していかなる場所にもかぎられないこと、またそれでいて、あなたから遠く離れ去る者にとってもその眼前におられること、それをかれらは知らない。だからかれらは回心してあなたをもとめるがよい。かれらは自分の創造主を見捨てたが、あなたはご自分の創造物をけっして見捨てはしなかったのだから。かれらは回心するがよい。そうすれば、みよ、突如としてかれらは自分の魂の奥底深くにいますあなたに気づくであろう（『告白』［V. 2. 2］）。

異教徒の哲学にたいするアウグスティヌスの批判の矛先は、当然のごとくエピクロスの快楽主義と原子論哲学ないし唯物論的宇宙観にも向けられるが（『アカデメイア派駁論』［III. 10. 23］、『神の国』［V. 20; XII. 12／(1)四一六頁、(3)一二四頁］）、その一方で、懐疑主義の批判や友愛にもとづく共同体の構想にあたってはエピクロス＝ルクレティウス的な論拠が一部援用されている。[55] なかでも特筆すべきは、人間の可死性や生のはかなさについて語るアウグスティヌスの語彙がエピクロスの死のロゴスを彷彿させることである。

この死につつある肉体のうちに生を享けるやいなや、われわれは死に向かって休むことなく動きはじめる。この世の生（仮にそのような生をも生と呼ばねばならないとして）の全行程において、生のはかなさは死に向かっていく。……われわれの生全体は死を目指すレース以外のなにものでもない（『神の国』［XIII. 10／(3)一九六頁］）。

初期キリスト教神学者による死の説明にはギリシア哲学各派教義の折衷主義的な適用が顕著にあらわれるため、これをもっぱらエピクロス主義に起因するものと断定することはできない。[56] しかし、少なくとも若き日のアウグスティヌスがマニ教から離反したのちの一時期、エピクロスの哲学に反発しながらも共感をおぼえたのは事実であった。「もしエピクロスが信じたように、死後に魂の生と功罪の応報が存在しないと信じることができたなら、わたしは心のなかでエピクロスに勝利の棕櫚の冠をあたえたことでしょう」（『告白』［VI. 16. 26］）。このアンビヴァレンスは、人間の可死性とそこからの救済の問題への関心を共有するキリスト教とエピクロス主義とが、いわば同一の問いにたいするふたつの異なる解答の関係にあったことのあらわれと考えられる。もちろん、エピクロスをして原子論に救いをもとめしめた死の恐怖は、アウグスティヌスにおいては悔改めをつうじて神の恩寵と摂理をもとめる信仰の最奥の動機であり、両者のあいだに完全な合意が成立することなど期待すべくもなかっただろう。それでも、「人間の悩みを癒してくれないあの哲学者のことばはむなしい」［Us. 221］と語ったエピクロスの哲学――死の恐怖という魂の病を治療する「真の理論」とルクレティウスが呼んで崇めた教え――にアウグスティヌスがいっとき共感を寄せることができたのは、キリスト者としてのかれもまた、「真正このうえない哲学（verissima philosophia）」の名のもとに「魂の救いに向かう普遍的な道」（『神の国』［X. 32. 1／(2)四〇二頁］）を希求していたからにほかならない。少なくともキケロの奉じるプラトン主義においては、「この世の生の悲惨さへのただひとつの真の助けである真正なる哲学《ウェラ・フィロソフィア》」は永遠に少数の哲学者のためのものでしかなかったのである［XXII. 22. 4／(5)四五一頁］。

ともに可死性を人類の普遍的な境涯とみなすキリスト教とエピクロス主義は、そこからの救済の構想においてたしかに袂を分かつ。だがなにをもって真の救済とみなすかで対立するこの両者も、偽りの救いとはなにかについては明確な一致をみていた。アウグスティヌスが最大の信をおいた異教徒の哲学は新プラトン主義であったが、のちにローマにおけるその代表的論者となったボエティウスは、生前の名声や功績によって不滅の生を得ようとするもくろみのはかなさを説くさい、明示的にエピクロスのロゴスを用いている。

それらの徳をとおして名誉をもとめている人びとが、最後に死によって肉体を解消したあとで、その名誉がかれらにとってどんな――あえてこういおう――かかわりがあるだろうか。もし人間が死によって完全に滅んでしまうもの（われわれの説はこれと反対だが）だとすれば、名誉もまたなくなってしまうはずである。その所有者といわれるひとがまったく存在しないのであるから。また他方、もし自分を正しく意識する魂が、地上の牢獄から解放されて自由に天を志すものだとすれば、この魂はあらゆる地上の営みを軽蔑しつつ、天上的幸福感のなかでよろこんでこの世から去っていくのではないだろうか（『哲学の慰め』[II. P7. 21-23]）。

ストア派が重視する名誉や栄光、あるいは勇気のような世俗の徳を可死性という人間の究極の条件に抗する「城壁（moenia）」に見立てたキケロは、自分でも死後人びとの記憶のなかで永遠に顕彰されることを願い、執政官時代の功績をふりかえって自画自賛する長編叙事詩を書いた（『ストア派のパラドクス』[27]）。(57) しかしアウグスティヌスは敬虔の徳の第一義性を主張し、人類がみずから築いた国家《キウィタス》とその法によって最終的な救済にいたるという幻想を傲慢として断固しりぞける。「地の国」が人類にもたらす公正（justitia）と平和（pax）は、「天上の国」が完全に実現したあかつきに約束される贈り物、「神を享受する者と神においてたがいに享受しあう者との、もっとも正しい、もっとも和合した共同」（『神の国』[XIX. 13.1／(5)六四頁]）にくらべればはるかに劣っている。信仰者はつねにその途上にあって地上の生を営む短いあいだを、このふたつの国が混淆した「寄留者の国（civitas peregrina）」の住人として過ごすのである。

信仰によらずに生きる地の国が目指すのは地上の平和である。その目的は、命じる者と服従する者の関係にある市民の調和のある一致のかたちで、人間たちの意志にある種の合成をもたらし、可死的な生に役立つ事物を獲得することにある。かたや天上の国——むしろ可死性という条件のもとに遍歴の旅をつづけながら信仰によって生きる天上の国の部分——も地上の平和を用いるが、それはもっぱら、この平和を必要とする可死性そのものが消え去ってしまうまではそうせざるをえないからである。それゆえ、地の国においていわば捕囚や異邦人のように遍歴の生を営んでいるあいだは、すでに贖いの約束とその担保としての霊の贈り物とをうけているとはいえ、天上の国はためらうことなく地の国の法にしたがい、死すべき生の支えに必要な諸々の事物をその管理にまかせる。このようにして、この世の生に属している諸々の事物については、ふたつの国のあいだに和合が保たれている。なぜなら、この世の生はふたつの国に共通するものであるのだから〔XIX. 17／(5)七七頁〕。

地上の平和――死すべき人間の地上的な必要に応えてつくられた法とそのもとで営まれる市民生活――を救済そのものと取り違えるとき、「寄留者の国」は「天上の国」への展望を欠いた純然たる「地の国」に転落する。集合的利己心の別名にすぎない地上の正義のみによって結合した国家は、規模の大きな盗賊団以外のなにものでもない〔IV. 4／(1)二七三頁〕。「天上の国」は、いかに堅固に築かれた「城壁」といえども、可死性という人類永遠の境涯からの最終的解放をあたえはしないという悟りのうちに存在し、死をまえにして人間たちを絶対的平等のもとにおく。そのような神の正義を欠いたまま、法によって「命じる者と服従する者の関係にある市民の調和のある一致」をもたらそうとしたキケロに、アウグスティヌスは「いまだかつてローマ国家は存在したためしがない」と告げるのである〔XIX. 21. 1／(5)八六頁〕。

6　おお幸運なるかな、聳ゆる城壁をもてる者は

ストア派が紀元後もセネカ、エピクテートス、マルクス・アウレリウス帝を輩出して、帝国と盛衰をともにする公定哲学の様相を呈したのとは対照的に、帝政期ローマの歴史に名を刻んだエピクロス派の哲学者は見あたらない。キケロやプルタルコスをはじめとするプラトン主義者たちのネガティヴ・キャンペーンが功を奏し、概してエ

ピクロス主義は牙を抜かれ馴致され、哲学的にも政治的にも無害な享楽の教えと化してしまったようにみえる。[58] 皇帝コンスタンティヌス一世がキリスト教に改宗するころには、この通俗化したエピクロス主義ですら衰退の一途をたどっていた。ペルシア遠征に赴く「背教帝」ユリアヌスはアンティオキアから出した三六三年の手紙に、エピクロス（およびピュロン）の著作は神々の知恵により破壊され大半がすでに残存しないと記しており［Frg. Epi. 301C-D］、アウグスティヌスによれば、ストア派とエピクロス派の見解は四一〇年ごろにはもはや弁論学校でも言及されなくなっていた［Ep. 118.21］。これを最後にエピクロス主義は消息を絶ち、はるか異郷のアラビアに忽然とあらわれるまで行方知れずとなる。[59]

だが帝政初期のエピクロス派の詩人たちは、快楽をむさぼる安逸の生活を寿いでばかりいたわけではなかった。ウェルギリウスの『アエネーイス』は、「授けたまえ、テュンブラの神よ、われらの家を。疲れた者に城壁と民と永遠の都を（moenia fessis et genus et mansuram urbem）」［III. 85-86］と祈ったアエネーアスが、破壊と殺戮の果てにローマに約束の地を見いだすまでの遍歴の物語である。マケドニアに蹂躙されたテーバイを「聳える都（altis urbibus）が滅び、奢る敵軍が城壁を徹底的に破壊して瓦礫の野に転じる」（『カルミナ』［I. 16. 18-20］）と悼んだホラティウスは、そこにローマを重ねていた。ロムルスとレムスの諍いの基になったという伝説に彩られた神聖なるパラティヌスの城壁にローマがいかに保護されようとも（リウィウス『ローマ建国の歴史』［I. 7. 1-3］）、プロペルティウスは「いつかこの世界の城が崩れることがあるのか（Sit ventura dies mundi quæ subruat arces）」と詠嘆せざるをえなかった（『エレギア詩集』［III. 5. 26］）。建築家ウィトルウィウスが都市の防衛に欠かせない堅固な城壁の建造法をアウグストゥス帝に奏上していたころ（『建築について』［I. 5. 1-8］）、[60] 詩人たちはすでにそのはかなさを予感し、栄華の絶頂をきわめた祖国に忍び寄る死の影をみていたのである。明示的にエピクロス派を自称するとしないとにかかわらず、かれらはルクレティウスやフィロデモスを介してエピクロスの「城壁のない都市」のイメージから決定的に感化されていたといってよい(61)。

城壁のシンボリズムは、点在する都市同士やペルシアのような夷狄との戦争が絶え間なかった時代の産物である。ギリシア語の τεῖχος はたんなる壁のことではなく、物見櫓と関門のある防壁・隔壁をあらわした。標準的な都市は τεῖχος で守られており、πόλις ἀτείχιστος とは防壁をそなえない都市というよりも、防壁が崩落してしまったか、あっても機能しない都市を意味する(62)。ソクラテス学派は城壁のかわりに屈強な重装歩兵団を擁するスパルタを賞讃したが、堅固な外壁はかえって内側に居住する市民の士気を低下させ安逸をむさぼらせるというのがその理由であり、「城壁」に象徴される安全保障の重要性を強調することにむしろ熱心であった（プラトン『法律』［778D–779B］、クセノフォン『ヘレニカ』［VI.5.28］、アリストテレス『政治学』［1330b33–1331a19］、プルタルコス『リュクルゴス』［19.4］）。「城壁は青銅と鉄〔武具〕でつくるべし（τὸ χαλκᾶ καὶ σιδηρᾶ δεῖν εἶναι τὰ τείχη）」という格言は、軍事的必要から発達した都市の城壁が、人身内外の敵に抵抗する勇気や節制のような徳のメタファーへと容易に転化することを示している。思慮が枢要徳の最上位を占めるのも、アンティステネスによればそれが「もっとも堅固な城壁（τεῖχος）」であるから、「それは崩れ落ちることもなければ、裏切りによって敵の手にわたることもない」［DL. VI.13］からである(63)。ひとは自分自身の揺らぐことのない理性のはたらきのなかに城壁を築かなければならない。「人びとは城壁を守って戦うがごとくに、法を守るために戦わねばならない」と述べたヘラクレイトスは、「戦争は遍きものであり、正は争いであり、万物は争いと必然にしたがって生じる」［DK. Heraclitus. B80］という箴言も残しており、この思想が生誕環境の記憶をとどめ、それと切り離せないことを教えている。

ユダヤ＝キリスト教のシンボリズムは、その城壁が欠けた都市を神なき人間の欠陥や苦境のメタファーとして多用する。七〇人訳ギリシア語旧約聖書の『箴言』の一節は、「おのれの心を制《おさ》へざるひとは城壁なき壊《やぶ》れたる都市（πολις κατηδαφισμενη και ατειχιστος）のごとし」［25.28］となっている。無防備な都市は脆弱で破滅を予感させるが（『エゼキエル書』［38.11］）、たとえ城壁があってもひとの手で築いたものなら真の安全は保証されない。難攻不落のイェリコの城壁は信仰によって穴を穿たれ崩れたのであり（『ヨシュア記』［6.20］）、「火の壁（τεῖχος πυρός）」に護られた「城壁のない都市」においてこそ人間は永遠の平和と繁栄を享受できるのだ（『ゼカリア書』［2.5］）。こうしてわれわれを保護してくれるがゆえにわれわれが守って戦うべき「城壁」も、人間のではなく神の法であり正義でなければならない。「法を見棄てる者は不信心をほめ、法を愛する者は城壁でおのが身を護る（οὕτως οἱ ἐγκαταλείποντες τὸν νόμον ἐγκωμιάζουσιν ἀσέβειαν, οἱ δὲ ἀγαπῶντες τὸν νόμον περιβάλλουσιν ἑαυτοῖς τεῖχος）」と『箴言』［28.4］に謳われる法とは、もちろん律法《トーラー》のことであった[64]。

ところがエピクロスの哲学は、聖俗どちらの意味でも「城壁」の無力を説き、法も正義も軽視する。だからこそプルタルコスは、その教えを政治的含意のない低劣な享楽主義へと還元するべくメトロドロスのことばを再三引用するのだが[65]、そうして導かれる結論――「城壁のない都市」は、神々への信仰を欠く国、祈りを捧げ神託を受け供儀を執りおこなう場のない都市と同じくらいこの世にありえない（『モラリア』［XIV.1125D-E］）――は、人間を幸福なる無知のなかにとどめおくべしと説いたキケロと同趣旨であり、「城壁」を宗教的雰囲気で包み込もうとする「真正なる哲学」の意図を露呈している。

ヘラクレイトスからプラトンにいたるまでのギリシアの哲学者たちは、いずれも自然は知性を平等に配分していないという古代の基本的な人間学的前提に立ち、「城壁」の意義を条件つきでみとめた。法とは所詮「掟」であり「僭主的命令」であって、本来的に宗教ときわめて親和的な性質をもつからこそその起源を明示的に問い質してはならない。それどころか、死に怯える多数者にとっての「城壁」となるためにも、法それ自体が神秘の壁で囲われ聖域として保護される必要がある。この法をめぐる哲学のアイロニーは、エピクロスですら十二分に承知していたといってよい。つまりキケロとプルタルコスが怖れたのはエピクロスの哲学そのものではなく、「城壁」をまえに

した古代のためらいを最後の一片にいたるまで払拭したエピクロスの「真の理論」、あるいはウェルギリウスが

　幸いなるかな、事物の原因を認識し、
　あらゆる恐怖と無常な運命と、飽くことを知らぬ
　アケロン川のざわめきを踏みにじったひとは（『農耕詩』[II. 490-492]）

と頌詞を捧げた、すべての哲学の始源であるイオニアの自然の哲学へと先祖返りしたルクレティウスのエピクロス主義であった。「利益こそ正義と衡平の母である（utilitas, iusti prope mater et aequi）」（ホラティウス『諷刺詩』[I. 3. 98]）と嘯《うそぶ》くエピクロス主義者は、たとえその気はなくてもローマの神聖な法の正義の化けの皮をはぎとり、人間の約束事《コンヴェンション》という実相を白日のもとにさらしてしまうのである。

五二九年にアカデメイアがユスティニアヌス帝の命により閉鎖され、エピクロスの「庭園」も同じ憂き目をみたというまことしやかな説があるが、これは同年に皇帝がアテナイに向けて哲学教授（および法律解釈）の禁止と異教信仰者の公職追放を定める勅令を発した史実に（マララス『年代記』[XVIII. 47]）、同じころローマに見切りをつけたシンプリキオスら七人の新プラトン主義哲学者がアテナイを離れ、ササン朝ペルシアの宮廷に迎えられたという証言（アガティアス『歴史』[II. 30. 3-31. 9]）が重なり、憶測が独り歩きしたものであるらしい[66]。ただし一連の事件は、異教文化の影響根絶を意図した諸施策の一環というだけでもなかった。帝国による最後の大規模な哲学者追放劇が『市民法大全』公布とほぼ同時であったことは、「真正なる哲学」を僭称する法律学以外の他のすべての哲学を——皮肉にも「真正なる哲学」の原作者であったアカデメイア派を含む——「偽りの哲学」の名のもとに葬り去ろうとする意志のあらわれとみることができるからである。いまや哲学以外の古代人の知恵はキリスト教徒の皇帝の収攬するところとなり、「真正なる哲学」に組み込まれるのだ。『市民法大全』の第一部『法学提要』（*Institutiones*）公示

の勅法に曰く、

朕は汝らが法の初歩をいにしえの寓話から学ぶのではなく、皇帝の恩沢より会得できるようにし、また汝らが無用ないし邪悪なものをいっさい耳に入れたり心にとめたりすることなく、事物の核心となる真の諸原理のみを受けとれるようにする。かつては四年の期間を経てようやく勅法が読めるようになったが、これよりは法律学習の一部始終を元首の口から聴くのである［Institutiones. Imperatoriam maiestatem. 3］。

歴史家プロコピオスは、それが文明生活を保護する「城壁」への異常なこだわりの産物であったことを匂わせている。ユスティニアヌス帝は主要都市の防壁を修復するだけで満足せず、夷狄の侵入にそなえ、帝国南東部の破壊された諸都市を再建して要塞化し、古戦場テルモピュライにも十重二十重の隔壁を築かせた（『建築について』［IV. 1–2］）。その建造や守備兵の配備にかかる莫大な費用はビザンツ帝国の財政を圧迫し、域内に居住する医師と教師への国費援助を打ち切らざるをえないほどであったという（『秘史』［XXVI. 5］）(67)。だがこうしていよいよ高く厚く揺るぎない「城壁」で防御を固め、文明の頂点をきわめたかにみえた帝都コンスタンティノポリスを、忘れられた呪いが成就するかのようにペストが襲った（五四一―二年）。『市民法大全』編纂の責任者トリボニアヌスはおそらくこれが原因で落命し、ユスティニアヌス帝自身も罹患して九死に一生を得た。プロコピオスは日に一万人もの死者が出て埋葬の慣習も無視せざるをえない悲惨な無法状態《アノミア》をトゥキュディデスおよびルクレティウスにならって冷徹な筆致で記録する一方、この疫病を生き延びたのは悪人ばかりだと憤慨し、別の箇所では皇帝の無策と無慈悲を告発してもいる（『戦史』［II. 23. 12–16］、『秘史』［XXIII. 20–22］）。あたかも人為の「城壁」は自然の猛威に屈して崩れ落ちたのではなく、みずからの重みに耐えかねて自壊したのだといいたいかのように。

「城壁」をめぐる攻防戦は、ローマに舞台を移したエピクロス主義とプラトン主義の哲学的抗争として口火を切り、宗教が漁父の利をおさめて終結した。アウグスティヌス『神の国』から『市民法大全』を経て「キリスト教国家（respublica Christiana）」の成立へとなだらかにつづく連続的過程とみえるもの[68]は、かつてローマの法や迷信との闘争でエピクロス主義と手を結んだキリスト教がいつしか体制宗教《レリギオ》に転じ、それ自体が社会の「法」と化すことによりはじめて可能になったのである。キリスト教が法律という「城壁」をさらに確実に保護する神聖な「城壁」の役目を買って出るとき、あらゆる宗教を迷信とみるラディカルな啓蒙の胚珠をやどしたエピクロス主義が「偽りの哲学」なる不名誉な表象を一身に負わされ、聖俗のあらゆる陣営から非難の的にされるのは必定であった。その後十世紀を経て甦ったエピクロス主義がまとっていたのは、まさしくこの宗教の不倶戴天の敵というイメージである。つまりそれは、新生《ルネサンス》のときを迎えようとしていたヨーロッパ精神の期待を裏切らない姿をしていたのであった。

注

（1）ミトリダテス戦争の渦中の紀元前八六年に、プラトンのアカデメイアとアリストテレスのリュケイオンはスッラ率いるローマ軍によって破壊された（プルタルコス『スッラ伝』[12.3]、アッピアノス『ミトリダテス戦争』[30]）。おそらくはエピクロスの学園も被災したと推測される。

（2）Cf. *Ancient Roman Statutes*, trans. Allan Chester Johnson, Paul Robinson Coleman-Norton and Frank Card Bourne（Austin: University of Texas Press, 1961）, document 238. ルキアノス『宦官』[3]、参照。

（3）ただしニーチェはこれをディオゲネス・ラエルティオスの時代ではなく、かれが資料としたマグネシアのディオクレスの盛期（紀元前一世紀）に帰している（「ラエルティオス・ディオゲネスの資料」[1＝KGW. II$_1$, 88-89／(1)一六〇—一六一頁]）。

（4）プリニウス『博物誌』[XXXV. 5]。Cf. Bernard Frischer, *The Sculpted Word: Epicureanism and Philosophical Recruitment in Ancient Greece*（Berkeley: University of California Press, 1982）, p. 206; Diskin Clay, *Paradosis and Survival: Three Chapters in the History of Epicurean Philosophy*（Ann Arbor: University of Michigan Press, 1998）, pp. 75-102.

（5）ディオゲネスの碑文とパウロのリュキア伝道の関連については cf. Pamela Gordon, *Epicurus in Lycia: The Second-Century*

World of Diogenes of Oenoanda (Ann Arbor: The University of Michigan Press, 1996), p. 105 and pp. 126–27.

（6） Cf. A. A. Long, *From Epicurus to Epictetus: Studies in Hellenistic and Roman Philosophy* (Oxford: Clarendon Press, 2006), pp. 198–99.

（7） カンパニア地方のエピクロス主義サークルにはウェルギリウスとホラティウスが出入りし、ティブッルスやプロペルティウスらエレギア詩人たちもそこから多大な影響を受け、後年のユウェナリスやルキアノスら諷刺文学の礎となった。Cf. Pierre Boyancé, *Lucrèce et l'épicurisme* (Paris: PUF, 1963), p. 9; Howard Jones, *The Epicurean Tradition* (London: Routledge, 1989), chap. 3. ニーチェは「ローマ帝国における尊敬すべき人物はいずれみなエピクロス主義者であった」（『反キリスト者』[58＝KSA6, 246／Ⅱ⑷二六五頁]）という。ローマ政界の自称・他称エピクロス主義者についてはCatherine J. Castner, *Prosopography of Roman Epicureans from the Second Century B. C. to the Second Century A. D.* (Frankfurt: Peter Lang, 1991) も参照。

（8） "Illa autem exceptio cui probari tandem potest, quod negant sapientem suscepturum ullam rei publicae partem, extra quam si eum tempus et necessitas coegerit." ゲリウスの「邪魔だてさえなければ（si nihil prohibeat）……」の一節はこれと同趣旨だが、直接の典拠はセネカである（『閑暇について』[III. 2–3]）。

（9） 哲学を安全な岸から海難船を眺めることに喩える文学的伝統については、H・ブルーメンベルク、池田信雄ほか訳『難破船』（哲学書房、一九八九年）、参照。そこに紹介されたほかにエピクロス主義にゆかりの著作家の事例として以下がある。オウィディウス『変身物語』[XV. 147–157]、ベーコン『学問の進歩』[III. I, 317–18／一〇八―九頁] および『エッセイズ』[VI. I, 378／一九頁]、ドライデン「オーレン・ジーブ」[Epistle Dedicatory, 182]、タラベル領主ド・ピブラック宛のガッサンディの手紙 [OOVI, 2A]、ホッブズ『法の原理』[Pl. IX. 19, 46／九九頁]、ヒューム『人間本性論』[II. 3.2, 351／⑶一五六頁]、ヘルダー「最近のドイツ文学について」断片第三集 [I, 372]、ショーペンハウアー『意志と表象としての世界』[I. 58, 439／⑶二五五頁]、ニーチェ『反キリスト者』[Vorwort＝KSA6, 167／Ⅱ⑷一六五頁]。

（10） Cf. Michael Erler, "Epicureanism in the Roman Empire," *The Cambridge Companion to Epicureanism*, ed. James Warren (Cambridge: Cambridge University Press, 2009), p. 47. 医者のアスクレピアデスは苦痛をともなう医療をしりぞけ、食餌療法、マッサージ、ウォーキングのような手軽で心地よい治療法で一世を風靡した（プリニウス『博物誌』[XXVI. 12–17]）。これは原子論の立場から病気の原因を体内の微粒子（corpuscula）の流れが阻止されることにみて、その解消を目的とした療法であった（ケルスス『医学について』[Prooemium. 16]）。

(11) この伝承にもとづいて自死説をとるものにヴォルテールの「キケロ宛のメンミウスの手紙」（一七七一年）とマルセル・シュウォブ「詩人ルクレティウス」（一八九六年）があり、謀殺説をとるものにフィリップ・ソレルス「ルクレティウスの瞑想」（一九八三年）がある。キケロ編集説は疑問視する声が多い。Cf. E. G. Sihler “Lucretius and Cicero,” *Transactions and Proceedings of the American Philological Association*, Vol. 28（1897）; A. E. Hausman, “The First Editor of Lucretius,” *The Classical Papers of A. E Hausman, Vol. III 1915–1936*, Collected and Edited by J. Diggle and F. R. D. Goodyear（Cambridge: Cambridge University Press, 1972）, pp. 1153–55.

(12) ランビヌス校閲版（一五六三年初版）では一貫してrelligioと表記されている[I. 64, 6]。そこに注目したR・グレイヴスは、宗教とは本来キケロやアウグスティヌスのいうような神法への服従義務（relegare/religare）ではなく、部族を悪から保護するために「正しきことを選択する（rem legere）」という性格を有していたと主張する（『白い女神』[XXVI, 468]）。宗教が内面の信仰となる以前に共同体の絆を創造・再建する政治的行為であったことについては、三上真司『レリギオ――〈宗教〉の起源と変容』（春風社、二〇一五年）も参照。

(13) モンテーニュ『エセー』[II-12, 521／⑶一五四頁]、ベーコン『エッセイズ』[VI. 3, 384／二八頁]、ホッブズ『ビヒモス』の海賊版（一六七九年）表紙に掲げられたエピグラフ、ヴィーコ『新しい学』[191, 64／⑴一四〇頁]、一八五〇年八月二〇日付ルイ・ブイエ宛のフローベールの手紙[I, 664／⑻一七六頁]を参照。ヴォルテールはそれを「この世がつづくかぎり永続する」詩句と讃えた（「キケロ宛のメンミウスの手紙」[28, 439]）。

(14) ルクレティウスをエピクロス哲学の忠実な解説者とする「神話」に叛旗を翻す近年の試みに以下がある。Cf. Pierre Vesperini, *Lucrèce: Archéologie d'un classique européen*（Paris: Fayard, 2017）, chap. XIII; Thomas Nail, *Lucretius I: An Ontology of Motion*（Edinburgh: Edinburgh University Press, 2018）. とくにネイルは、ルクレティウスが原子論をすらしりぞけ、物質の本性を「流れ《フロー》」とみる独創的な運動論的唯物論に立っていると大胆に解釈するが（cf. *ibid.*, pp. 10–12）、その恣意性を批判する声もある。Cf. Michael J. Bennett, “Nail's Lucretius: Strong Misreading and Whig History,” *Parrhesia*, 35（2022）.

(15) 『事物の本性について』の構成から遡って『自然について』の復元を試みたD・セドレーは、第一二巻が文明の起源についての記述にあてられていたと推測する。Cf. David Sedley, *Lucretius and the Transformation of Greek Wisdom*（Cambridge: Cambridge University Press, 1998）, pp. 121–22.

（16）モンテスキューのトログロディト族（『ペルシア人の手紙』［XI, 146／五四―五八頁］）とルソーの自然人（『人間不平等起源論』第二部）は、ともにルクレティウスの描く原初の純粋無垢な人類像を典拠にしている。Cf. Arthur O. Lovejoy and George Boas, *Primitivism and Related Ideas in Antiquity* (Baltimore: John's Hopkins University Press, 1935), pp. 240-42. エピクロス自身は、デモクリトス『小宇宙体系』［DK. Democritus. B5］のほか、テオフラストス『植物誌』を典拠にしたと考えられる。Cf. Sedley, *op.cit.*, chap. 6.

（17）宗教の自然的起源についての説明はヴィーコに影響をあたえている（『新しい学』［338, 89; 377, 105-6／⑴一九三―九四頁、⑵二二―二三頁］）。

（18）だがルクレティウスは、政治社会の成立以前にも野獣から身を護るために協力しあう暗黙の合意が存在したことを示唆しているようにみえる。Cf. John M. Armstrong, "Epicurean Justice," *Phronesis*, Vol. 42 No. 3 (1997); Tim O'Keefe, "Would a Community of Wise Epicureans be Just?" *Ancient Philosophy*, 21 (2001), pp. 140-45.

（19）Cf. David Furley, *Cosmic Problems: Essays on Greek and Roman Philosophy of Nature* (Cambridge: Cambridge University Press, 1989), chap. 17; James H. Nichols, Jr., *Epicurean Political Philosophy: The De rerum natura of Lucretius* (Ithaca and London: Cornell University Press, 1972), p. 131. ルソーにとって哲学はもっぱら自尊心と結びつき、人間を孤立させるものとみなされる（『人間不平等起源論』［I, 156／⑷二二四頁］）。

（20）ルクレティウスはたびたび「世界の壁」に言及している［DRN. I. 73, 1102; II. 1045, 1144; III. 16; V. 119, 371, 454, 1213; VI. 123］。エピクロスのテクストにこの表現はないが、「ピュトクレス宛の手紙」で「世界は星々と大地とすべての現象を包含しつつ、天のある限界づけられた部分をなしており、それが解体すると内部はすべて混沌としてしまう。つまり世界は無限なものから切りとられた部分であり、ある限界でおわる」［DL. X. 88］と述べられているものがこれに相当すると考えられる。Cf. "Commentar," T. Lucretius Carus, *De rerum natura Buch III*, erklärt von Richard Heinze (Leipzig: B. G. Teubner, 1897), S. 52.

（21）ルソーもいうように、「死とその恐怖の認識は、人間が動物的な状態から離れるときに最初に獲得したもののひとつである」（『人間不平等起源論』［I, 143／⑷二一一頁］）。

（22）政治術の起源にかんするプラトンのコスモロジカルな説明と比較せよ。それによると、クロノス神の御代に安定した循環運動をつづけていたこの宇宙が逆転期にさしかかり、そこから生じた混乱と不和を解消するために、それまで全宇宙の運行とは無関係であった人間の諸技芸に決定的な重要性が加わったとされる（『政治家』［271a-274b］）。

（23）ミシェル・セール、豊田彰訳『ルクレティウスのテクストにおける物理学の誕生』（法政大学出版局、一九九六年）、五五頁。

（24）Cf. Gerald F. Else, "Moenia Mundi," *Classical Weekly*, No. 37 (1943/44), p. 137.

（25）「毒杯の縁に塗られた甘い蜜」のメタファーは、プラトン（『法律』[659E-660A]）が法律教育に「ムーサの技術」（芸術）を活用せよと述べたのを哲学と詩の関係に転用したものと考えられる。ルクレティウス以降にこのメタファーに言及した例として以下を参照。クィンティリアヌス『弁論家の教育』[III. 1. 3-4]、ピコ・デッラ・ミランドラのバルバーロ宛一四八五年六月の手紙[Epistolarum. #6658. A. 683]、リプシウス『政治学』[IV. 13. 132]、ポリニャック『反ルクレティウス』[I. 70-71]、サド『アリーヌとヴァルクール』[epigraph et Avis de l'éditeur ／(8)八―一一頁]。

（26）Cf. Nichols, *op.cit.*, p. 72. ウェルギリウス『アエネーイス』[III. 110-18; VI. 785-96] も参照。

（27）Cf. Cyril Bailey, *Titi Lucreti Cari, De rerum natura*, Vol. 2 (Oxford: Clarendon Press, 1947), p. 761; Boyancé, *op.cit.*, p. 57; P. H. Schrijvers, *Horror ac divina voluptas: Études sur la poétique et la poésie de Lucrèce* (Amsterdam: R. A. Hakkert, 1970), p. 38.

（28）Leo Strauss, "Notes on Lucretius," *Liberalism Ancient and Modern* (Chicago: The University of Chicago Press, 1968), p. 85〔木部尚志訳「ルクレティウスについての覚え書き」、石崎嘉彦・飯島昇藏訳者代表『リベラリズム――古代と近代』（ナカニシヤ出版、二〇〇六年）、一三六―一三七頁〕. Cf. Nichols, *op.cit.*, chap. 2.

（29）*Ibid.*, p. 92 and 100〔邦訳、一四七、一六〇頁〕.

（30）ここに列挙されているのは当時のローマでよく見かけられた宗教的ふるまいである。Cf. Kirk Summers, "Lucretius and the Epicurean Tradition of Piety," *Classical Philology*, Vol. 90 No. 1 (1995).

（31）前五一年六月あるいは七月付メンミウス宛書簡[63. 3-6]、また七月六日および九月二一日付アッティクス宛書簡[104. 6, 112. 3]の記述を参照。

（32）ルクレティウスとキケロの語彙の異同については以下を参照。Cf. Katharine C. Reiley, *Studies in the Philosophical Terminology of Lucretius and Cicero* (New York: Columbia University Press, 1909); Mary N. Porter Packer, *Cicero's Presentation of Epicurean Ethics: A Study Based Primarily on De finibus I and II* (New York: The Columbia University Press, 1938).

（33）キケロと親交があったネポスはルクレティウスを同時代の代表的詩人に数えているが（『英雄伝』[XXV. 12]）、キケロがルクレティウスに言及しているのは、弟クィントゥスに宛てた前五四年二月の私信［14.3］においてだけである。この不可解な沈黙の背後に不問の「掟」があったとするJean Marie André, "Cicéron et Lucrèce: Loi du silence et allusions polémiques," *Mélanges de philosophie, de littérature et d'histoire ancienne offerts à Pierre Boyancé* (Rome: École de Française de Rome, 1974) を参照。

(34) Cf. Benjamin Farrington, *Science and Politics in the Ancient World* (London: George Allen & Unwin, 1939), pp. 191-93, 217; Norman Wentworth de Witt, *Epicurus and His Philosophy* (Minneapolis: University of Minnesota Press, 1954), pp. 31-33, 86-87, 345.

(35)『法律について』［I. 39］、友人宛前五三年二月の書簡［35. 1-2］、『弁論家について』［III. 63-64］、アッティクス宛前四四年五月一一日付書簡［374. 5］、『義務について』［I. 20-21］を参照。

(36) Cf. James E. Holton, "Marcus Tullius Cicero," *History of Political Philosophy*, 3rd edition, eds. Leo Strauss and Joseph Cropsey (Chicago: The University of Chicago Press, 1987), pp. 171-72. キケロのゼノンおよびクリュシッポス理解については、Paul A. Vander Waerdt, "Zeno's *Republic* and Origins of Natural Law," *The Socratic Movement*, ed. P. A. Vander Waerdt (Ithaca and London: Cornell University Press, 1994), p. 293; Keimpe Algra, "Chrysippus, Carneades, Cicero: The Ethical Divisions in Cicero's *Lucullus*," *Assent and Argument: Studies in Cicero's Academic Books, Proceedings of the 7th Symposium Hellenisticum* (Utrecht, August 21-25, 1995), eds. Brad Inwood and Jaap Mansfeld (Leiden: Brill, 1997) を参照。

(37) Leo Strauss, *Natural Right and History* (Chicago: The University of Chicago Press, 1953), pp. 152-53（塚崎智・石崎嘉彦訳『自然権と歴史』（ちくま学芸文庫、二〇一三年）、二〇九―一〇頁）.

(38)『トゥスクルム荘談義』［V. 120］、参照。哲学者キケロの信念によれば、哲学に歯止めをかける――「いったん手綱を離してしまえばもはや制限も制止もできなくなるもの」に自制を要求し、「大きければ大きいほど善いもの」に中庸をもとめる――のはナンセンスのきわみである（『善と悪の究極について』［I. 2］）。

(39) キケロによれば、「エピクロスはアテナイ人の怒りを買わないように、ことばのうえで神々の名前を残したにすぎず、実際には（神々の存在を）否定した」というポセイドニオスの見解が真実に近い（『神々の本性について』［I. 85; 123］）。ラクタンティウスはルクレティウスがローマのあらゆる宗教的慣行を否定しながらそれに代替するものを提示しない点を非難する（『神聖教理』［II. 2. 10-17］）。

(40) しばしばこれはエピクロス主義にたいするキケロの無理解に帰せられてきた。Cf. Porter Packer, *op.cit.*, p. 93.

(41) Cf. Leo Strauss, *The Argument and the Action of Plato's Laws*（Chicago: The University of Chicago Press, 1975）, p. 65.

(42) それゆえガイウスとともに自然法と万民法とが事実上置換可能な表現であると考えるならば、ウルピアヌスの三分法は「不適切な区別」となる（メイン『古代法』[43]）。

(43) ヴィーコによれば、ウルピアヌスの理性は国家理性（ragion di Stato）にほかならず、「万人によって自然的に認識されているのではなく、人間社会の維持のためになにが必要かを見さだめることのできる政治に熟練した少数者にのみ理解されている」（『新しい学』[949; 990／(3)九八、一三七頁]）。

(44) Cf. Michael P. Zuckert, *Natural Rights and the New Republicanism*（Princeton, NJ: Princeton University Press, 1994）, pp. 131-32.

(45) Donald R. Kelley, *The Human Measure: Social Thought in the Western Legal Tradition*（Cambridge: Harvard University Press, 1990）, p. 58.「真正なる哲学」としての法律学については Donald R. Kelley, "*Vera Philosophia*: The Philosophical Significance of Renaissance Jurisprudence," *Journal of the History of Philosophy*, Vol. 14 No. 3（1976）も参照。

(46) Cf. Wolfgang Waldstein, "Zum Problem der *vera philosophia* bei Ulpian," *Collatio iuris Romani: Études dédiées à Hans Ankum à l'occasion de son 65e anniversaire*, éditées par R. Feenstra *et al.*（Amsterdam: J. C. Gieben, éditeur, 1995）.

(47) ルキアノスの『偽予言者アレクサンドロス』および『ペレグリノスの昇天』は、異教徒がキリスト教徒に言及したもっとも初期の例として知られる。

(48) Cf. Norman Wentworth de Witt, *St. Paul and Epicurus*（Minneapolis: University of Minnesota Press, 1954）, pp. 41-42, 187-88; Renée Koch Piettre, "Paul and the Athens Epicureans: Between Polytheisms, Atheisms and Monotheisms," *Diogenes*, No. 205（2005）.

(49)「マルキオンは、至福かつ不滅（beatum et incorruptibile）であるものが自分にも他のものにも苦難をあたえることにならないように、エピクロス派から取り入れた一種の「神」をキリストの名で呼ぶことをもとめた。つまりこの見解を幾度もくりかえし述べることにより、マルキオンは神から厳格さや裁きの力を排除したのである」（テルトゥリアヌス『マルキオン論駁』[I. 25. 3]）。

(50) テルトゥリアヌス『マルキオン論駁』[II. 5. 1; IV. 15. 7-8; V. 19. 7]、オリゲネス『ケルソス論駁』[VI. 52-53]、参照。Cf.

John G. Gager, "Marcion and Philosophy," *Vigiliae Christianae*, Vol. 26 No. 1（1972）. オリゲネスの『ケルソス論駁』は、キリスト教における預言や神の啓示を蒙昧と非難したケルソスの『真のことば』への反論である。この「ケルソス」がルキアノスの友人のエピクロス主義哲学者ケルソス（『偽予言者アレクサンドロス』[1]）と同一人物であるかどうかについては諸説あり、大勢はこれを否定する傾向にある。Cf. "Introduction," Origen, *Contra Celsum*, trans. with an Introduction and Notes by Henry Chadwick（Cambridge: Cambridge University Press, 1987）, pp. xxiv–xxix.

（51）テルトゥリアヌスによるルクレティウスの引用については J. W. Ph. Borleffs, "Tertullian und Lucrez," *Philologische Wochenschrift*, 52（1932）, S. 350f を、また初期ラテン教父たちのエピクロス主義受容については Richard P. Jungkuntz, "Christian Approval of Epicureanism," *Church History*, Vol. 31 No. 3（September 1962）を参照。

（52）Leo Strauss, "Die Religionskritik des Hobbes: Ein Beitrag zum Verständnis der Aufklärung," *Gesammelte Schriften*, Bd. 3, Zweite Aufl.（Stuttgart: J. B. Metzler, 2001）, S. 318.

（53）一九歳でキケロの『ホルテンシウス』を読んだアウグスティヌスは、そのときにおぼえた感激をこう述懐している。「わたしはかれの説によって、あれやこれやの学派ではなく知恵そのものを、どんなものにせよ愛し、もとめ、手に入れ、保持し、強く抱くように目を覚まされ、火をつけられて燃えあがったのである」（『告白』[III. 4. 8]）。アルノビウスとアウグスティヌスはともに一時期エピクロス主義に傾倒したことがあり、かれらの回心はエピクロス主義者がキリスト教に吸収される社会現象の典型例であった。Cf. de Witt, *Epicurus and His Philosophy*, pp. 33, 352–53.

（54）ラクタンティウス『神聖教理』[I. 1. 6] とともにキケロ『アカデミア前書』[II. 3. 8] と比較せよ。キリスト教教父たちがキケロ経由で知ったアカデメイア派の蓋然性観念を神学的に読みかえ、キケロ批判へと逆適用する「父親殺し」については Giulio D'Onofrio, *Vera philosophia: Studies in Late Antique and Medieval Christian Thought*, English Text by John Gavin, S. J.（Turnhout: Brepols, 2008）, pp. 36–55 を参照。

（55）Cf. Charles Bolyard, "Augustine, Epicurus and External World Skepticism," *Journal of the History of Philosophy*, Vol. 44 No. 2（2006）; Dean Simpson, "Epicureanism in the *Confessions* of St. Augustine," *Augustinian Studies*, Vol. 16（1985）. ラクタンティウスもまた、世界にはじまりとおわりがあることをみとめないプラトンとアリストテレスの批判にエピクロスを利用している（『神聖教理』[VII. 1. 7–10]）。ちなみにアウグスティヌスはエピクロス主義にかんする知識をルクレティウスから得たと推測される。『三位一体論』には、救いをもとめるひとは「自己の弱さを知ることを世界の壁（moenia mundi）、地の基、天の頂を知ることよりも上におく」という表現が用いられている［IV. proem. 1／㉘一一五頁］。

（56）　ラクタンティウスのつぎのような説明はその典型例である。「あらゆるものは過去・現在・未来という三つの時間に包括されねばならないが、はじまりは過去に属し、存在は現在に、解体は未来に属する。この三つはすべて個々のどの人間にもみられる。すなわち、われわれは生まれるときにはじまり、生きているときに存在し、死ぬときに存在をやめる」（『神聖教理』［II. 10.19-20］）。この折衷主義は、神学者たちの主たる典拠であったセネカ――テルトゥリアヌスが「生来のキリスト者精神の持ち主（anima naturaliter Christiana）」と呼び（『護教論』［XVII. 6］）、「われわれのひとり（saepe noster）」とみなした（『霊魂論』［XX. 1］）――の死の説明にストア派、エピクロス主義、アカデメイア派、ペリパトス派の語彙が混在していたことに由来する。「死は善でもなく悪でもないのです。事実「なにか」であるものは、善であるか、悪であるかのいずれかでありえます。しかし、それ自体が無であり、すべてを無に帰せしめるものは、幸運、不運のいずれにもわれわれを引き渡すものではありません。なぜなら、善や悪はなんらかの実体のあるものにかかわるからです」（『マルキアに寄せる慰めの書』［19.5］）。

（57）　『わが執政官職について』と題したキケロの詩は伝存しないが、一部が『神託について』［I. 11-13］やアッティクス宛前六〇年一二月の書簡［2.3.4］などに引用されている。

（58）　アウレリウス帝が依然「摂理か原子か（ἤτοι πρόνοια ἢ ἄτομοι）」と自問していたころ（『自省録』［IV. 3.2; VI. 24; VIII. 17; IX. 28, 39; X. 6; XI. 18.1］）、ペイターの主人公は「老いらくの来ぬ若いうちに（donec virenti canities abest）」（ホラティウス『カルミナ』［I. 9.17］）とローマの男女が騒ぐ声を聞きながら、「エピクロス主義に導かれてここまでやってきたのは、このような空しい浮ついた情念のためではなかった」とつぶやく（『エピクロスの徒マリウス』［XI, 186／⑶一二三頁］）。

（59）　Cf. John Ferguson, “Epicureanism under the Roman Empire,” *Aufstieg und Niedergang der römischen Welt,* hrsg. Wolfgang Haase und Hildegard Temporini, Teil II, Bd. 36.4（Berlin and New York: Walter De Gruyter, 1990）, S. 2326.　一一世紀のウマル・ハイヤームの詩にはエピクロス的な快楽主義の影響が濃厚に確認できる。「ひと塊《くれ》のパン　ひと瓶の酒　ひと綴りの詩集／それに　わたしのかたわらで唱うおまえ／これだけでもう　砂漠とて天国の豊かさ」（『ルバイヤート』［I. XI, 24／二六頁］）。Cf. Craig A. Leisy, *Influence of Epicurean Thought on the Rubaiyat of Omar Khayyam*（Manchester Ctr., VT: Shirespress, 2016）, especially pp. 221-22.

（60）　ウィトルウィウス自身は原子論の影響下にあり、ルクレティウスの詩も知っていた（『建築について』［I. 4.5; II. 2.1; IX. Praef. 17］）。

（61）白銀時代を代表する詩人ルカヌスも、ローマに叛旗を翻した北方の蛮族を「みずからの迷妄ゆえに幸せな者たちではある。あの最大の恐れ、死の恐怖（leti metusi）がかれらをさいなむことはないのだから」と羨みつつ、ポンペイウスとカエサルの覇権争いの主戦場となって荒廃した都を偲び、「汝は、ローマよ、戦という名を聞いただけで見捨てられるのだ。汝の城壁（muris）にはわずか一夜さえ託されなかった」と慟哭した（『パルサリア』［I. 458-460, 519-520］）。

（62）Cf. Rune Frederiksen, *Greek City Walls of the Archaic Period, 900-480 BC.* (Oxford and New York: Oxford University Press, 2011), p. 21 and pp. 25-26.

（63）これに似たアウグスティヌスのことばづかいを参照。「魂のこの第三の理性的な部分は、これらの部分〔怒りと欲情〕を支配するために、いわば城砦（arx）のなかにその座を占める」（『神の国』［XIV. 19, 427／(3)三三五頁］）。いずれにせよ、「城壁」は囲い込まれた住民の支配と自衛という都市の政治的起源を象徴し（ヴェーバー「都市」［XXII, 72-75／二四—二七頁］）、「城壁のない都市」は経済的開放性を特徴とする現代の都市の形容にしばしば用いられる。Cf. Norton E. Long, *The Unwalled City: Reconstituting the Urban Community* (New York and London: Basic Books, 1972), chap. 1.

（64）「城壁」云々の表現はヘブライ語原文にはなく、ヘラクレイトス以来のギリシア的思考の混入が指摘されている。Cf. Tomáš Vítek, "Heraclitus, DK 22 B 44 (frg. 103, Marcovich)," *EMERITA, Revista de Lingüística y Filología Clásica*, LXXX 2 (2012), p. 310.

（65）「われらが為すべきは、この手でギリシア人の安全を守ることでも、知恵でかれらから冠を手に入れることでもない。いやティモクラテスよ、肉体の害とならず満足をあたえるようなやりかたで飲み食いすることでなければならない」（『モラリア』［XIV. 1098C = M. 82; cf. XIV. 1100D; 1125D］）。

（66）実際にはアカデメイアも閉鎖されたのではなく、マルクス・アウレリウス帝のはじめた資金援助を打ち切られただけであった。Cf. Alan Cameron, *Literature and Society in the Early Byzantine World* (London: Variorum Publications, 1985), XIII: "The Last Days of the Academy at Athens."

（67）ユスティニアヌスが五五四年の新勅法［Novellae. App. VII. Pro petitione Vigilii. 22］で文法学・修辞学・医学・法学を教えるローマの教師への穀物給与を定めたのは、困窮者への補償の意味があったと考えられる。

（68）Cf. John Neville Figgis, *Churches in the Modern State* (London: Longmans, Green and Co., 1913), p. 204.

Ⅲ　庭園をつくる――エピクロス主義の〈逸れ〉について

それでも、わたしたちは自分の庭園を耕さなければなりません。
ヴォルテール『カンディード』

1　誤読としての〈逸れ〉

エピクロスの哲学は中世の長い閑却から救いだされた。教皇秘書官のポッジョ・ブラッチョリーニがルクレティウス『事物の本性について』の写本をドイツの修道院で発見し、イタリアに持ち帰ったのは一四一七年のことである。一四三三年には、コンスタンティノポリスに残っていたディオゲネス・ラエルティオス『主要哲学者の生涯と意見』がカマルドリ修道会士アンブロージョ・トラヴェルサーリの手でラテン語に訳された。この二大エピクロス主義文書が回覧・手写され、無数の異本が活字になり、各地の大学で講じられるようになると、エピクロスの哲学はその感化の跡も著しい書物を大量に産出しはじめる[1]。

S・グリーンブラットはポッジョによるルクレティウス発見の劇的な経緯を『逸れ――世界はいかにして近代的になったか』（二〇一一年）に描いた。タイトルにある〈逸れ《スワーヴ》〉とは、エピクロス＝ルクレティウスが原子にみとめた斜行運動（παρέγκλισις; clinamen）のことである。伝存するエピクロスのテクストでは「ヘロドトス宛の手紙」の脱落箇所［DL. X. 43］にその説明があったと推測されており、「[原子の〕あるものは垂直に落下し、あるものは方向が逸れ（παρεγχομένου）、あるものは衝突して跳ね返る……」という復元案が定着している。典拠となったルクレティウスで確認しよう。

原子は自分の重量により空虚のなかを下方に向かって一直線に進むが、そのさなかに、まったく不定の時に不定の場所で（incerto tempore. incertisque locis）、進路をごくわずかに、運動に変化をきたすといえる程度に逸れる（declinare）。ところで、もし原子が進路を逸れがちでないとしたら、すべての原子は雨滴のように深い空虚のなかを下方へ落下するばかりで、原子相互に衝突も起こらず、なんらの打撃も生じることもなく、こうして自然はなにものも生みださなかったであろう［DRN. II. 216-224］。

爾来ラテン語の「クリナメン」の名で知られる〈逸れ〉は、神の「はからい《ブーレー》と決断《クリーシス》」のような超自然的原因をしりぞけ、原子相互の衝突という偶然《テュケー》だけで世界の形成を説明する無神論的な自然哲学の根本原理とみなされ（アイリアノス断片［Suda. E2406＝II. frg. 61］）、各種の誹謗中傷を浴びてきた。中世キリスト教神学の標準的反応はトマス・アクィナスにみられるもので、「万物は偶然的に（fortuito）生じる」という見解はふたつの点で誤りだと主張する。第一に、自然のなかにはより善いものが実現に向かう過程が観察されるが、そういうことは自然物が「なんらかの摂理により善という終局へと方向づけられていなければ」生じえない。第二に、諸々の事物は神の善性により産出され、「最善なるものには最善なるものを産出することが属している」以上、事物を産出しながら完成させないのは神の至高の善性にふさわしくない（『神学大全』［I. q. 103.a1］）。哲学者たちも――古代のクリュシッポス、カルネアデス、キケロ、プルタルコスはもとより[2]、ガッサンディやF・A・ランゲのような近代のエピクロス擁護者ですら――口を揃えて〈逸れ〉を冷笑した。事物の最小構成単位としての原子の存在は許容できても、それが突如軌道を変えて世界を形成するなど荒唐無稽な屁理屈としか思えないのである[3]。評価の機運が高まるには二〇世紀を待たねばならなかった。原子の〈逸れ〉を「エピクロス哲学のもっとも内面的な経緯にもとづく、もっとも深い帰結のひとつ」（「エピクロスの哲学」[XL. IV. 4. 165／⑽一二二頁]）とみなしたマルクスや、そこに「エピクロス主義理論の枢要かつ真に独創的な点」（『エピクロスの道徳』[II. 2. 99]）をみたJ・M・ギュイヨーの先駆的な解釈が注目をあつめ、現代の物理学や宇宙論の論争を巻き込んで活況を呈する一方、古代哲学研究や古典学の領域でも、自由意志の存在を正当化する論理として整合化しようとする解釈の成果が蓄積されつつある。(4)

グリーンブラットはこの〈逸れ〉を「ものごとがときに予期せぬ意外な展開をみせる」という比喩的な意味にとり、近代におけるエピクロス主義の受容史に適用した。「忘却に向けて一直線に突き進んでいるかにみえたかれ〔ルクレティウス〕の詩と、それが語る哲学が、思いがけず直線軌道から逸れた」こと自体が〈逸れ〉のもっとも雄弁な証明であり、「近代の生活と思想の起源となる文化的転換を指し示すのに用いられることば「古代の再生《ルネサンス》と復活」を地で行く(5)」事件であったとされるのである。かつてギュイヨーは、ホッブズとガッサンディを起点にラ・ロシュフコー、スピノザ、エルヴェシウスをイギリスの功利主義者たちに比肩する「エピクロスの近代の後継者」と呼んだが（『エピクロスの道徳』[IV. 1-4]）、グリーンブラットが語る「世界がいかにしてあらたな方向へと逸脱したかの物語」の舞台はさらに広大で、マキァヴェッリ、トマス・モア、ブルーノ、モンテーニュ、ガリレオ、ニュートン、そしてジェファーソンまでが登場におよんでいる。

だが、近代世界が『事物の本性について』という一冊の書物にはじまるかのような、あるいは、古代の哲学思潮のなかでエピクロス主義だけが近代への意志を内蔵していたかのような印象をあたえかねないその論調には、中世史家やルネサンス研究者から疑問が寄せられた(6)。近代におけるエピクロス主義の再興が、豊かな実りを約束するとはいえ、やはり誤りには違いないようなテクストの読みに端を発した可能性をグリーンブラットは一顧だにしない。文学理論家ハロルド・ブルームはそのような誤読に〈逸れ《クリナメン》〉の名を献上し、正当な曲解として擁護した。「解釈とは、程度の差はあれ創造的な、あるいは興味ぶかい誤‐読でしかない。というのも、読むということはすべて必然的にクリナメンではないのか」[7]。ブレイク、ワーズワス、コールリッジ、エマソンらのロマン派詩人たちが独創的な作品をものしたのも、みずから規範とした先行詩人を乗り越えられないという「影響の不安」に駆られ、先達の作品を強く誤読したからである。思想の継承は遺伝とは異なる。遺伝情報が親から子へ数世紀にわたって正確に伝わるのは遺伝子の堅固で安定した構造のおかげだが、思想の場合は遺伝子に相当する先達のテクストを後世の哲学者が読んで理解しなければ継承されない。そしてテクストの理解は字面を追うだけでは得られず、解釈という読み手の主体的な活動をともなうがゆえに、つねに誤解・誤読の可能性に開かれている。思想は理解ないし誤解された思想として受け継がれていく以外にないのだ[8]。グリーンブラットの議論では、〈逸れ〉たのは幸運にもエピクロス主義を見舞った運命のほうで、エピクロス＝ルクレティウスの哲学ではない。だがそうして持続するエピクロス主義の伝統とみえるものは、意図的であるとないとを問わずエピクロス主義者のテクストがさまざまに誤読され、拡大解釈をほどこされて〈逸れ〉た結果の集積かもしれないのである[9]。

誤読としての〈逸れ〉という視点は、返す刀で「原著者の意図」や「自己完結したテクスト」の観念にも懐疑を投じる。一例をあげよう。解釈者たちの多くがエピクロスの原子の〈逸れ〉を自由意志に関係づけて論じるのは、その事実上唯一の手がかりであるルクレティウスのテクストがそうしているからである。

すべての運動がつねに関連しあい、新しい運動は不変の順序にしたがってかならず古い運動から発生するのだとしたら、また、原子が進路を逸れて——これこそが運命の掟なるものを破棄し、原因が原因につづいて無限にわたることをなからしめる——運動を発生させることがないとしたら、地上にある生物の自由なるものはいったいなにに起因するのであろうか。われわれもまたこの運命から引き剝がされた自由意志により、快楽の導く方向に進み、不定の時に不定の場所で、心の赴くままに運動を逸らせるのではないのか。この運動をはじめさせるのは各自の意志であり、運動がこの意志から発して四肢に波及することに疑いの余地はないのだから

[DRN. II. 251–262]。

不可視の原子（と空虚）しかない微視的＝形而上学的世界と、その原子が合成して可感的な物体となった巨視的な現象世界とを存在論的に区別し、それぞれ別の法則が支配すると考えるエピクロスの立場からすると、行為の善悪・正不正・自由と責任のような倫理学的問題は人間という物体を単位にして考察されるべきであり、たとえ自由意志なるものの実在を説明するためとはいえ、原子のレベルにまで降りていくのは不必要なばかりか不適切ですらある。しかしいまはこれをも創造的誤読の一例と考えてみよう。

このテクストは後年のすべての刊本の基になった一五六三年出版のランビヌス（ドゥニ・ランバン）校閲版によるものだが、「自由意志」という訳語があてられたvoluntasは九世紀および一〇世紀の古い写本ではvoluptas（快楽）となっており、どちらかが転写のさいに生じた誤記の可能性がある。現代の解釈者たちの多くは、キケロが同じ文脈でvoluntate liberaという表現を用いていることに加え（『運命について』[20]）、「自由な快楽（libera voluptas）」という表現はありえないが「自由な意志（libera voluntas）」は自然あるいは単純明快であり、またそれを原子論的前提から導く理路のほうが興味ぶかいという理由でランビヌスの校閲を支持してきた[10]。しかしそこには近代人の思い込み——快楽はつねに必然性の領域にとどまる受動的なものでしかない——がはからずも露呈してはいないだろうか[11]。voluptas／voluntasはアルファベット一文字の違いでしかない。ここでおのずと想起されるのは、配列のわずかな差異であらゆる事物を産出する原子の基本原理（στοιχεῖα: elementa）を原子論者たちがつねづね「文字」に喩えてきたことである（デモクリトス[DK. Democritus. A37]、ルクレティウス[DRN. I. 192–198, 823–829; II. 688–694, 1013–1022]、マ

ニャン『デモクリトス復活』[D. II. Cap. IV. 269]、ガッサンディ『哲学集成』[OOI. 367B])。ジャック・デリダにいわせれば、エピクロス派の詩人は〈逸れ〉を論じるテクストそのもので〈逸れ〉のなんたるかを例示してみせたのだ。

このふたつの語のたった一文字の違いが〈逸れ〉を導入する。それは、なぜ〈逸れ〉が運命から引き剝がされた自由の、意志の、悦楽の条件であるかをルクレティウスが説明している最中のことである。しかしいずれにせよ、文脈からみて、〈逸れ〉と自由と快楽との結びつきについてはまったく疑いの余地がない。元素原理の〈逸れ〉、すなわち原子および原子の法の〈逸れ〉は、快楽の原理だ、ということになるだろう。時代錯誤的に宇宙の決定論と呼ばれるもののなかに、〈逸れ〉は必然と偶然とのたわむれを導入することになるだろう。とはいえ、たとえこの非決定論の原理が人間の意識的自由をある人びとに思いつかせるとしても、〈逸れ〉は意識的意志を意味するわけではない(12)。

エピクロス＝ルクレティウスの〈逸れ〉の観念自体がテクストの創造的誤読を正当化し、むしろ積極的に鼓舞しているのだとしたら、「そのエピクロスの学説がどうしてこの〈逸れ〉を免れるというのか(13)」。デリダの反問は、アルチュセールやドゥルーズやデリダ自身を含む現代の〈逸れ〉の擁護者のみならず、すべての自称エピクロスの後裔たちの営為を理解するうえでも傾聴にあたいする。エピクロスの原子が〈逸れ〉るようにエピクロスの哲学そのものが〈逸れ〉たのであり、原子が〈逸れ〉なければなにものも生まれないように、エピクロスの哲学も〈逸れ〉てはじめて多様で豊穣な近代思想の源となったのだ。

ただし、〈逸れ〉を原子の運動からエピクロス主義の歴史に転用するさいに、「内部に仕組まれた発条《ぜんまい》仕掛けで動く画描き機……予測を絶した怪獣クリナメン」(アルフレッド・ジャリ『フォーストロール博士言行録』[XXXIII. 526／一五〇—五一頁])のような自由奔放で無軌道な芸術的創造が想定されているのだとしたら、若干の留保が必要になる。

エピクロス＝ルクレティウスの原子の〈逸れ〉は角度（γωνία）を、つまり「進路をごくわずかに、運動に変化をきたすといえる程度に（paulum tantum quod momen mutatum）逸れる」前後の原子の軌道がなす傾斜角（inclination）——円の弧と接線のあいだにできる最小の接触角（contingent angle）のような——を意味する。[14] これをメタファーにして語られるエピクロス主義の受容史は、〈逸れ〉を創造的誤読として祝福する論者たちの物語とは異なり、〈逸れ〉る以前にエピクロス主義がたどっていた「雨滴」の直線軌道を基準にして、分岐後の軌道のいわば曲率を測定することが主眼となるだろう。それではエピクロス主義のなにが・いつ・どのように〈逸れ〉たのであろうか。

2　治療から力へ

ルクレティウスにとってエピクロスの哲学は、なにをおいても魂の病への治療薬であるがゆえに「真の理論《ウェラ・ラティオ》」の名を冠せられる。物質的に豊かな文明生活を謳歌するアテナイ人にして幸福でない——「生存に欠かせないものはすでにほぼすべて死すべきものどもにあたえられ、可能なかぎり人生は安全であり、人間は富と栄誉と名声とを豊かに手にして、わが子の良い評判も絶大であるのに、それでも家ではおのおの心に悩みをかかえ、心ならずもつねに生活は苦しく、痛ましく嘆いて怒り狂わざるをえない」［DRN. VI. 9-16］——のはなぜか。詩人にいわせれば、それは「壷」に、すなわち精神に欠陥があったからである。

人びとは精神のなかに重荷があること、その重荷のために自分が疲れきっていることを明らかに自覚してはいるらしい。人びとがそれと同じくらいに、その発生がいかなる原因によるのか、不幸のかくも大きないわば塊が心中に生じる原因はなにかをも究めることができたなら、一般に見かけるように、ひとそれぞれ自分の欲するものを知らず、住処さえ変えれば重荷を除くことができるかもしれないと、絶えず居場所を変えて生きるようなまねはしないであろうに〔DRN. III. 1053-1059〕。

この病への有効な処方は、エピクロスが「メノイケウス宛の手紙」に掲げたもっとも幸福なひとの特質、すなわち、「神々については敬虔な考えをもち、死についてはつねに恐怖を抱かず、自然的な目的〔快楽〕をすでに省察して、善いことどもの限度〔苦しみのない状態〕は達するのも獲得するのも容易であり、悪いことどもの限度は時間の点でも痛みの点でもわずかであることを理解しており、また一部のひとが万物の女王として導き入れた運命を嘲笑する……」〔DL. X. 133〕に、あるいはそれを要約した『主要教説』の最初の四命題〔DL. X. 139-40〕に見いだされる。ルクレティウスの同時代人のフィロデモスは、それを「四つの特効薬（τετραφάρμακος）」の名でローマに広めた〔P. Herc. 1005, col. 5. 10-14〕。

神は畏れるに足らず（Ἄφοβον ὁ θεός）、
死は思い煩うに足らず（ἀνύποπτον ὁ θάνατος）、
また善きものは手に入れやすく（καὶ τἀγαθὸν μὲν εὔκτητον）、
苦痛は耐えやすい（τὸ δὲ δεινὸν εὐεκκαρτέρητον）(15)。

フィロデモスによれば、人間は権力、名声、富への欲望を必要な欲望と取り違え、あるいは性格上の悪徳や情念に禍いされて、自然な快楽の原因を知らずにいる（『選択と忌避について』〔V-VI〕）。そこで必要になるのがエピクロスの教えの「枢要なもの（τὰ κυριώτατα）」であるが、実際の行為選択にあたってつねに適切な快楽計算ができるようになるためには、それをただ理解するだけではなく、記憶しやすく「四つ（τέτταρες）」に縮約して心に銘記しなければならない［XI. 4-6］。エピクロスの哲学のすぐれて実用主義的な性格と具体的効能を強調するフィロデモスは、『パレーシアについて』と題した作品でも、エピクロスの学園における哲学教育の実際をやはり医術のメタファーを用いて詳らかにしている。曰く、医者が患者にたいしてするように、教師も生徒の状態によく配慮し、その性格に応じて厳しさと優しさとを使い分け［frg. 6］、さらに時機《カイロス》を選びながら［frg. 44］、率直《パレーシア》な批評をあたえる必要がある。医者が不治の病を癒せなくても非難されないのと同じく、教師は道徳的に堕落した人間を治せなくてもたしかに責任を問われない［frg. 69. 1-8］。しかしそのような教師のパレーシアの、たんに語りではなくおこない《エルゴン》によってこそ生徒は説得され［frg. 16. 5-7］、教師と同輩に向かって心を開き、みずからの過ち、弱さ、犯した罪をすら自由に語ること《パレーシア》ができるようになる［frg. 49. 2-5］。こうして教師と生徒、あるいは生徒同士のあいだにパレーシアが浸透・伝播することで、哲学を学ぶ人びとのあいだに友情が育まれていく。「腹蔵のない語り《パレーシア》をつうじて、まさしく腹蔵なく語っているという事実によって教えを受けている人びとのあいだに、おたがいへの厚意（εὔνοια）が強まるようにしようではないか」［frg. 25. 3-8］。

　フィロデモスが紹介するエピクロスの教えにヘレニズム期哲学の「治療的・医術的議論」の典型をみるM・C・ヌスバウムは、プラトン＝アリストテレスの「対話的議論」と対比されるその特徴として、実用主義のほかにも、始祖エピクロスと学園の指導者たちの教えへの絶対的帰依に象徴される教師（医者）と生徒（患者）の非対称な関係をあげる[16]。この点についてはミシェル・フーコーの卓抜な分析で補足しておこう。しばしばヘレニズム期の哲学は私的な自己への関心によって特徴づけられるが、その関心の核にあるのは個人性の絶対的な価値や私的生活の神聖さへの信念ではなく、自己を真理の探求者たるべく陶冶すること、「自己変革、自己矯正、自己浄化、自己救済を目標として、自分自身を自分の認識対象ならびに行動領域とみなすよう要請される諸形式の強烈さ」[17]であり、パレーシアはまさしくこの「魂の教導」の手段であった。エピクロス主義の教育においては、指導者たちの生きた模範をつうじて始祖へと直接に遡る真理の言説の垂直的な「権威」の系譜と、この真理の言説に応答して魂を開きあう弟子たちの水平的な「友情」の関係とが交叉している。それがパレーシアの実践をつうじて真理への義務と自己知＝救済への義務とを分かちがたく結びつけているという点で、エピクロス主義はソクラテス以来の「生のありかた」としての哲学の伝統に直接連なるのである。(18)

いずれにせよ、魂の病を療治するには環境（「住処」「居場所」）を変えるのではなく「庭園を耕す」ことによって、つまり魂そのものの、自己の変容をもってするしかない。その意味で本来のエピクロス主義は、古代哲学の本質的に教育的な性格をストア派と共有し、またすぐれてアスケーシス主義的であったといってよい。ポルフュリオスが引用するエピクロスの箴言はそのことを如実に示している。「ひとは恐怖のために、あるいは際限のないむなしい欲望のために不幸になる。だがもしこれらに手綱をつけるなら、祝福された思考を自分自身にかちとることができる」（『マルケッラ宛の手紙』[29＝Us. 485]）。幸福への障害が人間の内部（無知と臆見）にあるのなら、それを除去する手立てもまた人間の内部（哲学と思慮）に見いだされるのである。(19)

ところで、「メノイケウス宛の手紙」の先に引用した部分とフィロデモスの「四つの特効薬」とを比較すると、前者は末尾でデモクリトス的な必然性の自然哲学を揶揄しつつ自然哲学と倫理学の不離不即の関係に言及しているのに、後者にはそれに対応するものが欠落している。これはエピクロス主義に寄せる当時のローマ人たちの関心が卑近な日常道徳の教えと化した快楽主義にあって、自然哲学にはなかったことを暗示するが、エピクロスの自然哲学は心の平静《アタラクシア》の確保という実践哲学上の至上命令と元来切り離しえない。(20) 宇宙と世界が原子論の説明するようにあるのは「驚くべきことではない（non est mirabile）」とルクレティウスが豪語するのは [DRN. II. 308]、エピクロス主義者にとって自然研究は驚嘆（θαυμάζειν）を動機とする観照のことがらではないという意味である。自然研究もそれ自体が目的ではなく、万物についての臆見的説明に囚われ動揺する魂を治療し、自由な主体への変容をもたらす

「エートス制作的《エトポイエティック》」な知の一環をなしており、[21] この目的に照らした効果によって価値を測定される。「自然研究をするひとは、多数者の反感を招く学識《パイディア》を誇示したり、吹聴してまわったり、広言するようなまねはできなくなる。むしろ泰然として自己充足的になり、人事一般の善ではなく私的な善を誇るようになる」［SV. 45］のである。

マルクスは学位論文「デモクリトスとエピクロスの自然哲学の差異について」（一八四〇―四一年）で、そこにエピクロス主義的な自然哲学のアンビヴァレンスが露出していることを指摘した。「現実の反省形式」として必然性を適用したデモクリトスと偶然性を適用するエピクロスの違いは、思想的個性のあらわれなどではなく、存在にたいする思考の関係の根本的な差異であり、したがって〈逸れ〉は、「原子がその前提から逸れ、その質的本質からのがれ、それによってこの逸脱、つまりこの無前提的で無内容な自己のうちに閉じられている存在が、原子自身にたいするものであること、こうして原子本来の性質があらわれることを立証しているように、全エピクロス哲学が、その諸前提から逸れること」［XL. IV. 4. 166／㊵一二二頁――強調は引用者、IV. II. 1. 285／㊵二一四頁参照］を意味するはずである。ところが、結局エピクロスの原子の〈逸れ〉は、世界は神により無から創造されたと考えないために要請される「抽象的可能性」にとどまっている。

偶然は一個の現実であるが、それは可能性の価値しかもたない。だが抽象的可能性はまさしく実在的可能性の対蹠物である。……抽象的可能性にとっては、説明される客観が問題なのではなく、証明する主観が問題である。対象はただ可能であり、思惟されうるものであるはずである。抽象的に可能的なもの、思惟されうるものは、思惟する主観の邪魔にはならず、かれにとってなんらの限界でもなく、なんらの躓きの石でもない。この可能性が実際また現実的でもあるかどうかはどうでもよい。なぜなら関心はここでは対象としての対象にはおよばないからである。エピクロスはそれゆえ、個々の自然現象の説明には無制限な無頓着さでふるまう［XL. I.

3. 276／(40)二〇四頁〕[22]。

この無頓着さは、エピクロス哲学が心の平静を唯一無二の目的として追求するその真摯さと表裏一体の関係にあって、天空の諸事象《メテオーラ》への態度にそれがもっとも鮮明にあらわれている。天体や気象の現象は「その生成に幾通りもの原因があり、その存在には感覚と合致する幾通りもの説明のしかたがある」〔DL. X. 86〕。感覚では原因を観察できない現象については、「現象が逆証しない」さまざまな説明をすべて真として受け入れねばならないとされるのである。まさしくエピクロスにあっては、

客観の実在根拠を探求しようというなんらの関心もないことがわかる。ただ説明する主観の安堵だけが問題となっている。抽象的可能性の性格に照応するかぎりのすべての可能的なものが、可能的であるとして許されるのであるから、明らかに、存在の偶然は端的に思惟の偶然のなかに移される。エピクロスが立てる唯一の規則、「説明は感覚的知覚と矛盾してはならない」ということは自明である。なぜなら、抽象的に可能なものは、矛盾を免れているということにこそ成り立ち、それゆえ矛盾は避けねばならないからである。エピクロスは結局、かれの説明のしかたがただ自己意識の平静のみを目的とし、自然認識そのものを目的としていないことを告白している〔XL. I. 3. 277／(40)二〇五頁〕。

メテオーラにかんしてひとつの説明に固執することは、そこに唯一の永遠で神的なものを想定することにひとしい。「天体の永遠性は自己意識の平静を乱すことになるがゆえに、それが永遠でないということが、必然的な、拘束的な帰結である」〔XL. II. 5. 301／(40)二三三頁〕。マルクスにとってこの帰結は、エピクロスの原子論が「自己意識の自然学」であったことを示すたしかな証拠であるが〔XL. II. 5. 305／(40)二三七頁〕、その思想史的含意はマルクスが想

像した以上に重大であった。

ランゲのいうように、エピクロスの学派が宗教的セクトにも比すべき強靭な同一性を維持したのも、またその哲学が同時代の科学に裨益するところ少なかったのも、「この体系の倫理学的側面の自然学的側面にたいする強い優越」のためであった[23]。これはエピクロス主義的原子論が近代科学の知の形而上学的原理とはなりえない理由にもなる。近代自然哲学においては、自然についての知は観照のためでも心の平静のためでもなく、自然を制御し、支配するための力の源泉であり、またそれを推進したのは原子論が提供する自然の機械論的説明であったとされている。しかしハンス・ブルーメンベルクによれば、近代の原子論は後期中世の唯名論によって地ならしされた認識の地平を「再占拠」したにすぎない[24]。アリストテレス＝アクィナスの目的論的で知性的な宇宙観を解体し、近代の知が開拓すべき沃土を理論的に準備したのは、世界の起源に人間理性のおよばない神の絶対的な意志をみるオッカムのウィリアムら唯名論者の主意主義神学である。つまり「唯名論が人間にとって信頼できる宇宙を完膚なきまでに破壊したことにより、はじめて機械論的自然哲学は自己主張（Selbsthauptung）の道具立てとして捉えられうるようになった[25]」のだ。この過程で固有にエピクロス主義的な自然哲学は実質的になんらの役割も演じていない。唯名論と提携した近代原子論にできたこと、つまり世界を人間の自由な合理的利用に供しうるものとすることが、心の平静を至上目的とするエピクロスの原子論にはできないからである。

エピクロスの方法が初期近代の自然科学の思考法と形式上いかに似た見方をしていても、その機能は根本的に別である。それは現象を客体化せずに中和化（Neutralizierung）する。中和化は不確実性を除外しても確実性をつくろうとはしないが、客体化には仮説を立証する内在的志向がある。結局のところ時代間の差異は、エピクロスは世界における人間の地位を観察しても結果として自然支配の要求を引きださないが、同じことがひとしくベーコンとデカルトには、人間が現存在するために必要なものの総称となったという点にみられる。人間を「自然の主人にして所有者」にすることが、世界のなかで人間が現存在する可能性の条件であるとはエピクロスには思えなかった。かれの認識への意志には〈技術的含意〉と呼ばれるようになるものが欠如していた。かれは現象から距離をおこうとしたが、それを生産できることまでは欲しなかった(26)。

ニュートンの古典力学においては、自然は因果必然的に生起する可逆的な現象として機械論的に説明される。それを鼓舞したのは、あくまでもデモクリトスの決定論的な原子論であってエピクロスの偶然性の原子論ではなく、〈逸れ〉の観念は、たとえ自由意志を救出する便法としてすら真剣に考察されることはなかった(27)。そのような哲学がどうして近代思想の揺籃になりうるだろうか？　エピクロス主義の〈逸れ〉を古代にたいする近代の傾斜・分岐の角度、屈折と曲率の問題として浮上させるのは、まさしくこの疑問である。

治療から力へと哲学の目的が転換するにつれ、自然研究と倫理学の紐帯は切断され、自己知は自己の変容を要しない認識論の問題となり、真理への義務から救済の契機は消失した。魂の治療において揺るぎない基準とされていた「自然」を人間が力で馴致しはじめたとき、ソクラテスからマルクス・アウレリウスまで連綿とつづいた「自己の陶冶」「生のありかた」としての哲学の系譜は途絶え、なにか別のものに変じたのである。ヘルダーリンの『ヒュペーリオン』（一七九七―九年）は、ここに生じた事態をひとりの近代青年の苦悩に託して描いた作品として読むことができる。哲学に憧れるヒュペーリオンは、長らくオスマン帝国の支配下におかれたアテナイの荒廃に衝撃をおぼえ、ギリシアの解放を願う。

いまのわたしには、人びとを神的な美のオリュンポス、つまり永遠に若い泉からあらゆる善とともに真なるものが沸きだしてくるところへ導く腕はまだありません。でも、剣の使いかたなら身につけました。いまはそれ以上のものは必要ありません。新しい精神の同盟は、空中では生きられません。美の聖なる神政は自由な国家に住まなければなりません。そして、それは地上に場をもとうとしています。その場所は、わたしたちがかならず占領してみせます［II. I. 108／一七六―七七頁］。

かつて永遠不変の存在を一途に希求したヒュペーリオンは、それを象徴する最愛のディオティーマに別れを告げ、存在とは生成なりと説く革命家アラバンダにともなわれて折からの露土戦争に身を投じる——「美しい魂」は「行動する意識」となったのだ（ヘーゲル『精神現象学』［VI. C.c］）。レオ・シュトラウスにならってこれを哲学の「政治化」と呼べば[28]、いまわれわれが探究している〈逸れ〉の正体がより明確になるだろう。近代のエピクロス主義は「庭園を耕す」ことから「庭園をつくる」ことへと関心を転換させ、心の平静をもとめて「自己の陶冶」に励むきわめて内向的でパーソナルな性質の哲学から、万人が安んじて快楽を追求・享受できるような社会の創造を志向する本質的に政治的な哲学へと変貌したのである。ルクレティウスの『事物の本性について』が再発見された直後にはじまったこの〈逸れ〉の胎動をつぎにみてみよう。

3　快楽主義の政治化

ソールズベリのヨハネスが『ポリクラティクス』でエピクロス主義に浴びせる批判は、原子の〈逸れ〉にはじまり快楽主義倫理学におよぶ。「神の存在を否定して万物を偶然に服せしめたエピクロス主義は、ひとをつくりし神の権威にもとづいてとうの昔に信用を失っている」［VII. 7. 155］。神の知恵の泉からは四つの枢要徳が流れ出てくるが、エピクロスの泉は情欲を源としているために、たとえエピクロス自身は自制のひとでも、そこからは所有、豪奢、力、栄誉への欲望しか湧き出ない［VIII. 16, 188］。ヨハネスによれば、エピクロスとその亜流は区別できても、現世的快楽に至善をみるかぎりは同じ穴の狢にすぎない。「エピクロス派、つまり肥沃な快楽の主唱者たちはたくさんいても、あえてそう名乗る者はほとんどない」［VIII. 25, 225］ことが、そのなによりの証拠であるというのである。

ルネサンスは中世キリスト教道徳のもとで抑圧されてきた人間の自然な欲望を解き放ち、快楽の追求それ自体を善とみなす古代の快楽主義を復興させた。その先駆けとして名高いロレンツォ・ヴァッラの『快楽について』（一四三一年）には、エピクロス主義の代弁者が登場し、ストア派の高邁な徳（virtus）の教えは人間の自然に背馳すると主張する。

君は人間から魂の病を取り除きたいというのでしょうか。では人間に愉しむすべを教えてやりなさい。愉悦、楽しみ、喜びを。高潔の徳は、悲しむことも愉しむことも教えません。ではその教えとは、木石となれという以外のなんでありましょう。だからストア派の教えは、いみじくもメドゥーサの頭といえましょう、みる者すべてを石に変えてしまうメドゥーサの頭と。おお、かくも愚かしきストア派の教義よ！［II. II. 2／一六一頁］

しかしヴァッラは異教徒の快楽の哲学を無条件に肯定するわけではない。『快楽について』第三巻にいたり、エピクロスの「快楽‐利益（voluptas-utilitas）」はストア派の徳ともどもキリスト者によってしりぞけられる。「高潔とは……それ自体のために追求すべき厳格で過酷で険しいものではありません。また現世的な利益ゆえに追求すべきものでもありません」［III. IX. 2／三六九―七〇頁］。「来世の快楽への希望もなしに現世の快楽を希望してなされることはすべて罪です」［III. X. 1／三七一―七二頁］。真の幸福をもたらすのはエピクロス主義の「地上の快楽」ではなく、キリスト教の神とともにある「天上の快楽」である。「わたしたちの地上の快楽といっても、不確かな偽りの快楽であり、あの天上の快楽こそ確実で永続的な快楽なのです。この世の生においても賞讃にあたいする快楽がないわけではありませんが、最大の快楽は来世の幸福への希望からやってくるのです。そのとき精神は正しい道を自覚し、魂は絶えず神的なことどもを観照して、自分を天上人のある種の有資格者と考えるのです」［III. X. 2／三七二頁］。

ルクレティウス『事物の本性について』の出版は一四七三年に、ディオゲネス・ラエルティオスのラテン語訳の出版は一四七二年にずれこんだため、ヴァッラは『快楽について』の執筆にあたり両著を直接参照できなかったと考えられている。ストア派の徳とエピクロスの快楽を対峙させ、両者の主張をキリスト教によって相互止揚する構図も、おそらくはキケロ『善と悪の究極について』（およびラクタンティウス）を典拠にしたためである。[29] 快楽主義の再興者の称号はヴァッラからコズマ・ライモンディに譲られるべきだろう。この不遇の人文主義者は『快楽について』に二年先立ち、つまりヴァッラとほぼ同じ条件下において、弟子のひとりに宛てた手紙でエピクロスの快楽主義をこのうえもなく率直に擁護している。曰く「われわれは精神および肉体でできているのに、なぜかれら〔ストア派〕は人間性の一部であってそれに付随するといってしかるべきものを人間の幸福の説明から除外するのだろうか。肉体こそは精神の住まいであり人間そのものの半分なのに、なぜ精神のみを考え肉体を無視するのだろうか」［I. 240］。また曰く「快楽を至高の善と呼んだエピクロスは正しかった。われわれの体質はほとんどこの目的のためにつくられたかと思われるほどである。快楽をもとめ手に入れようとするある種の心の内なる傾向もある。われわれは力のかぎり幸福になり、悲惨になるまいと努力する」［I. 242］。

だがディオゲネス・ラエルティオスとルクレティウスが広く読まれるようになり、エピクロス哲学の理解が格段に深まったはずの一六世紀になっても、人文主義者たちはあくまでキリスト教神学の枠内で快楽を擁護し、同時に思想的情報源を明らかにすることは避けた。[30] 宗教改革期を迎えて神学論争が再燃すると、魂の不死と神の摂理を否定するエピクロスの哲学はカトリックからとプロテスタントからとを問わず格好の標的となり、「エピクロス派」は「無神論者」とほぼ同義で用いられていたからである。カルヴァン曰く、

とくに魂の内に見られる活発な動き、輝かしい諸機能、そこにあたえられた類まれな賜物は、神的なものを眼前に示して、容易に覆い隠すことを許さない。……エピクロスよ、答えてみよ。いかなる原子の集合が、食べものと飲みものを分解して、一部を糞便にし、一部を消化して血とするのか。また、あたかも同じ数の魂が合議するかのように、かくも多くの肢体のそれぞれが機能してひとつの体を統治するこの勤勉さはなにに由来するのか（『キリスト教綱要』[I.16.4]）。

この時期のキリスト教的人文主義者と称する人びとの作品に、異教徒の快楽の教えを正統教義に見いだされる幸福主義命題――「わたしたちはみな幸福でありたいと願っていることはたしかである。この命題に賛成しないようなひとはひとりとしていない」（アウグスティヌス『カトリック教会の習俗とマニ教徒の習俗』[3.4]）、「善とは欲求が向かうところのものである」（アクィナス『神学大全』[Ia. q16.I]）――の一般性に解消する傾向が共通してみられるのは、エピクロス主義へのシンパシーを広言できない思想環境にあって異端や無神論の非難をかわすために採用された著述の戦略の一環であった。

その真意をエラスムスの対話篇『エピクロス派』（一五三三年）で確認しよう。ヘドニウスと名乗る対話者はエピクロスに向けられた伝統的な非難を単純な誤解に発したものとみなし、「敬虔な生活を送っているキリスト者以上にエピクロス主義的な人びとはいないのです」[I. 882／五三九頁]と主張する。エピクロスの快楽主義は「恥知らずな性愛、無法な情念、過食や深酒」に浸る自堕落な生活まで無条件によしとしたわけではなかった。「たいへん贅沢な酒宴のあとに悪寒、頭痛、腹痛、意識朦朧、痴態、記憶障害、嘔吐と消化不良、中風がつづいたら、さすがの

エピクロスもその快楽を追求にあたいするものと考えるでしょうか」［I. 885／五四八頁］。そのような低次の快楽と真の幸福をもたらす快楽とを区別すれば、正しく生きることが実はもっとも愉しく生きることにほかならないとわかるのである。それゆえ、「完膚なきまでに間違っているのは、キリストは物悲しいかただった、性格的に陰気だったと愚かしく語り、暗鬱な生きかたにならうことをわれわれに要求する人びとのほうなのです。反対に、キリストこそはあらゆる生のうちもっとも愉しく、また真の快楽に満ちあふれた生を示しておられるのですから……」［I. 888／五五七頁］(31)。エラスムスのいう「真の快楽（veraque voluptatis）」は、悔改めを経て得られるキリスト教的な浄福の意味とはかぎらない。若き日の習作『俗世への侮蔑について』（一五二一年）で修道士の霊操生活が真の快楽をもたらす理由にあげられるのは、心の平静、観想のための余暇、俗世の喧噪や誘惑からの避難などのエピクロス主義的な根拠である［V. IX-X. 1252-57］(32)。

ところがエラスムスの友人であったトマス・モアのエピクロス主義理解には、これら「庭園を耕す」古典的なタイプとは明らかに性格を異にするものがあらわれている。『ユートピア』（一五一六年）でモアが快楽主義を導入する慎重なやりかたは、たしかにキリスト教的人文主義者の常套にみえる。

哲学のうち人間の倫理道徳をあつかう分野においては、かれら〔ユートピア人たち〕の理論や見解はわれわれのそれと一致している。かれらは魂や肉体や運命のよき性質について論じる。……しかしかれらにとっていちばん根本的な問題は、人間の真の幸福はなにを、それがただひとつのものか、それともそれ以上のものかはともかく、その基盤としているか、ということである。しかし、この点におけるかれらの考えは、快楽を弁護する人びと、つまり人間の幸福のほとんどすべては快楽にあるとする人びとの考えに、あまりに偏りすぎているように思われる［IV. II. 160. 13-23／一一〇頁］。

モアのエピクロス主義が真摯なものか、それとも、かれの奉じるプラトン主義と矛盾しないかぎりでの表層的な受容でしかないのかでいまも解釈が分かれるのは[33]、それがきわめて便宜的で選択的だからである。快楽主義倫理学にかぎれば、モアの理解はエラスムス譲りの正確さと率直さによって同時代の人文主義者たちのなかでも際立っていた[34]。「かれらはけっしてあらゆる快楽のなかに幸福があるなどと思っているのではない。ただ善良で健全な快楽のなかにのみ幸福がある、そしてそのような快楽に、あたかもこよなき祝福に引きつけられていくように、われわれの自然そのものが実に徳の力によって引きつけられていくのだ、といっているのである」［IV. II, 162.15–18／一一一頁］。その一方でモアは、エピクロスの宗教観を断固として拒絶する。ユートピアを創設した征服王ユートパスはいかなる宗教を信じることも説くことも許す法を定めたが、「人間の魂は肉体とともに滅びるとか、世界は摂理の支配を受けず、もっぱら偶然に支配されているといった人間性の威厳をそこなうような卑しい考え」だけは別であった。このエピクロス主義的な見解を奉じる者は、「処罰さえ恐ろしくなければ市民生活を規定する法律や慣習などまったく意に介さない人間」となり、「恐ろしいものといったらただ国法だけ、楽しむものといったらただ肉体だけといった連中は、機会さえあれば、不正を弄して国家の法律をひそかに嘲弄するか、それとも公然と暴力を用いて破るか、そのいずれかを試みようとする」［IV. II, 220.29–222.3／一六一―一六二頁］からである。

グリーンブラットによれば、こうしてキリスト教的人文主義者のモアは「すぐに想像の世界でエピクロス主義を受けいれ――ポッジョが一世紀まえに『事物の本性について』を発見して以来、もっとも持続的で知的な受けいれかただった――そして注意深くその心臓《ハート》を切りとった[35]」。だがエピクロスの無神論をしりぞけるモアの理由には後述するマキァヴェッリに通じるものがあり、とりたててキリスト教の圧力による逆コースの証とはいえない。エピクロス主義の受容史における『ユートピア』の画期的な意味はその点にではなく、むしろモアがプラトンから継受した政治的理想主義との接合[36]によってエピクロス主義にもたらされた変質・深化にこそみとめられる。快楽に「あらゆる行為の究極の目的」をみるユートピア人の社会とは、エラスムスですら夢想だにしなかった国家大の「エピクロスの園」にほかならないからである。

それが暗示する快楽主義の政治化は、古代の快楽主義にとってはキメラのような一個の矛盾であった。自然は人間にたいして、心の平静に寄与しないあらゆるもの、とくに政治的生活や公職その他の義務をしりぞけ、私的快楽を享受できる「エピクロスの園」に引きこもれと命じていたはずである。この快楽主義は本質的に「独居者たちの道徳哲学」（ヴィーコ『自伝』［A. 122: 126／六五、七一頁］）なのだ。だが哲学者ならぬ大多数の人間には、魂の安らぎに崇高な幸福をおぼえながら「自己の陶冶」に励む隠棲生活など、少数の鼻持ちならないエリートのために用意された不遜なユートピアにしかみえない。万人にとっての快楽を約束するのは、いつの時代にも勤勉と労働の報酬たる快適で便利な生活である。

「かれらの思想をどのように考えるにせよ、世界中どこを探してもこれほど優秀な国民、これほど繁栄をきわめた国家《レスプブリカ》はほかに見いだせない」［IV. II. 178. 15-18／一二五頁］とモアが讃えたユートピアは、ほどなく彼岸の純然たる理想であることをやめ、此岸における実現を期して政治的議事日程にのぼることになるだろう。いうまでもなくホッブズのコモンウェルスはその一例であった。コモンウェルスは「人間としての条件が許すかぎりもっとも快適に（iucundissimè）生活できる」ことを目的として設立され、統治者には「法によって為しうるかぎり、生存のためだけでなく悦楽のため（ad delectationem）にも、あらゆる財を市民たちに豊富にあたえる」ことが要求される（『市民論』［XIII. 4. 196／二五一頁］）。エピクロス＝ルクレティウスが人間の内部にみた幸福獲得の障害は、人間の外部に、つまり「通常、自然が人びとにたいして許している生きる時間をまっとうする保証」（『リヴァイアサン』［XIV. 198／⑴二一七頁］）のない環境にもとめられる。恐怖と苦痛にさいなまれない快楽の生活を確保するには、究極において恐怖も苦痛も存在しない世界を創造すればよい[37]。

こうしてエピクロスの教えは、古代の倫理的快楽主義から近代の政治的快楽主義へ、「庭園を耕す」ことから「庭園をつくる」ことへと〈逸れ〉た。モアにならって想像のなかでか、伝承された過去にか、あるいは実在する非西欧世界においてかを問わず、人類の「黄金時代」を投影された快楽主義的社会は、いま・ここにおけるその実現を目指してホッブズやロックの社会契約論を促し、最終的にベンサムの「最大多数の最大幸福」の構想に逢着する。エピクロスの快楽主義に功利主義の先駆思想をみたJ・S・ミルは二重に誤解していたのである（『功利主義』[II. 209／四六六頁]）。快楽を有用性の観点から道徳的に正当化するかぎりでの功利主義は、エピクロスになにも負わない。しかし功利主義の名において快楽主義を無条件に政治化することにつぎのような留保を付したミルは、たしかにエピクロスの末裔を称してよいのである。「功利主義が世界全体や社会全体という広範な一般性を念頭におくことを人びとに要求していると考えるのは、功利主義の考えかたを誤解している。……自分の行為が社会全体に影響をおよぼすようなひとだけが、いつもこういう広い対象に関心を払っていればよいのである」[II. 220／四七九—八〇頁]。

4　政治的無神論

プラトンの「デミウルゴス」、アリストテレスの「不動の動者」ないし「第一起動者」、ストア派の「摂理」が、いずれなんらかのやりかたでキリスト教神学に役立てられたのとは対照的に、世界にも人間にも無関心なエピクロスの神は、マルキオンやウァレンティヌスらのグノーシス主義者たちをほぼ唯一の例外とすれば、神学的に無価値で有害なものとされて啓示宗教から一斉に反発を受けた(38)。一九世紀末にギュイヨーは、「今日もなお、いにしえのエピクロスの精神は、新しい教説と結合してキリスト教の掘り崩しに取り組んでいる」と述べている（『エピクロスの

道徳』［Conclusion générale, 288］）。

ポッジョが持ち帰ったルクレティウス『事物の本性について』は、快楽主義にもまして不敬虔で危険な含意を有するエピクロスの哲学教義、すなわち原子論にもとづく自然哲学をルネサンス期イタリアにもたらした。若き日に『事物の本性について』全文を手写したマキァヴェッリは、[39] 後年の著作にその感化の跡を色濃く残している。『ディスコルシ』（一五三一年）の第一巻に頻出する「偶然事（accidente）」の連鎖としての歴史［cf. I. proem. 6／⑵一〇頁］ということばづかいとルクレティウスの「偶然事（eventa）」［DRN. I. 449-458］の対応や、「人間のことがらはつねに運動のうちにある」［II. proem. 123／⑵一六六頁］と「なぜなら万物は間断なく流れているのだから（adsidue quoniam fluere omnia constat）」［DRN. V. 280］の対応は、いずれも原子が「まったく不定の時に不定の場所で」その直線軌道を外れて衝突することによりこの世界が形成されたとするエピクロスの〈逸れ〉の理論の衝撃を物語っている。[40] のみならず、運命（fortuna）が人間活動の半分を支配しても残りの半分は人間の自由な意欲（libero arbitrio）が支配するというマキァヴェッリの周知の信念（『君主論』［XXV. 98／⑴八一―八二頁］、『ディスコルシ』［II. 29, 197-99／⑵二六九―七二頁］）にしてからが、原子の〈逸れ〉を自由意志に関連づけたルクレティウスの詩行に喚起され、デモクリトス的＝ストア派的な必然性の支配に抗するエピクロスの偶然性の哲学の系譜に連なる可能性すら指摘されている。マキァヴェッリの運命《フォルチュナ》が当時の占星術上の「自然的摂理」、すなわち必然性と、「偶運・偶然」の両方を指示する語であったことを考えるならば、たとえ「半分」とはいえ運命の合理的な制御を可能にする人間の力量（virtù）は、運命の奴隷とならず偶運を神とみなすこともないエピクロス的賢者の思慮――「あるものは必然（ἀνάγκη）から生じ、あるものは偶然（τύχη）から生じ、またあるものはわれわれを通じて（παρ' ἡμᾶς）生じる。……必然性は責任とはかかわりがなく、偶然性は定めなきものであるが、われわれの力のおよぶ範囲内にあるものは、他のものの支配を免れており、そのようなものにこそ当然に、非難と賞讃とが加えられるべきである」［DL. X. 134］――に類比可

能である。(41)

ルクレティウス経由でエピクロスの原子論的思考に多くを学んだマキァヴェッリも、こと宗教にかんしては古典的エピクロス主義と一見著しく異なった態度を示している。エピクロスによれば、心の平静を維持・獲得するには、神々への恐怖を除去し、神話が語る死後についての誤った説明の呪縛から魂を解放しなければならず、そのための手段が原子論にもとづく自然の科学的な説明であった。一方、マキァヴェッリにあって宗教批判の目的は、心の平静の獲得ではなく力量《ヴィルトゥ》の涵養にある。『ディスコルシ』でマキァヴェッリは、キリスト教のなかにある服従と謙虚さを重んじる静寂主義的傾向が人びとを惰弱にし、共和国の創設と維持に不可欠な自由の気風を失わしめたと批判する［II. 2. 131-32／(2)一七七―七八頁］。ローマの宗教は人民に誓いを守らせ、その手に武器をもたせることにより、国家を腐敗から守っていた。心の平静を乱す恐怖ですらもが、忌避されるどころか、むしろ政体の存続に欠くべからざるものとみなされるのである。

神への礼拝の維持が共和国の偉大さの原因であるように、これを軽視することはその滅亡の原因である。というのも、神への恐怖のないところでは、王国は破滅するか、さもなければ、宗教のないのを埋めあわせる君主への恐怖によって維持されるよりほかはないからである。そのような君主たちの生命もかぎりあるものだから、かれらの力量に衰えがみえてくると、たちまち国勢も地に墜ちることになる［I. 11. 35／(2)四八頁］。

こうして異教徒の壮麗な祭礼儀式、供犠、祈祷や卜占のような、つまりかつてエピクロス主義者が迷信と蔑みしりぞけたもののいっさいが、その政治的効用ゆえに評価されるのである［I. 12-14. 36-42／(2)四九―五六頁］。だがそれをエピクロス主義的な宗教批判の一変種とみることは不可能ではない。(42)公認のマジョリティの信仰を迷信と批判するエピクロスも、社会の秩序と安寧に役立つかぎりでの宗教的慣行は法として尊重せよと説くからである。「ともかく敬虔かつりっぱに生贄を捧げようではないか。それが法だというのなら、万事ぬかりなくやってのけようではないか。だがたとえそうしても、高貴で尊厳ある最たるものにかんする臆見で心の平静をかき乱されないようにしよう。臆見にしたがってそうするのは正しいことでさえある。なぜなら、そのようにしてはじめて自然に即して生きることも可能になるのであるから……」[Us. 387]。人間社会を構成する多数者の生活が宗教を必要とすることは、少なくともエピクロスのような無神論者にとっては自明の理であった。

ところで、ベーコンが『エッセイズ』第二版（一六一二年）で宗教についてつぎのように述べるとき、マキァヴェッリのキリスト教批判が念頭にあったことはほぼ間違いない。

> 宗教は人間社会の主要な絆であるから、宗教そのものが統一の真の絆のうちにしっかりと閉じこめられるなら、それが幸福なことである。宗教をめぐる口論や分裂は、異教徒には知られていない害悪であった。その理由は、異教徒の宗教はなにか堅固な信仰にあるというより、むしろ祭式や儀式にあったからである。……ところが真の神は妬みぶかい神であるという属性をもつ。だからそのような神の崇拝や宗教は、混合も組みあわせも受けつけようとはしないのである [VI. 3. 381／一二三頁]。

しかしベーコンは、キリスト教的な「善意」の静寂主義を批判した『ディスコルシ』の一節を引用しても [VI. 13. 403-4／六三頁]、マキァヴェッリのように力量の涵養のために宗教を政治的に利用せよと説くわけではない[43]。ベーコンが真情を率直に吐露しているのは、ルクレティウスから「宗教はかくもはなはだしき悪事を為さしめえた」[DRN. I. 101] を引用し、「もしかれがフランスにおける大虐殺だのイギリスの火薬陰謀だのを知ったなら、なんといっただろうか。かれは実際より七倍もエピクロス主義者になり無神論者になっただろう」[VI. 3. 384／一二九頁] と述べた箇所である。宗教は「統一の真の絆」を称するときにこそ、「慈愛の掟と人間社会の掟」に逆らう暴力的な相をあらわにするのだ。だがそれを真正エピクロス主義的な宗教批判とみなすことが躊躇されるのは、魂の治療や心の平静のようなエピクロス哲学のトポスを欠いているからである。ベーコンはアテナイの物質的栄華を讃えたルクレティウスの詩句を引用しつつ、過剰な欲望といわれなき恐怖に取り憑かれた「壺」の欠陥を指摘した部分を省き（『ノヴム・オルガヌム』［I. Aph. 129, 221／一九四頁］）、エピクロス主義者やピュロンの学派がもとめた心の平静は純粋に「私的なもの」、「精神の充足にかかわり、交際の善とはなんらのかかわりもない」（『学問の尊厳と進歩』［I. VII. 1. 719］）と断じる。エピクロス主義はここでも〈逸れ〉を経験しつつあったのである。

ベーコンにとってのマキァヴェッリは、さしあたり原子論的な思考様式と言語の伝道者であった。『学問の進歩』（一六〇五年）でベーコンは、「マキァヴェッリが統治について賢明かつ詳細に論述したように、統治を樹立し維持する方途はその第一原理へ（AD PRINCIPIA）と還元することだという原則は、市民の統治においてだけでなく、宗教と自然においても通則ではないだろうか」［III. II. 348／一五五頁］と自問している。ここで言及されているのは、共和国や宗派のような「集合体（corpi misti）」を「本来のありかた（principe）」に引き戻して考えねばならないと主張する『ディスコルシ』第三巻冒頭部分［III. 1. 209／⑵二八五頁］であるが、ベーコンはそれを古代の原子論に結びつける。

〈万物の本性はその最小部分にもっともよく看取される〉(44)は物理学の通則であり、その力はデモクリトスの原子を生みだすほどに強かった。……〈事物はその第一原理（principia）に還元することにより破壊から保護される〉は物理学における通則である。同じことが政治にもまさしくあてはまる（マキァヴェッリが正しくも述べたように）。というのも、なにごともその状態を破壊から守るには、昔のありかたへ（ad antiquos mores）と革新・還元するに如くはないからである（『学問の尊厳と進歩』［I. III. 1. 541］）。

事物を成り立たしめ、その基本構造を維持せしめる不滅の第一原理《プリンキピア》とは、マキァヴェッリにとっては事物の始原のことであるが、ベーコンにとってはその最小単位であり、またそのかぎりでの原子論哲学の先達として評価されるのはもっぱらデモクリトスであって、エピクロスの原子は、クーピドーにも似たその「気ままな逸れと突発的な痙攣」（『古代人の知恵』［VI. 17, 656］）ゆえにナンセンス視される。ただし、ベーコン自身は自然の形而上学説明としての原子論に最後まで与さなかったことにも注意しよう。後年の『ノヴム・オルガヌム』（一六二〇年）に曰く、「人間の知と力はひとつに合一する。原因を知らなくては結果を生ぜしめないのであるから。というのも、自然はこれにしたがうことによらねば征服されないからである」［I. Aph. 3, 157; cf. I. Aph. 51, 165／七〇、九二頁］。そもそもベーコンの関心は「実地の効用および力」にあって、「事物の原理および自然の究極的なものの探求ならびに検討」は無益なこととみなされる。「そこから人びとは、可能態で無形相の質料に達するまで自然を抽象することをやめず、またさらに原子に達するまで自然を分解することをやめないようになる。こうしたことは仮に真であったとしても、人びとの福利にあまり役立ちえないだろう」［I. Aph. 66, 178／一一〇頁］。デモクリトスの原子論が自然学の確固たる基盤として擁護されるのも、ひとえにそれが自然事象を因果的必然性の観点から説明する方法論的仮説として「実地の効用および力」の追求に資するからである。(45)「かの詩人」（ルクレティウス）が安全な陸から海難船を眺めることに喩えて哲学的観照の優位を謳った一節［DRN. II. 1-13］をベーコンは再三引用するが、権力と富の追求に明け暮れる生を揶揄した部分はつねに割愛されている（『学問の進歩』［III. I. 317-18／一〇八―九頁］、『エッセイズ』［VI. I. 378／一一九頁］）。

ベーコンがマキァヴェッリと著しい対照を示すのは、こうして自然哲学的に無価値なものとされたエピクロス主義が、宗教論の文脈において一転最大限の高評価を受ける点である。『エッセイズ』でベーコンは、エピクロス「メノイケウス宛の手紙」から「不敬虔なひととは、多数者の神々を否認する者のことではなく、多数者の臆見を神々に押しつける者のことである」［DL. X. 123］を引用して、これを「高貴かつ崇高」と評し、「プラトンでもこれ以上のことはいえなかった」［VI. 16. 414／八〇頁］と賞讃を惜しまない。エピクロスは神を否定するどころか、神の本性について実に敬虔な観念（「至高かつ至福なもの」）を抱懐していたのに、それが公認の宗教とはやや異なるというだけで無神論者の汚名を着せられるには十分であったのだ。しかしそもそも無神論ないし無信仰は、神にふさわしくない意見で神を侮辱する迷信ほどタチの悪いものではない。

> 無神論は人間を常識、哲学、自然の敬虔さ、法律、評判の手にゆだねる。たとえ宗教がなくても、すべてこれらが外面的な道徳的徳性への手引きとなってくれる。ところが迷信はこれらのものをすべて打ちこわし、人びとの心のなかに絶対君主政を樹立する。それゆえ、無神論はけっして国家を混乱させなかった。それは人びとに行く末のことなど気にかけずに、自分のことだけに用心ぶかくさせるからである［VI. 17. 415-16／八三頁］。

これはエピクロス主義的無神論の正統的見解である[46]。別の箇所でベーコンは、「古代の国家を手こずらせたのはエピクロス主義者ではなくストア派であった」（『学問の尊厳と進歩』［I. I. 6. 694］）と主張している。アリストテレスの「第一起動者」やストア派のおせっかいな神のような自然哲学上の神の観念も、宇宙の統治者として公認されている神にとってかわろうとするかぎりは迷信同様のあつかいを受けねばならず、反対に人事に無関心なエピクロスの神はその無力と無害ゆえに許容される。「哲学を少しばかりかじると人間の心は無神論に傾くが、哲学を深く究めるとふたたび宗教に戻る」（『エッセイズ』［VI. 16. 413／七八頁］）と嘯くベーコンが、少なくともエピクロスが無神論者と呼ばれる意味での無神論者を自認していたことはたしかである[47]。

『ノヴム・オルガヌム』で引用される旧約聖書『箴言』の一節「事を隠すのは神の栄誉なり、事を窮むるは王の栄誉なり」［25.2］は、ベーコンの奉じる神が「隠れた神（deus absconditus）」であること、そしてこの神が自然への飽くことを知らない探求心を人間の内にかき立てることを期せずして明らかにしていた〔I. Aph. 129, 221／一九四頁〕。ブルーメンベルクは近代人の「好奇心」の背後にある神学的な動機をつぎのように説明する。

「好奇心（curiositas）」のなかの「配慮（cura）」という契機がいまやまさにその意味の根幹となり、知識欲を世界によって呼びおこされた気配りとして正統化する。近代はなるほど、死んだ神の時代ではなく隠れた神の時代としてはじまった――そして隠れた神は「実用的《プラグマティッシュ》には」死んだ神も同然なのである。唯名論的な神学が結果として導いた人間の世界へのかかわりかたとは、その意味を公準として定式化できるとしたら、人間はあたかも神が死んでいるかのようにふるまわねばならない、ということであった。このようなかかわりかたゆえに、科学の時代は世界の明細目録を休む間もなく作成するというその駆動因によって特徴づけられ、これを強いられるのである。(48)

近代人が自然の探求に傾ける情熱は、かつて死すべきものの義務ですらあった霊的救済への関心が転位したものであるがゆえに、唯名論の「隠れた神」は自然への人間の介入を制約するどころか、かえってその情熱の火に油を注ぐ。そうであるなら、人間の知識欲が古代の達成水準に甘んじているのは、人間が自己の力を過小評価しているからにほかならない。自然が法則的に決定されているとは知らず、のちのホッブズのような数学的自然認識の可能性を否定したベーコンが、それにもかかわらず人間による自然の理論的・技術的支配の時代の到来を予見できたのも、この信念があればこそであった。『ノヴム・オルガヌム』に頻出する法学用語――「ただ人類が、神の恵与により己がものとする自然にたいする自分の権利を回復せんことを、またその力があたえられんことを。実行は正しい理性と健全な宗教とが舵をとるだろう」〔I. Aph. 129, 223／一九七頁〕――は、それを追認しただけなのである。(49)

「知は力である（scientia potentia est）」または「知は力のためのものである（scientia propter potentiam）」というス

ローガンは、ベーコンが無神論を道徳や政治との関連でのみ論じて、神の非在の形而上学的証明に関心を寄せない理由を説明する。なにかの非在を証明できないからといってそれが実在するとはいえないように、なにかの非在を証明してもそれが不在になるわけではない。唯物論が方法論的仮説にとどまるかぎり、自然はいくら「審問《クエスチョン》」されてもしらを切りとおし、宇宙はどこまでいっても謎のままであろう。だがそれを人間理性の限界と嘆くにはおよばない。人間を「自然の主人にして所有者」（デカルト『方法序説』［VI. 62／六二頁］）にすることが目的なら、無神論形而上学によらずとも、ひたすら力で自然を征服し、蹂躙し、奉仕させればすむのだ。自然哲学が宇宙から追放できない神は、政治哲学がこれを葬り去ればよい。すなわち、神への信仰や死後への恐怖なしにも道徳的にふるまう人間たちの社会を構想する政治的な無神論が、自然哲学の後を襲うのである。

　政治的無神論とは、信仰を公共空間から分離して私的なものの領域に封じ込める政教分離の主張のことではない。シュトラウスによれば、

> 政治的無神論はすぐれて近代的な現象である。近代以前の無神論者で、社会生活が神や神々の信仰と崇敬を必要とすることを疑った者はいなかった。もしわれわれが一時的な現象によって欺かれないようにするなら、政治的無神論と政治的快楽主義とが一体のものであることがわかってくる。このふたつは同時に、しかも同一の精神のなかにあらわれてくるのである。[50]

　そのような精神を十全に表現したのはシュトラウスもいうようにホッブズであったとしても、マキァヴェッリですら躊躇した無神論の政治化に向けて後戻りできない最初の一歩を踏みだしたのはベーコンであり、それを可能にしたのはエピクロスの宗教批判にベーコンが加えたわずかな〈逸れ〉である。「俗衆も次第に啓蒙される（Paulatim eruditur vulgus）」（『人間論』［XIV. 13. 128／一九九頁］）と期待したホッブズにくらべると、「迷信の主役は民衆である」

（『エッセイズ』［VI. 17. 416／八三頁］）と吐き捨てたベーコンが啓蒙の展望においてかなりの後れをとっていたことはいなめない。それでも、普遍的啓蒙が迷信を完全に払拭したのちに到来するピエール・ベールやヴォルテールの「無神論者の社会」[51]論を準備し、ラ・メトリ、ヒューム、ドルバックの哲学的無神論を予感させ[52]、あるいは詩人シェリーをして「〈神〉なるものの存在についての証拠がこのように不十分であると大衆に知らせたところで、社会になんの害もおよぼしません」（『無神論の必然性』［V. 209／二一頁］）と放言せしめたのは、神や死後への恐怖なしにも「常識、哲学、自然の敬虔さ、法律、評判」のみによって維持される社会を垣間見させたベーコンの議論なのである[53]。

5　社会契約論の意味転換

「庭園を耕す」ことから「庭園をつくる」ことへ――快楽の真の原因を知り、神々や死後についての臆見で魂が動揺しないように自己を陶冶することから、人間の自然を根本から改造して恐怖と苦痛の原因となる臆見を一掃し、快楽の享受を万人に保証する普遍的に啓蒙された社会を創造することへ。このエピクロス主義の〈逸れ〉から生まれたさまざまな乱流が収斂するところに、近代の社会契約論は成立した。

「正義とは、時と場所とを問わず、人間相互の交渉にさいして、おたがいのあいだで加害も被害もなくすための一種の契約（συνθήκη）である」［KD. 33 = DL. X. 150］と主張したエピクロスは、近代社会契約論の起源のひとつとみなされている[54]。しかしそのような思想史に描かれる社会契約論の復活劇は、誤読のなかでも「修正比率」が大きいとブルームのいう「アポフラデース」、つまり後続者たちにより乗り越えられつつ起源と祀りあげられた先行者が「死者の帰還」をはたす典型と考えてよい[55]。その点では、むしろマルクスのエピクロス理解に一日の長があった。正義の定義を含む『主要教説』三一～三九は「国家についてのエピクロスの見解をなす。かれにとっては契約、

συνθήκη がその基礎であり、したがってまた有用なこと、つまり効用の原理のみがその目的である」（「エピクロスの哲学」［XL.I. 28／(40)二六頁］）。これはエピクロスが近代社会契約論のはしりであったという意味ではない。すべての政治社会の基底には、ある時点でたまたまある人びとの利益になった事態を正義とみなす約束事《コンヴェンション》があることをエピクロスがはじめて暴露したとマルクスはいいたいのである。[56]

新旧社会契約論は誕生の経緯からして異なっていた。C・H・カーンによれば、古代の社会契約論はイオニアの自然哲学の伝統とアテナイ民主政下で開花したレトリック文化の邂逅の産物である。[57]アテナイに流入した自然哲学は、人間社会の起源を人びとの合意や契約から疑似歴史的に説明する視点をもたらしたが、既存の社会秩序にたいして当初中立的にふるまったこの理論は、その後ソフィストたちの登場とともにイデオロギー的に急進化する。人為の法秩序を習慣や神々の権威によって擁護した保守派のヘロドトス、プロタゴラス、デモクリトスと異なり、アンティポン、カリクレス、トラシュマコスらは、快楽を追求する人間の不変の「自然」に訴えて既存の法や正義を恣意的な抑制と強制の体系として攻撃し、これが古代のスタンダードな議論となるのである。アリストパネス『雲』に登場するペイディピアデスの台詞はそのラディカリズムをあますことなく伝えている。

> それでも、そういう法律は最初にそれを定めた人間がいたわけでしょう。あなたやぼくと同じような人間が。そして昔の人間を弁論で説得したのではありませんか。それならぼくだってこれから先、息子に有利な新しい法律を制定して、親父を殴り返していいことにしても同様にかまわないはずです［1421-1424］。

エピクロスの正義＝契約起源説もまた、万人が快楽を享受するために諸利益を均衡させる合理的な手段や、力の不均衡や理性の不平等のようないっさいの偶然性《コンティンジェンシー》を捨象した合意から望ましい社会秩序を選択する方法を示すようにみえて、実践的志向からいえばむしろソフィストたちと同じ思考の系譜に属している。すなわち、この世の正義はつねに「自然」に反した人間の約束事にほかならず、「たがいに害をあたえたり受けたりしないことから得られる利益をあらわす符合」[DL. X. 150] でしかないと主張しているのである。「近代においては、自然が基準であるという考えは放棄され、それとともに人為的なものや契約的なものに捺されていた烙印は消去された……。前近代にかんしていえば、すべての契約論者の教理は、その起源を契約に負ういっさいのものの軽蔑を意味していた、と想定しても間違いではない」[58]。このシュトラウスの想定が正しいとしたら、エピクロスの正義＝契約起源説が近代的な政治社会創設の理論の遠い淵源となるには、古代人が所与のものとしていた自然／人為の価値的ヒエラルヒーを逆転させ、人為の正義への軽蔑を払拭しなければならないはずである。

そのような飛躍を可能にしたのもやはりエピクロス主義の〈逸れ〉であり、ここではとくにその形而上学の継受の過程で生じた誤読が重要である。エピクロスは属性を「（基体としての物体に）永続的に随伴し、それなしには物体を考えることができないもの」、また偶有性を「われわれにあらわれてくるまさにそのとおりに物体に付随しているだけのもの」と定義した [DL. X. 68-71]。この区別そのものは、「それ自体によって（καθ᾽ αὑτά）」事物に必然的に帰属するその本質的要素（固有性 ἴδιον）と「付帯性によって（κατὰ συμβεβηκός）」事物に帰属する偶然的・経験的要素を区別したアリストテレスに由来するが（『形而上学』[1052a18]）、ターミノロジーが異なっており、アリストテレス形而上学においてもっぱら偶有性を指示する συμβεβηκότα をエピクロスは属性の意味で用い、偶有性は συμπτώματα なる用語であらわす。デモクリトスとは違って原子とその合成体である物体を区別するエピクロスの場合でも、真に実体といえるのは原子だけであり、物体に「永続的に随伴し」てそれを物体たらしめる属性は、原子が合成して眼にみえる大きさを維持するあいだだけ帯びる諸性質とみなされるから、アリストテレスの語義では συμβεβηκός なものに相当するのである。このターミノロジーの変化は、偶有性のカテゴリーで理解されるべきものごとを拡張する効果がある。エピクロスの属性と偶有性をルクレティウスがおのおの特性（coniuncta）および偶然事（eventa）

といいかえたとき、早くもそれがあらわれている。

特性とは、致命的な解体なしにはそのものから取り去ることもたがいに引き離すこともできないもの、たとえば石にとっての重量、火にとっての熱、水にとっての流動性、すべての物体にとっての可触性、空虚にとっての不可触性のことである。これに反して、隷属、貧困、富裕、自由、戦争、協調、およびその他の、概してそれがやってきても過ぎ去っても本質が不変同一であるようなものを、ふつうわれわれは正しくも偶然事と呼ぶ

[DRN. I. 451-458]。

この偶有性＝偶然事の規定には、魂の不滅や死後の世界の否定以上に危険な、またそれだけに近代政治哲学にとっては誘惑的なエピクロス主義の暗示がたしかにあったといえる。中世のキリスト教的秩序は、人間の社会的地位・役割・アイデンティティを本質的に人間人身に内属する客観的属性とみなすことにより成立していた。ところがエピクロス＝ルクレティウスによれば、それらは人間に永続的に随伴する属性＝特性ではなく、人間や事物のそのつどの偶然的な状態にすぎない。その衝撃の一端は歴史を偶然事《アクシデンテ》の連鎖とみなしたマキァヴェッリにもうかがわれるが、社会契約論との関連で注目すべきはホッブズの著作にみられる影響の痕跡である(59)。

『物体論』（一六五五年）で「あらゆる知識は感覚から導きだされる(60)」と宣言したホッブズは、物体のみを実体＝基体とする唯物論的現象主義の立場から、偶有性（accidentia）は物体に内在するのではなく、「物体がそれにもとづいて理解される物体の様態」「物体の理解のしかた」であるという［VIII. 2. 91-92／一二八―一二九頁］。物体のあらゆる性質は物体が物体として存続するかぎりで帯びるのであるから、ホッブズのターミノロジーにおいては「名辞の原因」はすべて物体の偶有性と呼ばれ、そのなかに、「あらゆる物体に共通の」偶有性、すなわち延長、運動・静止、形状のような「物体が消滅しなければその物体からなくなることがありえない」ものと、「ある物体に固有の」

偶有性、すなわち「他の偶有性がそれにとってかわればただちに消滅するが、だからといってその物体が消滅するわけではけっしてない」ものとが区別される［VIII. 2-3, 104／一二九―三〇頁］。こうしてホッブズは、「大きさや延長以外のあらゆる偶有性が生じたり滅したりしうることは明らかである」［VIII. 20, 116／一四五頁］と述べ、運動をも物体のなかでの偶有性（起動者と受動者）の生成・消滅で説明するのだが、『リヴァイアサン』で人間的事象の理解に適用され革命的な帰結を導いたのはまさしくこの偶有性であった。ホッブズによれば、「時、夜、昼、平和、和合、愛、争い、徳性、名誉、健康、遅鈍、熱」のような「たんなる偶有性と性質」を神与のものと考えた異邦人たちは誤っており［XII. 172／⑴一八八頁］、「臣従、指揮権、権利、権力は、諸権力のではなく諸人格の偶有性である」［XLII. 914／⑶三一八頁］。それらはすべて事物や人間の不変の属性（アリストテレスのいう「それによってあるものが存在するといえるもの」）ならぬ偶然的な状態、「みえかたの多様性」［XXXIV. 610／⑶五六頁］にすぎないがゆえに、いまあるのとは別様に配置可能なのである。

古代の契約《シュンテーケー》概念が近代社会契約論に裨益したとすれば、種々の偶然性に汚染されたままとりきめられた事物の配置はとりきめ直しができるという暗示をあたえたことである。この創造的誤読は「自然状態」概念の発明にはじまる。ホッブズ曰く、それは「人びとが自分自身の強さと自分自身の工夫があたえるもののほかになんの保証もなしに生きている」状態であり、「勤労、耕作、航海、財貨の使用、建築、移動の手段、地表についての知識、時間の計算、学芸・文字・社会」がなく、「継続的な恐怖と暴力による死の危険があり、だから人間の生活は孤独で貧しく、つらく残忍で短い」（『リヴァイアサン』［XIII. 192／⑴二一一頁］）。[61] 万人が恐怖に支配されるこの平等な境遇こそ、望ましい社会秩序の合理的な選択原理である自然法を導入するための理論的仮構である。その命令にしたがって結ばれる社会契約のもとに共通の権力を樹立し、正／不正を法律で定めて――「共通の権力がないところに法はなく、法がないところには不正はない」［XIII. 196／⑴二一三頁］――、はじめて人間は平和を確立し、その恩恵である便利で快適な生活を手にすることができるのだ。

エピクロスのコンヴェンショナリズムに契約社会の批判をみたマルクスも、それを実践的に継受するにあたっては同じ方向で強く誤読した。従来は、人間的結合の条件が「そのときどきの生産諸力と交通諸形態」のような偶然にゆだねられ、「その枠内で邪魔されずに偶然性（Zufälligkeit）を享受するこの権利のことを、ひとはこれまで人格的自由と呼んできた」が、「革命的プロレタリアたちの共同社会」は、この条件をとりきめ直して「社会の全成員の生存諸条件をかれらの制御下におく」のだ、と（マルクス＝エンゲルス『ドイツ・イデオロギー』[75／一八二頁]）。エピクロス主義は近代社会思想により創造的に曲解され、「社会的エピクロス主義（Sozialepikureismus）」(62)への道をひた走ってきたのである。

6　〈逸れ〉たものと〈逸れ〉ないもの

快楽主義、無神論、社会契約論のいずれをとっても、エピクロス主義が近代思想におよぼした影響はある意味で自明であった。だがそのエピクロス主義は〈逸れ〉ている――エピクロスの原子のように、なにものも産みださずに虚空を通過していく「雨滴」の垂直落下軌道から、かろうじて〈逸れ〉たといえるほどわずかに、しかし決定的かつ不可逆的に。そして原子が〈逸れ〉て他の原子と衝突し、反発しあったり凝集したりしてはさまざまな物体を合成し、ひいては世界を産出するように、エピクロス主義そのものも〈逸れ〉て他の思潮と衝突し、反発あるいは合流しつつ、豊穣な近代思想を産みだしていったのである。

メタファーではない〈逸れ〉がなにを意味したかを思いだしてみよう。この世のあらゆる事物は原子がたまさかにその軌道から〈逸れ〉て衝突することから生まれた。

原子がいまおこなっている運動は、はるかな昔にも同じであったし、これから先もいまと同じであろう。それまで生まれでる習いであったものは、同じ条件のもとにまた生まれ、自然の掟（foedera naturai）によってそれぞれに許されているとおりに存在し、成長し、栄えることであろう〔DRN. II. 297-302〕。

ところが事物に存在と可能性を授ける「自然の掟」は限度と破壊の掟でもあり、偶然から生まれたあらゆるものはかならず解体する定めにあると告げている。「時の力には岩石も打ち負かされ、高い塔も倒れ、石材も腐り、神々の社殿も神々の像も摩滅して砕けることがわからないだろうか。また神意も運命の定めた限界を延ばすことはできず、自然の掟に抗えないことがわからないだろうか」〔DRN. V. 306-310〕。ルクレティウスのような真正エピクロス主義者なら、人間のいかなる創造物も冷徹な「原子の法則（lex atomi）」には抗えず、コモンウェルスの創設を導くホッブズの自然法は、「自然の掟」の人間化された柔和な一面をしかあらわしていないというだろう。

だがわれわれは先を少々急ぎすぎたのかもしれない。「自然が人びとにたいして許している生きる時間をまっとうする保証」を奪う暴力死の恐怖から人類を解放するべくコモンウェルスを着想したホッブズは、『リヴァイアサン』のつづく一章を割いてコモンウェルスの「解体」を論じなければならなかった。それはつぎのような一文ではじまる。

死すべきものがつくるなにものも不死ではありえないとはいえ、もし人びとが自分で称するように理性を使用できたならば、かれらのコモンウェルスは、少なくとも内部の病気による滅亡にたいしては安全が保障されえたであろう〔XXIX. 498／(2)二三九頁〕。

おそらくホッブズの念頭には、「天上のことと地下のこと、総じて無限の宇宙で生じるあらゆる事象が気にかかったままでは、いくら人間同士の安全保障があっても無益である」〔KD. 13＝DL. X. 143〕というエピクロスの戒めがあったのだ。「庭園を耕す」のではなく「庭園をつくる」以外にわれわれ人間が救いにいたる道はない。近代人の自負をこめてホッブズがそう抗弁するなかに、「いつかこの世界の城が崩れることがあるのか」（プロペルティウス『エレギア詩集』〔III. 5. 26〕）という一抹の無常感が、「わたしたちは、生を享けたときと同様に、愚かで悪意に満ちたままの世界を去るだろう」（一七六〇年三月一九日付リュツェルブルク伯爵夫人宛のヴォルテールの書簡〔835〕）という諦念すらが、かすかに聴こえる。人類をとらえて離さない死の恐怖からの救いをもとめ、人為の正義と法により死すべきものの境涯を克服できると信じて試みるたびごとに、懐疑せよと告げるエピクロスの声が甦る――「その他すべてには安全を確保することができるが、死にかんしては、人間はみな城壁のない都市の住人である」、と。

ホッブズにかぎらず、エピクロスとルクレティウスの著述に深く魅了され、結果として創造的に誤解した近代の思想家たちは、いずれもこの信じつつ懐疑するアイロニーを自作に示している[63]。それはかれらの思想のなかにある古代的なものへの未練、近代性の不徹底、単純な混乱と矛盾、あるいは「保守的」で「反動的」な性向に帰せられてきたが、多くは〈逸れ〉ずに持続する本来のエピクロス主義のあらわれ、〈エピキュリアン・モーメント〉であったとは考えられないだろうか。世界を産出する原子同士の衝突と反発は、〈逸れ〉た原子の曲線軌道が〈逸れ〉ない原子の直線軌道と交錯する点にしか起こらない。近代思想を形成したエピクロス主義の伝統とは、エピクロスの哲学のなかの〈逸れ〉たものと〈逸れ〉ないものとの緊張・相克が織りなすアイロニーの系譜のことなのである。

注

（1）Cf. Don Cameron Allen, "The Rehabilitation of Epicurus and his Theory of Pleasure in the Early Renaissance," *Studies in Philology*, Vol. 41 No. 1（1944）; Howard Jones, *The Epicurean Tradition*（London: Routledge, 1989）, chap. 6; Alison

Brown, *The Return of Lucretius to Renaissance Florence* (Cambridge, MA: Harvard University Press, 2010); Ada Palmer, *Reading Lucretius in the Renaissance* (Cambridge, MA: Harvard University Press, 2014).

（2）　キケロ『運命について』［18-19; 22-25; 46-48］、『善と悪の究極について』［I. 18-20］、『神々の本性について』［I. 69-70］、プルタルコス『モラリア』［XII. 964C; XIII. 1015B-C, 1045B-C, 1050B-C］、参照。

（3）　Cf. Friedrich Albert Lange, *Geschichte des Materialismus und Kritik seiner Bedeutung in der Gegenwart,* Bd. 1 (Frankfurt am Main: Suhrkamp, 1974), SS. 112-13. カントの評価も参照。「世界を説明するもっとも一般的かつ抽象的な概念とくらべると、永遠の昔から落下しつづけてきたエピクロスの原子が、いちどに偶然にすべて衝突しあって世界をつくりあげるほうがずっと容易に思われる」(『視霊者の夢』［A95＝2, 971／九八頁］)。

（4）　Cf. Cyril Bailey, *The Greek Atomists and Epicurus* (Oxford: Clarendon Press, 1928), p. 320; David J. Furley, *Two Studies in the Greek Atomists* (Princeton: Princeton University Press, 1967), Study II; David Sedley, "Epicurus' Refutation of Determinism," *ΣΥΖΗΤΗΣΙΣ : Studi sull'epicureismo greco e romano offerti a Marcello Gigante* (Naples: Gaetano Macchiaroli Editore, 1983); Walter G. Englert, *Epicurus on the Swerve and Voluntary Action* (Oxford: Oxford University Press, 1987), chap. III, *etc.* 一方、〈逸れ〉は行為選択になんらの役割も演じないとするものに Tim O'Keefe, *Epicurus on Freedom* (Cambridge: Cambridge University Press, 2009), p. 17 がある。

（5）　Stephen Greenblatt, *The Swerve: How the World Became Modern* (New York: W. W. Norton, 2011), p. 7 and 11〔河野純治訳『一四一七年、その一冊がすべてを変えた』(柏書房、二〇一二年)、一五、一九頁〕.

（6）　Cf. Tison Pugh *et al.*, "Book Review Forum," *Exemplaria: A Journal of Theory in Medieval and Renaissance Studies,* Vol. 25 No. 4 (2013); *Lucretius and Modernity: Epicurean Encounters Across Time and Disciplines,* eds. Jacques Lezra and Liza Blake (Houndmills: Macmillan, 2016); Pierre Vesperini, *Lucrèce: Archéologie d'un classique européen* (Paris: Fayard, 2017), pp. 222-25.

（7）　小野谷敦・アルヴィ宮本なほ子訳『影響の不安――詩の理論のために』(新曜社、二〇〇四年)、七六頁。ブルームはのちにコールリッジが『省察の助け』(一八二五年) で「微かな逸れ (lene clinamen)」［Aphorisms on That Which is indeed Spiritual Religion. Aph. V, 184］という表現を用いていることをみとめたが (cf. Harold Bloom, *A Map of Misreading* (New York: Oxford University Press, 1975), p. 200)、コールリッジ自身はそれをルクレティウスからとっている (「ダニエル・ウォーターランド『キリストの神性の擁護』（一七一九年）についての覚書」、『マージナリア』［#191, 164］)。

（8）W・イーザー、轡田収訳『行為としての読書——美的作用の理論』（岩波書店、一九八二年）、参照。

（9）Cf. W. H. Shearin and Brooke Holmes, “Introduction,” *Dynamic Reading: Studies in the Reception of Epicureanism,* eds. Brooke Holmes and W. H. Shearin（Oxford: Oxford University Press, 2012）, pp. 8–20.

（10）Cf. Cyril Bailey（ed.）, *Titi Lucreti Cari, De rerum natura,* Vol. 2（Oxford: Clarendon Press, 1947）, p. 847; Englert, *op.cit.,* pp. 170–71, note 2; Don Fowler, *Lucretius on Atomic Motion: A Commentary on De Rerum Natura 2.1–332*（Oxford: Oxford University Press, 2002）, pp. 411–12 and p. 426.

（11）Cf. Natania Meeker, *Voluptuous Philosophy: Literary Materialism in the French Enlightenment*（New York: Fordham University Press, 2007）, p. 30.

（12）藤本一勇訳「私のチャンス——いくつかのエピクロス的立体音響《ステレオフォニー》とのランデヴー」、『プシュケー——他なるものの発明1』（岩波書店、二〇一四年）、五一八頁。

（13）同書、五二三頁。

（14）エピクロスには『原子における角度について』（Περὶ τῆς ἐν τῇ ἀτόμῳ γωνίας）という著作があった［DL. X. 28］。

（15）キケロがエピクロス主義を解説した文章には、親交のあったフィロデモスに依拠した箇所が散見される。『善と悪の究極について』［I. 40, 62; II. 22］におけるエピクロス主義倫理学の説明は「四つの特効薬」説にもとづいている。『神々の本性について』［I. 43］におけるエピクロス主義神学の説明はフィロデモス『敬虔さについて』を典拠にしているという指摘もある。Cf. Robert Philippson, *Studien zu Epikur und den Epikureern,* im Anschluß an W. Schmid, hrsg. C. J. Classen（Hildesheim: Georg Olms, 1983）, S. 263f.

（16）Cf. Martha C. Nussbaum, *The Therapy of Desire: Theory and Practice in Hellenistic Ethics*（Princeton, NJ: Princeton University Press, 1994）, pp. 125–26, 130–32, 137–39. その議論の図式性への批判としてVoula Tsouna, “Epicurean Therapeutic Strategies,” *The Cambridge Companion to Epicureanism,* ed. James Warren（Cambridge: Cambridge University Press, 2009）, pp. 263–65を参照。

（17）田村俶訳『性の歴史III——自己への配慮』（新潮社、一九八七年）、五九頁。

（18）廣瀬浩司・原和之訳『主体の解釈学——コレージュ・ド・フランス講義1981–1982年度』（筑摩書房、二〇〇四年）、四三八—

四一頁参照。Cf. Pierre Hadot, *Exercices spirituels et la philosophie antique*（Paris: Institut d'Études augustiniennes, 1993）, pp. 35-36.

（19）Cf. A. A. Long, *From Epicurus to Epictetus: Studies in Hellenistic and Roman Philosophy*（Oxford: Oxford University Press, 2006）, pp. 187-88.

（20）Cf. Nussbaum, *op.cit.*, pp. 123-24.

（21）フーコー『主体の解釈学』、二七九―八六頁参照。

（22）その後マルクスがエピクロスの偶然性の哲学を批判的に摂取していく過程については、F・マルコヴィッツ、小井戸光彦訳『エピクロスの園のマルクス』（法政大学出版局、二〇一〇年）に詳しい。カール・シュミットはマルクスが学位論文の準備ノート〔IV. 4. 167／(40)一二三頁〕で「逸れる（Declinare）」を「偏倚する（ausbeugen）」と訳したことにふれてこう述べている。「畢竟こうも考えられるだろう。まさしくそれらの衝突や交錯が、すなわちそれらの「逸れ（déclination）」が、人類の普遍的統一の成立には不可欠なのだ、デモクリトス〔エピクロスの誤り〕の教説にいう原子の逸れさながらに、と」。Carl Schmitt, *Frieden oder Pazifismus? Arbeiten zum Völkerrecht und zur internationalen Politik 1924-1978*, hrsg. mit einem Vorwort und mit Anmerkungen versehen von Günter Maschke（Berlin: Duncker & Humblot, 2005）, S. 924f.

（23）Cf. Lange, *op.cit.*, S. 99.

（24）ブルーメンベルクの唯名論評価はマルクスの洞察に負う。「唯名論はイギリスの唯物論者のあいだではひとつの主要な要素となっており、また一般に唯物論の最初の表現である」（『聖家族』〔VI. 3. d. 135／(2)一三三頁〕）。

（25）斎藤義彦訳『近代の正統性Ⅰ――世俗化と自己主張』（法政大学出版局、一九九八年）、一七二頁。

（26）同書、二一〇―一一頁。

（27）ニュートン信奉者であったヴォルテールは、宿命論《ファタリスム》を信じるなと説く人びとにこう反論する。「あなたがたの疑問は自由がどうなるかということである。わたしにはその意味がわからない。あなたがたのいう自由とはなんであるかをわたしは知らない。あなたがたがはるか昔から自由の性格を論じてきたのも、それがわからないからに違いない。お望みならば、というよりわたしと一緒に調べたければ、L〔Liberté 自由〕という文字に移行せよ」（『哲学辞典』「運命（DESTIN）」の項〔166-67／一六四頁〕）。

（28）「近代自然権ないし近代政治哲学の危機が哲学そのものの危機となりえたのは、ひとえに近代においては哲学そのものが徹底して政治化されたからである。元来、哲学は永遠の秩序への人間的探求であり、それゆえに人間の霊感と希求の純粋な源泉であった。一七世紀以来、哲学は一個の武器に、したがって一個の道具となってしまった」。Leo Strauss, *Natural Right and History* (Chicago: The University of Chicago Press, 1953), p. 34〔塚崎智・石崎嘉彦訳『自然権と歴史』（ちくま学芸文庫、二〇一三年）、五八―五九頁〕.

(29) ポッジョはルクレティウスの写本をフィレンツェの古書籍蒐集家ニッコロ・ニッコリに貸与したが、独占欲に駆られたニッコリが十数年にわたり死蔵したため、イタリアの人文主義者たちですら一四四〇年代まで『事物の本性について』を実際に読むことができなかった。Cf. Jones, *op.cit.*, pp. 142-45; Brown, *op.cit.*, p. 6; Palmer, *op.cit.*, p. 4 and p. 114; Charles Trinkaus, *In Our Image and Likeness: Humanity and Divinity in Italian Humanist Thought*, Vol. 1 (Notre Dame: University of Notre Dame Press, 1995), pp. 110-11.

(30) アウグスティヌスの注釈者であったビーベスの『哲学の起源、諸学派および効能について』（一五一八年）は、全篇にわたりディオゲネス・ラエルティオスに依拠した作品にもかかわらず、情報源は慎重に伏せられている。エピクロス主義者については、「かれらは闘争心もあらわに快楽の側につき、徳ですらも、すなわちすべてのうちもっとも卓越して美しきものをもその下位において……この世界の女主人に向かって獣じみた本能の奴隷になれと恥ずかし気もなく命じる」[38] と評されている。それはなおもストア派の主張と対比してのことであったが、結局ビーベスは、快楽と徳のどちらもが神の恩寵によって死すべき人間の知性にあたえられたものであると結論する [47; 52-54]。

(31) エラスムスによれば、キリストそのひとさえ「哲学者たちの教えからも俗世の判断からもかけはなれた哲学、それでいてほかのすべての人びとが各人各様に追いもとめるもの――幸福――をあたえる唯一の哲学を選んだ」（「アルキビアデスのシレノス」[II, 772]）。

(32) ルターに師事した神学者メランヒトンは、ヴァッラ以後の近代快楽主義者たちが共有するエピクロス主義へのシンパシーを見抜き、『道徳哲学提要』（一五三八年）でそれをつぎのような推論のかたちに定式化した。「自然が強制によってではなく自発的に向かっていくおこないには目的がある。人間は快楽には最大の弾みをつけて駆り立てられていくが、徳には嫌々ながら引き立てられていくのみである。ゆえに徳ではなく快楽こそが人間の目的である」[col. 32]。この点でキリスト者はまさしく正反対の立場にあり、肉体的快楽はたしかに承認されねばならないが、それはつねに徳の追求の下位におかれるべきものであった [col. 37]。

（33）　Cf. Edward Surtz, *The Praise of Pleasure: Philosophy, Education, and Communism in More's Utopia*（Cambridge, MA: Harvard University Press, 1957）, chap. IV; Hugh Trevor-Roper, *Renaissance Essays*（Chicago: The University of Chicago Press, 1985）, p. 32 and 42.

（34）　Cf. Surtz, *op.cit.*, p. 26. エラスムスの『俗世への侮蔑について』には、エピクロスのいわゆる快楽計算や肉体的快楽にたいする精神的（知的）快楽の優位についての説明もみられる［XI, 1257–58］。

（35）　グリーンブラット前掲書、二八七頁。

（36）　ルネサンス期に復興したプラトン主義に、フィチーノに代表される宇宙論的・形而上学的プラトン主義とモアの政治的プラトン主義を区別する Sears Jayne, "Ficino and the Platonism of the English Renaissance," *Comparative Literature*, Vol. 4 No. 2（1952）, p. 238 を参照。これと関連して、『ユートピア』がプラトン『国家』の「自由な模倣」であり、『国家』で禁じられた実現可能な理想を追求していると指摘するものに Leo Strauss, *The City and Man*（Chicago and London: The University of Chicago Press, 1964）, p. 61〔石崎嘉彦ほか訳『都市と人間』（法政大学出版局、二〇一五年）、一一一頁〕; James Nendza, "Political Idealism in More's *Utopia*," *The Review of Politics*, Vol. 46 No. 3（1984）がある。

（37）　イギリス王政復古期の政治家・著作家ウィリアム・テンプルの『エピクロスの庭園にて』（一六九二年）は、この政治化に向けた本来のエピクロス主義の抗議であった。「造園と建築は一種の天地創造であり、無から美しい構成や意匠を生みだし、個人の住宅をすべて便利で快適なものにし、多くの人手を雇って貧民や職人に大金をいきわたらせる。景観を飾り、土地を、ある程度は空気までも改良してみせ、見本となることにより、祖国への公共奉仕となる」［56］。だがテンプルによれば、そもそも「祖国や公共善への奉仕」は、たいてい名誉欲や権力欲を覆い隠すみかけにすぎない［6］。エピクロス主義者たちは「なににもまして公共の仕事が、人間の唯一真なる幸福とかれらが考え教える心の平静にもっとも反すると考えた。だからこそエピクロスは自分の庭のなかで一生を過ごしたのである。そこでかれは研究し、運動し、哲学を教えた。実際ほかのどんな住まいも、かれが主たる目的とした心の平静と肉体の無痛とにこれほど貢献するものはないようにみえる」［19–20］。そこにピューリタン革命期に浸透したシヴィック・ヒューマニズムへの批判を読む安西信一『イギリス風景式庭園の美学――〈開かれた庭〉のパラドックス』（東京大学出版会、二〇〇〇年）、第三章および二四一―四二頁を参照。

（38）　「異端者」「不信心者」を意味するヘブライ語の אפיקורסים（apikorsim）はエピクロスの名に由来する。Cf. Yaakov Malkin, *Epicurus and Apikorsim: The Influence of the Greek Epicurus and Jewish Apikorsim on Judaism*（Detroit: Milan Press,

2007), p. 13.『ピルケ・アボト（父祖たちの倫理）』[II. 19, 61]、マイモニデス『迷える者への導き』[III. 17, 464] も参照。

（39）Cf. Brown, *op.cit.*, pp. 68–69; Paul A. Rahe, "In the Shadow of Lucretius: The Epicurean Foundations of Machiavelli's Political Thought," *History of Political Thought*, Vol. 28 No. 1（Spring 2007）.

（40）Cf. Robert J. Roecklein, *Machiavelli and Epicureanism: An Investigation into the Origins of Early Modern Political Thought*（Lanham: Lexington Books, 2012）, pp. 8–9, 122–23. 厚見恵一郎「マキァヴェッリとルクレティウス――ルネサンス・イタリアにおけるエピクロス主義改変の考察に向けて」、『早稲田社会科学総合研究』第16巻第1号（二〇一五年）、一〇四—五頁参照。

（41）村田怜『喜劇の誕生――マキァヴェッリの文芸諸作品と政治哲学』（風行社、二〇一六年）、三一四—二二頁参照。

（42）シュトラウスによれば、エピクロスを祖とする宗教批判の伝統においては目的と手段のあいだに必然的な結びつきがなく、心の平静は原子論的自然哲学という手段によらずとも、神の善良なる本性を想定することによっても獲得しうる（原始キリスト教神学）。だが宗教批判の目的ないし動機そのものにも無限のヴァリエーションを許す余地が残されていた。たとえば、哲学的観照それ自体が目的となる場合がある。アヴェロエス主義はそれを享受する幸福を少数者に確保する手段として多数者向けには宗教が必要だと説いたが、それが転意して、宗教を為政者によって捏造された「まやかし」として批判する伝統が成立した。それがマキァヴェッリの場合には、力量を目的とするがゆえにその涵養に活用できる宗教のみを正当化し、現世否定傾向をもつキリスト教は批判するというかたちであらわれたのである。Cf. Leo Strauss, *Die Religionskritik Spinozas als Grundlage seiner Bibelwissenschaft, Gesammelte Schriften*, Bd. 1, Zweite Aufl.（Stuttgart: J. B. Metzler, 2001）, SS. 70–79, especially S. 71f, note 10.

（43）ベーコンの宗教観をマキァヴェッリに感化されたものと解釈する Paolo Rossi, *Francis Bacon: From Magic to Science*, trans. Sacha Rabinovitch（Chicago: The University of Chicago Press, 1968）, p. 59 and chap. 3 を参照。

（44）これはアリストテレス『政治学』[1253b5] からの引用である（『学問の進歩』[III. II, 332／一三〇頁]、『学問の尊厳と進歩』[I. II. 2, 499]、参照）。

（45）Cf. Reid Barbour, *English Epicures and Stoics: Ancient Legacies in Early Stuart Culture*（Amherst: University of Massachusetts Press, 1998）, p. 32; Robert J. Roecklein, *Politicized Physics in Seventeenth-Century Philosophy: Essays on Bacon, Descartes, Hobbes and Spinoza*（Lanham: Lexington Books, 2014）, chap. 1.

(46) ヴォルテールは「すべての知識を神への反逆に用いる」愚に陥らない「正しい無神論者」として、エピクロス、レオンティオン、ルクレティウス、メンミウス、スピノザ、ホッブズの名をあげる（「ジェニー物語、あるいは無神論者と賢者」[618／一四八頁]）。

(47) ベーコンは知人への手紙に、自著『古代人の知恵』がスペインでは異端審問の対象となることを示唆してこう記している。「これだけはご容赦願わねばなりません。世人は恍惚のあまり哲学における真理まで拒絶する、などとわたしは軽々しく信じてはいません。著者は宗教上の見解を異にするといっても、せいぜいアリストテレスかアヴェロエスかで宗教上の見解が異なるといった程度のものなのですから」[XI. IV, 145]。

(48) 忽那敬三訳『近代の正統性II――理論的好奇心に対する審判のプロセス』（法政大学出版局、二〇〇一年）、一六七―六八頁。

(49) 同書、二一八―二二頁参照。

(50) Strauss, *Natural Right and History*, p. 169〔邦訳、二三三頁〕.

(51) 「無神論者の社会」については、ベール『彗星雑考』[III. CII, 70A-B; CXIV, 75B; CLXXIII-CLXXIX, 110B-115B／(1)一七二―七三、一八六、二七六―八九頁]、ヴォルテール『哲学辞典』の「無神論者、無神論（ATHÉE, ATHÉISME）」の項[40-43／四三―四六頁]、参照。

(52) 「わたしは無神論哲学者たちからなる社会はきわめて長続きすると考えるばかりか、信心家たちからなる社会よりも容易く長続きすると信じている」（ラ・メトリ『予備的講話』[I, 26]）。「実際、あるひとの心には、来世にかんするある種の説明しがたい恐怖の念が生じる。だがこうした恐怖の念は、戒律や教育によって人為的に育成されなければ、たちどころに消滅するだろう。それにこうした恐怖の念を育成する人びとの動機とはなにか。ただ生計を立てること、この世で権力と富を獲得することである。それゆえかれらの熱意と勤勉そのものが、かれらへの反対理由になる」（ヒューム「霊魂の不滅について」[IV, 401／四七四―七五頁]）。「長い時間をかけて誤謬が人間精神を取り込んでしまうと、誤謬を打破するほど困難なことはなくなる。万人の同意に支えられ、教育により広められ、習慣から根を下ろし、手本により強化され、権威により維持され、自分の誤謬そのものを禍いへの療薬とみなす民衆の希望と恐怖により絶えず育まれるとき、誤謬は難攻不落である。現世における神々の支配を支えているのはこれらの連合軍であり、これが現世における神々の玉座を揺るぎなくしているに相違ないと思われる」（ドルバック『自然の体系』[II. 9, 312／(2)二一八頁]）。

(53) シェリーの「無神論の必然性」はのちに大幅に増補改訂され、長編詩『女王マブ』（一八二一年）に「神は存在しない！」と題する長大な注として組み込まれた。そこではこの一文が省かれるかわりに、ベーコン「迷信について」の件の一節が引用されている［95］。ベーコンの引用はラ・モット・ル・ヴァイエ「宗教の多様性について」［386-87］やドルバック『自然の体系』［II. 10, 348／二三七—二三八頁］にもみられる。

（54）Cf. J. W. Gough, *The Social Contract: A Critical Study of its Development,* 2nd ed.（Oxford: Clarendon Press, 1957）, pp. 2-3; W. C. K. Guthrie, *A History of Greek Philosophy,* Vol. 3：*The Fifth-Century Enlightenment*（Cambridge: Cambridge University Press, 1969）, chap. V; Catherine Wilson, *Epicureanism at the Origins of Modernity*（Oxford: Clarendon Press, 2008）, chap. 7. エピクロスの社会契約論をホッブズの義務論的な契約主義とは異なる目的論的契約主義の祖とするJohn Thrasher, "Reconciling Justice and Pleasure in Epicurean Contractarianism," *Ethical Theory & Moral Practice,* Vol. 16 No. 2（2013）も参照。

（55）ブルーム『影響の不安』、第6章参照。

（56）「エピクロスの立場はそれゆえ両義的である。すなわちかれは、ブルジョワ社会の理論家たちによって啓蒙の先駆者として引きあいに出される一方、逆にその約束事の理論は、マルクスによってまさに契約社会の理論家たちにたいする武器として利用されている」（マルコヴィッツ前掲書、一四二頁）。

（57）Cf. Charles H. Kahn, "The Origins of Social Contract Theory in the Fifth Century B. C.," *The Sophists and Their Legacy,* ed. G. B. Kerferd（Wiesbaden: Franz Steiner, 1981）, p. 105.

（58）Strauss, *Natural Right and History,* p. 119〔邦訳、一六八頁〕.

（59）ガッサンディが『哲学集成』でルクレティウスの件の一節を論評した箇所［OOI, 222］を参照。エピクロス主義にかんするホッブズの情報源としてのガッサンディについては、本書第二部のVを参照。

（60）「ある現象が他の現象を認識する端緒＝原理（principium）であるとすれば、感覚こそは認識の原理の原理そのものであり、あらゆる知識は感覚から導きだされるといわねばならず、かくて感覚の諸原因を探究する端緒は感覚そのもの以外の他の現象からとってこられないといわねばならない」［XXV. 1, 316-17／四三二頁］。

（61）ホッブズが列挙する文明の果実は、ルクレティウスのあげる「航海術、耕作、城壁、法律、武器、道路、衣服、その他この種のもの、褒美、および人生のあらゆる奢侈、詩、絵、精巧な彫像」［DRN. V. 1448-1451］におおよそ対応している。

（62）Otto Neurath, "Marx und Epikur," *Lebensgestaltung und Klassenkampf*（Berlin: E. Laub, 1928）, S. 136.

（63）　J・コルマンはピエール・ベールを単純な啓蒙思想家の代表格とみなしている。Cf. John Colman, *Lucretius as Theorist of Political Life* (New York: Palgrave Macmillan, 2012), pp. 6-8. だがこの解釈によれば、ベールは古代の真正エピクロス主義的なアイロニーを継承し、自著にも活用した数少ない近代思想家のひとりである。

第二部　近代のエピクロス主義

I　偶然のエピクロス主義者——モンテーニュ

懐疑は形式へと導く。
ヴァレリー「アカデミー・フランセーズへの謝辞」

1　『エセー』のエピクロス主義

ウォルター・ペイターの未完の長編小説『ガストン・ド・ラトゥール』（一八九六年）の主人公は、異教の哲学とキリスト教信仰との調和をもとめる知的遍歴の途上でそれぞれに傑出した三人の近代人に出会う。プレイヤード派詩人ロンサール、のちの『エセー』（*Essais*, 1580-88）の著者モンテーニュ、異端の汎神論を説く哲学者ブルーノである。だがかつて古代を規範に世俗の生を清新に謳いあげて青年の心を揺さぶった詩人は、老いと病でいまや見る影もなかった。またすべてを呑みこむ自然哲学によって一時パリを呪縛したブルーノは、その「観念《イデア》の影」が主唱者の悲劇的な末路を暗示していた。ガストンにもっとも大きな感化をおよぼしたのは、そのあいだの九カ月を過ごしたモンテーニュ城の主である。「われを試みよと呼びかける世界の挑戦をしりぞけ、全体として自分のやりたいようにやるという自由」の息吹にあふれるこの思想家の生は、ルネサンスの精神そのものと青年に感じられたのだ。しかしそのモンテーニュがカトリック信仰者として死んだと聞きおよんだガストンは、自分が『エセー』の著者から受けた影響について再考しはじめる。

……ものごとは、みればわかるように、ある種の旧式の解釈を容れる余地がある。この見解こそが、モンテーニュの弛みない知的活動の動機であった（それが実際どうはたらいたのかは杳として知れないが）と思われた。長い歴史をもつがゆえに、まるで自然から成長したかにみえるにいたった由緒ある信仰の肩をもつひとは、賢者であれ愚者であれ、その経験のなかにどんな暗示を隠しているやもしれず、低回する無知の哲学なら、それをはなからみとめないとか信用しないということはありそうにない。人びとの一見無作為で実に説明のつかないものの見方には、黄金や高価な真珠よりも貴重な知恵の粒があるのかもしれない。あの「自由な彷徨《さまよ》うもの」である人間の魂のこと、いかに世界が広かろうと、独力で発見しなかったものなどあるだろうか。いずれにせよ、否定することは「否定によって精神を限界づけること」にしかなるまい［V. 141-42／三九二―九三頁］。

ガストンを困惑させた知と信仰のあいだの矛盾は、モンテーニュ（Michel de Montaigne, 1533-92）というアンビヴァレンスの塊の一部であり、『エセー』におけるエピクロス主義の意味を解明する試みを幾度となく躓かせてきたものでもある。この問題をめぐる研究史は二〇世紀初頭までに好対照なふたつの説への収斂をみた。モンテーニュのエピクロス主義への傾倒を最晩年の一時期に限定するP・ヴィレーの見解と、モンテーニュを終生変わらぬエピクロス主義者とするA・アルマンゴーの見解である。

モンテーニュが高等法院《パルルマン》評定官を引退したのちの一五七二年に書きはじめられた『エセー』は、まず第一巻および第二巻の全九四篇が一五八〇年にボルドーの書店から刊行された。一五八八年にパリで公刊された『エセー』は、これに第三巻一三篇を加え、かつ第一巻と第二巻にも大幅な加筆がほどこされた。現在われわれが読む『エセー』は、さらにその後モンテーニュが死の間際まで座右において手を加えつづけた遺稿（いわゆる「ボルドー本」）にもとづいている(1)。ヴィレーはこの複雑な『エセー』成立事情にモンテーニュの読書歴を重ね、そこにおおよそストア派期からピュロン主義期を経てエピクロス主義期にいたる「進化」をみた。それによれば、最初期の『エセー』はラ・ボエシとリプシウスというふたりのストア主義者との交流が主たる源泉となっており、第一巻第二〇章「哲学をきわめるとは死ぬことを学ぶこと」がこの時期を代表する作品である。また『エセー』最長の第二巻第一二章「レーモン・スボンの弁護」は、セクストス・エンペイリコス『ピュロン主義哲学の概要』のアンリ・エティエンヌによるラテン語訳（一五六二年）をモンテーニュが一五七五年に読み、その懐疑主義と相対主義の圧倒的な影響下に書かれた。そして最後がエピクロス主義色の濃厚な自然哲学期であり、八〇年代にルクレティウス、ホラティウス、プロペルティウスらエピクロスに縁のある詩人たちをモンテーニュが好んで読み、その感化の跡をボルドー本の多くの加筆・増訂に残した。こうして『エセー』はモンテーニュという人間を透過した一六世紀という時代の「集合的思考」の表現であり、一五八〇年版の「非個人的」な『エセー』から八八年版の「個人的」な『エセー』へのモンテーニュの思考の変化と深化は、カトリック教会・古典古代・慣習など時代の先入見から漸次解放されていく「ルネサンスそのもの」の発展と軌を一にするというのである(2)。

ヴィレーの解釈はそれまで支配的であった「懐疑主義者モンテーニュ」像に挑戦したことで名高いが、いまはそれがエピクロス主義的要素を『エセー』の「進化」の最終段階に局限した点が重要である。これにいちはやく異議を唱えたのがアルマンゴーの研究であった(3)。『エセー』の初期諸章がストア派の影響下にあった証拠とされる引用の多くは、アルマンゴーによればむしろエピクロス主義の影響を示している。たとえば、第一巻第一四章「幸不幸の味は大部分がわれわれの考えかたによること」の末尾近くの「窮乏のなかに生きることは不幸であるが、少なくとも窮乏のなかに生きることはけっしてやむをえないことではない」［E. I-14, 67／(1)一一九頁］というフランス語の一節は、たしかにヴィレーが指摘するようにセネカ『ルキリウスへの手紙』(4)［12.10］からの引用だが、そもそもセネカはこの箴言をエピクロスから引いているのである［Us. 487］。これ以外にも、モンテーニュが好んで引用するキケロやプルタルコスの文章にはエピクロスの哲学への多くの暗黙的な論及が含まれており、結果としてモンテーニュは『エセー』執筆時期のほぼ全体にわたってエピクロス主義を参照していたことになる。両者のあいだに快楽主義の理解や政治的なことがらの評価をめぐって若干の齟齬があることはたしかだが、『エセー』全篇に横溢する「エピクロスの精神（l'esprit épicurien）」は、モンテーニュがはじめからエピクロス主義者であったことを告げているのである。(5)

この「エピクロス主義者モンテーニュ」説は、その大胆さに加えて主唱者のやや奇矯な人物像が禍いしたためか、(6)あまりはかばかしい進展をみせずに沈静化する。その後『エセー』における〈エピキュリアン・モーメント〉の評価が定まるにあたっては、H・フリートリヒの研究が決定的な役割をはたした。フリートリヒは「大いに論じられているモンテーニュの「ストア派」期なるものは存在しない」とヴィレー説をしりぞける一方、エピクロス主義に寄せるモンテーニュの関心を哲学的というよりは美的なもの、人生の慎ましい悦びを寿ぐホラティウス流の精神的エピクロス主義への共感にもとめ、現代の論者たちもおおよそこれにならい、エピクロス主義の節度ある快楽主義や自己の内面への退却がモンテーニュの個人主義ないし自由主義気質と親和的であったとみなす傾向にある。(7)とはいえ、エピクロス主義を核にしてモンテーニュの「思想の統一性」(8)問題に一石を投じたアルマンゴー説が、いまなお検討にあたいする『エセー』解釈上の多くの争点を提起したことは事実であった。なかでも論争の的となったのは、モンテーニュの真摯さの問題である。(9)アルマンゴーによれば、旅先のイタリアでミサに列席したエピソードや死に際に示した敬虔さはモンテーニュの信仰心を確証するものではなく、賢者が慣習にしたがってみせるときには、外面の行為で示す同調と内面の思考の自由とを区別する必要がある。(10)モンテーニュには内奥に秘めた結論を章の中程に書き、いわくいいがたいことを遠回しに読者に伝える癖があった、(11)云々。その当否は詳細な検討をまたなければならないが、『エセー』の著者が二種類の読者を想定してそれぞれに対応する内容を周到に書き分けていたことは、著者自身の弁からある程度まで裏づけられる。

たとえばモンテーニュは、一五八〇年版の巻頭言「読者に」で「こんなにつまらないむなしい主題のためにあなたの時間をついやすのは道理に合わない」［E. Au lecteur, 3／⑴九―一〇頁］といいながら、別の箇所では、「賢明な読者（un suffisant lecteur）」は「他人の書物のなかに作者がそこに描いたと自認する完璧さとは違ったものを発見し、それにいちだんと豊富な意味と相貌とをつけ加える」［E. I-24, 127／⑴二四一頁］ものだと述べている。読者一般と「賢明な読者」の区別はその後も全巻にわたって維持され、「俗衆はみずからを意識も判断もせず、生まれつきの能力の大部分を無為のままに放っておく。わたしは人間をもっとも高い状態においてとらえたい。人間を、少数のすぐれた、選ばれた人びとのなかにおいて考察しよう」［E. II-12, 501／⑶一二二頁］や、「わたしは自分の書物を少数者のために、わずかな年月のために書いている」［E. III-9, 982／⑸三六八頁］のような表現が散見される。

『エセー』の成立過程よりも、できあがった『エセー』全体の「構造」ないしそれにこめられた著者の「意図」の解明へと論争のアリーナを転換した第二次大戦後のモンテーニュ研究にも、アルマンゴー説の隠然たる影響の一端は確認できる。『エセー』の無秩序でランダムなみかけの背後に隠された「構造」を強調する論者たちは、たとえばモンテーニュがお雇い画家の仕事ぶりを評したつぎの文章に着目する。

かれはおのおのの壁面の真ん中のいちばんよい場所を選び、そこに全能力をあげて丹精こめた絵を描く。そしてまわりの空いているところをグロテスク模様、すなわちただ多様で異様であるというだけの空想的な模様で埋めていく。わたしの著作も実をいうと、いろんな部分を接ぎあわせた、きまった形も秩序もない、脈絡も釣合いもでたらめな、グロテスクで怪物じみた全体でなくてなんであろう［E. I-28, 183／⑴三五六頁］。

M・ビュトールにしたがえば、現行『エセー』の第一巻第二九章「エティエンヌ・ド・ラ・ボエシの二九篇の詩」は、ラ・ボエシの『自発的隷従論』（一五五三年）――著者の死後に『反一者論』と改題され、君主政への反抗を呼びかける過激なプロテスタント文書として世に出てしまった――の代用品であった。ラ・ボエシの主張は、そのラディカルな含意が目立たないように第一巻全五九章の「中央」におかれるはずであったが、いまや不在となったこの中心を囲むように残りの諸章がシンメトリカルに配置されているというのである[12]。「中央」へのモンテーニュのこだわりを重視するその後の論者たちは、さらに『自発的隷従論』の著者をモンテーニュそのひとに帰しているが、この大胆かつ論争的な仮説の起源はやはりアルマンゴーであった[13]。

　現代におけるその代表的論者D・L・シェーファーは、モンテーニュの変節・混乱・誤謬・表面的な不整合とみえるものは「進化」の所産などではなく、むしろ意図的なアイロニーの効果とみなすアルマンゴー説を高く評価するが、『エセー』が「進化」の外見をもつ理由をそれが無視してしまったと指摘する[14]。モンテーニュはストア主義者からエピクロス主義者へと転身したのではないが、生粋のエピクロス主義者であったのでもない。君主権力への盲目的服従を批判し宗教的寛容を要求するモンテーニュは、まぎれもなく近代的な合理主義的自由主義者であったが、それと同時に、当代のあらゆる通念を問い質すみずからの懐疑主義の危険な革命的効果を熟知するソクラテス的賢者でもあった[15]。モンテーニュは『エセー』の第一巻第二三章「習慣について、および既存の法律を安易に改めてはならないこと」において、当世の衣服の流行の「想像しうるもっとも奇怪な例」を列挙しながら、「衣服の真の目的はからだの保護と安楽にあり、その点にこそ本来の美しさとふさわしさがある」と考えるひとに向けて、つぎのように説諭している。

　賢者たる者は、自分の魂を俗衆から引き離して内部に引っこめ、事物を自由に判断できる力を保つようにすべきだが、外面は、一般にみとめられる形式に全面的にしたがうべきだと思う。われわれの思想がどうあろうと、公共社会にはなんの関係もないことである。しかしその他のこと、たとえばわれわれの行為とか、仕事とか、財産とか、私生活とかは、これを社会のために貸しあたえ、共通の意見にゆだねなければならない。ちょうどあの善良なソクラテスが裁判官に、しかもきわめて不公平で不正な裁判官に背いて生きながらえることはしなかったように〔E. I-23, 118／⑴二二二頁〕。

モンテーニュの時代への迎合とみえるものも、かれのいわゆる保守主義に由来するのではなく、時の宗教と政治と道徳を標的としつつ、迫害を避けるための著述の戦略を自覚的に適用した結果とみなされる。『エセー』という書物は、プラトン起源のこのレトリックを駆使して、[16]「俗衆」向けに当代の慣習に配慮しつつ教会の疑念をはらし、かつストア派の徳の教えやエピクロス主義の快楽の勧めのような通俗的な哲学の引用によって些細な異端を装いながら、読者の思考に根底から変容をもたらそうとしたのである。

こうして『エセー』の「進化」から「構造」へと論者の関心が推移する一方、かつてヴィレーとアルマンゴーのあいだで争われた『エセー』におけるエピクロス主義の問題は後景にしりぞき、いつしか忘れ去られてしまった観がある。だがいまや議論を再開する好機が訪れた。モンテーニュ所蔵のルクレティウス『事物の本性について』は、ヴィレーのいうとおりランビヌスの校閲によりパリの書店から出版された一五六三年版であるが、モンテーニュがそれを読んだ時期はヴィレーが推定した一五七七―八〇年よりはるかに遡り、『エセー』執筆以前の高等法院在職中であったことが判明したからである。一九八九年に偶然発見された『事物の本性について』には、扉頁にモンテーニュの自署があり、最終頁に「読了　一〇月一六日、一五六四年　三一歳」と記され、遊び紙と余白にはラテン語およびフランス語で夥しい書きこみがあった。[17]これにより少なくとも単線的「進化」説が説得力を失うことは明白だが、この事実のうえにあらためて『エセー』におけるエピクロス主義の意味を問う試みはいまだ十分になされてはいない。仮にエピクロス主義へのモンテーニュの関心が「進化」説の主張よりも早い時期に芽生えたのだとしても、それでただちにアルマンゴー説の正しさが証明されたことにはならないだろう。問題を解く鍵は、モンテーニュによるエピクロス主義者たちからの引用がいつ・誰のために・なにを目的としてなされているか、すなわち『エセー』における引用の政治学にある。

2　ルネサンスと快楽主義

たしかにモンテーニュとエピクロスの共通点を数えあげればきりがない。よく知られたことがらにかぎっても、ふたりはともに快楽を擁護し、激動の祖国にあって寛容と友情を重んじ、公共生活よりも隠棲を好み、またともに晩年は尿路結石症に苦しんだ。しかし『エセー』の著者を軽々にエピクロス主義者と呼べないことも明らかである。「昔のひとのように、人間を神とすること以上にわれわれの低能さを示すものはない。……不完全とわかりきっているはずの人間性から神々をつくる……のは、人間の理解力の驚くべき酩酊の結果といわねばならない」[E. II-12, 516／(3)一四五頁]。これはエピクロスを神と崇めたルクレティウスを念頭においた発言とも考えられる。いくら多くの表面上の類似が確認できても、モンテーニュの思想を特定の哲学派と同一視することはモンテーニュ当人が禁じている。それは暗合にすぎないのである。

わたしの考えかたは自然のもので、これをつくりあげるのにいかなる学説の力も借りなかった。だが、きわめて無力なものではあるが、わたしがこれを述べたいと思ったとき、そしていくらか品よく皆のまえに発表するためにこれに理論と実例で支えをかませるべきであると考えたとき、これが偶然にも、あまりに多くの哲学上の理論と実例に一致しているのを発見して、自分でも大いに驚いた。わたしには、自分の生活規則がどの規則にもとづくものであるかは、それが実際に行使され、適用されてからでなければわからなかった。／まさに新型の人間、はからずしてなった偶然の哲学者（un philosophe impremedité et fortuite）である！［E. II-12, 546／(3)一九七頁］

わたしのもっとも強固な普遍的な思想は、……生まれつきのもので、まったくわたしのものである。わたしはそれらを大胆で力強く、だがいささか混乱した不完全な産みかたで、生のまま、単純なかたちで生みだした。その後、さらに他人の権威によって、また、たまたまわたしと判断を同じくする昔の人びとの健全な考えかたによって確立し、強化した。かれらはこれらの思想にたいするわたしの把握を強くし、その享受と所有をいっそう確実にしてくれた［E. II-17, 658／(4)一〇五頁］。

ただしこの「偶然」の一致は、ほかのどの哲学学派よりもエピクロス主義とのあいだで頻繁にみられる。『エセー』で引用される書物は五〇点以上にのぼる。仮に引用頻度が引用者の嗜好に比例するとしたら、キケロ（三一二回）とプルタルコス（三九八回）を別格とすると、ついで引用回数が多いのはエピクロス派のラテン詩人たちであり、ルクレティウスの一四九回、ホラティウスの一四八回、ユウェナリスの五〇回を総計するとプラトンの一八対話篇合計の百回強をはるかに上回る(18)。これにエピクロス作品を再録したディオゲネス・ラエルティオスと、ストア派でありながらエピクロスに好意的なセネカから出所を明かさずに多数引用されていること、さらにキケロとプルタルコスの作品にはエピクロスの哲学を論じたものが多いことまで勘案すると、明示暗黙を問わず『エセー』全篇で言及頻度がもっとも高い古典はエピクロス主義の系統に属する著作といってよい。

もちろんモンテーニュは古代人になりたかったわけでも、ましてエピクロス主義者になりたかったわけでもなかった。かれはまさしくひとりの個人ミシェル・ド・モンテーニュになろうとして古典を利用したのであり、そのなかにたまたまエピクロスの哲学が多かったというだけのことである。しかし、「新型の人間」モンテーニュを生みおとしたこの「偶然」は、近代で最初の——少なくともガッサンディに半世紀以上先駆けて——、そしてもっとも透徹したエピクロス主義理解を西欧の知的世界にもたらしたのであり、引用こそがそのやりかたであった。

　モンテーニュの書斎の梁に刻まれた銘文のなかには、セクストス・エンペイリコス、エウリピデス、聖書などと並んで、ルクレティウス『事物の本性について』から引かれた四つの詩行があった[19]。そのひとつは高名な第二巻導入部である［DRN. II. 14-16］。

> おお悲惨なひとの精神よ、おお盲いたる心よ。このいかにも短い一生が、なんたる人生の暗黒のなかに、なんと大きな危険のなかに、過ごされていくことだろう（O miseras hominum mentes, O pectora caeca: Qualibus in tenebris vitae, quantisque periclis Degitur hoc oevi quodcunque est）［E. lxviii, 9］。

問題はエピクロス主義のなにがそこまで若きモンテーニュを惹きつけたかである。『エセー』を読むかぎり、かれが原子論にさしたる関心がなかったことは明らかであるから、残る候補は快楽主義倫理学に絞られる。実際にも、第一巻第二六章「子どもの教育について」のボルドー本における補足には、エピクロスの倫理教説を簡潔に記した「メノイケウス宛の手紙」を読んだと明言されている［E. I-26, 164／(1)三〇九頁］。それを裏づけるように、「レーモン・スボンの弁護」に「自然で必要な欲望／自然だが必要ではない欲望／自然でも必要でもない欲望」というエピクロスの三分法を援用した箇所がある一方［E. II-12, 471／(3)六四頁］[20]、自然哲学を説明した「ヘロドトス宛の手紙」と「ピュトクレス宛の手紙」については、少なくとも明示的にはその影響の痕跡すらない。

『エセー』が現世の快楽を公然と擁護するにはまだ相当の覚悟を要する時代と場所で書かれたことを考えるな

ら、これだけでもかなり大胆であったといえるかもしれない。カトリックとユグノーの対立を機に一五六二年にはじまったフランスの内乱は、サン・バルテルミーの大虐殺（一五七二年）やカトリック・リーグ結成（一五七六年）を経て、王位継承問題を巻き込みながら宗教と社会生活とが再融合する状況を出現させつつあった。[21] その渦中で公刊された初版『エセー』は、第一巻第五六章「祈りについて」で「恩寵（grâce）」のかわりに「偶運（fortune）」という異教的含意のある語を多用したために、ローマ聖庁図書検閲官に見咎められた〔J. VIII, 119; 131／(8)一五三、一六九頁〕。しかしモンテーニュは、その後の一五八八年版補足に「わたしはまた、このころ、ある著作〔『エセー』のこと〕が純粋に人間的、哲学的で、神学がまじっていないと非難されるのをみた。……だがわたしは、人間のことばに、〈まだ未熟なことばに〉偶運、必然、偶然、幸福、不幸、神々、その他の語句を、それなりの方法で語らせる」〔E. I-56, 322-23／(2)二〇四頁〕と挑発的に記す。「わたしは追加はするが訂正はしない」〔E. III-9, 963／(5)三三六頁〕というモンテーニュのことばに偽りはなかった。『エセー』に「進化」があるとすれば、初期の無防備なまでの率直さを「追加」によって緩和ないし隠蔽するその巧妙な手練手管、あるいは「防御的著述」[22] の洗練化にこそそれがみとめられるからである。

そのような著述の技法については、ポッジョ・ブラッチョリーニがイタリアに持ち帰ったルクレティウス『事物の本性について』の手写本や、アンブロージョ・トラヴェルサーリがラテン語に訳したディオゲネス・ラエルティオスの『主要哲学者の生涯と意見』によりエピクロス主義に接した人文主義者たちの著作に多くの先例がある。ヴァッラ、ビーベス、エラスムスらは、たとえエピクロス主義文書に多くを負っていても典拠は明示せず、あるいは異教徒の快楽の教えがキリスト教的な幸福観に背馳しないと説くことで非難をかわそうとした。「世のあらゆる意見は、たとえ方法はまちまちでも、快楽（plaisir）こそわれわれの目的であるということの一点に帰着する。……哲学の諸学派の争いは、この場合、ことばのうえの争いである」〔E. I-20, 81／(1)一五〇頁〕と述べる『エセー』の著者についても、人文主義的な著述の戦略を採用した可能性を疑うことができる。

ボルドー本にいたってはじめてエピクロスの著作を読んだと告白したモンテーニュであったが、かれが快楽の率直な擁護論を展開しているのは初期諸章においてである。『エセー』が版を重ね、増補や引用の挿入のような「追加」が増えるにつれ、快楽の主張は影を潜め、あるいはエピクロス主義色を薄めていくようにみえる。第一巻第三九章「孤独について」はその過程を典型的に示している。

モンテーニュはこの章の後半で、著作によって死後の永遠の名声を得ようとした小プリニウスとキケロをつぎのように諫める。「信仰から孤独をもとめ、来世における神の約束を心から確信する人びとの考えのほうが、ずっと健全で目的にかなっている。……来世における幸福な永遠の生命を得るという唯一の目的のためには、現世の幸福と快楽を捨てることなどなんでもない。そして、この熱烈な信念と希望につねに真底から心を燃やすことのできるひとは、孤独のなかに、他のあらゆる生活を越えた喜びと楽しみの生活を打ち立てるのである」［E. I-39, 245／(2)六二―六三頁］。だがこのアウグスティヌス主義者は、その舌の根も渇かぬうちに、「近頃は歳のせいで、自分の気質により合っていた肉体的快楽も奪われたから、この老齢にふさわしいわずかばかりの幸福にたいして欲望を錬磨し鋭敏にしている。年齢がわれわれの手から次々と奪い去る人生の快楽を、われわれはすべての歯と爪で食い止めねばならない」［E. I-39, 246／(2)六五頁］と貪欲な快楽主義を鮮明にするのである。

この相矛盾するふたつの幸福観のうち、より穏当な前者の主張のほうがボルドー本での増補であることに注目した小説家ジッドは、後年のアウグスティヌス主義は批判をかわすための「避雷針」であり、より大胆な快楽主義者宣言こそが「増補の部分をもってしても到底覆い隠しえない……真実のモンテーニュの姿」であるという（「モンテーニュ論」［45／二二五頁］）[23]。そしてこのモンテーニュはもともと、小プリニウスとキケロに向け、エピクロスにならって「他の快楽とともに他者の称賛からくる快楽をも捨てよ」と説いたうえで、「真の幸福を理解したあとでは……それに満足して、生命や名声を延ばすことなど望まなくなる」と主張し、これこそが「真正の素朴な哲学(vraye et naifve philosophie)」の教えだとしていたのである〔E. I-39, 247-48／(2)六六―六八頁――傍点強調は引用者〕。

また、第三巻第五章「ウェルギリウスの詩句について」に「哲学は自然の快楽に節度が加わるかぎり、けっしてこれに逆らわない。節制は説いても回避は説かない」〔E. III-5, 892／(5)一九三頁〕とあるのは、エピクロスにかぎらず、「いちばんいいのは快楽に打ち勝って負けないことで、快楽を控えることではない」〔DL. II. 75〕とするアリスティッポスの立場にも通じる古代の快楽主義の要諦である。第二巻第一一章「残酷について」のボルドー本での補足でも、思想よりも行動においてより大きな抑制と規律を示した快楽主義哲学者の例として、アリスティッポスとエピクロスがあげられている〔E. II-11, 428／(2)三九二頁〕。こうしてモンテーニュの快楽擁護論はとりたててエピクロス主義的な論拠にもとづくようにはみえないため、「われわれは誤りを犯すおそれがあるのだから、いっそのこと快楽を追求するほうに賭けようではないか」〔E. III-13, 1086／(6)一五七頁〕のような主張にこそ、かれの懐疑主義と整合的な快楽主義が露呈しているとみなす論者もいる[24]。しかし、アリスティッポスとエピクロスの名を並記する事例が後年になるほど多くなることには、それなりの注意が払われてよい。危険な無神論を連想させるエピクロスの哲学的快楽主義への言及を避け、肉体の快楽を最高善とみなすアリスティッポスの単純な快楽肯定論で代用するのは、人文主義者の著述にみられる常套技法であったからである[25]。

3　死についての省察

出所を明かさず引用する『エセー』のやりかたを弁解して、モンテーニュはまず自分の記憶力の貧しさをあげ〔E. II-17, 651／(4)九四頁〕、それがとくに古代の哲学者たちからの引用である場合は、「あらゆる種類の書物、とくに現存の人びとによって卑俗なことばで書かれた新しい書物に飛びかかって批評するあの軽率なそそっかしい判断」を牽制するために出所を意図的に隠したと説明する。[26] さらに、これと同じボルドー本での別の補足には、『エセー』における夥しい引用はたんに実例、権威、装飾を意図したものではなく、「しばしば、わたしの目的を越えて、より豊かな、より大胆な材料の種を含んでいる。そして、それ以上に語ることをはばかるわたしにとっても、わたしの趣旨に賛成してくれる人びとにとっても、一段と微妙な音を斜めに響かせてくれる」〔E. I-40. 251／(2)七五頁〕という説明もある。

エピクロスの教説に明示暗黙に言及するモンテーニュのやりかたにもこの方針はあてはまるが、それにはひとつのルールがあった。第二巻第一七章「自惚れについて」で、自分の文体は内容に見合ったものではないと卑下したモンテーニュは、それにつづくボルドー本の補足において、自分の無骨な文体がエピクロスの哲学を平易なラテン語に訳して通俗化させたアマフィニウスとラビリウスの文体に似ていると述べている〔E. II-17. 637／(4)七〇頁〕。たしかに『エセー』を読むと、エピクロスの名が明記されるのは概して無難な説を論じるとき、しかもその大半が一五八八年以降の補足箇所であるのにたいして、危険な異端の教説をわがものとして語る場合は初期諸章から一貫して出所を明かさない。[27] この傾向は『エセー』の「進化」とともに強まり、最終的には、通俗的なエピクロス主義の穏和な生活術的イメージで世間の眼を欺きながら、エピクロス本来のラディカルな自然の哲学を少数の「賢明な読者」に伝えることが通則になるのである。死の苦悩と恐怖を主題とした諸章を取りあげて詳細にみてみよう。

かつてモンテーニュは、悲しみにくれる女性を慰めるのに哲学者たちの命じる方法をとらず、「気分転換（diversion）の方法」を処方したことがあった（第三巻第四章「気分転換について」）。「より強く彼女の治療に適した思想（discours plus fermes et propres à leur guerison）」があるにもかかわらず採用されなかったのは、たまたまモンテーニュがそれをもちあわせなかったからというだけでなく、それが「強く激しい理論（fortes et vives raisons）」〔E. III-4. 831

／(5)八三頁〕であり、「あまりにも高く、あまりにもむずかしすぎる」がゆえに用法を誤ると逆効果だからである〔E. III-4. 833／(5)八六頁〕。苦悩にふたつの対処法があることは、人間に二種が区別されることを暗示する。わけても死の恐怖に直面できるのはソクラテス級の人間だけで、「われわれはつねに別のことを考える」〔E. III-4. 834／(5)八八頁〕のである。(28)

モンテーニュは「考えを苦しいことから楽しいことへ移す」エピクロスの方法――キケロが『トゥスクルム荘談義』〔III. 33〕で苦悩を軽減するエピクロスの方策として説明する「心痛からの方向転換（avocatio a cogitanda molestia）」と「快楽を考えることへの召還（revocatio ad contemplandas voluptates）」(29)――が、哲学者たちのなかでは「わたしの方法により近い」〔E. III-4. 831／(5)八三頁〕と述べている。この療法をかれは自分にもためした。一五六三年八月、死の床についたラ・ボエシを見舞ったモンテーニュが、「死はそれ以上につらいものではないね、兄弟よ」と声をかけると、ラ・ボエシは「それどころか、それほどに悪いものでもないのさ」と気丈に返した〔Lettres. 1. 1349／(9)一五頁〕。だが唯一無二の朋友の死に打ちのめされた若きモンテーニュは、あのエピクロスのやりかたに自分でもすがらざるをえなかった。

わたしはかつて、自分の性格から非常な悲しみに打たれたことがある。しかも激しい以上に当然な悲しみだった。もしそのとき自分の力だけに頼っていたら、おそらく参ってしまったであろう。だがそれをまぎらすには強烈な気分転換を必要としたので、わざとつとめて恋を漁った。それにはわたしの若さも手伝った。恋はわたしを慰め、友を失った悲しみから救ってくれた。ほかの場合もすべてこれと同じで、つらい考えにとらえられたときは、それを征服するよりも変えるほうが近道だと思う。そのつらい考えに、反対の考えではなくても、少なくとも別種の考えをおきかえるのである。変化はつねに気分を軽くし、溶かし、散らしてくれる。わたしは戦うことができないものからは逃げる。そして逃げながら脇道へそれ、相手の眼をごまかす。場所を変え、仕事を変え、仲間を変え、ほかの仕事や考えの群れのなかに逃げ込む。そこまでくると、それはわたしの跡を見失い、わたしからはぐれていく〔E. III-4, 835-36／(5)九一頁〕。

だがそれを回顧するモンテーニュ自身は、この方法をさほど信用しているようにみえない(30)。悲嘆する女性に処方されたエピクロス法は、「彼女の病根に斧を入れたわけではない」〔E. III-4, 831／(5)八三—八四頁〕がゆえに結局は一時しのぎにしかならなかったからである。しかもこのときすでに、「いま押さえつけられている苦痛から考えを逸らして、失われた快楽でまぎらわせよと説き、また、現在の苦痛を慰めるために過去の幸福を思いおこし、消え去った満足の助けを借りていま押さえつけられている苦しみに対抗せよと説く」エピクロスの方法は、「笑うべき小細工」として明確にしりぞけられていた〔E. II-12, 493-94／(3)一〇八—一一頁〕。これが意味するのは、エピクロスに巷間帰せられている「気分転換」法なるものが、それなりに有効とはいえ、本質的に非哲学者向けに考案された癒しの方法のひとつにすぎないということである。モンテーニュが哲学者として語る「レーモン・スボンの弁護(31)」において、エピクロス法が批判されるに先立ち、キケロ『神々の本性について』〔III. 69〕からコッタのつぎのことばが引用されていることに注意しよう。

葡萄酒は病人にとってめったに役に立たず、害となることがしばしばあるので、曖昧な快癒の希望から明らかな病状の悪化を招くより、葡萄酒はいっさいあたえないほうがよい。同様に、わたしたちが理性と呼ぶもの、思考の素早い動きや鋭さや正しい導きかたといったものは、ごく少数の者には有益であるが、多くの者には害となるだけである。それゆえ、これほど大量に惜しみなく人びとに分けあたえられるよりも、まったくあたえられないほうがよかったのではないかと思えるほどなのだ〔E. II-12, 486／(3)九七頁〕。

これにかぎらず、『エセー』にはたびたび医術のメタファーが登場する。そして「その病気を根絶するために強い下剤を飲めないなら、せめてそれを緩和する鎮痛剤を飲め」〔E. I-14. 67／⑴一一九頁〕や、「われわれのレースの決勝点は死である。それはわれわれが目指す必然的な目標である。……俗衆がこれから逃れる療法はこれを考えないことである」〔E. I-20. 84／⑴一五四頁〕など、その多くは死の恐怖に囚われた魂を治療する哲学の機能とかかわっている。[32]そこに「人間の苦悩を癒してくれない哲学者のことばはむなしい。医術が身体の病を追い払わねば無益であるのと同じように、哲学も魂の苦悩を追い払わなければ無益だからである」〔Us. 221〕というエピクロスの箴言が――モンテーニュの愛読したストバイオス『精華集』〔II. 2. 13〕を経て――残響しているとみるのは不自然ではない。エピクロスに「気分転換」法とは別の、死の恐怖を根本から療治するが、けっして万人向けではない真に「強く激しい理論」があることを、モンテーニュはたしかに承知していたのである。疑似エピクロス法は、朋友ラ・ボエシの死に瀕してモンテーニュのおぼえた「ほとんど〈わたし〉の死のような〈あなた〉の死」（第二人称態の死）への悲嘆にすら有効であるが、自分自身の死（第一人称態の死）、すなわち経験不可能であるがゆえに恐怖の対象となる死には、哲学をもってするほかはない。[33]『エセー』で唯一章題に「哲学」を含む「哲学をきわめるとは死ぬことを学ぶこと」のボルドー本で付された補足のひとつには、フランス語で「それ〔死〕は死んだときも生きているときもおまえたちとかかわりがない。なぜなら、生きているならおまえたちはこの世に存在するのだし、死んでしまったらもはやこの世にはいないのだから」〔E. I-20. 95／⑴一七四頁〕とある。いうまでもなくこれはエピクロス「メノイケウス宛の手紙」の一節、「死は諸々の悪のなかでもっとも悪いものとされているが、実はわれわれにとってなにものでもない。なぜなら、われわれが現に生きて存在しているときには、死はわれわれのもとになく、死が実際にわれわれのところにやってきたときには、われわれがもはや存在しないからである」〔DL. X. 125〕のほぼ忠実な翻訳である。

『エセー』にはエピクロスからの無断借用ともとれる主張が無数に確認できるが、(34)「進化」説によればストア派期を代表するはずのこの章も、「徳においてさえ、われわれの目指す最後の目的は快楽なのだ」〔E. I-20, 82／(1)一五一頁〕(35)をはじめとしてその例外ではない。だが、結果としてそれを『エセー』全篇中もっともエピクロス主義色の濃厚な章にしているのは、人口に膾炙した快楽の教えであるよりも、人間にとっての死の不可避性と絶対性――「老いも若きも、みな同じようにしてこの世を去っていく。ひとりとして、たったいまやって来たばかりというようにしてこの世を去らない者はない」〔E. I-20, 84／(1)一五五頁〕、あるいは「われわれの誕生がわれわれにすべての事物の誕生をもたらしたと同じように、われわれの死はすべての事物の死をもたらすであろう」〔E. I-20, 92／(1)一六九頁〕――を説く暗黙の引用の数々なのである。(36)それがきわまるのが、先の「死はなにものでもない」というエピクロスのテーゼを中心とし、前後にルクレティウスからの大量の引用を配してできた「われわれの母なる自然の善なる教え」であった〔E. I-20, 92-96／(1)一七〇―七七頁〕。

エピクロスの肉声を伝えるディオゲネス・ラエルティオスからモンテーニュが直接引用することはない。それがほんとうに出所失念なのか、それとも悪名高き無神論哲学への共感をさとられないための配慮なのか、独創を気取りたいだけなのか、完全に自家薬籠中のものにして著作権表示の必要をもはやおぼえないからなのかは判然としない。ただし、モンテーニュ所蔵の『事物の本性について』には、かれがエピクロス主義における原子論と倫理学の結びつきについて早くから、しかも当時としては相当に正確な理解を身につけていたことを示す証拠が残されている。(37)第三巻で展開される死の原子論的説明――魂は肉体と同じく原子でできた物体であり、肉体と解きがたく結びついているがゆえに、肉体の解体とともに魂も解体する――には、余白にモンテーニュの直筆で多くの書きこみがあった。(38)後年の「哲学をきわめるとは死ぬことを学ぶこと」の後半部を占める「われわれの母なる自然の善なる教え」に引用された詩行の大半は、ここに見いだされる。だがそれと同時に、死後の世界を否定し、神々や死の国《タルタルス》で魂を見舞う責め苦への恐怖には理由がないと説いた箇所［III. 830-69, 978-1023］が注意ぶかく省かれていることもわかるのである。

もちろん、ルクレティウスの引用に気づくほどの「賢明な読者」ならば、原文に直接あたって割愛された決定的に異端的なメッセージを発見することは可能であり、引用者自身もそれを意図していたフシがある。一五八八年版に自分は「少数者のために」書いていると明言したモンテーニュは、同じ箇所［E. III-9, 982-83／(5)三六八―六九頁］でルクレティウスから「あなたのように賢いひとは、わずかの足跡をみるだけで十分で、あとはひとりでにわかるだろう」［DRN. I. 403］を引用している。

4　城壁と仮面

『事物の本性について』にはもうひとつ、やはりモンテーニュが多大な関心を寄せながら『エセー』に直接引用しなかった箇所があった。かれが所蔵するルクレティウスの第五巻では、文明生活を「城塞都市（urbis arx）」に喩えたあとにつづく「誰でも真の理論をもって生を導こうとするならば、乏しさに甘んじ、心の平静をもって生きることこそ人間にとって大いなる富なのである」［DRN. V. 1116-1117］という一節に傍線が引かれ、余白に第二巻および第三巻の各冒頭部分への参照をうながすメモが記されている(39)。これはそれぞれ、財貨、名声、権力が死をまえに無力であると指摘した箇所［DRN. II. 37-39］、およびエピクロスの哲学が「世界の壁（moenia mundi）」の向こう側を開示するという主張［DRN. III. 16］を指しているものと考えられる。

エピクロス主義のシンボリズムにおいて、「城壁」は自然哲学と倫理学の本質的連関を指示する重要なメタファーであった。「その他すべてには安全を確保することができるが、死にかんしては、人間はみな城壁のない都市の住人である」〔Us. 339〕。死を恐怖する人間は、みずからの周囲に堅牢な障壁——法、宗教、技芸——を築いてその侵入を防ごうとするが、それを嘲笑うかのように自然は疫病によって都市の文明生活を灰燼に帰せしめる〔DRN. VI. 1138-1286〕。一五八八年以降の『エセー』に追加されるエピクロス派詩人プロペルティウスの引用には、この思想を託されたものが多い。「哲学をきわめるとは死ぬことを学ぶこと」の章にも、「いくら用心ぶかく鉄や青銅で身を固めても、死はそうやって守られた首を引き抜いてしまう（ille licet ferro cautus se condat et aere, mors tamen inclusum protrahit inde caput）」（『エレギア詩集』〔III. 18. 25-26〕）という詩句が引かれているが〔E. I-20. 86／(1)一五八頁〕、自然哲学と倫理学の連関を示して興味ぶかいのは第三巻第一三章「経験について」での引用である。「わたしは他のどの主題よりも自分を研究する。これがわたしの形而上学であり、自然学である」〔E. III-13. 1072／(6)一三四頁〕という宣言につづけて引用されるプロペルティウスは、はじめは月の満ち欠けや風と雲の発生の原因を問う自然学的な詩行のみであったのに、ボルドー本ではさらに「いつかこの世界の城が崩れることがあるのか（sit ventura dies mundi quae subruat arces）」〔III. 5. 26〕という部分が付加されている〔E. III-13. 1073／(6)一三四頁〕。モンテーニュにとって自然と倫理を結びつけるのは、マクロコスモスとミクロコスモスを貫いて同心円状にひろがる理性的秩序ではなく、魂を含む身体としての自己、社会、自然のいっさいを原子の偶然的な離合集散からなるはかない可死の存在とみなすエピクロス主義的洞察——「いたるところにわれわれの眼を向けてみると、あらゆるものがわれわれのまわりに崩れつつある」〔E. III-9. 961／(5)三三一頁〕——なのである。[40]

「レーモン・スボンの弁護」のボルドー本補足で魂の不滅を教える諸説を批判した箇所にも、「城壁」の思想の応用がみられる。可死性という究極の条件をまえにした人間は、さまざまな理屈をひねりだしてこれを乗り越えようとする——肉体が朽ちはてたあとも魂は残ると考えなければ、栄光を受けとるものがなくなってしまう、たとえ人間の裁きを免れても死後に魂が神によって裁かれるという恐怖がなければ、罪人は現世で悪行のかぎりを尽くすだろう、と。だが所詮これらは、「自己の存在を延ばそうという極端な執念」に取り憑かれた人間のむなしい発明にすぎない。

人間は自分の境遇に耐えきれず、おのれの再建をはかってありったけの知恵をしぼり、自分に支柱をかませようと工夫した。精神は混乱と無力のために自分の足で立てなくなって、慰めと希望と足場をもとめて外部の状況を八方さがしまわり、そこにすがりついて根をおろそうとする。そして想像がこしらえあげたどんなにもろくとりとめのないものであろうと、自分を恃むよりもずっと安心して、喜んでそれに頼る〔E. II-12, 553／(3)二〇八—九頁〕。

それが『エセー』初版執筆の時点ですでにモンテーニュ自身に親しい思想となっていたことを推測させるのは、第一巻第一九章「われわれの幸福は死後でなければ判断してはならぬこと」のつぎの一節である〔E. I-19, 79-80／(1)一四六頁〕。

その他すべてには仮面をつけることができる。たとえば、あの哲学の立派な理屈もわれわれにあっては見せかけにすぎないこともあろうし、また、いろいろの災難がわれわれの急所を襲わないうちはわれわれにつねに穏やかな顔を保つゆとりをあたえていることもあろう。だが、死とわれわれのあいだで演じられる最後の芝居では、もはや見せかけるものはなにもない。そこではフランス語を話さねばならぬ。壷の底にある掛値のないところをはっきり見せねばならぬ。

なぜなら、このときこそ真実の声が心の奥底からほとばしり、仮面（persona）が剝がれ、素顔が残るのであるから。

最後の引用文がルクレティウス〔DRN. III. 57-58〕であることひとつをとっても、ここで語られることがらとエピクロス主義との関連をモンテーニュが示唆していることは明白である。[41]「その他すべてには仮面をつけることができる（En tout le reste il y peut avoir du masque）」という表現は、「その他すべてには安全を確保することができるが、死にかんしては、人間はみな城壁のない都市の住人である」の前半部分（Πρὸς μὲν τἄλλα δυνατὸν ἀσφάλειαν πορίσασθαι）に酷似しているが、それもストバイオス『精華集』〔IV. 51. 32〕からの孫引きと考えることができる。死をまえにしては、いかに安全を約束する「城壁」も崩れ去るように、ひとが装うどんな「仮面」も剝がれおちて可死の存在という人間の実相を露呈させる。「哲学をきわめるとは死ぬことを学ぶこと」の章の末尾の一節、「ひとからも物からも仮面を取り除かねばならぬ。仮面をとったその下には、つい先日、身分の卑しい下男や下女がなんの恐れもなく甘受したのと同じ死を見いだすだけである」〔E. I-20, 96／⑴一七八頁〕に関係づけるならば、これが遠い本歌取りになっていることが了解されるだろう。

こうして、『エセー』執筆の初期段階においてモンテーニュがすでにエピクロス主義の洗礼を受けており、その後もエピクロスの哲学から多くを学びつづけたとすることには、かなりの信憑性があると思われる。だがその過程で、異教徒の哲学に寄せるモンテーニュの関心が実質的に遷移していることも指摘しなければならない。すなわち、人間に可死性という究極の条件を想起させるエピクロスの「城壁のない都市」というイメージは、『エセー』においてはむしろ、みずからめぐらした堅固な「城壁」をまやかしと自覚しつつ、生あるかぎりそれにすがることを余儀なくされた種族の悲喜劇に転じていくようにみえるのである。つぎにこの問題をモンテーニュの法律観および正義観とのかかわりで考察しよう。

5　真正なる哲学の批判

第一巻の「習慣について、また既存の法律を安易に改めてはならないこと」から、第二巻の「レーモン・スボンの弁護」を経て第三巻の「経験について」まで、『エセー』全篇にわたり一貫して法の権威に無条件で服従せよと奨めるモンテーニュは、保守主義政治思想の系譜に位置づけられることがある[42]。だがそれが想定する批判対象と名宛人に着目すると、この議論がおよそ法慣習や制度の正当化を意図したものではなく、エピクロス主義的な「真の理論」の側から企てられた「真正なる哲学」としての法律学への批判の再開であることが明らかになる。

(1)　法慣習をめぐるアンビヴァレンス

『エセー』全巻の最終章「経験について」は、さまざまな学説にもとづいて法律を詳細に規定しようとする人びとを揶揄してはじまっている。

多くの法律を細かく刻んであたえ、裁判官たちの権威を抑えようとしたひとの考えかたは、あまりわたしの気に入らない。法律の解釈には法律をつくるのと同じくらいに自由な広い余地があることに、このひとは気づかなかった。……このひとの考えが間違っていたことは明らかである。事実、わがフランスには残りの世界を全部合わせたよりも、いや、エピクロスの諸世界全部を治めるのに必要なよりも多くの法律がある。〈昔は犯罪で苦しみ、いまは法律で苦しむ〉。……絶えず変化するわれわれの行為と確固不動の法律とのあいだには、ほとんどなんのつながりもない〔E. III-13, 1065-66／(6)一二二―一二三頁〕。

〈知識は困難を生む〉。われわれはウルピアヌスにもとづいて疑い、さらにバルトルスとバルドゥスにもとづいて疑いを増す。こんなに数えきれないほどのまちまちな考えかたの跡は消さねばなるまい。そんなものでみずからを飾ったり、後世の人びとの頭をいっぱいにしたりしてはなるまい［E. III-13, 1066-67／⑹一二四―一二五頁］。

ここで名指しされた人びとは、いずれもユスティニアヌス帝の勅命により六世紀に編纂された『市民法大全』にゆかりの法学者である。バルトルスとバルドゥスは一一世紀末に発見された『市民法大全』を法の亀鏡とみなして注釈に励んだイタリア法学派の創始者であり、ウルピアヌスはいうまでもなく『市民法大全』第二部『学説彙纂』にガイウスとともにその学説が収められた古典期ローマ法学の権威であった。さらに、「多くの法律を細かく刻んであたえ、裁判官たちの権威を抑えようとしたひと」とは、『市民法大全』編纂を指揮した法学者トリボニアヌスを指す。これが暗示する真の批判対象は同時代のフランス法人文主義者たち、すなわちブールジュ大学法学部を牙城とするル・ドゥアラン、フランソワ・コナン、ボドゥアン、フランソワ・オトマンらの営為である。『市民法大全』を統べる「真正なる哲学（vera philosophia）」としての法律学の理念を一途に追求するかれらは、プラトンにまで遡って古代の法学説を精査し、人為のローマ法体系を整合化して自然のみかけを装わせるための挿入《インテルポラティオ》、いわゆる「トリボニアヌスの修正（Emblemata Triboniani）」がもたらした矛盾と混乱を剔出することも辞さなかった。ボドゥアンに学んだ法律家にして詩人のル・カロン曰く、「真正なる哲学は法律書のなかに含まれており、哲学者たちの無益で黙せる蔵書のうちにはない。かれらは（実に）偉大な学識者ではあっても、公共の仕事には不適格なのだ。……したがって法律学（la prudence de droit）こそ真正なる哲学と称してしかるべきである」（『クレール』［I. 23-24］）。「偽りの哲学」を奉じるのは、古来ソフィスト、ピュロン主義者、そしてエピクロス主義者だとされてきた。「神のごときプラトンが優美に表明したように、真正なる哲学《ウェラ・フィロソフィア》は人間の生および慣習とかかわるものである」

（『ペイタノン』［Praefatio, 3］）と主張するル・カロンも、やはりこの伝統にのっとっている。「偽りの偽装した哲学（feincte & desguisée Philosophie）」とは、デルポイのアポロン神殿の入口に刻まれた「汝自身を知れ」という格言を、各人はもっぱら各自の「至高の満足（souverain contentement）」を追求すべしの意に解して公共善に背を向ける思想のことであり（『哲学』［I, 12］）、その名で呼ばれるのは古代のエピクロスの学派に限定されず、同時代ではラブレーが槍玉にあげられる（『対話』［III, 112-13］）。

「真正なる哲学」としての法律学の理念に忠実に、フランスの法慣習を合理的に体系化しようとした法人文主義者たちを、D・R・ケリーは「政治的人間（homo politicus）」と評している[43]。ル・カロンは『パンデクテン、あるいは学説彙纂』（一五五三年）でこう主張した。「フランス法は普遍法のあらゆる部分から成り立ち、その法の知識は法学、市民法の学知あるいは知恵と呼ばれ、ある者からは「王にふさわしい」と呼ばれる。それは人間社会にとってもっとも有用なものである政治学と同様に、道徳哲学の主要な部分である」［III, 14］。「市民法の知識（scientia civilis）」は訓詁注釈にとどまらず、フランスの法慣習を成文法に整序するべく実践的に活用されねばならない。『市民法大全』の第一部『法学提要』がそのモデルとなるのは、それが先例や法の歴史的起源を不問とし、ローマ皇帝の「恩沢」より直々に授けられる法学教育という体裁をもつからである。反復・堆積という時間の効果によって権威をもつ不文の慣習と時間を超越した理性の所産である成文法との違いは、実力で支配する僭主と正統な王の違いにすら擬せられる［XXV, 390-92］。こうしてフランス国王の制定する法の権威を絶対視するル・カロンの営為は、「法学的ナショナリズム」の醸成に多大な貢献をすることになったのである[44]。

モンテーニュの法学者批判は「真正なる哲学」の伝統そのものを射程に捉えることにより、法慣習を合理化する哲学的法律学のイデオロギー性を暴露する意図をもっていたと考えられる。「わたしは、いつも百姓たちの行状やことばが、われわれの哲学者たちのそれよりも、真の哲学（vraie philosophie）の教えにかなっていると思っている」

〔E. II-17. 660／(4)一〇九頁〕。法律も、それを制定する君主大権も、それを正当化するカトリック教会すらもが「現在の習慣」にすぎず、またそのようなやりかたで法を聖域化する「真正なる哲学」そのものが大がかりな欺瞞なのだ。だがモンテーニュは、多くの論者が考えるように、法慣習への無条件的服従を薦める根拠を「真の哲学」の名において探究しようというのでもない(45)。「習慣について、また既存の法律を安易に改めてはならないこと」の章で習慣や法律がどのように論じられるかを確認しよう。

モンテーニュは古今東西の豊富な事例をあげながら、習慣が人間生活におよぼす強大な力を説明する。人間の精神と行動は習慣によって根底から規定されており、ただの「共通のものの考えかた《イマジナシオン》」が理性に合致した普遍的で自然なものに思われるほどである。

自由と自治に育まれた国民は、ほかのあらゆる政体を奇怪で不自然なものと考える。君主政に馴らされた国民もこれと同様である。だからかれらは、運命からどんなに変革の機会をあたえられても、またせっかく苦労してようやく一支配者の束縛を脱したのに、すぐにまた同じ苦労をして別の支配者をかつぎあげる。かれらは支配者を憎むことに踏み切れないのである〔E. I-23. 116／(1)二一七頁〕。

こうしてときに有益な変化を阻害する要因にさえなるほど強大な習慣が、その権威の起源を尋ねてどこまで遡っても、古いという以外になんらの根拠もないのは驚くべきことである。それでもモンテーニュは、「原初や起源に徹底的にこだわりつづけるひと」の愚を説く。「この仮面《マスク》を剝ぎとってそのことがらを真理と理性のまえに照らしだせば、自分の判断がすっかり覆されたように感じるだろう。だが、いままでよりもずっと確実な状態におかれたように感じるであろう」〔E. I-23. 117／(1)二一九頁〕。たしかに法慣習には古さの権威以外にそれに服従する合理的な根拠がない。にもかかわらず、「既成の法律を変更するのは、それがいかなるものであれ、変えたときに生じる弊害を上回るだけの明白な利益があるかどうかが大いに疑わしい。国家はさまざまな要素が緊密に組みあわされた建築物のようなもので、ひとつをぐらつかせるとかならず全体がぐらつくからである」〔E. I-23, 119／⑴二二二頁〕。それゆえ統治に責任をもつ者は、取り除くべき古いもののどこに欠陥があり、取り入れようとする新しいもののどこが長所であるかを見きわめる能力がなければならない。理性への懐疑がものをいうのはこの点である。「公共のもので、なかなかに動かしがたい制度や規則を個人的な思いつき《ファンテジー》（個人の理性はその個人にしか権限がおよばない）という不安定なものに従属させるのは、まったく正当でないと思われる」〔E. I-23, 121／⑴二二六頁〕。

この議論がたとえ法習慣への盲従を奨めるようにみえても、法自体の正しさや理性より優れた習慣の特質がその理由ではないことに注意しよう。反対にモンテーニュは、習慣が「世界の女王」（ピンダロス）となっているのは、もっぱら「ものごとの真の姿をわれわれから隠す」〔E. I-23, 116／⑴二一八頁〕からだとさえいう。多数の人びとによって守られている市民法も教会法も、それ自体としては愚かしいものが大半であり、「われわれの現在の抗争においては、廃棄しておきかえてしかるべき箇条――どれもこれも重大で根ぶかいものなのだが――がいくらでもある」〔E. I-23, 121／⑴二二七頁〕。それゆえ、「運命の女神」が押しつけてくる変革の「きわめて差し迫った必要性」をまえにしたいま、秩序一辺倒の頑迷な現状墨守はかえって危険ですらある。「もはや抵抗しようもなく、やむにやまれぬ事態を迎えた場合には、不可能とわかっているのに一歩も譲るものかと頑なにふんばり、暴力にすべてのものを踏みにじる機会をあたえてしまうよりは、頭を低く下げて、少しばかり殴られてもそのままにしているほうが、おそらくはより賢明なのだ」〔E. I-23, 122／⑴二二八頁〕。

法慣習を擁護するモンテーニュの筆はときに「保守するために改革する」バークを思いおこさせるが〔E. III-9, 958／⑸三二六頁〕、『エセー』の場合はカトリック信仰を含む同時代の法慣習への侮蔑がときおり顔を覗かせる。それがさほど衝撃的にも危険にも感じられないのは、不信心や無神論の疑惑を招きかねない表現と踵を接するようにして、現状維持や遵法の美徳が説かれているからである。[46] フランスの法律、君主政、カトリック教会を当代の習慣と呼び、その「腐敗」「野蛮」を知りながら、たとえ秩序のためとはいえ「世間一般のやりかた」への盲従を説く超保守主義については、モンテーニュが一方で「自由に酔い痴れる」自主独立のひとを誇り、「もしわたしの仕える法律がわが指の先でも脅かすようなら、即刻わたしは、どこだろうと別の法律を見つけに出かけるだろう」[E. III-13, 1072／⑹一三三頁] と豪語するだけに、その由来をかれの哲学ではなく政治的な状況判断にもとめたり、マキァヴェリズムを疑ったりすることも不可能ではない。[47] だが政治的アクティヴィズムほどこの思想家に不似合いなものもなかった。政治とのかかわりで「保守」という語が使われるのは『エセー』全篇にただいちどきり、宗教改革の嵐が吹き荒れるボルドーで市長を務めた経験を回顧して、「ほとんどすべてのひとがあまりにやりすぎると非難される時代に、わたしは無為（cessation）を咎められる」[E. III-10, 1021／⑹三六頁] と述べた箇所である。

わたしは保守し持続する（conserver et durer）だけでよかった。それこそ音を立てず、人目につかない行為である。革新はきわめて輝かしいものであるが、当世のように革新に攻めたてられ、革新だけは防がねばならない時代には禁物である。ことを為すのを控えるのは、しばしばことを為すのに劣らず高貴だが、輝かしさでは劣る。わたしのわずかながらの取り柄も、ほとんどすべてこの方面にある [E. III-10, 1023／⑹四〇—四一頁]。

モンテーニュは「悪い「時」は駆け抜け、良い「時」はそこに立ち止まらなければならない」のが思慮ある人びとの生きかたであるといい、「現在と現在もっているものを飛び越えて、希望の奴隷となり、想像が眼前に据える漠としたはかない幻影の虜となっている人びと」を諌める [E. III-13, 1111-12／⑹二〇〇—二頁]。仮にもモンテーニュの保守主義があるとすれば、人びとの眼に無為と映ったもの——現在を享受することであった。

しかし「われわれ」の習慣というだけでは、それを遵守する義務の道徳的根拠にならない。そもそも、どの習慣にしたがって生きるかの問題は、モンテーニュにとって本質的に重要ではなかった。このわたしがいま・ここに存在することと自体、偶然以外のなにものでもないからである。

> われわれはたまたまその宗教の布かれている国に生まれあわせたために、その古さとそれを保持してきた人びとの権威を尊重し、不信心者に加えられる威嚇を怖れ、あるいはその約束にしたがっているにすぎない。……もし別の地域に生まれあわせて、別の証拠を示され、同じような約束と威嚇を突きつけられたら、同じようにまったく別の信仰を植えつけられるかもしれないのである。／われわれはペリゴール人でありドイツ人であるというのと同じ資格でキリスト教徒であるにすぎない［E. II-12, 445／(3)二〇頁］。

> わたしはあらゆる人びとを自分の同胞だと思っている。そしてポーランド人もフランス人と同じように抱擁し、国民としての結びつきを人間としての普遍的な共通の結びつきよりも下位におく。わたしは生まれた国の甘い空気にそれほどのぼせていない。……自然はわれわれを自由な束縛されないものとしてこの世に生みだしたのに、われわれは自分をある特定の場所に閉じ込める［E. III-9, 973／(5)三五一―五二頁］。

人間の生と道徳の本質的な偶然性――および世界の複数性――についての洞察は、モンテーニュをエピクロス主義の思想圏に近づけて理解するもっとも重要な鍵とみなされている[48]。だが、ある共同体への人間の帰属がいっさいの形而上学的含意を欠いた端的な偶然でしかないのだとしたら、それでも自分の国の法を尊重しなければならないのはなぜか、そしてこの服従はなにによって正当化されるのであろうか。その説明は「レーモン・スボンの弁護」で展開されるモンテーニュの懐疑主義論のなかにある。懐疑主義はその発祥の瞬間から必然的にある種の保守主義と結びついていたのである。

(2) 懐疑と節度

ボルドーでモンテーニュは、理性と理性がたがいに正義を主張しあう惨禍を目撃した。

俗衆はものごとをそれ自体によって判断する能力をもたず、……それまで法律の権威や昔ながらの習慣への尊敬から抱いていたあらゆる考えかたを僭主の桎梏として振り捨て、……今後は自分の判断で承認したものでなければなにひとつ受け入れまいと決心している〔E. II-12, 439／(3)八―九頁〕。

そのような「高慢と人間の思いあがりをたたきつぶし、踏みにじって……人間のはかなさ、むなしさ、空虚さを思い知らせる」〔E. II-12, 448／(3)二七頁〕ために、「レーモン・スボンの弁護」でモンテーニュは懐疑主義の破壊的な力を駆使する。「各人の義務の自覚を各人の判断にまかせてはならない。それは各人に命じられるべきもので、各人の理性にまかせるべきものではない。さもないと、人間の理性と意見が無力で無限に多種多様であるために、エピクロスもいうように、ついには人間同士が共食いをするような義務ができあがる」〔E. II-12, 488／(3)一〇〇頁〕(49)。懐疑主義の直接の標的は「すべてを秤にかけ理性に照らしてみる人びと、つまりなにごとも権威や信用だけで受けとらない人びと」〔E. II-12, 583／(3)二八〇頁〕であり、その結論はやはり当代の法慣習への無条件的服従の薦めである。

モンテーニュは、真理はまだ見つかっていないと考えるピュロンの懐疑主義と、真理は人間には見つけることができないと主張するアカデメイア派の懐疑主義が、法慣習への服従を薦める点では一致することを強調する〔E. II-12, 502／(3)一二三頁〕。ものごとの真偽を決定する最終的基準がないとすれば、あることがらについてはつねに「そうである」とも「そうでない」ともいえてしまう。ピュロン主義にしたがえば、なにごとにも惑わされない心の平静《アタラクシア》を確保するためには、いかなることがらについても判断を下すことは控え、ひたすら探求の途上にあるのが望ましい。だがいっさいの真偽・善悪にかんする判断中止《エポケー》を信条にすると、日々の生活にはなはだ支障をきたすだろう。そこでピュロン主義者は、日常の認識においてはあるがままを受け入れる現象主義を、行為においては「法律や習慣や自然的な情念にしたがいながら、ドグマをもたずに生活する」のをよしとした（セクストス・エンペイリコス『ピュロン主義哲学の概要』[1.23-24]）。一方、カルネアデスらアカデメイア派の懐疑主義者は、やはり真偽決定の最終的基準はないと主張するが、より真なるもの（蓋然性）が日常の選択や判断の基準として役立つことをみとめた。習慣や法律への服従は、それらが体現する実践的真理の説得力によって正当化されるのである[1.231][50]。

だが結論からいえば、ピュロン主義やアカデメイア派だけでなく、ペリパトス派やストア派やエピクロス主義のような独断哲学も、社会的慣行や市民法への順応を説く点では同じなのである。古代の哲学者たちが「あることがら、たとえば宗教にかんすることを書いたのは、公共社会がそれを必要とするからである。この点で、かれらが法律や習慣への服従に混乱をきたすまいとして、共通の意見にまで詮索の手を入れようとしなかったのはもっともなことだった」[E. II-12, 512／(3)一三八頁]。この古代の保守主義というべきものは、モンテーニュによれば哲学に内属するその本質的な要素である。知のエロスに導かれるがままに真なるものを倦まずもとめる哲学的懐疑は、通念や常識のような社会生活の存立がかかる基盤をすら掘り崩してしまうほどに強い力を秘めている。この哲学知の陥穽を回避するために、ヒュームの近代懐疑主義は理性の反省能力を常識《コモン・センス》の範囲内に自覚的に制限するが、モンテーニュはラディカルな懐疑を犠牲にしなかった古代人の側に与する。

> もっとも真実とわれわれに思われることが、しばしば生活上もっとも有益でない。これがわれらが境遇の悲惨である。もっとも大胆な学派であるエピクロス主義者やピュロン主義者や新アカデメイア派でさえ、最後にはやはり市民法にしたがわざるをえないのである[E. II-12, 512／(3)一三九頁]。

同じ主張はこの議論の末尾近くでふたたび登場する。真実は生肉のようなもので、ふつうの人びとの胃では消化不良を起こす。だから哲学者たちは「本当の意見や判断を曖昧にし、歪めて一般の慣わしに適合させる。かれらは人間理性の無知無能をはっきりと言明したがらない。子どもを怖がらせないためである」[E. II-12, 545／(3)一九六頁]。古代の哲学がときに詩や神話のような「有用な」嘘を織りまぜてまで既存の習慣と法への服従を説いたのは、いわば真正の哲学者ならではの社会的責任の意識、公共の安寧への配慮に発したことだというのである。

「レーモン・スボンの弁護」はそのあいだを、哲学者たちの学説がいかに多様で相互に矛盾するか、「学問のはじめとおわりは愚かさの点で一致する」[E. II-12, 544／(3)一九四頁]ことの例証――そのなかには人間に無関心な神、世界の複数性、原子の〈逸れ〉のようなエピクロスの哲学教義も含まれる――で埋め尽くしているので、モンテーニュの懐疑主義も哲学を見限って常識や社会通念の側に立つようにみえる。だが哲学者たちの意見が誤りだとはどこでも明言されない。「これらは本人たちの無知よりもむしろ思慮の足りなさをあらわしている」だけなのだ[E. II-12, 545／(3)一九五頁]。知恵の探求者（ζητητής）、懐疑主義者（σκεπτικός; sceptique）たる哲学者には節度が要求される。モンテーニュは「レーモン・スボンの弁護」の名宛人と自分とのあいだに哲学者を自任する者同士の関係を想定して、「ふつうの論証の方法」[E. II-12, 557／(3)二一六頁]を用いよと諭す[51]。

> 世間一般の意見を越えた自由な判断のなかを節度を保って無分別に陥らずに駆けめぐることのできるような、正しくよく生まれついた精神はめったにありません。……その眼に目隠し革をつけて、前方しか見えないようにさせ、習慣や法律に決められた道から方々へはずれないようにしてやることが、これほど当然に必要な動物はほかにありません[E. II-12, 559／(3)二一九頁]。

このような文脈で「偶然の哲学者」を名乗るモンテーニュは、具体的に古今のどの哲学者[52]のどの学説と自分の生来の思想とがたまたま一致したというのであろうか。嘘を毛嫌いするモンテーニュにとって、たとえばプラトンの

「高貴な嘘」はいくら有用であっても許しがたいものであるはずだが、法律とは所詮「僭主的命令」にすぎないがゆえに人びとの自発的服従を喚起するための「法律の序文」が必要になるという見解（『法律』［722E–23B］）には、一定の理解を示すかもしれない。「われわれの法律でさえ、正当な擬制（fictions legitimes）なるものをこしらえ、その正義の真実性の基盤としているそうだ」［E. II–12. 537／(3)一八一頁］からである。翻ってピュロン主義が「人間の考案した学説のなかでもっとも真実らしく有用なもの」［E. II–12. 506／(3)一二九頁］とされるのは、神々の物語のような目くらましを弄さずに「自分の判断を捨てて、それだけ多く信仰に席を譲ろうとする」［E. II–12. 506／(3)一二九―一三〇頁］から、すなわち、真理へのエロスと社会の要求とを両立させるもっとも誠実なやりかたを示唆しているからである。[53] それが「自分の国の法律にしたがえ」と教えるのは、「われわれの義務はもっぱら偶然（fortuite）によって律せられる」［E. II–12. 578／(3)二七二頁］と知ってのうえでのことなのだ。古代の哲学者たちは学派を問わず、法律そのものが「自然で普遍的で純粋な正義」ならぬ「その影と似姿」[54]［E. III–1. 796／(5)一八頁］でしかないと承知してはいても、社会の安寧に配慮してそれを広言しないだけの節度があった。この「一種のピュロン主義」（「独断家の王」アリストテレスが「わざとあんなに深い複雑な曖昧さのなかに身を隠している」のもそれが理由であった［E. II–12. 507／(3)一三一頁］）こそが、モンテーニュの与するものである。かたや哲学者たちの意見は、万人の遵守を期して法律にほどこされるべき「説得的な工夫」（プラトン）をめぐって相互に矛盾する。そのような「諸々の意見でできた海の波間」に漂うことをモンテーニュは潔しとしない。「そんなうつろいやすい判断をもつことなどわたしにはできない」――

昨日はもてはやされていたのに明日はそうでなくなる善とは、いったいなんだろう。川ひとつ越えただけで罪悪となる善とはなんだろう。／山のこちら側では真理で、向こう側では虚偽になってしまう真理とはなんだろう。／そうかといって、法律になんらかの確実性をあたえるために、「それ自身の本質によって全人類に刻み込まれている固定して永遠不動の自然法という法律がある」というのは滑稽である。そしてその数としてあげられるのが、ひとによって三つであったり四つであったり、もっと多かったり少なかったりするのも、あやふやな目印といわなければならない〔E. II-12. 579-80／(3)二七四頁〕。

自然法がたとえ存在しても、それを発見したと称する無数の理性のあいだで正義と正義が際限もなく争うことになるのなら、自然法などないにひとしいのだ。そう述べたモンテーニュはボルドー本の補足で、「もはや真にわれわれのものといえるものはなにもない。われわれのものといえるものは人為の産物である」というキケロ（『善と悪の究極について』〔V. 59-60〕）からの引用――ペリパトス派（M・プピウス・ピソ）の主張――に託し、自然法と称せられるものが時代と場所により無限に多様な解釈に服さざるをえず、それゆえ真の意味での自然法ではなく人間の法にほかならないこと、そして自然法の主唱者自身がそれを承知していたことを匂わせる〔E. II-12. 580／(3)二七五頁〕[55]。懐疑主義者がもとめているのは、「法律になんらかの確実性をあたえる」いっさいのまやかしなしに、「現在の習慣」にすぎない法律に甘んじて服する誠実な理由なのである。

バルトルスとバルドゥスの名はこの文脈ではじめて登場し、「弱い精神のために、公表するより黙っているほうがましな意見」の典型であるエピクロスのラディカルな自然の立場と対比される〔E. II-12. 582-83／(3)二七八―七九頁〕。つまりこの議論全体が、節度をかなぐり捨てた「真の理論」と「真正なる哲学」としての法律学の論争であり、「希釈されない自然」の異議申し立てによる「希釈された自然」の再審なのだ。この論争におけるモンテーニュの立場は、「より上品な」プラトンやペリパトス派ではなく、「より率直な」キュニコス派＝原ストア派とエピクロスに仮託されている〔E. II-12. 583／(3)二八〇頁〕[56]。すなわち放屁、人前での性交や手淫のような哲学者の破廉恥なふるまいの紹介にとりまぎれた「法律はその権威を支配と行使とから得ている」という主張がそれである。

法律を根源まで遡って論じるのは危険である。法律は川と同じで、流れていくうちに大きく尊くなる。源泉にまで遡ってみれば、かろうじて見わけられる程度の小さな泉にすぎないものが、年を経るにしたがってこんなにも誇らしげに、力強くなるのである。威厳と畏怖と尊厳にあふれたこの名高い奔流も、最初のきっかけとなった昔のいろいろな理由を考えてみれば実に些細な、とるに足らぬものであることがおわかりになろう。だから、すべてを秤にかけ理性に照らしてみる人びと、つまりなにごとも権威や信用だけで受けとらない人びとが、しばしば一般民衆の判断とひどくかけ離れた判断をするとしても、驚くにはあたらない。自然の最初の姿を手本とする人びとが、大部分の意見において一般の道から逸れたとしても不思議ではない［E. II-12, 583／⑶二七九―八〇頁］。

法にしたがう人びとが現実に公共の平和を享受しているとき、この事実が遂行的に法を権威的なものにする[57]。この事態を指して法の正義なることばがあるだけで、法それ自体にも法の背後にもその正しさを保証するものはない。幻想に曇らされない眼でみるなら、「われわれは最初に手にした法律のこねあわせや、ときにはその不正不当きわまりない適用や実施を正義と呼び、これをあざけり非難する人びとも、その崇高な効力を罵ろうとするのではなく、ただ神聖な名前の濫用と冒瀆を非難しようというだけである……」［E. II-37, 766／⑷三一〇頁］。最終的に「経験について」でモンテーニュはこう述べる。

法律が信用を保つのは、公正だからではなく法律だからである。これこそ法律の権威の神秘的な根拠で、ほかにはいっさい根拠がない。そのことが法律に大いに役立っている。法律はしばしば愚者によってつくられる。いやそれ以上にしばしば、公平を嫌い公正を欠く人間によってつくられる。ともかくつねに空虚で判断の定まらない作者である人間によってつくられる。／法律ほど重大で広範な間違いをおかすものはなく、これほど不断に間違うものもない。法律は正しいといってしたがう者は、正しい根拠にもとづいて法律にしたがっているとはいえない〔E. III-13, 1072／(6)一三三頁〕。

法慣習は正しいといってしたがうのは、それは正しくないといってしたがわないのに劣らず誤りである。めぐりめぐってモンテーニュがたどりついたこの結論についても多様な解釈が可能であるが(58)、その発端となったのは法へのエピクロス主義的な軽蔑であった。人間が法を共同で守るのは、それが死すべきものに許された短い生をまっとうさせてくれる唯一の保証として人間のとりきめたものだからであり、それ以外の理由はすべて不誠実である。この意味での正しい法が大多数者にとってこのうえもなく神聖であることをみとめるのに吝かでない賢者モンテーニュは、みずから愚かしい法慣習を守って範を示し、「真正なる哲学」としての法律学なるまやかしに一矢を報いたのであった。

6　隠棲と公職

ボルドー高等法院評定官の職を売官によりフロリモン・ド・レーモンに譲ることを決めたモンテーニュは、一五七〇年二月二八日、書斎の壁にラテン語で引退の辞を刻ませた。その末尾に曰く、「願わくは、幸運にめぐまれ、自己の自由と心の平静と閑暇に捧げた父祖伝来の麗しい隠棲の居をまっとうしうることを（si modo fata duint exigat istas sedas et dulces latebras, avitasque, libertati suæ, tranquillitatique, et otio consecravit）」〔E. xxxiv〕。モンテーニュにとって引退直後の一五七二年に公刊されたアミヨ訳のプルタルコス『モラリア』は、エピクロス主義についての重要な情報源でもあっただろう。なかでも哲学的隠棲を勧める箴言の数々――「隠れて生きよ」〔Us. 551〕、「自然の目的を保ちつづけるにはどうするのがもっともよいか、多数者の欲しがる官職に飛びつかないようになるにはどうすればよいか」[Us. 554]、「われわれは笑うこと、哲学すること、家政をとりしきること、その他さまざまな営みをすべて同時にこなしながら、真の哲学の教えの宣告をやめてはならない」[SV. 41]――は、みずからの閑居の意味を考えさせたにちがいない。(59)『エセー』の初期諸章にはつぎのように記されている。

わたしは最近、いくらもない余生を平穏と隠遁のうちに送ることにし、できるだけ他のことに心を煩わすまいと決めて自分の家に退いたが、わが精神を完全な無為(oysiveté)のうちに過ごさせ、自分のことだけを考えさせ、自分のなかに安住させる以上に、これを大切にする方法はないと思うようになった[E. I-8, 33/(1)五九頁]。

君ともうひとりの相手がいれば芝居は十分ではないか。いや、君が君自身を相手にするだけで十分なのだ。観客が君にとってひとりであり、たったひとりが君にとって観客だと思えばよい。無為と隠遁のなかから栄誉をもとめようとするのは卑劣な野心である。獣が自分の洞穴の入口で足跡を消すようにしなければならない。君たちがもとめるべきは、世間が君たちについて語ることではなく、君たちが自身に向かっていかに語るかということだ。君たち自身のなかに引きこもりたまえ[E. I-39, 247/(2)六七頁]。

だがその後モンテーニュは前言を翻すように政治に身を投じる。『エセー』初版刊行の翌年にヨーロッパ周遊の途に就いたモンテーニュは、一五八一年九月七日、ボルドー市長に選出されたという報を滞在先のイタリアのルッカで受けとるとこれを受諾し[J. XIV. 275/(8)二六三頁]、八三年には再選され、都合四年にわたり宗教戦争の渦中で市政を執った[E. III-10, 1005/(6)一〇一―一一頁]。『エセー』第三巻第一〇章「自分の意志を節約することについて」は、エピクロスの戒めに背くかにみえるこの行動を回顧したものである。

モンテーニュの説明は、自然が定めた自己への配慮と約束事によって命じられる他者への配慮とを対比することからはじまる。「自分自身にどれだけ多くの借りがあるか、またどれだけ多くの務めをはたさねばならないかを知っているひとは、この充実した少しも暇でない仕事を自然からあたえられていることを知っている。自分のものですることがたくさんあるから、自分を離れてはいけない」〔E. III-10. 1004／⑹九頁〕。一方、他者のために生きる義務は自然に反した約束事の所産であり、公職はその最たるものとされる。「世間の規則や教訓の大半は、社会全体の奉仕のためにわれわれをわれわれから外に押しだし、公共の場に追いやる」。だがモンテーニュは単純に人為を去って自然に帰依せよと説くのではない。自分が自然と約束事のふたつの要請を同時に満たしたことを誇り、「わたしは爪の厚さほどもわたしから逸れずに公務にたずさわることができた。また自分から自分を奪わずに、自分を他人にあたえることができた」〔E. III-10. 1007／⑹一五頁〕と言い放つのである。

この章にはルクレティウスの引用もディオゲネス・ラエルティオスの引用もないが、ストア派とエピクロス主義の語彙が混在するセネカ『ルキリウスへの手紙』から多数の引用がある。いまの議論にエピクロス主義が関与していることを示唆するのは、モンテーニュが「賢者たち」の説として紹介する「自然にしたがえば貧しい者はひとりもなく、臆見にしたがえばすべての者が貧しい」〔E. III-10. 1009／⑹一七頁〕というフランス語の一節である。これは『ルキリウスへの手紙』〔16.7〕の“si ad naturam vives, numquam eris pauper; si ad opiniones, numquam eris dives”をほぼ忠実に訳したものだが、セネカはそれをエピクロスから引いたと明言している〔Us. 201〕[60]。エピクロスによれば、名誉と栄光の快楽には自然的な限界がなく、また他者に優越し多数者の称賛をあつめれば安全を確保できるという信念がそもそもむなしい臆見に発しているがゆえに、その追求に血道をあげる人間は不幸である〔DL. X. 141〕。しかしセネカもいうように、エピクロス的賢者は「なんらかの事情が介在しないかぎり公共のことがらにかかわらない」(『閑暇について』〔III. 2-3: cf. Us. 9〕)。自然に反した政治的活動を忌避するエピクロス主義者が、公共の仕事にかかわり、それを首尾よくやりおおせることはありうる。その理由は、「メノイケウス宛の手紙」にいう自己充足《アウタルケイア》である。健康を維持するだけの質素な食事に慣れたひとほどたまの贅沢な食事を大いに楽しめるように、心の平静をもとめて孤独な隠遁生活を送ることに慣れたエピクロス主義者は、「生きるうえではたさねばならない務めにためらうことなく立ち向かい」、「偶運《テュケー》におそれをなすことがない」［DL. X. 131］。「偶運が賢者に干渉するのは些細なことがらについてである」［DL. X. 144］のだから。

これはほかならぬモンテーニュ自身の場合にもっともよくあてはまる。かれが市長になったのは、自分の意志で選んだことではなく偶運のしからしめたこと、すなわちたまたまかれがかつてのボルドー市長ピエール・ド・モンテーニュの息子であったからでしかない［E. III-10. 1005／(6)一一—一二頁］。そしてモンテーニュ曰く、「わたしは、いったん引き受けた職務にたいしては、注意と、労苦と、弁舌と、汗と、そして必要とあれば血をも拒むべきではないと思う。……だがそれは臨時の貸付としておこなうべきで、精神はつねに平穏と健全さを保っていなければならない」［E. III-10. 1007／(6)一四頁］。そのエピクロス主義的な含意は、セネカからの孫引きにより、またボルドー本で多数挿入されたセネカのラテン語原文——大半はストア派の主張——の引用によって、慎重に糊塗されている(61)。

モンテーニュは賢者のもうひとつの教えについても言及していた。「賢者にとって、ものごとをありのままにではなく、役に立つように説くのは珍しいことではない。真理はわれわれに邪魔になるもの、不利なもの、適合しないものをもっている。われわれは自分で間違わないためにはしばしば自分を欺かなければならない」［E. III-10. 1006／(6)一二—一三頁］。この賢者の口吻を真似たモンテーニュによれば、古代の哲学者たちの説く自然の教えはあまりに峻厳であるがゆえに、希釈され緩和されなければ万人に適用できない。「第二の自然」としての習慣は、そのような文脈において登場する。

自然がわれわれの存在を維持するために厳密に、根源的に必要なものとして要求するのはあまりにもわずかであるとしても、……われわれにはもう少し余分になにかを許そうではないか。その尺度でわれわれを評価し、とりあつかおうではないか。われわれの付属物や勘定をそこまで拡げようではないか。なぜなら、そこまでならわれわれもいくらか弁解ができそうに思うからだ。われわれ各人の慣行や境遇をも自然と呼ぼうではないか。習慣は第二の自然であり、自然に劣らず強力である〔E. III-10, 1009-10／(6)一八頁〕。

あくまでも「第二の自然」は、「われわれのような平凡な魂」〔E. III-10, 1015／(6)二七頁〕、あるいは「われわれのようなちっぽけな無力な人間ども」〔E. III-10, 1022／(6)三八頁〕向けに水で薄めた自然なのだ。モンテーニュは教皇グレゴリウス一三世の新暦法に違和感をおぼえる旧弊で凡庸な多数者のひとりを装って、自分が政治を忌避する根拠は自然ではなく習慣であり、気質や老齢のせいであるかのように語る〔E. III-10, 1010／(6)二〇頁〕。だが同時にかれは、自分がユグノーの神学者ド・ベーズを当代随一の詩人にあげたためにローマ聖庁の検閲を受けた『エセー』の著者であることを読者に想起させる〔E. III-10, 1013; J. VIII, 119／(6)二三頁、(8)一五三頁〕[62]。賢者の教えの名宛人は、後者のモンテーニュのような少数の「異端者」である。「第一の自然」――希釈されないラディカルな自然――を奉じるがゆえに、政治のもたらす快楽にみずから身をゆだねることはないかれら哲学者とて、偶運によって公務にたずさわらねばならないことはあるだろう。そのときかれらが「自分から自分を奪わないで、自分を他人にあたえる」には、社会の法と公職への侮蔑を世間から隠すことが必要なのだ。こうして、かつて断罪された「仮面」が、いまや「公的な役割と私的な実存との境界線」として劇的に復権する[63]。

われわれの職業の大部分は芝居に似ている。〈世の中全体が芝居をしている〉。われわれは自分の役割を正しく演じなければならない。だがそれを仮の人物の役割として演じなければならない。仮面や外見をほんものと取り違えたり、他人のものを自分のものと間違えたりしてはならない。……市長とモンテーニュとはつねにふたつで、截然と区別されていた〔E. III-10, 1011-12／(6)二一一頁〕。

モンテーニュの真摯さへの疑念を再燃させるこの「芝居」と「仮面」をかれに教えた賢者とは、誰のことであろうか。嘘の政治的効用を説くだけならプラトンも候補となるが、ことは哲学者の政治忌避にかかわるだけに、「人びとから煩いを受けないように自分を守るのに、およそこの目的が達成される手段となりうるものは自然的善である」〔KD. 6＝DL. X. 140〕と主張するエピクロスであった可能性が高い。「哲人と田夫野人は心の平静（tranquillité）と幸福（bon heur）の点で一致する」〔E. III-10, 1020／(6)三四頁〕という一節のエピクロス主義的な語彙は、それを暗示しているように思われる。かつてモンテーニュは、「好奇心も少なく教育もあまりない単純な人びと」と「偉大な精神の人びと」とが両極端からともに立派なキリスト教信者になると述べた（第一巻第五四章「つまらぬ器用さについて」）。しかしそのボルドー本補足には、結局そのどちらにもなりきれないモンテーニュのやや自虐的な肖像がある。

素朴な百姓たちは紳士（honnestes gens）である。哲学者も、あるいは当節、期待しうるかぎりの、有用な学問の広い教養を豊かに身につけた逞しく明晰な資質の人びとも、紳士である。この中間にある人びと、すなわち、前者の無学文盲を軽蔑し、さりとて後者に追いつくこともできなかった人びと（これはふたつの鞍のあいだに尻をおく人びとで、わたしも、ほかの多くの人びともその仲間だ）は、危険で、無能で、やっかいである。この連中が世の中をかきまわすのだ。だから、わたしとしては、できるだけ最初の自然の状態に引き下がるのである。結局、わたしはその状態からいくら脱けだそうとしても無駄だったのである〔E. I-54, 313／(2)一八九頁〕。

異端の嫌疑のかかる文言の削除を教会に勧告されても無視したモンテーニュは、プラトン描くソクラテスのように完璧な「紳士」を演じきったとはたしかにいえないが、だからといって、いつの日か非合理な「意見《オピニオン》」がこの世から一掃され、哲学者が自分の考えを隠す必要などなくなると信じ、『エセー』によって迫害のない社会の確立を目指したとは考えにくい[64]。モンテーニュは保守的な気質であった。「かれは支配することを、自分を支配することも支配されることも望まない。道徳的な現象に心動かされ、幻惑される。内面生活の多彩な劇の考察に没頭する。

この心地よく柔弱な受動性の状態のなかで成長し、年老いて、死ぬ。……かれは行動することに尻込みする。骨折りを否認する。骨惜しみする[65]」。ひたすら「庭園を耕す」ことに励む生粋のエピクロス主義的精神の持ち主として、「庭園をつくる」ことなど夢にも思わなかった。

自分の存在を正しく愉しむ（jouyr）すべを知っているということは、ほとんど神に近い絶対の完成である。われわれは自分の境遇を享受することを知らないために他人の境遇をもとめ、自分の内部の状態を知らないためにわれわれの外へ出ようとする［E. III-13, 1115／⑹二〇七頁］。

幸福はいかに生きるかの問題であって、どこに住むかで決まるのではない。死すべきものがいま・ここに生きてある自分を悦び愉しめるようになれば、世界を変えなくても自己を変えさえすれば、不死の神々にも劣らぬ祝福された生が得られる。モンテーニュは終生そう信じていたのである。

注

（1）　遺稿はモンテーニュに私淑して「義によるわが娘（ma fille d'alliance）」［E. II-17, 661／⑷一一〇頁］と呼ばれたマリー・ド・グルネーの奔走により一五九五年にパリで出版されたが、ヴィレーらは詳細な研究にもとづいてそれに修正を加えている。この間の事情については、宮下志朗「『エセー』の底本について――「ボルドー本」から一五九五年版へ」、宮下志朗訳『エセー1』（白水社、二〇〇五年）、参照。ちなみにグルネーがモンテーニュから相続した蔵書をさらにその後譲り受けたのはラ・モット・ル・ヴァイエである。

（2）Cf. Pierre Villey, *Les sources et l'évolution des essays de Montaigne*, 2nd ed.（Paris: Hachette, 1933）.

（3）Cf. Arthur Armaingaud, *Montaigne a toujours été épicurien: réplique à M. Fortunat Strowski*（Paris: Académie de Médecine, 1908）.

（4）Cf. Villey, *op.cit.*, t. 2, chap. II; *Œuvres complètes de Michel de Montaigne, texte du manuscrit de Bordeaux*, étude, commentaires et notes par A. Armaingaud, t. 1（Paris: L. Conard, 1929）, p. 144 note 1; Patrick Henry, "Sénèque, Source d'idées épicuriennes de Montaigne en 1580?" *Bulletin de la société des Amis de Montaigne*, sixième série. nº 1-2（1980）.

（5）Cf. Arthur Armaingaud, "Étude sur Michel de Montaigne," *Œuvres complètes* par Armaingaud, t. 1, pp. 171-72, 158.

（6）モンテーニュにたいするアルマンゴーのやや常軌を逸した心酔ぶりは、当時のある批評家によってつぎのように揶揄された。「モンテーニュはかれのもの、かれひとりの所有物であり、かれだけがその奥底まで知っており、かれだけがその秘密を知り、かれだけが自分の名においてかのひとについて語ったりその思考を解釈したりできるのだ」。Cited by Ken Keffer, *A Publication History of the Rival Transcriptions of Montaigne's Essays*（Lewiston, N.Y.: E. Mellen Press, 2001）, p. 162.

（7）Cf. Hugo Friedrich, *Montaigne*（Bern: A. Francke AG, 1949）, S. 88 and 398ff; Nannerl O. Keohane, "Montaigne's Individualism," *Political Theory*, Vol. 5（1977）, pp. 366-67; Alan Levine, *Sensual Philosophy: Toleration, Skepticism and Montaigne's Politics of the Self*（Lanham: Lexington Books, 2001）, p. 58.

（8）Armaingaud, "Étude sur Michel de Montaigne," p. 89; cf. Floyd Gray, "The Unity of Montaigne in the *Essais*," *Modern Language Quarterly*, Vol. 22（1961）.

（9）Cf. Paul Ballaguy, "La sincérité de Montaigne," *Mercure de France*, 245（August 1, 1933）.

（10）Cf. Armaingaud, "Étude sur Michel de Montaigne," pp. 127-28, 190-91.

（11）Cf. Arthur Armaingaud, *Montaigne pamphlétaire: l'énigme du Contr'un*（Paris: Hachette, 1910）, p. 129.

（12）ミシェル・ビュトール、松崎芳隆訳『エセーをめぐるエセー――モンテーニュ論』（筑摩書房、一九七三年）、八二―九二頁参照。Cf. Randolph Paul Runyon, *Order in Disorder: Intratextual Symmetry in Montaigne's "Essais"*（Columbus: The Ohio State University Press, 2013）.

（13）『自発的隷従論』のなかに当時未公刊のロンサール『フランシアード』（一五七二年）への言及があることをもって、アルマンゴーはモンテーニュをその著者とする有力な理由にした。Cf. Armaingaud, *Montaigne pamphlétaire*, pp. 68–69; David Lewis Schaefer, *The Political Philosophy of Montaigne* (Ithaca, NY: Cornell University Press, 1990), pp. 40–41; *Freedom over Servitude: Montaigne, La Boétie and On Voluntary Servitude*, ed. D. L. Schaefer (Westport, Conn.: Greenwood Press, 1998).

(14) Cf. Schaefer, *The Political Philosophy of Montaigne*, p. 4 and pp. 201–2.

(15) Cf. *ibid.*, chap. 5, p. 159.

(16) 「モンテーニュは哲学的エソテリシズムの実践に光を投じる源泉のうちもっともアクセスしやすいもののひとつ」である。David Lewis Schaefer, "Leo Strauss and American Democracy," *Leo Strauss: Political Philosopher and Jewish Thinker*, eds. Kenneth L. Deutsch *et al.* (Lenham, MD: Rowman & Littlefield, 1994), p. 350 note 13.

(17) Cf. Michael A. Screech, *Montaigne's Annotated Copy of Lucretius: A Transcription and Study of the Manuscript, Notes and Pen-Marks*, with a Foreword by Gilbert de Botton (Genève: Librairie Droz, 1998), p. 4. なおモンテーニュが読んだディオゲネス・ラエルティオスは、バーゼルで一五三三年に公刊された初のギリシア語原文完全版、あるいは一五七〇年初版のステファヌス（アンリ・エティエンヌ）校閲版の、いずれもラテン語対訳付きであったと考えられており、やはり『エセー』執筆以前に読まれていた可能性が高い。Cf. Dorothy Gabe Coleman, "Notes sur l'édition grecque de Diogène Laërce que possédait Montaigne," *Bulletin de la Société Internationale des Amis de Montaigne*, Vè série, n° 27–28 (1978), pp. 93–94.

(18) Cf. Villey, *op.cit.*, pp. 187–90. ルクレティウスの引用はその半数以上が「レーモン・スボンの弁護」に集中している。Cf. Gerard Ferreyrolles, "Les citations de Lucrèce dans L'Apologie de Raymond Sebonde," *Bulletin de la Société des Amis de Montaigne*, 5th ser., n° 17 (1976).

(19) Cf. Screech, *op.cit.*, pp. 426–28, 497.

(20) 第三巻第一三章「経験について」にも、一五八八年版で「人間的で物質的な快楽」となっていたのをボルドー本で「自然の、したがって必要で正当な快楽」と修正した箇所がある［E. III-13, 1108／(6) 一九四頁］。

(21) 当時のフランスの政治状況については、宇羽野明子『政治的寛容』（有斐閣、二〇一四年）、第一章参照。

(22) Cf. Patrick Henry, *Montaigne in Dialogue: Censorship and Defensive Writing, Architecture and Friendship, The Self and the Other* (Stanford: ANMA Libri, 1987), chap. 1. ビュトール前掲書、一六八―七二頁参照。

(23)「わたしは新奇なもの（la nouvelleté）がどんな仮面をつけていようとこれを忌み嫌う。それにはそれだけの理由がある。というのは、それのきわめて有害な結果をみているからである」〔E. I-23, 119／⑴二二二頁〕という箇所も、もっぱら政治ないし宗教上の「新奇なもの」について述べられているにすぎず、その背後に思想の自由を渇望するラディカルで「狡猾」なモンテーニュがいたことを暗示する（「モンテーニュ論」〔98／二五二頁〕）。ヴァージニア・ウルフはモンテーニュの多用する婉曲表現に注目する。「「おそらく」や「思うに」や、人間の無知からでた性急な憶断を限定することばのすべて。そうしたことばは、あからさまに述べたらきわめて不躾になってしまう意見をくるんでしまうのに役立つ」（『ふつうの読者』〔91〕）。

(24) Cf. Friedrich, *op.cit.*, S. 399.

(25) アリスティッポスとエピクロスの快楽主義の違いは、初期の人文主義者たちによっても理解されていた。ガッサンディがその証拠にあげる古書蒐集家フランチェスコ・フィレルフォの書簡（一四五〇年）を参照〔OOV, 224A-B〕。マキァヴェッリの『ルッカのカストルッチョ・カストラカーニ伝』（一五二〇年ごろ）に記されたカストルッチョの破天荒な三四の逸話のうち、三一はディオゲネス・ラエルティオスが伝える古代の哲学者たちの逸話の翻案であるが、第一〇巻「エピクロス伝」からの借用はひとつもなく、無神論はもっぱらビオンに、また快楽主義はアリスティッポスに帰せられている〔555-59／⑴二八八―九二頁〕。一四九七年ころにルクレティウス『事物の本性について』の全文を手写していたマキァヴェッリがエピクロス主義についてすでに十分な知識をもっていたと考えるなら、この奇妙な引用法の意図を推しはかってみる価値はある。Cf. Leo Strauss, *Thoughts on Machiavelli* (Chicago and London: The University of Chicago Press, 1958), p. 224〔飯島昇藏ほか訳『哲学者マキァヴェッリについて』（勁草書房、二〇一一年）、二五五―五六頁〕.

(26)「みながわたしの鼻をはじいてプルタルコスをやっつけ、わたしをののしることによってセネカをののしることになればいい気味だと思う。わたしは自分の弱さをこれらの偉大な信用の陰に隠さねばならないのである。だから、誰か明晰な判断でもって、しかもことばの力と美しさを見分けるだけで、わたしの借りものの羽毛をひんむいてくれるひとがあればいいと思っている」〔E. II-10, 408／⑵三五八頁〕。

(27)「もしもかれ〔生徒〕がクセノフォンやプラトンの意見を自分の判断によって抱くなら、それはもはや著者のものではなく、かれ自身のものだからです」〔E. I-26, 151／⑴二八七頁〕。

(28) パスカルの「気ばらし（divertissement）」と比較せよ。「人間は、死と不幸と無知とを癒すことができなかったので、幸福になるために、それらのことについて考えないことにした」〔B168＝L133＝S166〕。

(29) キケロが娘トゥッリアを喪ったのちに著作活動に専念したのは、このやりかたで苦悩を癒すためであった（『神々の本性について』[I.9]、前四五年五月六日および一三日付アッティクス宛書簡 [278.1, 285.4]、参照）。現存するエピクロスのテクストにこれと正確に対応する箇所はないが、おそらくは死の直前に弟子のイドメネウスに宛てた手紙の一節——「排尿の困難や赤痢の症状はあいかわらずつづいており、その度を超えた苦痛はいまだ去らない。しかしわたしは、これまで君と交わした対話を想いおこすことで、魂における喜びをこれらすべての苦痛に対抗させている」[DL. X. 22] ——あたりが典拠であろう。モンテーニュは第二巻第一六章「栄誉について」で、哲学者ですら死後の名声を気にかける例としてこの手紙を引用し [E. II-16, 620／(4)三七—三八頁]、「哲学は万人に向く心の平静（tranquillité）の方法をなにひとつ見いだすことができなかったのだから、各自でそれを探さなければならない」[E. II-16, 622／(4)四一頁] と主張している。

(30) アルマンゴーによれば、「気分転換について」の章全体が「過去の快楽の記憶や未来の快楽の予見」によって魂を現在の苦痛から逸らす「エピクロスの方法」の適用に捧げられている。Cf. *Œuvres complètes* par Armaingaud, t. 5, p. 99 note.

(31) Cf. Floyd Gray, "Montaigne's Pyrrhonism," *O un amy! Essays on Montaigne in honor of Donald M. Frame*, ed. Raymond C. La Charité (Lexington: French Forum, 1977), p. 124.

(32) ちなみに Carol Clark, *The Web of Metaphor: Studies in the Imagery of Montaigne's Essais* (Lexington: French Forum, 1978) は『エセー』で用いられるさまざまなメタファーの由来を考察したものだが、哲学を医術に喩える慣用についての論及はない。

(33) V・ジャンケレヴィッチ、仲沢紀雄訳『死』（みすず書房、一九七八年）、二九—三六頁参照。

(34) Cf. Jean-Pierre Boon, "Montaigne et Épicure: Aspects de l'hédonisme dans les *Essais*," *Comparative Literature*, 20 (1968); Simone Fraisse, "Montaigne et les doctrines épicuriennes," *Association Guillaume Budé Actes du VIIIe congrès, Paris 5-10 avril 1968* (Paris: Société d'Édition, Les Belles Lettres, 1969); Donald Stone, "Montaigne and Epicurus: A Lesson in Originality," *Mélanges sur la littérature de la Renaissance, à la mémoire de V.-L. Saulnier* (Genève: Librairie Droz, 1984); John O'Brien, "'Ô Courbes, méandre...': Montaigne, Epicurus, and the Art of Slowness," *Prehistories and Afterlives: Studies in Critical Method for Terence Cave*, eds. Anna Holland *et al.* (Oxford: Legenda, 2009).

(35) ディオゲネス・ラエルティオスがエピクロスのことばとして伝える「われわれが徳を選びとるのも快楽のゆえにであって、徳そのもののためにではない」[DL. X. 138] に対応する。

（36）前者はセネカ『ルキリウスへの手紙』［22.14＝Us. 495］に引用されたエピクロスの箴言である。後者もアルマンゴーによればエピクロス＝ルクレティウスの魂可死説を暗示する。Cf. *Œuvres complètes* par Armaingaud, t. 1, p. 197 note 3.

（37）これがモンテーニュの蔵書であったことを裏づける有力な証拠のひとつは、見返しの三枚目の遊び紙に記されたつぎのメモであった。「原子の運動はきわめて多様であるから、ひとたびこうして結合した原子が未来にふたたび結合して別のモンテーニュが誕生することも信じられなくはない（Ut sunt diuersi atomorum motus non incredibile est sic conuenisse olim atomos aut conuenturas ut alius nascatur montanus）」。Cf. Screech, *op.cit.*, p. 11. またルクレティウス第二巻の「われわれはすべて天空の原子から生じているものだとしなければならない。天空こそは万物共通の父であり……」［DRN. II. 991f.］という箇所の余白には、この詩句にラクタンティウスとランビヌスが付したキリスト教的解釈は「非エピクロス的」であり、「ルクレティウスは誤っていない」と記されている。Cf. *ibid.*, p. 114. なお、エピクロスの自然哲学上の「空虚」の観念が『エセー』で心理学的観念に転用されていると主張する George Hoffmann, "The Investigation of Nature," *The Cambridge Companion to Montaigne*, ed. Ullrich Langer（Cambridge: Cambridge University Press, 2005）, pp. 175-77 も参照。

（38）Cf. Screech, *op.cit.*, pp. 296-311.

（39）Cf. *ibid.*, pp. 382-83.

（40）Cf. Hoffmann, *op.cit.*, pp. 173-76.

（41）Cf. Phillip Mitsis, "Life as Play, Life as a Play: Montaigne and the Epicureans," *Classical Constructions: Papers in Memory of Don Fowler, Classicist and Epicurean*, eds. S. J. Heyworth, P. G. Fowler and S. J. Harrison（Oxford and New York: Oxford University Press, 2007）.

（42）モンテーニュをプロト保守主義者と理解するものに Frieda S. Brown, *Religious and Political Conservatism in the Essais of Montaigne*（Geneva: Droz, 1963）; Schaefer, *The Political Philosophy of Montaigne*, pp. 157-61 がある。オークショットはモンテーニュをバークとは異なる懐疑主義的保守思想の一源泉とみなしている。Cf. Michael Oakeshott, *Rationalism in Politics and Other Essays*, New and Expanded Edition（Indianapolis: Liberty Press, 1990）, p. 435; *The Vocabulary of a Modern European State: Essays and Reviews 1952-88*（Exeter: Imprint Academic, 2008）, p. 297. モンテーニュへのオークショットの傾倒は、「友情」「人類の会話」「個人性」の理解や哲学の表現形態としての「エッセイ」など多岐におよぶ。Cf. Ann Hartle, *Michel de Montaigne: Accidental Philosopher*（Cambridge: Cambridge University Press, 2003）.

(43) Cf. Donald R. Kelley, *The Beginning of Ideology: Consciousness and Society in the French Reformation* (Cambridge: Cambridge University Press, 1981), chap. V, especially pp. 203-11.

(44) Cf. Donald R. Kelley, *The Human Measure: Social Thought in the Western Legal Tradition* (Cambridge: Harvard University Press, 1990), p. 199. 宇羽野前掲書、第2章参照。

(45) Cf. Ullrich Langer, "Montaigne's Customs," *Montaigne Studies*, Vol. 4 Nos. 1-2 (1992); Thomas Berns, *Violence de la loi à la Renaissance: l'originaire du politique chez Machiavel et Montaigne* (Paris: Kimé, 2000), chap. III; Sue W. Farquhar, "*Vera Philosophia* and Law in Montaigne's 'De la cruauté,'" *L'Esprit Créateur*, Vol. 46 No. 1 (Spring 2006); Richard L. Regosin, "Rusing with the Law: Montaigne and the Ethics of Uncertainty," *L'Esprit Créateur*, Vol. 46 No. 1 (Spring 2006); Sylvie Delacroix, *Legal Norms and Normativity: An Essay in Genealogy* (Oxford: Hart Publishing, 2006), chap. 1.

(46) そのような巧妙なレトリックが縦横無尽に展開される典型例は、第二巻第一七章「自惚れについて」にみえる。「私見によれば、公共のことがらにおいては、幾久しく変わらずにつづいた流儀であれば、たとえどんなにまずくても変化や改革よりましである。われわれの道義はことのほか腐敗しており、さらに悪化する傾向にある。われらが法慣習のなかには野蛮で奇怪なものがたくさんある。にもかかわらず、自分を改善するのは困難かついっさい崩壊の危険もあることを考えると、できるものならわれわれの車輪に車止めをかませ、喜んで現状にとどめておきたいと思うのだ。……わたしは行動にさいして自分の思慮をあまりあてにしない。むしろ世間一般のやりかたが導くままになる。命じられたことを命じる人びと以上に立派にやってのけ、その理由を詮索しないひと、天の運行に心静かに身をまかせるひとは幸いなるかな。理屈をこねまわしたり是非を論じたりするひとの服従には、純粋さも心の平静もない」[E. II-17, 655-56／(4)一〇一—一二頁]。

(47) Cf. F. S. Brown, *op. cit.*, p. 83; Schaefer, *The Political Philosophy of Montaigne*, p. 347.

(48) 一五六二年にルーアンの宮廷で新大陸から連れて来られた三人の食人種と対面したモンテーニュは、大柄な近衛兵が幼王シャルル九世にかしづき、貧者が富者に報復もせず不平等を忍従するさまが、かれらの眼に滑稽に映ったことを報告している[E. I-31, 213-14／(1)四一一—一二頁]。「われわれはこの世界のなかでさえ、ただ場所が違うというだけで無限の相違や変化があるのを知っている」[E. II-12, 524-25／(3)一六〇頁]。そこにエピクロス主義との関連をみるものに以下がある。Cf. Cuthbert Wright, "Epicurus in Perigord," *The Sewanee Review*, Vol. 43 No. 4 (1935); Eric MacPhail, "Montaigne's New Epicureanism," *Montaigne Studies*, Vol. 12 Nos. 1-2 (2000); Richard L. Regosin, "The Law and the Ethics of Chance: Prudence and

the Ethics of Contingency in Montaigne's *Essais*," *Chance, Literature, and Culture in Early Modern France*, eds. John D. Lyons and Kathleen Wine (Farnham: Ashgate, 2009). モンテーニュがみずからを称していう「偶然の哲学者」とは「偶然的なものの哲学者」の意味である。Cf. Gray, "Montaigne's Pyrrhonism," p. 124.

(49) 同趣旨の引用が出所を明示せずにもういちど出てくる。「エピクロスは法律について、われわれにはもっとも悪い法律も大いに必要で、これがなければ人間はたがいに相食むことになろうといった」[E. II-12, 558／(3)二一八頁]。どちらも出典はプルタルコスである。「法やしきたりを定め、都市《ポリス》が王によって支配されるとか、アルコンによって統治されるように国制を確立した人物は、人びとの生活を大きな安定と平穏の状態に導き、騒がしい混乱から解放したのである。もしこれらのものが取り去られようものなら、われわれは野獣のように生きることになるだろうし、行きずりの誰もが、相手かまわず出会った者を貪り喰わんばかりになってしまう」(『モラリア』[XIV. 1124D])。ただしプルタルコスによれば、エピクロス主義者は敬すべき神々、掟としての法、正義を体現する君主を「物語《ミュトス》」にすぎないと考えて軽視している[XIV. 1125A]。

(50) アカデメイア派とピュロン主義の違いは、ヒュームの分類では「穏和な懐疑主義」と「過激な懐疑主義」の相違に相当する。「穏和な懐疑主義」にとっては、日常生活《コモン・ライフ》それ自体が権威あるもの、それゆえ哲学一般の基盤であるがゆえに、哲学的な反省や判断それ自体は「日常生活の反映であり、それを順序立てて矯正したもの」と理解される(『人間知性研究』[XII. 3, 133／一五一頁])。しかしピュロン主義者は、生活上の必要から習慣にしたがうことを余儀なくされるだけで、習慣自体にそなわるなにか有益な価値ゆえに習慣を尊重するわけではない。「過激な懐疑主義」にとって一般に受け入れられている意見や慣習は、どれも自然的に真でないという一点において優劣はなく、ひとしく無価値である。

(51) 「レーモン・スボンの弁護」の執筆をモンテーニュに依頼し、『エセー』でただいちど「あなた」と呼びかけられるこの名宛人は、のちのアンリ四世妃マルグリット・ド・ヴァロワである。Cf. Joseph Coppin, "Marguerite de Valois et le livre des Créatures de Raymond Sebond," *Revue du Seizième siècle*, t. X (1923).

(52) モンテーニュの嘘嫌いは終始一貫している。「嘘をつくのは下劣な不徳である。……われわれ相互の理解はことばによってこそなされるのであるから、これを破る者は公共社会を裏切ることになる。……もしこれがわれわれを騙すなら、われわれのあらゆる交際は断たれ、国家《ポリス》のあらゆるつながりは解消する」[E. II-18, 666-67／(4)一二六頁]。「実に嘘は呪われた悪徳である。われわれはことば《パロール》をもっており、ことばによってたがいに結びついているからこそ人間なのである」[E. I-9, 36／(1)六五頁]。

(53) この点でモンテーニュは、たんに理論家としてではなくモラリストとしてピュロン主義に共感を寄せていたといえる。Cf.

Craig B. Brush, *Montaigne and Bayle: Variations on the Theme of Skepticism* (The Hague: Martinus Nijhoff, 1966), p. 89. フリートリヒの表現を借りるなら、モンテーニュの懐疑主義は単純な破壊への衝動ではなく「眼を開かせる知恵」であり、「現在適用可能な規範の理念性は解体しても、その現実的な妥当性は強化する」。Friedrich, *op.cit.*, S. 161, 241; cf. Hartle, *op.cit.*, chap. 4. 一方、ピュロン主義がキリスト教信仰と矛盾しない点を強調するのはM・コンシュである。真理は見つからないという真理を断言するアカデメイア派よりも、その真偽すら人間にはわからないとするピュロンの懐疑主義のほうが、モンテーニュの奉じるアウグスティヌス的信仰主義とは整合的である。Cf. Marcel Conche, *Montaigne et la philosophie* (Paris: PUF, 1996), p. 42.

（54）引用出所はキケロ『義務について』[III. 69]。

（55）クサヌスの主張と比較せよ。「聖書は時代に合わせてさまざまに理解されるのであるから、あるときにはそのとき一般におこなわれている祭祀にしたがって説明されるが、祭祀が変わればそれについての意見も変わる」（『ボヘミア人への手紙』[14. 20]）。「教会の実践がある時代に聖書をある仕方で解釈し、別の時代には別の仕方で解釈するのも驚くにあたらない。理解は実践とともに動くからである」（『ボヘミア人への反論』[47. 412]）。この文章が収められた一五六五年刊のクサヌス一巻本選集をモンテーニュはイタリア周遊中にヴェネツィアで入手した[J. V. 71／(8)九六頁]。ピエール・ベールは『歴史批評辞典』の「バルドゥス」の項に付した注Ｉでクサヌスから同じ箇所を引いてその率直さを称え、バルドゥス法律学の欺瞞を皮肉っている[III. 53B／(I) 五〇〇頁]。

（56）プルタルコスとセネカは「たいていの有益で真実な意見において一致している」。だが前者は「プラトン的な、心地よく市民社会に適した意見」をもっており、後者は「ストア派的でエピクロス的な、一般の習慣からより乖離しているが、私見によれば個人生活により適したより強固な意見」をもっている[E. II-10. 413／(2)三六六頁]。

（57）「法律上の言説は、みずからの言表することがらを存在せしめるという創造的なことば＝言語能力遂行行為である。……つまり、それは神的なことば、神法のことばであって、カントが神のものとみなした根源的直観のように、みずからが言表することを存在へと生起させるのであり、すでに存在する所与のたんなる記録、あらゆる派生的、事実確認的な言表と対立するのである」。ピエール・ブルデュー、稲賀繁美訳『話すということ――言語的交換のエコノミー』（藤原書店、一九九三年）、三〇―三一頁。

（58）J・スタロバンスキーのいうように、「幻想なき服従」という結論が「認識の領域における現象主義」に政治の領域で対応するものだとすれば、モンテーニュは古代のピュロン主義の枠内で思考していたといってよい。早水洋太郎訳『モンテーニュは動く』（みすず書房、一九九三年）、四一二頁参照。また、モンテーニュに法と区別される正義、いかなる法も無根拠であることを暴露する正義の視点があると考えれば、ジャック・デリダのように、そこにポストモダン的な法の脱構築への暗示をみることも不可能ではない。堅田研一訳『法の力』（法政大学出版局、一九九九年）、参照。

(59) それぞれプルタルコス『モラリア』の「『隠れて生きよ』は適切な箴言であるか」[XIV]、「コロテス論駁」[XIV. 1125C]、『神託の衰微について』[V. 420B] をみよ。

(60) 出所は不明だが、おそらく『主要教説』一五「自然のもたらす富はかぎられており、また容易に獲得できる。だがむなしい臆見の追いもとめる富はかぎりなく拡がる」[DL. X. 144] を踏まえたものであろう。

(61) 以下、〈 〉内は『ルキリウスへの手紙』からの引用である。「〈自分を他者に貸しあたえるひとは〉騒がしく動きまわっていなければ死んだも同然なのである。〈忙しがるために仕事をしている [22.8]〉。かれらは忙しがるためにしか仕事をもとめない。しかもそれはそれほど動きたいからではなく、むしろじっとしておれないからである」[E. III-10, 1004／(6)九頁]。「少しも他人のために生きないひとは、ほとんど自分のためにも生きないひとである。〈自己に友である者は万人の友であることを知れ [6.7]〉」[E. III-10, 1007／(6)一三頁]。「〈自然が必要とするものは自然が十分にあたえてくれる [90.19]〉」[E. III-10, 1009／(6)一八頁]。

(62) 問題となった箇所は第二巻第一七章「自惚れについて」にみえる [E. II-17, 661／(4)一一〇頁]。

(63) スタロバンスキー前掲書、四三二頁参照。

(64) Cf. Schaefer, *The Political Philosophy of Montaigne*, pp. 309–10.

(65) François Tavera, *Le problème humain: l'idée d'humanité dans Montaigne* (Paris: Honoré Champion, 1932), p. 239.

II　エピクロスの帰還——ガッサンディ

障害物があると二点間の最短距離は曲線になりうる。
ベルトルト・ブレヒト『ガリレイの生涯』

1　キリスト教的エピクロス主義者

ヨーロッパ哲学史上のガッサンディ（Pierre Gassendi, 1592-1655）は、同時代人のデカルトやホッブズの影に隠れた存在である。しかし、一世代のちのボイル、ロック、ニュートンらは、『アリストテレス主義者にたいする逆説的論考』（*Exercitationes paradoxicae adversus Aristoteleos*, 1624）や『形而上学探求、ルネ・デカルトの形而上学およびかれの答弁への疑問と再反論』（*Disquisitio metaphysica seu dubitationes et instantiae adversus Renati Cartesii metaphysicam et responsa*, 1644）のようなガッサンディの論争的な著作から原子論哲学や懐疑主義的認識論を学び、近代の科学と哲学の礎を築いた(1)。デカルトですらその権威の呪縛から完全には解放されなかったアリストテレス主義をしりぞけ、「新哲学」に形而上学的な基盤をあたえようとしたガッサンディは、「たとえわれわれにとっては偉大な学者でないにせよ、同時代人には偉大な学者、それもきわめて偉大な、すなわちデカルトに匹敵するその好敵手」であったのだ。Ａ・コイレはこの留保をつぎのように説明している。

ガッサンディが樹立しようとした自然学の体系は、古代の原子論にもとづくいまだ定性的なものであった。かれは古代の原子論を刷新ないし再生させることで、近代科学に哲学的な基盤を、存在論的な基盤を提供することができた。だが近代科学はガッサンディがそのやりかたを知らなかったこと、つまり自然の原子論と数学化とを統合したのであり、ガリレオとデカルトの伝統はまさしくそれをあらわしていた。このふたつの潮流の統合こそが数学的自然学というニュートン的総合を生みだしたのである。[2]

ガッサンディはホッブズのように独創を誇るタイプの思想家ではなかった。かれが畢生の仕事に定めたのは、古代ギリシアの哲学者エピクロスの思想を甦らせること、あるいは「近代（すなわちポスト中世）版のエピクロス」[3]をつくりあげることである。その成果は、さして長くない生涯の最後の一〇年間に『エピクロスの生涯と流儀』（*Vita et Moribus Epicuri*, 1647）、『ディオゲネス・ラエルティオス第一〇巻注解』（*Animadversiones in decimum librum Diogenis Laertii*, 1649）、『エピクロス哲学集成』（*Syntagma Philosophiae Epicuri*, 1649）、『哲学集成』（*Syntagma Philosophicum*, 1658）の四作品となってあらわれたが[4]、この構想自体は最初の著作『逆説的論考』を出版した直後の一六二八年ごろにすでに芽生えていた。[5]その意味では、ガッサンディ哲学全体がエピクロス主義復興に向けた絶え間ない試行であり、アリストテレス主義の批判やデカルトとの論争もその過程で生じた副産物とさえいえる。コイレがいいたいのは、この古代哲学へのこだわりが桎梏となり、近代自然科学を形而上学的に根拠づけるという課題が十分にはたされなかったということである。

エピクロス主義復興計画の全貌はいまも明らかでないとはいえ、総じて近年の研究は、エクスの司祭でもあったガッサンディの全営為をキリスト教と異教徒の哲学の和解に捧げられたものとみなし、そのために「エピクロス主義に洗礼を授ける」こと、あるいは「キリスト教化されたエピクロス的倫理学体系」の構築が試みられたと解釈する傾向にある。(6) その最大の根拠とされるのは、先にあげた四部作を発表順に並べて読むと、ガッサンディのエピクロス熱が次第に冷めていくようにみえることである。異教徒の哲学に向けられてきた無神論、利己主義、快楽主義、知的探求の軽視などの伝統的非難の無理解を匡し、エピクロス弁護に徹した『生涯と流儀』の著者は、そのわずか二年後の『注解』でエピクロス主義の主要教義——原子の永遠性、人事に無関心な神々、摂理の否定、魂の可死性——を明白に誤りと断じるようになる。そして『哲学集成』にいたってはそれらの論駁自体が目的であるかのような言辞が多くなり、もともとガッサンディはエピクロス主義者でなかったとする解釈に言質をあたえるまでになっているのである。(7)

『集成』の「序文」にはエピクロス批判の意図についてこう弁明されている。「ストア派とエピクロス主義者は、ひとたびその誤りが除去され、アリストテレスのきわめて重大な誤りが論駁されるのと同じ要領で論駁されるなら、価値あるもの、学ぶにあたいする多くのものをもっている。それこそわたしの試みようとする仕事である」[OOI, 5A]。宗教的色彩の濃い一七世紀当時の思想状況下では、ストア主義をキリスト教化したリプシウスにならってエピクロスの原子論哲学をキリスト教と両立させることが得策だ——『集成』の著者はそう主張しているようにみえ、(8) またたしかにそれは功を奏したようである。ボイルはアリストテレス以来の四元素説をエピクロスの微粒子一元論の立場からしりぞけつつ、原子の運動は内因的ではなく神が原子の創造時に付与したものだとし（「エピクロス的無神論」[§4.1. 340]）、ニュートンは「エピクロスとルクレティウスの哲学は真実で由緒正しいのに、誤って古代人たちには無神論と解釈されてしまった」と弟子にもらした（一六九四年五月のグレゴリー覚書［III. 446, 335］）。カントは前批判哲学期の著作『天界の一般自然史と理論』（一七五五年）でこう述べている。

わたしはエピクロスとの一致点のすべてをまったく否定するつもりはない。多くの人びとがエピクロスの根拠に惑わされて無神論者になったが、その根拠はよく考えてみると、最高存在者の確実性について人びとをもっとも強く確信させることもできたのである。

カントも初期の宇宙は原子がカオス状にあまねく分布していたと仮定し、原子が「重さ」によって直線落下運動しながらときおり〈逸れ〉るというエピクロスの説はニュートンの引力と斥力の理論で解釈可能と考え、原子のランダムな運動から生じる渦巻と自説で太陽系の起源に想定した星雲との類似を否定しない。違いがあるとすれば、宇宙にいまみられる秩序が原子の衝突のような偶然から生じたはずはなく、「万物の本性の目的がたがいに調和するようはからった完全に自足的な最高の知性」なしには不可能だとする点だけなのだ［Vorrede. A226-228＝I-1, 233-34］[9]。ヴィーラントは長編詩『事物の本性』（一七五二年）でこう謳っている。「おお、汝ルクレティウスよ、フックの装置（ロバート・フックの光学機器）を使って観察していたら、汝の甘美なやりかたでもっと価値ある目的を、創造主そのひとをつとめて賛美したであろうに」［IV. 278-280, 96］。

この解釈を裏づける文言はガッサンディのテクストに多々みられる。だが問題は、それを真に受けるとガッサンディの全営為が「まるでギリシアのライスのはちきれんばかりの肉体にキリスト教の尼僧衣をまとわせたいとでもいうような」（マルクス『デモクリトスとエピクロスの自然哲学の差異』［XL. 261／(40)一八九頁］）矛盾の塊になってしまうこと、そしてそれがひとつの疑念を抱かせることなのである。――「キリスト教的エピクロス主義者」なるイメージは、著作をつうじて同時代の読者に理解させようとガッサンディ自身が願ったかれの姿ではないのか？　もしそうであるなら、われわれが問うべきは、かれはなぜ自分をそのように理解させる必要があると考えたのか、またそのためにどのような方法を用いたかである。それに着目するとき、残されたテクストから浮かびあがってくるのは神学者ならぬ哲学者ガッサンディであり、「キリスト教的エピクロス主義者」を装う真正エピクロス主義者であるように思われる。以下ではこの視角から、ガッサンディのエピクロス主義復興計画について考察することにしよう。

2　人文主義の遺産

ガッサンディもまたスコラ哲学になにか有益なものをもとめ、結局その不毛さに幻滅して古典への回帰を余儀なくされた近代人のひとりであった。だがその古典とは神学の手垢にまみれたプラトンとアリストテレスではなく、ピュロン、キケロ、ルクレティウス、プルタルコス、セネカ、セクストス・エンペイリコスであり、またその回帰もシャロン、ビーベス、ラムス、エラスムス、リプシウス、ピコ・デッラ・ミランドラ、モンテーニュら人文主義者たちの著作を経由した[OOIII, 99: OOVI, 1B–2A]。エクスの高等法院《パルルマン》評定官で天文学者のペイレスク、パリの書籍蒐集家デュピュイ兄弟、法学者・懐疑主義哲学者のラ・モット・ル・ヴァイエ、医師で宰相マザランの図書館司書ノーデらの知己にめぐまれたガッサンディは、かれらの協力を得て、人文主義の最後の課題となっていた禁断のエピクロス主義研究に没頭する。[10] 二〇年の歳月をついやして一六四九年に完成した『注解』は、エピクロスの哲学をめぐる古代・中世の言説を細大もらさずあつめてディオゲネス・ラエルティオス第一〇巻「エピクロス伝」を解説し、全三巻一八〇〇頁近くにわたって詳細な文献学的考証を加えた人文主義的研究の精華ともいうべき作品であり、ホッブズも著者の労をねぎらった[OOVI, 522A]。だがガッサンディ自身はできばえに満足せず、残る生涯をそのさらなる彫琢に注いだ。こうしてできた『哲学集成』は、エピクロス哲学の注釈の域をはるかに越え、古今の哲学諸学説の膨大な引照にもとづいてエピクロスの哲学を体系的に再構成する試みとなったが、ガッサンディはその出版を待たずに没した。『集成』が陽の目をみたのは、弟子たちが師の没後に編纂した六巻本全集（一六五八年）においてである。

『哲学集成』は浩瀚な『注解』のたんなる改訂版でもさらなる増補版でもなかった。エピクロス哲学の「規準論《カノニカ》」「自然学《フィジカ》」「倫理学《エティカ》」を模した『注解』の三部構成こそ踏襲し、内容上もかなり重複するものの、実質的に別作品である。二著の相違はまず体裁面に明らかであった。『注解』では全巻のはじめにディオゲネス・ラエルティオス「エピクロス伝」全文がギリシア語原文とガッサンディのラテン語訳で掲げられていたが、『集成』はそれを省き、かわりに全体の総序にあたる「哲学一般について（*De Philosophia universe*）」という文章が加えられている。また『注解』の第一部が「エピクロスの哲学（*Philosophia Epicuri*）」と題してエピクロスの哲学方法論のみを説明するのにたいして、『集成』第一部は、エレアのゼノンからデカルトまでの哲学史と、懐疑主義色の濃いガッサンディ自身の哲学方法論を簡潔にまとめた「論理学提要（*Institutio Logica*）」からなっている。[11] もっとも大きく変更されたのは「自然学」の部で、天界現象論《メテオーラ》が大半を占めていた『注解』とは異なり、『集成』では人間および動物の魂にかんする生理学的考察が大幅に増補された。最後の「倫理学」の部は、ガッサンディの死によって『注解』改訂作業が途絶したためにその第三部を再録せざるをえなくなったが、[12]『注解』巻末に収められていたエピクロス『主要教説』のガッサンディによるラテン語訳と注釈［A. 1693-768］が『集成』ではすべて割愛されている。

この改訂作業は、近代科学の形而上学的根拠づけに必要なかぎりでガッサンディ哲学がエピクロスの哲学教義を選択的に受容する過程、あるいはエピクロス主義色を漸次払拭していく過程と考えられている。たしかに『哲学集成』でのエピクロス主義批判は、魂の可死性や宇宙の創造者としての神の否定などの主張にまでおよんでいるため、エピクロスの哲学教義でいまだ生けるものとしては、懐疑主義的認識論、原子論、快楽主義倫理学しかないようにみえる。古典の注釈から包括的な哲学史の叙述へと関心を推移させた後期人文主義の成立をガッサンディの営為にみることができたとしても、[13]『集成』でエピクロス離れに拍車がかかっているのは見まがいようのない事実であった。

ガッサンディが終生変わらぬ信仰の持ち主であったことは、著作に散りばめられた告白がこれを証明する。すでに『アリストテレス主義者にたいする逆説的論考』の「序文」には、「つねにわたしは、自分自身と著作とを唯一の聖なるカトリック教会、使徒の教会、したがってローマの教会の判断にゆだねる者である。わたしはこの教会の乳飲み子であり、その信仰のために全身全霊をあげてわが生涯をついやす用意ができている」[OOIII, 101B]とあり、晩年をその完成に捧げた『哲学集成』でも、冒頭近くで特定の哲学学派をひいきしないという宣言のあとにこうつづいている。「わたしが堅持するのは、父祖からうけとった唯一の正統なる宗教だけである。つまりカトリックの、使徒たちの、ローマの宗教である。それ以外についてはこういっておこう、わたしはつねに理性を権威のまえにおく者だと」[OOI, 29B-30A]。そのような信仰者にとって、エピクロスの悪名高い無関心な神――神々は至高の存在であるからこそ人間のおこないにも行く末にも無頓着である――の教えは、エピクロス主義の生けるものを救出するためにも拒絶されねばならなかった。

神は原因であり、世界に配慮して摂理によって世界を統括するが、それは一般に世界そのもののためであり、またわけても人間のためである。……このもっとも重要な点を立証することは、エピクロスそのひとを論駁することになる。これは他のなににもまして、かれが見誤っていたもっとも深刻な論点にかかわるからである[OOI, 311A]。

にもかかわらず、ガッサンディのカトリシスムをある種の強いられたもの、または隠れ蓑にすぎないとする説は根づよい。この「自由思想家《リベルタン》ガッサンディ」を強調する解釈によれば、哲学者の熱烈な信仰告白の真意は、些細な異端のみかけによって背後にひそむ「強い精神（l'esprit fort）」、ラディカルな無神論と唯物論を隠匿することにあった。(14)『逆説的考察』第一巻は、「真の哲学」が滅びることのないよう読者に決起を呼びかけて一六二四年に公刊された〔OOIII, 108B〕。それが「いかなる意味において最大の善が快楽にあり、また人間のおこないや徳の報いがどのようにこの原則にもとづくかを示して、快楽にかんするエピクロスの教義を説く」〔OOIII, 102〕はずの第七巻をみずに未完におわったのは、同年にソルボンヌの神学部教授たちが発したアリストテレス哲学攻撃の禁令と無関係ではないだろう。ガリレオ裁判（一六三三年）に象徴される自然哲学受難の時代は目前に迫っていた。[15]『哲学集成』で増補された「自然学」の部では、魂は可死か不死かの問題をめぐりエピクロスの弁護とも非難ともつかない韜晦な議論が延々展開されるが、これにしても第五回ラテラノ公会議以後という歴史的文脈を考慮する必要がある。公会議の決定にもとづきローマ教皇レオ一〇世の名で一五一三年に公布された勅令（Apostolici reginimis）は、人間の魂が個々に不死であることをカトリック教会の教義と定め、それが信仰および自然理性により知られうることを「全力で」論証するべくキリスト教徒の哲学者たちに要求していたのである。[16]

ラテラノ公会議以後という思想状況に着目する論者は、異端の嫌疑がかかることを恐れたガッサンディが、理性の真理としては魂を可死と考えながら、信仰の真理として魂の不死性を説く二重真理を弄していると解釈してきた。ランゲはこう述べている。

不死で無形の魂を受け入れるときのガッサンディは、ルクレティウスから大いに遠ざかる。だがこの魂は、ガッサンディの神と同様にかれの体系とは完全に無関係なので、視界の外に適宜追い払ってよい。それにガッサンディはこの魂を体系の統一のために採用するにはいたらない。宗教が要求するからそうするだけである。まさしくかれの体系が容認するのは原子でできた物質的な魂だけなので、不死性および非物質性という性質は霊で補足されねばならないのだ。これを成し遂げるやりかたは、われわれにアヴェロエス主義を強く思いおこさせる。[17]

啓示や奇蹟にあらわれる信仰上の真理と自然理性の推論の結論に示される真理の相互独立・不可侵を主張する二重真理説は、一二世紀アラビアのアヴェロエス、またさらに古い三世紀のアフロディシアスのアレクサンドロスや六世紀のシンプリキオスら注釈者たちに依拠して、アリストテレス『霊魂論』から魂の可死性の証明を引きだした「アレクサンドリスト」あるいはラテン・アヴェロエス主義者によって展開され、ブラバンのジゲルやジャンダンのジャンがその代表的な主唱者である(18)。発端は『霊魂論』の「魂は表象像なしにはけっして思惟しない（διὸ οὐδέποτε νοεῖ ἄνευ φαντάσματος ἡ ψυχή）」［431a16-17］という文言であった。もしこれが魂の知性的活動は身体器官をつうじて得られる表象を必要とするという意味なら、アリストテレスは身体の死滅とともに魂も死滅することをみとめていたととれる。実際アフロディシアスのアレクサンドロスは、それを人間個人の魂は「端的には可死的であるが、ある点では不死である」と読み、アヴェロエスによれば、普遍的能動知性（intellectus agens universalis）をになう人類共通の単一の魂は不滅であるが、個々人の魂は肉体とともに死滅することを意味する。とくに後者のアリストテレス解釈は、単一知性論がトマス・アクィナスによる論駁を招いた以外にも、実体的形相や神の無からの創造に異を唱え、宇宙の永遠性を説くなどキリスト教の正統教義と矛盾する多くの主張を含むがゆえに、異端の非難を再三浴びた。そこでラテン・アヴェロエス主義者たちは、哲学が合理的推論にもとづいて到達する結論は自然の結果にかんする蓋然的真理にすぎず、自然の原因そのものについては聖書や啓示こそが絶対的真理であり、理性の真理と信仰の真理とが矛盾しないことを強調したのである。一二七七年の異端思想の禁令によってアヴェロエスを大学で公に講じることが禁じられて以後は、キリスト教神学とアリストテレス哲学を融合させるトミズムが優勢となったが、ラディカルな自然主義的アリストテレス解釈はイタリアのパドヴァ大学に移植され、ポンポナッツィ、ザバレッラ、リチェティらを輩出する。ラテラノ公会議勅令も直接にはポンポナッツィの影響力を牽制したものであった(19)。

ガッサンディ自身は単一知性論者ではなく、またそもそもアヴェロエス主義者のアリストテレス解釈を肯定したわけでもなかった。[20] ここでアヴェロエスを引きあいに出したのは、神学‐政治的にデリケートな時代状況を後景にするとき、いわくつきの異教の哲学を論じるガッサンディ作品の多くが注釈という体裁で著されたことには十分な理由があったと考えられるからである。キリスト教とイスラム教の違いはあれ、啓示宗教がいわば社会の「法」と化した世界を哲学するうえでの標準環境《デフォルト》とせざるをえなかった境遇はふたりに共通する。アヴェロエスの時代のアラビア社会では、哲学する者にも、哲学が啓示と矛盾しないことを著作で示すだけでなく、むしろ啓示の意味を哲学によって積極的に開示する義務が課せられていた。そこで哲学者たちによって開発されたのが、古代のテクストへの注釈という形式に託して哲学的真理を伝えつつ、啓示を説明する責任を公教的《エクソテリック》な教えによってはたす著述の技法であった。[21] ガッサンディ作品につきまとう曖昧さや両義性も、人文主義研究をつうじてかれが獲得したこの哲学的著述の技法の効果であった可能性がある。その場合、『注解』を特徴づける夥しい引用や煩瑣な文献学的考証は、それ自体がエピクロスの説く哲学的真理をその危険な含意ともども伝えると同時に、いにしえのテクストに加えた注釈であることを口実にして、異端の嫌疑や迫害の危険を最小化する哲学者の手段とみなされる。[22] この技法は『注解』と執筆時期が重なる『運動について』(*De Motu*, 1642) や『形而上学探求』においても確認できる。それぞれケプラー＝ガリレオの慣性法則とデカルトの合理論形而上学の批判的検討という体裁を借りながら、ガッサンディがそこで実際に展開するのは、物体の運動と魂の可死性にかんする危険なエピクロス主義的見解なのである。

　『哲学集成』は同じ哲学を自分の名義で語ろうとするだけに、その著述は『注解』に輪をかけて慎重なものとならざるをえない。いまやガッサンディはエピクロス主義という異教徒の哲学によって正統信仰を説明する責任をみずから負う。その著述には論理の破綻や矛盾する主張の並存のような混乱が以前にもまして多くなるが、それも著者の真意をテクストの背後というよりは表層——曖昧な表現、本筋と無関係な脱線、あるいは議論の配列——に隠す必要に迫られたからであり、二重真理論者であったからではない。『集成』には熱烈な信仰告白に先だって真理への愛を告白するつぎのような一節がある。

哲学者は利益や栄光をもとめたりはしない。その熱意は、もっぱら真理を探求し尊重することに注がれる。……哲学者が論考に用いるのは裸の理性であり、簡明で開かれていて疑いの余地のない実験であって、これが幾度となくくりかえされる。哲学者が瞑想や探求や冒険に倦み疲れることはけっしてない。意固地ではなく、信義のためとあらば意見を翻すことも辞さないが、それも蓋然性で劣る意見は避け、まさる意見を受け入れるのに敏であろうとすればこそである［OOI, 10A］。

そのような哲学者は「誠実さへの真摯な愛」、「平静かつ用意周到ゆえのうるわしい穏やかさ」[23]に秀でており、なにより「無垢で、万人に善きことを為し、誰にも害をあたえないよう全力を尽くす」［OOI, 10B］。ラディカルな真理の探究者ゆえのこの節度と社会への配慮こそ哲学者の証と考えるガッサンディは、自著でそれを実践してみせたのである。

3　原子論的運動理解

一六四一年、ガッサンディはプロヴァンスで公開実験を実施し、航行中の船の帆柱の上から落とした球が停泊時と同じように垂直に落下することを確認した。この実験結果から慣性運動系の相対性を導いた『運動について』は、実験科学の威力をまざまざと示すのみならず、ガリレオ告発によってデカルトが『哲学原理』（一六四四年）まで公表を見合わせたケプラーの慣性法則を正確に定式化した最初の出版物となった[24]。これがきっかけとなり、コペルニクスの地動説をめぐる論争に終止符が打たれたことも周知の事実である。

のちに慣性原理を物理学の第一法則と定めたニュートンにしたがえば、静止する物体は永遠に静止するが、運動する物体は物体外部の力を原因として運動し、かつ永遠に等速で一直線上を運動しつづける。[25]この説明は、物体に最初の衝撃をあたえる「第一起動者」としての神を想定することで、機械論哲学と創造説《クリエーショニズム》とを統合する余地を残していた。だが『運動について』のガッサンディは、この最初の衝撃に論及したところでやや唐突に「運動の内的原理＝端緒（principia mobilis interna）」なるものを提起する。「運動する物体は受動的にして能動的な能力をもっており、これにより運動しつづけるといえるが、この能力が起動者からあたえられるとはいえない。むしろそれは励起される。運動以外に起動者からあたえられるものがないのは明白である」［OOIII, 499A］。運動の「原理＝端緒《プリンキピア》」が運動する物体に内在するという発想は、原子はその「重さ（gravitas）」により自己運動するというエピクロス説に対応する。ガリレオですら想像しなかった重力なき無限の空間のなかでは物体は直線運動するとガッサンディが主張したとき、おそらくかれの脳裏には、虚空を垂直に落下する原子の「雨滴」［DRN. II. 216–224］というエピクロス主義的なイメージがあった。[26]

この「原理＝端緒」のエピクロス主義的な含意をつきつめれば「第一起動者」の想定ですら無用になるはずだが、ガッサンディはその方向で議論を展開することを慎重に控えている。物体の運動力は「励起される（excitata）」という表現でそれを喚起する神の存在を暗示したのち、議論はむしろ原子論的には逆コースをたどり、聖書の記述を根拠にコペルニクス地動説をすら否定するにいたる。とはいえ、『運動について』がガリレオ裁判から間もない時期の著作であることを考えれば、著者の真意はコペルニクス信奉者たちの言と断って紹介される主張――聖書の天動説は「容易に理解できることばと一般に受け入れられた語りかた」で、実在を「現象するがまま、一般人に知られ経験されるとおりに」記述している――にこそあるとみるべきだろう。ガッサンディはコペルニクス説が真理でないから採用しないとは述べない。もっぱらそれが「信仰篤き人びとのあいだで重きをおかれていない」からだというのである［OOIII, 519B］。

つぎに『哲学集成』第二部「自然学」をみると、冒頭からエピクロス主義とは相容れない神の存在証明が論じられる。ガッサンディによれば、神への信仰は万人が自然的にもつものではなく、他者の証言（権威）か、啓示（聖書）か、この世界に秩序をもたらした原因を尋ねる推論（自然理性）によって獲得される。「自然学（physiologia）は事物の本性一般を観照することにより、その大いなる神秘、多様性、性質、美、調和から、最高の知恵と力と善なる神的意志（numen）が存在し、宇宙はこれによって支配されていると推論する。……それゆえわれわれの自然理性は、この神的意志の卓越性と仁恵にたいして崇敬の念が示されるべきこと、それこそが真の宗教であることを承認する」［OOI, 128B］。

『集成』の課題はこの主意主義的な神の観念とエピクロスの原子論との統一であるようにみえる。アネポニュマス（「添え名知らず」の意）の異名をもつ一二世紀のシャルトル学派神学者コンシュのギヨームを引用しながら、ガッサンディはつぎのようなキリスト教的原子論哲学を披露する。

明らかに、原子こそが万物の第一にして普遍的な素材であると主張する人びとの意見は、他のすべての意見よりも推奨されうる。このわれわれの結論を最後に提示するために、アネポニュマスの一節をもってはじめることにわたしは喜びをおぼえる。……「世界は原子でできていると主張したとき、エピクロス主義者たちは真理を語った。しかし、そうした原子ははじまりをもたないとか、広大な空虚のなかをばらばらに飛びまわっていたのが、合体して四つの大いなる天体になったのだと主張したとき、かれらはつくり話をしていたのである」（『哲学対話』［I.6.8］）。わたしがこの文言に喜びをおぼえるというのは、つぎのような推論を引きだすことができるからである。すなわち、もしそこに混入した誤謬さえ除去すれば、世界とそのなかのあらゆるものは原子を素材にしてできていると断定する意見をわれわれが擁護する支障はないのだ、と［OOI, 279B-280A］。この理論を推奨するべく、われわれはまずこう宣言する。原子が永遠で創造者をもたないとする考えは拒絶されるべきであり、原子が数において無限かつあらゆる形態をともなって発生するという考えも同様である。ひとたびこれを拒絶するなら、以下のことがみとめられうるであろう。原子は物質の根源的形態である。はじめに神が原子を有限なものとして創造し、そこからこの可視的な世界を形成した。最後に、神が原子にさまざまに変容することを命じ、また許した、要するに宇宙に存在するすべての物体はそれで構成されている。……つぎにわれわれはこう宣言する。原子が力能を、すなわち本有的な自己運動力をもつという考えは拒絶されるべきである……。すると以下のことがみとめられよう。原子は神が原子の創造時に植えつけた運動し活動する能力により運動し活動するのであり、神は万物を掌握し保持しているのであるから、原子の能力は神の同意とともに機能するのである［OOI, 280A］。

ガッサンディ哲学の最終目標をキリスト教神学とエピクロス原子論の統合にみる論者は、ここから原子の創造者たる神を「第一原因」とし、エピクロスが原子の「重さ」に帰した運動力（vis motrix）を「第二原因」とする運動理解を導く。(27) 原子論はかならずしも無神論を帰結せず、かえって自然を機械として創造した神を嘉するものだと主張したのはコンシュのギヨームだけではない。この解釈はプラトンのデミウルゴス説とデモクリトスやレウキッポスらの原子論を統一するためにアリストテレスが考案した解決案（『形而上学』［1071b3-72a18］）にまで遡る長い前史がある。中世アラビアのカラーム神学者（mutakallimûn）やファラシーファ（falasifa）にとっても、自然の事物の自己運動性や最小粒子（ajzâ'）の存在をめぐるギリシア人の議論とイスラムの創造神との矛盾の調停は、哲学そのものの存亡がかかる最重要問題であった（マイモニデス『迷える者への導き』［1.73, 194-214］）。(28) ガッサンディの同時代人では「原子を許容する見解は創造主としての神の観念とけっして矛盾しない」と宣言したマニャンがおり（『デモクリトス復活』[D. II. Cap. IV. 268]）、イギリスでも国教徒のなかの広教主義者（latitudinarians）が無神論の排撃に「新機械論哲学」を援用した[29]。

のちにフォイエルバッハは原子から運動の「原理＝端緒」を奪ったガッサンディを支離滅裂と痛烈に非難したが、その神学と原子論の関係がまったく偶然的で外面的だという指摘は興味ぶかい（『近世哲学史』[III. 37, 154: III. 39, 157–58／(5)一七〇、一七四頁]、マルクス「エピクロスの哲学」[II. 58／(40)五一頁] 参照）。キリスト教的原子論なるものの眼にあまる矛盾は、かえってそれを故意にしたものだとする解釈に説得力をあたえるからである。たとえば、かつて『運動について』で物体の運動が外部から「励起される」と主張したガッサンディは、ここでも「第一原因」が「第二原因」なしには死物でしかないことを示唆していると考えられる。神が原子の創造時に運動力をあたえたとしても、そうして運動力をもつにいたった原子なしに現実の物体と世界の形成はありえないのなら、「第一起動者」の想定を無用にするまでほんの一歩である[30]。事実、先のキリスト教的原子論宣言の直前には、エピクロスのいう原子の「重さ」についてつぎのような言明があった。

> これは自然的ないし内在的な能力にして力にほかならず、それにより原子は自分自身をつうじて自分を駆り立て動かす。あるいはこういってもよい。運動への傾きは原子に本有的で、本源的で、分離不可能であり、原子は固有の推進力ないし衝動によって運動する。そうであるからこそ万物は運動するようにできており、この運動によって万物が生みだされるように定められている [OOI. 273B]。

原子はこの本有的な衝動《インペトゥス》によって空虚のなかを永遠に等速で運動しつづける。エピクロスの説明と異なるのは、原子は並行に「落下」しているのではなく、それぞれに空間をある方向に横切っていくとされる点だけである

[OOL, 279B]。

原子の自己運動性を論じたあとで原子に運動力を吹き込む神を論じるからといって、かならずしもこの順序でガッサンディの思想が修正され、進化したとはいえない[31]。この議論を含む「作用の原理について、すなわち事物の原因について（*De Principio Efficiente, seu de Causis Rerum*）」と題した章は、「自然学」の部の第一篇「事物の本性一般について」（*De Rebus Natura universe*）のちょうど中程に据えられており、『注解』には対応箇所がない。その明示的な主題は万物の創造主たる神であり、たとえばエピクロスの神――「至福かつ不死のものは、それ自体に煩いをもたず他のものにあたえもしない。したがって怒りや愛顧によって動揺させられることもない。そのようなことはすべて弱き者にのみ属することであるから」[DL. X. 139 = KD. 1]――にもつぎのような主意主義的解釈が付されている。

> 神が懇願されて行動を起こすのは、行動を決意すればこそである。つまり、神は祈りに動かされるというのは卑俗ないいかたなのだ。……われわれが神に祈りを捧げるのは、神ご自身のおつくりになることについてだけである。それゆえ神は、最高善であるように最高度に自由である。また神は、なにごとであれ知っておられること、お望みになることを為しうるのだから、なにものにも縛られてはいない [OOL, 309A]。

だがガッサンディは、その空隙を縫うように同じ章の第八節にいたり、万物の制作者としての神を「第一起動者」とする運動観から一転して、物質の自律的な自己運動性にかんするエピクロス主義的な議論を展開しはじめる。アリストテレスによれば、原子と空虚のみを質料とみなしたデモクリトスやレウキッポスは運動の質料因と起動因の区別を知らず、それゆえ運動の作用原理を説明できない（『形而上学』[985b3-20]）。これにたいしてガッサンディは、物体を合成する原子そのものの自己運動性が物体の運動の作用因である場合に、質料原理と作用原理とは事実上区別されないという。その前提となるのは、「諸々の物体における活動の真の原理＝端緒は物体的（corporeus）でなければならない」［OOI. 334A-B］ということである。アリストテレスとともに運動の原因を尋ねて因果の系列を遡上し、最終的に「不動の動者」に行き着いたとしても、事物を動かす最初の物体的な衝撃は依然として説明されない。それを全能の神と考えても不条理に陥ることは、ガッサンディが周到に布石として引用したルクレティウスの詩行が示している［OOI. 311A; 305A］。

> 物体でなければ接触することも接触されることもできない（tangere enim et tangi, nisi corpus, nulla potest res）［DRN. I. 304］。
>
> 神々には手で触れることも打つこともできない以上、われわれが接触できるものに神々はまったく接触しないに違いない。それ自身接触できないものがなにかに接触することはできない（tangere enim non quit quod tangi non licet ipsum）のであるから［DRN. V. 150–52］(32)。

しかるに「いかなる事物もそれ自身の作用因にはなりえない」というアリストテレスが示唆するのは、天体を含むあらゆる事物を神が物理的にではなく道徳的に、すなわち「命令によって（nutu）」動かすということだが、これはあくまで「隠喩的行為」と考えるほかない［OOI. 334B］。たとえ神そのものではなく、神があらかじめ事物の目的として定めた形相を運動の原因と考えても結論は同じになる。「この力はその形相を象った者に由来すると仮に誰かがいっても、やはりそれは真理ではない。というのは、この行為主体とその行為——それは主体とは別物である——が相互に外的になるからであり、これにたいして活動する力以上に形相における内的なものはない」［OOI. 335B］。神を「第一起動者」に想定して機械論哲学と創造説を統合しようとすれば、より大きな背理を導いてしまうのである。

ガッサンディは同じ節の末尾近くで「原子はそれ自身の能動性により、原子がはじめにその創造者から受けとった力と協調しつつ自己運動する」〔OOI, 337A〕と述べ、ふたたび神と原子の二重原因説を示唆する。だがその直後にガッサンディが「喜び」をもって引用するルクレティウスの詩行は、それが運動にかんするかれの結論でないことを明かしている。

まず原子そのものが動く（prima moventur enim per se primordia rerum）。ついで原子の小さな集合からなるあのいわば原子の群にもっとも近い物質が、原子の眼にみえない打撃を受けて動く。この小さな物質そのものは、つぎにまたやや大きな物質に運動を起こさせる。こうしてこの運動は原子から起こり、徐々に大きくなり、その結果われわれの感覚にもわかる程度にあらわれてくる……〔DRN. II. 133–139〕。

「あらゆる物質のある種の開花（quasi flos totius materiae）」〔OOI, 337A; OOII, 250B〕を物質の本有的な自発性から説明する試み自体は、物活論・生気論の系譜やルネサンス期のアニミズム自然哲学にもたしかに先例があるとはいえ、(33) エピクロス＝ルクレティウス的な自己運動する極小粒子へのガッサンディのこだわりは、世界の創造主としての神を自然哲学的に無力化する効果によって際立っている。その営為はラ・メトリやドルバックに継承され、来たる世紀の自然主義文芸に隠然たる影響をおよぼすことになるのである。

4　魂の不死をめぐって

類似の錯綜した議論の構造は、魂は不死か可死かを論じるさいにもみられる。デカルト『省察』（一六四一年）に

「第五論駁」を寄せたガッサンディは、それへのデカルトの「答弁」にも納得できず、さらに「再反論」を加えて一著『形而上学探求』にまとめた。主たる争点は、デカルトの合理論形而上学が絶対確実な知をもとめて実在直観を唱えるのにたいして、ガッサンディがカルネアデスの懐疑主義論法に訴え、自然理性が感覚経験から推論によって引きだす結論はどこまでいっても蓋然的真理でしかないがゆえに、「現象の真理」にとどまらなければならないとするところにある。ここでは経験的知識の成立にあたって先入見（praeiudicium）がはたす役割の説明にエピクロスの理論が援用されている。

　精神がいっさいの先入見から自由になることは可能だとするデカルトへの「再反論」のなかで、ガッサンディは先入見を除去されるべき悪しきものではなく、むしろ知覚を含むあらゆる経験の根底にあってその成立に欠かせないものだと主張する。「記憶はわれわれが以前に形成して預け入れた判断の貯蔵庫のようなものであり、われわれが勝手に切り取ることはできない。……すでに下された判断が習慣によって強力に持続し、印章の捺痕のように固く刻印するのは明らかであるから、それを勝手に無効にしたり消去したりすることはわれわれにはよく為しえない」［OOIII, 279A–B］。デカルトは遠くから円筒にみえた塔が近づいてみると四角柱だとわかるという例で自説を弁護するが（『省察』［VII, 76／(2)九八頁］）、ふたつの感覚はどちらも誤りではなく、ただ判断を下すときにそれぞれ別個の先入見が喚起されただけなのだ［OOIII, 279B］。この先入見のモデルはもちろんエピクロスの先取観念（πρόληψις; prænotio）であった（『論理学提要』［OOI, 96］）。[34]

　だがガッサンディの究極の疑問は、デカルトが「思惟する我」の存在は証明してもその本質についてはなにも証明しておらず、精神が延長をもたない非物質的存在の作用でなければならない理由がいまだ明らかでないという点にあった。

わたしは信仰によって精神は非物質的であると考えます。自然の光に照らしてみるとこの問題はあまりに曖昧なものになってしまうために、わたしには自分が精神の本質を知っているなどとはとても主張できません。……精神は肉体にやどっているのに、その精神がなんらかの物質的な相のもとにおかれることなしにどうしてある実体をあらわしたり理解したりできるのか、……つまりいかなる相のもとでなら精神が精妙な物体以外のものとして表象されうるのか、それが明らかでないのです［OOIII, 369A］。

両者の論争は物質が思惟できるかどうかの問題に帰着するはずだが、少なくともこの問題にかんするかぎり、ガッサンディ自身は物質的な精神が知覚の感覚映像からいかに複雑で抽象的な観念でも形成できることを示唆していた(35)。ところが、それは精神とその作用の物質性を主張したエピクロスの唯物論的な立場だとデカルトがいうと、ガッサンディはこう反論する。「あなたはこう仰います。わたしの提起することがらが誤っているか、さもなければ、宇宙にかんするわたしの意見やデモクリトスとエピクロスの意見にたとえ合致しないとしても、わたしが誤りと呼ぶものが真理であるかのどちらかだ、と（この問題についてわたしはかれらとなにも共有してはいません。事物の物質的な本性や物体の本質にかんしては、むしろあなたのほうがかれらと共通する意見を、実際わたしに推論できるかぎりでは大いに共通する意見をおもちなのですが）」［OOIII, 378A］。この主張は真摯ではない。デカルト『省察』の第六省察「物質的事物の存在について、そして精神と身体との実在的区別について」への反論四のなかで［VII, 341／(2)四〇六―七頁］、ガッサンディはルクレティウスを引用しながらつぎのように述べていたからである。

なにかあるものへの努力とそのものの運動とが、動かすものと動かされうるものの相互の接触なしにいかにして起こりうるでしょうか。どのようにして、物体なしに接触が起こりうるでしょうか。（自然の光によってきわめて明白であるように）物体なしには接触することも接触されることもできないのですから［OOIII, 400B――強調は引用者〕。[36]

自然理性の推論は明らかにエピクロス主義的な立場——精神と身体は精妙か粗大かの違いはあれともに原子でできた物体であるがゆえに、魂も解体可能であり不死ではない、「霊魂が非物体的ならば、はたらきかけることもはたらきを受けることもできない」〔DL. X. 67〕——を支持しており、魂の不滅が確証されるとしたら信仰によるほかはない。この危険な唯物論的・無神論的含意が露骨に表面化しないのは、デカルト形而上学の矛盾摘発という当面の文脈と、ラテラノ公会議勅令以後という環境が暗黙の了解となっていたからである（『省察』〔VII. Epistola. 3／(2)一〇—一一頁〕）。実際、公表を予定せずに書いた「再反論」のなかでガッサンディは、神の観念の本有性を主張するデカルトにたいしてその政治的な起源を強調し、「立法者たちは、邪悪な人間たちが刑罰を恐れて公然と悪事をはたらくのを避けても密かに不正をはたらくことはやめないのをみて、……この世ではないにせよ少なくとも地獄で神々が……罰すると信じ込ませた」〔OOIII. 327A〕とさえ述べていた。

ところが『哲学集成』では、人間の魂の少なくとも一部は非物質的であるがゆえに不死であるという論証が試みられる。ガッサンディはまず「自然学」第三篇後篇第三章「魂について（*De Anima*）」において、ルクレティウスにならって魂のなかに人間が生物一般と共有する感覚的な部分（anima）と人間に固有の理性的な部分（animus）とを区分する〔OOII. 237〕。ついで第九章「知性すなわち精神について（*De Intellectu seu Mente*）」では、感覚的な部分がもっぱら外界から感覚器官をつうじて表象（Phantasia）を形成する想像作用をになうのにたいして、理性的な部分は自己知や普遍認識にかかわる知性作用をになうことが論じられる〔OOII. 440B-441B〕。ルクレティウスと異なるのは、感覚的な部分が物質的であるのにたいして、理性的な魂は神が無から創造した非物質的なものだとされる点である〔OOII. 442B〕。ガッサンディによれば、そこに主意主義的な神の超自然的な力をみとめることができるのである

あり、魂は神によって個別に創造され、感性的部分は身体の形相となり、理性的部分は個別人格の形相をなしている〔OOII, 444A〕。これを受けて同篇最終章「魂の不死性について（*De Animorum Immortalitate*）」では、非物質的な魂が同時に不死であることが信仰、自然学、道徳の三つの観点から証明される。第一の信仰による証明は、もし魂が可死であるとしたら、死後にもたらされる究極の幸福と不幸の受け皿がなくなってしまうというものである〔OOII, 627B〕。第二の自然学的証明によれば、非物質的なものは分解することがなく、解体を知らないものは不死である〔OOII, 628A〕。第三の道徳的証明はこうであった。たしかに神にあっては善人は善をもって報いられ、悪人は悪をもって報いられるが、現世にあってはかならずしもそうではない。それゆえ来世で神の真の裁きが実現するために、肉体は死滅しても魂は不死でなければならない〔OOII, 632A-B〕。

理性的魂をめぐってエピクロスの唯物論と明らかに矛盾する議論は、ガッサンディ哲学における世界の「機械化の限界」を示しているようにみえるし[37]、ガッサンディ自身もこの説明が聖書の教えと矛盾しないことを強調する〔OOII, 257A〕。その一方で、魂の不死証明と称せられるものがいずれも陳腐で常套的であることも否定できず、自然学的証明に添えられたキケロの引用〔OOII, 629B〕——「すべての点においてあらゆる民族が合意していることは自然の法とみなされねばならない」（『トゥスクルム荘談義』〔I, 30〕）——は、この証明がそもそも合理的な根拠を欠くことを示唆するともとれる。それゆえこの議論も『形而上学探求』と同じく、魂の不死性はもっぱら信仰によって、つまり「神学者のやりかた」〔OOII, 627B〕でしか証明されないという結論を暗示するのである[38]。

『集成』を『注解』と比較してみると、感覚と知性の関係を論じる二番目の議論が『集成』で大幅に増補されたことがわかる[39]。ここでも魂の感覚的な部分と理性的な部分の区別は維持されるが、要所要所に微妙な留保が挿入されている。たとえば、自己知や普遍認識のような後者の知性作用は動物にはない人間に特有のものであり、それが神によって創造され人間に吹き込まれたがゆえに不滅であるとは、あくまでわれわれが「聖なる信仰に合致していう」[OOII, 440A] ことなのである。では自然理性の観点に徹するとどうみえるのだろうか。『注解』で簡潔に紹介するにとどめられたアリストテレスの「魂は表象像なしにはけっして思惟しない」という難読箇所がここで詳細に検討される [OOII, 448B: cf. A. 586]。外界の知覚をになう魂の感覚的部分が、対象である物体の映像《エイドーラ》を受容する身体器官を必要とするのにくらべ、普遍を認識する魂の理性的部分の知性活動は感覚を必要とせず、そのかぎりではたしかに不滅といってよい。だが「真の人間的知性 (vero Humanus Intellectus) ……は、それが人間的であるかぎり、というのは身体に繋がれているかぎりということだが、想像作用の助けによって表象があたえられなければなにごとも理解しない」[OOII, 456B]。神のごとき純粋な知性体ならぬ人間の知性においては、普遍認識もやはり感覚の想像作用をつうじてあたえられる個物の表象を必要とする。それゆえ、魂の理性的部分そのものは非物質的で不死であっても、その作用は感覚的部分に依拠しており、身体器官の死滅とともに消滅すると考えざるをえない。

『集成』で増補された箇所の多くは、自然主義的アリストテレス解釈のトポスや語彙をエピクロス哲学の理解に適用する試みである(40)。先にみた物体の運動の「原理＝端緒」を論じた箇所にも、魂の活動にかんするつぎのような説明があった。

> 人間の魂が、非物体的であるにもかかわらず、自分自身の肉体にはたらきかけてこれを動かすという事実については、つぎのようにいいかえることにしよう。人間の魂は、知性あるいは精神、それゆえ非物体的なものであるかぎりで、知性的あるいは精神的、すなわち非物体的な活動以外の活動を引きおこすことはない。そして、感覚的で動物的で物体を動かす力がそなわったもの、すなわち物体的なものである場合にかぎって物体的な活動を引きおこし、あるときには自分自身の身体を動かし、あるときには介入によって他の身体を動かすのだ、と [OOI, 334B]。

アリストテレス『霊魂論』の件の一節の理解は、魂の知性的部分は主体として（ut subiecto）物質から独立していても、対象として（ut obiecto）は物質に依存するがゆえに、自然哲学的には可死であると読むポンポナッツィ『魂の不滅について』[IX, 92] のほぼ引き写しである。にもかかわらず、『注解』でも『集成』でもこの主題に関連する「学者たち」のリストにその名はない[41]。われわれは「神によって創造された理性的で非物質的な個別の魂がそれぞれの人間にはあり、……それが死後も存続し、あるいは不死のままであろう」と教えられており、「人間的ないし理性的魂の不死性を自然理性によって証明する」使命を課されているといった文言から、ガッサンディがラテラノ公会議以後という思想環境を自覚していたことは明らかであった [A, 554-55 = OOII, 627A]。だが、魂の不死証明を信仰に託して異端告発を回避する哲学的戦略自体は、アヴェロエス主義にかぎらず、スコラ神学の信仰主義《フィデイズム》（ドゥンス・スコトゥス）やトミズム（カイェタヌス）にさえみられるのであるから、アリストテレスによっては魂の不滅を証明できないと主張しただけではポンポナッツィの名を伏せる十分な理由にならない[42]。問題はそこから帰結するさらに危険な政治的含意にある。

『魂の不滅について』でポンポナッツィが個々の魂は可死か不死かの問いを最終的に「中立的問題（neutrum problema）」とみなし、信仰箇条にふさわしいやりかたで証明されるべきだと結論したのは [XV, 228, 232]、信仰の真理と理性の真理をともに奉じる二重真理論者だからではなかった[43]。そもそも魂不滅の教義は、いにしえの宗教的立法者たち（モーセ、イエス・キリスト、ムハンマド）が発明した有用な虚構なのである。

> 大多数の人間は、永遠の善を期すよりも永遠の処罰を怖れて善行を為す。永遠の善よりも処罰のほうがわれわれには腑に落ちるからである。そこで、この最後にあげた工夫〔魂不滅の教義〕は万人にとって程度を問わず有益であるがゆえに、立法者は悪に向かう人間の性向を考慮しながら、共通善を期して魂は不死だと宣告した。

人びとを徳に導くことになればよかれと、真理はさておき、もっぱら謙譲を重んじたのである。だからといって為政者が叱責されるべきだというのではない。ちょうど医者が病人を回復させるのに多くのまやかしをこしらえるように、為政者がつくり話をするのは、市民たちを正しい道に繋ぎとめるためだからである（『魂の不滅について』［XIV. 196–98］）。

「病人」や「子ども」のような理性に劣る人間が大半を占めるこの世では為政者も魂の不滅のようなまやかしを用いて統治せざるをえず、アヴェロエスもいうようにその真偽を問い質すのは有意ではない（『自然学大注解』［III. Prologus, 177–78］）。だがそれは裏を返せば、「もしひとが健康であるか健全な精神の持ち主であるのなら、医者も乳母もそのような虚構を必要とはしないだろう」（『魂の不滅について』［XIV. 198］）ということである。魂は可死だと信じ、死後の報償への期待や処罰への恐怖なしにも徳行を為しうる人間は現実に存在するのだ(44)。宗教の政治的な利用価値を説いたアヴェロエスやマキァヴェッリの洞察を聖職者権力の批判へと反転させるポンポナッツィの議論は、ガッサンディの同時代の有徳な非キリスト教徒論――「異教徒のなかにも、徳を追いもとめ、偶像崇拝や多数の神々をしりぞけると告白し、神の格別の恩寵に助けられて福者の至福にいたった者がいることを信じない理由はない」（ラ・モット・ル・ヴァイエ『異教徒の徳について』［I. 26–27］）――の域をはるかに超え、ピエール・ベール、ヴォルテール、ラ・メトリ、ヒューム、ドルバックとつづく「無神論者の社会」論の系譜を予感すらさせる。だがこのラディカルな宗教批判は、ガッサンディ自身がかつてデカルトへの私信として書いた「再反論」でも表明されていたことを想起しよう。『集成』でも魂の可死証明の典拠はその不穏な結論ゆえに隠されねばならなかったが、暗黙の引照に気づいた少数の賢明な読者はそのメッセージをたしかに受けとっていた。「人間を現世で活動させる動機を、人間の想像力のなかにしか存在しない観念世界にもとめてはならない。この可視的世界のうちにこそ、人間に罪過を回避させ、徳へ駆りたてる原動力は見いだされる」（ドルバック『自然の体系』[I. 14, 343-45／(1)二一八頁]）。かれらは問わずにいられなかったのである——もし魂が不滅ではなく、したがって肉体の死後に魂を見舞う神罰への恐怖が現世で悪事をはたらく人間の妨げにならないのだとしたら、それにかわってなにが人びとを徳の道に繋ぎとめ、社会を維持するのだろうか、と。この真正無神論的な問いに答えるのが、ガッサンディによれば正義の基底に利益をみるエピクロスの唯物論的倫理学であった。

5　エピクロス主義の政治思想

ガッサンディの死によって未完におわった『哲学集成』第三部「倫理学」は、『注解』の「倫理学」の部で適宜補われて一応の体裁を整えられる。だが全集編者のソルビエールとモンモールは『注解』巻末にあったエピクロス『主要教説』のラテン語訳と注釈を『集成』から削除し、全集第五巻に「人文主義雑篇（*Opera humaniora ac miscellanea*）」として別途収録した [OOV, 127-66]。さしものガッサンディ信者たちも『注解』の偏執狂的なまでの文献渉猟には辟易としたのであろうが[45]、この一見些細な措置がエピクロス主義復興にガッサンディが演じた役割の意味を結果としてみえにくくしてしまったことはいなめない。時代の正統信仰の監視の眼をかいくぐって異教徒の哲学を伝えるはずの人文主義的な著述は、ここでルネサンス以後最大の、そして「キリスト教的エピクロス主義」などとはくらべものにならないほど大きな〈逸れ《クリナメン》〉をエピクロス主義にもたらしたのである。

(1)　正義論の改訂

ガッサンディは『主要教説』の私訳に意味の明確化を期して文言を補っている。命題三一～三二 [DL. X. 150] の訳をみてみよう（挿入部分をゴシック体で表記する）。

正、すなわち自然の正義とは、**人びとが**たがいに害をあたえたり受けたりしないことから得られる利益（utilitas）、**あるいは、自然に導かれて各人が望むように安全に暮らすべく、一致した誓約によって提案された利益**をあらわす符合である［A. 1748＝OOV, 155B］。

生き物のうち、たがいに害をあたえたり受けたりしない契約を結ぶことができないものにとっては、正も不正も存在しない、**すなわち正と不正の分別がない**。このことは、たがいに害をあたえたり受けたりしない契約を結べないか、あるいはそれを欲しない人間の種族の場合も同じ**とみなされるべき**である［A. 1750＝OOV, 156B］。

正義はそれ自体で（また、**こちらでは正であるがあちらでは不正にあたるという場合にも**）存在するものではない。**むしろ孤立した人間に見いだされないのはたしかなのだから、厳密にいうと**正義とは、時と場所とを問わず、人間相互の交渉にさいして、たがいのあいだで加害も被害もなくすための一種の契約である［A. 1753＝OOV, 158A］。

エピクロスによれば、正義の起源は「たがいに害をあたえたり受けたりしない」ことから得られる平和と安全を目途に人びとが結んだ契約《シュンテーケー》にある。総じてガッサンディの補足には、これを「人間が人間にとって狼である（Hominem esse homini lupum）」［A. 1754＝OOV, 158B］ような悲惨な状態から脱出する方途として、つまりホッブズの名と結びついて周知の社会契約論的主張として読む意図がうかがえる。このプラウトゥスの一句はホッブズも『市民論』（一六四二年）のデヴォンシャー伯宛献辞で引用しているが［Epistola Dedicatoria, 73／四頁］、それが偶然でないことはガッサンディ自身の証言から明らかである。

この獣じみた状態こそが自由と考えられている。その代償がきわめて高くついてしまうのもこの場合は無理もない。というのは、つい最近述べられたように、そこではあらゆるものが平等な権利をもって各人のものとなるため、なにかを自分のために使用することが誰にもできず、かえって別の誰かがそれを自分のものにしてしまい、そのかぎりで生死を賭した永遠の闘争が存在することになるからである［A. 1463＝OOII, 755A］。

「つい最近（non multo ante）」とは『市民論』初版を念頭においた表現である。(46) 当時、亡命宮廷に随行して都合四度目の大陸滞在中であったホッブズは、前回のパリ訪問時（一六三四―三五年）に知己を得たガッサンディのもとに足繁く通い、たがいの著作の構想について情報交換をしたものと推測される。(47) ホッブズによれば、「自然は各人にあらゆるものごとにかんする権利をあたえた」（『市民論』［I. 10, 95／四一頁］）。自己保存のためにあらゆるものを使用する権利を万人が平等に有するのだとすれば、「集合して社会をなす以前の人間の自然状態は戦争であったこと、それもたんに戦争というだけでなく、万人にたいする万人の戦争であったことは否定できない」［I. 12, 96／四四頁]。

人間がそのような状況から自然的な自由の実質を手放さずに脱出するための条件をホッブズとともに探求していたガッサンディは、その解の展望もさしあたりホッブズと共有していたといってよい。「真の自然的な自由がより真実に経験されるとしたら、各人が社会の法（すなわちかれ自身の法、あるいはかれ自身の便宜のために定められた法）にしたがうかぎりで、その他のあらゆることがらにおいて各人がおのれの欲するいかなることをも為し、また、公共の権力によって保護されているがゆえに、誰にも奪えないかれ自身の財にたいして各人が権利を有しているような社会においてである」［A. 1463＝OOII, 755A］。

ガッサンディはホッブズと異なり、エピクロスの原子の〈逸れ〉をモデルにして人間が本性的に自由意志をもつと考えた。エピクロス主義にとっての世界の形成原理である原子の〈逸れ〉は、キリスト教的創造説とは相容れないため、ガッサンディは「自然学」で〈逸れ〉を論じるときには一貫して古来の異論を列挙し、みずからの「重さ」で落下運動する原子が本来の直線軌道から突如として〈逸れ〉るのは背理であって、自由意志を導くための方便にすぎないとする伝統的な解釈に与する［A. 211-16＝OOI, 275A-279B］。ところが「倫理学」では、まさしく「この虚構（commentum）を自由と適合させるにはどうすればよいか」［A. 1627＝OOII, 838A］が問題であるといい、エピクロスが原子にみとめた三種の運動、すなわち「重さ」により落下する自然的な直線運動、原因なしに生じる〈逸れ〉の斜行運動、その結果として原子同士が衝突して生じる突発的運動のうち、第一の運動を人間の恣意（libentia）に、第二の「どこで起こるか定まっておらず、いつ生じるかもあらかじめ決まっていない逸れの運動」を自由（libertas）に対応させる［A. 1627-28＝OOII, 838A］。恣意と自由の違いは、さらに魂の感覚的部分《アニマ》と理性的部分《アニムス》の区別に関係づけられる。魂の感覚的部分は感覚器官に受容された外界からの刺激に反応するだけの受動的な機能しかはたさないがゆえに、その行為選択は自然的ではあるが必然性に縛られている。しかし人間に特有の魂は、「そのあらゆる部位が自然的柔軟性をもっており、これが自由の根となる」［A. 1629＝OOII, 838B］。外界の刺激にたいして魂の理性的部分は、「二本の道が交わる点」に立ってどちらに行くかにはさしあたり無関心（indifferens）にふるまう。つまりその意志は、行為選択がいかなる原因によっても決定されていないという意味で自由かつ自発的なのだ。魂が「最上の機械」である場合には、自分の欲求に発した必然的運動を逸らす・枉げることさえできるのである（*declinare*, est flectere, ac dirigere motus）［A. 1629＝OOII, 839A］。

両者の違いは社会契約の理解のしかたにもあらわれている。ガッサンディによれば、ホッブズのように主権者への授権を内容とした相互信頼契約により自然状態から一挙に政治社会の成立をもくろむのは、エピクロスの教えと齟齬する。『市民論』でのホッブズの立場は、エピクロスの正義論に古来まつわるひとつの誤解、すなわち高弟コロテスの主張にみられる正義と法の実証主義的同一視に相当する［A. 1464＝OOII, 755B］。

法やしきたりを定め、都市《ポリス》が王によって支配されるとか、アルコンによって統治されるように国制を確立した人物は、人びとの生活を大きな安定と平穏の状態に導き、騒がしい混乱から解放したのである。もしこれらのものが取り去られようものなら、われわれは野獣のように生きることになるだろうし、行きずりの誰もが、相手かまわず出会った者を貪り喰わんばかりになってしまう（プルタルコス『モラリア』［XIV. 1124D］）。

プルタルコスはこれに反論して、パルメニデス、ソクラテス、ヘラクレイトス、プラトンの教えにしたがえば、たとえ法がなくても自然的正義、理性、神々のおかげで人間はなにを為しなにを避けるべきかがわかると主張する。しかし正義は不変同一であるとエピクロスがいうのはそういう意味ではない(48)。利益とみなされるものはたしかに人間集団により異なっていても、同胞の生命を脅かす行動の忌避とつねに結びついている。コロテスの誤りも、この人間の自然的社交性（naturalis communicatio）から法に先行する「自然の正義」が生じることを見逃した点に起因する。『主要教説』三七［DL. X. 152］はこう読むべきなのだ。

法的に正しいとみとめられる行為のうち、人間相互の交渉の必要という点から**それに共同で関与すれば**利益になるという確証のあるものは、万人にとって同じであるかどうかにかかわりなく、正の保証をもっている。だが法を制定しても、相互の交渉の点から利益にならないのなら、そのような法はもはや正の本性をもたない。正という意味での利益はさまざまに変わりうるとしても、**正にかんしてもたれている**先取観念としばらくのあいだ適合しているのなら、**それによってなにほどか有益なのであり**、とにかくそのあいだは正である。少なくとも、空虚なことばで自分を混乱させることなしに、事実を率直に見つめる人びとにとっては［A. 1762-63＝OOV. 163A-B］。

こうして正義とは、相互危害の自制が万人に利益をもたらす経験が反復・蓄積されて「共通の観念（κοινὴ νόησις; notio communis）」となり、各人の行為を規制する規範性を帯びるにいたったものをいい、すべての法はそれとつきあわせて正否を吟味されねばならない。法の基底には正義があり、正義の起源にはつねに利益がある。可死の魂をもつ人間は現世において有徳でありうるかという問いへの答えも、畢竟ここに見いだされる。

このようなエピクロス主義的正義論の解釈を補強するために、ガッサンディは古代のふたつの著作からいっさいの論評を排して長々しく引用する。まずルクレティウス『事物の本性について』第五巻から引用する目的は、集合的利益としての正義が人類発展の各段階で暗黙の合意や明示の契約により確立される次第を解説することにある［A. 1532-35 = OOII. 789B-790B］。ルクレティウスによれば、原初の人類は「共同の幸福を考えることすらできず、相互のあいだに習慣や法を実施する術も知らなかった。……誰しもがおのれの力をふるい、自分勝手に生きることしか知らなかった」［DRN. V. 958-961］。乏しいながらも生命の維持には十分な自然のめぐみのおかげで幸福な生を享受していた人類にとって、唯一の恐怖は野獣の歯牙にかかって非業の死をとげることであった。やがて定住し、動物の毛皮や火の利用をおぼえ、婚姻の規則を定めて「穏和」になった人類は、弱者（女性と子ども）を保護する必要から「たがいに害をあたえたり暴力を受けたりしない（nec laedere nec violari）」［DRN. V. 1020］合意を結び、友情（amitia）を示しあうようになった。この合意は、たとえ大多数の者が固く守っても完全な「和合」を生じさせはしなかったが、それがなければ人類は早々に絶滅していただろう。ついでこの原初社会のなかに王があらわれ、財貨や土地の分配がはじまるとともに、吝嗇、羨望、野心のような人類最初の悪徳がこの世に生みおとされた。さらに万人が権力をもとめて闘争する無秩序で暴力的な内乱期が訪れ、そのなかから僭主が登場した。すると、「ある人びとが統治者の制度をつくり、法を制定して、ひとにすすんで法を守るよう教えるようになった」［DRN. V. 1143-1144］。この法が定める処罰の恐怖によって、人類はようやく共同の平和を確立するにいたる。

ついでガッサンディは、コロテスと並ぶエピクロスの高弟で後継者となったヘルマルコスの法の系譜学《ゲネアロギア》を取りあげ、それを記したポルフュリオス『禁忌について』の該当箇所［I.7.1-12.7］をギリシア語原文とガッサンディのラテン語訳でやはり延々と引用する［A. 1535-43 = OOII, 791A-794B］。ヘルマルコスはいにしえの立法者たちが殺人を冒瀆とみなし特段の処罰を定めた理由として、人間の自然的な親近性（οἰκείωσις; conciliatio）と、殺人は「人間的生の自然的かつ一般的条件にとって利益にならない」という信念をあげる。正義とはなにが相互に利益となるかを理解できる人びとの理性的計算（ἐπιλογισμός; ad considerandum quid vtile foret）の収斂結果であり、法はそれを基盤とするのである。

> 明文化されたものと不文のものを問わず、今日まで残っておのずと伝承されていくいかなる法も、もとは力によって確立したのではなく、その使用者自身の合意があってはじめて確立したのである。というのも、そのような慣習を一般化した人びとを多数者から分かつのは、身体の力や全般的な勢力ではなくかれらの思慮であったからである［I.8.1-2］。

賢明な立法者はこの正義にかんする合意にもとづいて立法する。正義に加えて法という強制手段が必要とされる理由は、自分にとっての真の利益を理解しない者が存在し、共同体の存続を危うくするからである。「その後、法の利益を理解した人びとは、そのようなふるまいを控えるのにさらなる理由を必要としなかった。ほかの人びとはこれを十分認識できず、殺しあう愉悦を控えるのに大いなる処罰をもってした。そうした禁令がそれぞれ今日にいたっても機能するのは明白である」［I.7.3］。

　ガッサンディの引用法に正義のコンヴェンショナリズムから近代社会契約論の原型思想を結晶させようとする意図があるのは明らかだが、それがかなり恣意的かつ牽強付会といってよいほどの曲解であることはいなめない。たとえば文明社会の起源についてのルクレティウス第五巻の説明は、栄華をきわめたアテナイが疫病の惨禍に見舞われる第六巻末尾の描写と対にして読まれるべきものであるし、ヘルマルコスの法の系譜学の根底には法を必要とする多数者への軽蔑があった[49]。そもそも相互危害を自制することから得られる利益というエピクロスの正義の定義自体が、人間にとって自然的な善である快楽の追求を制約する必要から生まれた人為のとりきめへの侮蔑を含んでおり、それを「自然の正義（φύσεως δίκαιον）」と呼ぶのは、「正義の本性（δικαίου φύσιν）」が自然に反した約束事《コンヴェンション》にほかならないことを皮肉った表現なのである。だがそのようなアイロニーを欠いたエピクロス主義的正義論は、人間の自然が洗練＝文明化される過程の社会進化論的説明へと容易に読みかえられ[50]、ガッサンディ以降に多くの追随思想を生みだすことになる。

(2)　政治的エピクロス主義

縦横無尽の引用でエピクロス主義的正義論を規範的に読みかえたガッサンディは、ついでそれを自然状態（status naturae）から望ましい政治社会を成立させる論理として再構成することを試みる［A, 1525＝OOII, 786A］。自然状態における人間を理解する従来のやりかたには、「絶対的に、あるいは人間そのもの（absolute seu secundum se）、つまりかれがただひとりの人間であるように」考える場合と、「比較において、あるいはかれが他者と関係しているように（comparate, seu prout refertur ad alios）、つまり社会の一部分であり一部となることを欲するように」考える場合のふたつがあった。

　この第一のやりかたでは、人間は孤立して純粋な自然状態にある（quasi solitarius, & in purae naturae statu）ものと解される。……自然は人間が生存できるように、自己を維持し保存するための能力を人間にあたえた。また自然は、人間の保存に欠かせず、保存へと導く有益なあらゆるものを使用する権能をあたえた。さらにいえば、この能力そのものこそが第一次的自然権（ius naturae primarium）なのである。したがって、この能力を行使する機会あるごとに、われわれは自然の一権利を、また実際、第一次的な、つまり自然の最古の贈り物たる自然権を行使していると判断される［A. 1543-44＝OOII, 794B-795A］。

他方、第二の考えかたでは、「人間は自然によって社交的な動物（sociabile animal）にできている」［A. 1544＝OOII, 795A］。これは第一のホッブズ的な人間観と矛盾するようにみえるが、ガッサンディによればそうではない。ルクレティウスが説明するように、人間には内なる獣的性格を飼い馴らして次第に他者と協調していく能力が自然的にそなわっているが、それだけでは「各人に各人の権利をあたえる（tribuendi cuique suum ius）」のに十分でない。そこでガッサンディは、「純粋な自然状態」を第一次的自然権を引きだすための仮説的状況、「現実というよりは方法論的「みかけ」（「フィクション」）の状態」とみなし、それを法的に保証された第二次的自然権（ius natur ae secundarium）にする必要から一連の相互協定（pactus mutuis）が結ばれ、政治社会が「変容した自然（naturae modificatae）」［A. 1544＝OOII, 795A］として誕生すると主張する。

……これらの契約ゆえに社会が創設されると、まずかの能力〔一次的な自然権〕は放棄されるが、同時に他者の力ずくの暴力からいまや保護されているので、むしろ強化されることになる。そのかぎりでも、契約に依拠するものを二次的な権利（secundarium ius）と呼ぶことはできる。契約そのものが効力を発揮してある程度までこの権利をあたえるようになったのちは、この契約こそが正義（Iura）と呼ばれる。実際この権利は、二次的な権利であるにもかかわらず自然の権利と呼ぶことができる。それはやはり自然に由来し、自然の意図に一致するからである［A. 1544＝OOII, 795A］。

ガッサンディの社会契約論では、政治社会の成立に少なくともふたつの契約が関与すると考えられる[51]。第一は、人びとが「たがいに害をあたえたり受けたりしない」ことで合意する（狭義の）社会契約である。第二は、各人が自然権を主権的統治者に向けて放棄する統治契約であり、これによって各人の財産は所有権として法的に保証される。ただしガッサンディによれば、この主権的権威への権力委譲はあくまで便宜上要請されるにすぎず[52]、立法権力が君主ないし主権団体によって独占されるようになったのちも、人びとはある種の自由を保持しつづける。「人びとの同意が明示的に……あるいは暗黙的に関与していることを理解しておかねばならない。権力を譲渡しておのが身に権力を受けることになったといっても、それは人びとが自発的にしたことなのである」［A. 1546＝OOII. 796A］。

キリスト教の伝統においては権利概念そのものが神学的に理解され、第一次的自然権は原初の無垢の人類に対応し、第二次的自然権は神の恩寵による救済と関係づけられていたことを考えれば[53]、第二次的自然権を「変容した自然」と捉え正義を一貫して世俗の言語で語るガッサンディは、ホッブズと並んで近代的な政治哲学の創始者のひとりに数えられてよい。だがロックを先取りした観のあるその自由主義的な政治理論も、エピクロス主義の伝統にあってはむしろ始祖への最大の背信行為となりかねない。そもそもエピクロスの哲学は、「隠れて生きよ」［Us.551］のモットーに象徴される本質的な非政治性を一大特徴とするはずだからである。ところがガッサンディによれば、「エピクロスはなんの留保もなしにこういったのではなく、もっぱら「なんらかの事情が介在しないかぎり」という条件つきでいったのである」［A. 1478＝OOII. 762B］[54]。この「事情」とは、たとえば国家存亡の危機である。たしかに人間の最高の幸福は私的生活における心の平静《アタラクシア》に存するが、国家が騒乱の渦中にあるときにはこの幸福追求そのものが不可能になるだろう。それゆえエピクロスの「隠れて生きよ」は無条件ではなく、国家を防衛する市民の義務の発動が要求されないかぎりは、快楽を追求し苦痛を避けながら平穏に生きるべし、という仮言命法の意味で理解されねばならない［A. 1356–57＝OOII. 703A-B］。

エピクロス哲学の拡大解釈は快楽や徳の理解にもおよんだ。そもそも国家は、快楽と苦痛の収支を計算する人間の思慮がしばしば誤り、当人のみならず往々にして社会を破滅へと導くことがあるからこそ必要とされる。「わたしの確固たる理解によれば、この（節度のない）欲望は自然的であり、それゆえ年少者においても野獣においてすらも旺盛であるように見うけられる。また、いくら自分にはその心配がないと言い張るひとでも、自分がおのれの欲求につねに囚われ、振り捨てたくてもできないことに気づかない者はない」[A. 1362＝OOII. 706A]。それゆえすぐれた統治者は、快楽の追求にあたって有徳なふるまいをすれば、他者の称賛がもたらす「心の歓喜」や快楽獲得の確実性が増すなどの「見返り」があることを人びとに身をもって教える責務がある。さらにガッサンディによれば、観照的生活のなかにエピクロスが見いだした平安は、活動的生活の最中にも獲得できる。「エピクロスは心の平静と苦痛の欠如が純然たる無感覚のようなものでよいとは考えなかった。かれがそれに期したのは、生の諸活動が平穏かつ悦ばしく成し遂げられるような状態であった」[A. 1382＝OOII. 716B-717A]。「魂が平静だと称せられるのは、閑暇の生活だけではない。むしろ、とりわけ偉大で卓越したことがらに取り組みながら、内に興奮はなく、平常心を保っているときもそうなのである」[A. 1384＝OOII. 718A][55]。

こうしてガッサンディのエピクロス主義がとめどなく政治化する理由を、三〇年戦争からフロンドの乱へとつづく「危機の時代」を迎えたフランスの社会情勢にみることは可能である[56]。それはまた、ガッサンディの哲学が国境を越えイギリスで注目をあつめた理由になるだろう。王立協会の数学者たちがデカルト派とガッサンディ派に二分していたという弟子のソルビエールの証言は眉唾だが（『イングランド旅行記』[38]）、著作が公刊から時をおかずに英訳されたことは事実である[57]。遺著『哲学集成』も、ごく一部とはいえ「自然学」の部が早くも一六五九年に抄訳され[58]、やや遅れて「倫理学」の部が『幸福、徳および自由にかんする三講』（*Three Discourses of Happiness, Virtue and Liberty*）のタイトルで一六九九年に出版されるや、ディグビィのような帰依者を輩出している。これが一七世紀に俗語で読めたガッサンディの著作のすべてであったことは、学問と社会の両面で革命が進行しつつあったイギリスでの政治的エピクロス主義の需要の高さを物語る。

ただしガッサンディの倫理学と銘打って多くの読者を獲得した『三講』は、実は『集成』の「倫理学」の部ではなく、ベルニエの『ガッサンディ哲学の要約』（一六七四―七八年）第七巻「道徳（*La moral*）」の英訳であった。『要約』には師を一介の「哲学史家」でおわらせまいとする弟子の強い意向が反映され［I, Au lecteur, 9］、『集成』の人文主義的な結構を無視して古典の引用を極力省き、耳ざわりのよい穏当な主張ばかりを抜粋している。こうしてガッサンディの倫理学教義として選ばれたのが、たとえばエピクロスの快楽主義と「自然のもっとも賢き制作者のかの狡知」とは矛盾しないとする主張――「すべからく行為は、たとえ自然的な行為ですら……それ自体ではうんざりするものであるから、かの制作者は快楽のある種の魅力でどんな行為にも興趣を添えた。つまり制作者は、ある行為が必然的になればなるほどその快楽が増すことを欲したのであった」（『要約』［VII, 99–100 = HVL, 90; A, 1353 = OOII, 701B］）――であり、心の平静の政治的拡大解釈（『要約』［VII, 137 = HVL, 129］）であった[59]。要するにイギリスで喧伝されたガッサンディ主義とは、弟子たちの手で縮約され教義化された師の公教的《エクソテリック》な哲学にほかならず、かれらの布教活動をつうじて確実に通俗化したエピクロス主義なのである[60]。

ガッサンディ経由でエピクロスを功利主義思想の先駆者に数える現代の風潮も[61]、エピクロス『主要教説』三一のガッサンディによる解説を下敷きにしたベルニエのつぎのような引用頻度の高い「要約」に負う。

適切にいえば、正あるいは自然的正義とは利益（utilité）、すなわち、共同の合意により、人間がたがいに害をあたえたり受けたりしあわずに、安全に生きられるようにと提起された利益のしるし以外のなにものでもない。この安全こそがほんとうの善であり、それゆえ万人が自然的に欲するものなのである（『要約』［VII, 323 =

（62）HVL, 315]）。

これはエピクロスの哲学ではなかった。古典的なエピクロス主義者にとっては、富、名誉、権力、その他の外的な善はもちろん、正義が約束するこの世の平和と安全ですらも心の平静を脅かす死の恐怖への最終的な治療薬とはなりえない。「その他すべてには安全を確保することができるが、死にかんしては、人間はみな城壁のない都市の住人である」[Us.339]。国家もその法が保障する権利も、死のまえでは所詮もろくも崩れる「城壁」でしかない。少なくとも人文主義者ガッサンディはこのアイロニーを承知していたと信じる証拠がある。弟子による改鋳が加わっていない『注解』の末尾に添えたエピクロス『主要教説』の私訳で、ガッサンディは命題一三［DL. X. 143］をつぎのように補足していた。

> 天上のことと地下のこと、総じて無限の宇宙で生じるあらゆる事象が気にかかったままでは、いくら人間同士の安全保障があっても無益である。**ただそのひと自身によってもっとも安全なひとでなければ、安全といっても根拠はない**［A. 1721＝OOV, 141B］。

魂の病を治療できるのは哲学だけであり、「市民がみな哲学的に生きるなら国家も法も不要であろう」［OOI, 5B］。これはエピクロスの徒ガッサンディの偽らざる信念であった。

6　哲学と信仰のはざまで

『注解』と『哲学集成』の第三部「倫理学」は、第三章「自由、偶運、宿命および予見について（*De Libertate,*

Fortuna, Fato ac Diuinatione)」で自由と必然の関係を考察している。ガッサンディがエピクロスの原子の〈逸れ〉を人間の自由のモデルにしたことはすでにみた。原子に直線運動と衝突による反発運動しかみとめないデモクリトスの自然哲学から帰結するのは、すべてのできごとが厳格な因果的必然性にしたがって生起する決定論的宇宙である。「この必然性（necessitas）なるものは、あらゆる人間行為から自由を完全に除去し、われわれの判断力の埒内になにも残してくれないしろもののように思われる」[A. 1615 = OOII. 831B]。だが「自然の必然性」を打ち破って「自然の逸れ」を引きおこす力が原子にそなわると主張したエピクロスも、宇宙を偶然性（contingentia）の手にゆだね、生を博打のごときものにしてしまった[A. 1611 = OOII. 830A]。その誤りは、「あらゆるできごとには原因がある」という真理を「自然は永久に連鎖する因果の法則性に支配されている」というストア派的な宿命論と混同して、自然に偶然性が内在しなければ自由意志の存在を正当化できないと考えてしまったことにある（キケロ『運命について』[18-23]）。

それでは必然性と偶然性とはこの宇宙においてどのように共存するのであろうか。ガッサンディはまず、自然に偶然はないことを偶運（τύχη: fortuna）の例で説明する。樹を植えるために地面を掘っていたひとがたまたま宝物を発見したとしよう（アリストテレス『形而上学』[1025a14-29]および『自然学』[196b31-198a13]）。この事態は、それぞれに特定可能な原因のある独立したふたつの自然的連関が交錯したことによって説明可能である。それゆえ「偶運それ自体は実際なにものでもない。……それは端的に邂逅（concursus）の予見がないこと、したがってできごとの意図についての予見がないことをいう」[A. 1609 = OOII. 829A]。認識能力の限界ゆえにこの邂逅を予期できない人間には偶然としかみえないが、神はそれを必然として予見することができる。

神の意志なしにはなにごとも為されないのであるから、宿命とは神の意志の命令のことである。そのことに同意するならば、宿命が擁護できるそのかぎりで偶運もやはり擁護できることになる。実に偶運とはできごとの邂逅にほかならず、人間には予見できなくても神には予見されていたのである。だからそれらのできごとは連結した一連の因果、すなわち宿命である［A. 1632＝OOII, 840B］。

ついでガッサンディは、これが決定論でも宿命論でもないことを説明するために、命題がかならず真か偽かのどちらかであることをみとめても、できごとは宿命によって起こるという結論は導かれないと主張する。「ヘルマルコスは明日生きている、あるいは生きていない」のような未来のできごとについての言明は、どちらかの事態が実際に起こったときにはじめて真となるだけで、どちらかがかならず起こるようにあらかじめ決定されているという含意はない。「自然のなかにそのような必然性は存在しない」［A. 1626＝OOII, 837A］からである(63)。神にあってもそれは同じである。神の予見が原因となって未来の偶然事が必然になるのだとしたら、たとえ人間に自由意志があってもないにひとしくなってしまう。だがガッサンディによれば、いま問題になっているのは「絶対的必然性（absolute necessarium）」ではなく、〈あるできごとが現前的にみられるならば、必然的にそのできごとは起こっている〉という「仮定から（ex suppositione）」の、あるいは「条件つき（sub conditione）」の必然性なのだ。人間はできごとを時間的継起のかたちでしか把握できないが、神はすべてのできごとを永遠の現在性において知るがゆえに、未来の偶然事もいま眼前で起こりつつあることとして把握する。それゆえ、たとえなんらの必然性もともなわずに自由意志から為される行為ですら、神には必然的なこととして知られるのである(64)。

ペテロの未来の否認は神により必然的なこととしてみられていたのだが、それは仮定からの必然性によってであり、それゆえ自由はいささかも奪われない。……こうしてペテロがキリストを否認するであろうことははじめから決定されていたにもかかわらず、かれはそれを自分なりにいかようにでも自由にやってのける。あとになって、かれがそうしたからそれが必然的になったのである［A, 1635 = OOII, 841B］(65)。

人間の自由意志と神の全知の両立を説くガッサンディが、デモクリトスの決定論を直接の標的として間接的にカルヴァンの予定説を、さらには一六四五年にはじまる国教会主教ブラモールとの論争で人間の自由意志を否定する厳格な決定論哲学を表明したホッブズを批判しているのはたしかであった(66)。だがその苦心の甲斐もなく、当のホッブズはこれを真摯な反論とは受けとらなかったようである。『市民論』初版上梓後に『注解』草稿を読んだホッブズは、これを「アリストテレス哲学に大きさで匹敵し、真実味ではるかにまさる卓越したラテン語」と激賞しながら（一六四四年一〇月二〇日付ジョン・ペル宛のチャールズ・キャヴェンディッシュの手紙［#59, 85］）、直後にはじまるブラモールとの論争では「条件つき必然性」やアクィナスの「とどまるいま（nunc stans）」をスコラ的冗語と一蹴し［EW5, 48-49; 248-49; 329-30］、『市民論』第二版（一六四七年）で無神論的唯物論を率直に表明しはじめる――あたかもも、ガッサンディが自由意志の擁護や偶運の説明に神学的な論拠をもちだすのは、トリエント公会議（一五四五―六三年）以後のカトリック教会で容認されている教義を公教的に利用しているだけなのだと確信したかのように。かガッサンディは『市民論』を「まことに非凡」と評しつつ、宗教にかんして「われわれは意見を異にする（ἑτερόδοξοι）」ともらした（一六四六年四月二八日付ソルビエール宛の手紙［DC, 85］）。『注解』から『集成』にかけて「自然学」の部が目立って神学化していくのは、ホッブズへの非難が自分に遡及するのを懸念したためという解釈も成り立つかもしれない(67)。

これをホッブズの早合点や我田引水とはあながちいいきれない。『注解』および『集成』で倫理学上の争点として論じられる偶運は、エピクロス主義研究を着想した当初は自然学の一環として考察される予定であった(68)。この変更が二〇余年にわたる『注解』執筆期間のどの時点で生じたかは不明だが、その理由だけはある程度推測できる。

エピクロス主義者にとって偶運とは偶然の別名であり（賢者は「偶運については、多数者の考えとは違ってこれを神とはみなさない」[DL. X. 134]）、自然哲学的に説明可能なものには心煩わされない（「偶運が賢者に干渉するのは些細なことがらについてである」[DL. X. 144]）。だが偶運を、とくに悪しき偶運を恐怖する者には、いくら偶然のなんたるかを説明しても無駄であり――「すべて稀に起こる意外なものが、定見なき俗衆を驚かせる」（ボエティウス『哲学の慰め』[IV. M5. 19–20]）――、その責を畏敬や崇拝の対象となるなにものかに帰することが必要になる。この課題に敏感に反応したのがホッブズであった。『リヴァイアサン』では偶運を自然哲学上の「第一起動者」から切り離し、神が必要とされる政治哲学上の理由にもっぱら関係づけて論じている(69)。

後世への影響という点では、人文主義者ガッサンディがディオゲネス・ラエルティオスのテクストにほどこした校閲の、当人ですら意図しなかった結果にこそ大きな意義がみとめられる。なかでも、神々は人間に無関心だと主張するエピクロスの真意を伝えたことは第一の功績に数えられてよい。「メノイケウス宛の手紙」の一節[DL. X. 123–24]をガッサンディのラテン語訳で引用しよう。

> 神についての共通の観念として人びとの心に銘記されているとおりに、神を不死かつ至福の生き物と信じよ。神の不死性とは無縁なことや至福性に不似合いなことを神に押しつけてはならず、神の不死性と至福性を保てるものはすべて神のものと考えよ。神々はたしかに存在しており、神々についての認識は明瞭だからである。だがその神々は多数者の信じているようなものではない。多数者は神々にかんする考えを自分で堅持していないからである。だから不敬虔なひととは多数者の神々を否認する者ではなく、多数者の臆見を神々に押しつける者のことである。なぜなら、多数者が神々について主張しているのは先取観念ではなく偽りの想定であり、それによれば悪人には最大の禍いが、また善人には最大の祝福が、神々の贈り物として降り注ぐというのだか

ら［A, 83＝OOV, 46］。

末尾近くの「善人には（τοῖς ἀγαθοῖς: bonis）」がガッサンディの挿入であることはよく知られている。概して現代の校閲者たちは挿入を疑問視して、「悪人には最大の禍いが、また〈生贄を捧げるなどして神々の愛顧をもとめれば〉最大の祝福さえもが、神々の贈り物として降り注ぐ」と読み、これを「偽りの想定」とみなすエピクロス自身は神の正義を否定していないと解釈する傾向にある。[70] 対照的にガッサンディの補足は、善人に報い悪人を罰するキリスト教的な義の神の観念ですらも「偽りの想定」に含めることにより、エピクロス的な敬神の異教性を際立たせる効果があるといえる。

ピエール・ベールはこの補足の含意を正確に汲みとった数少ないひとりであった。『歴史批評辞典』の「ルクレティウス」の項に付した注Ｓで、ベールはエピクロスが神の摂理をみとめていたというある論者の主張を論駁するために、ディオゲネス・ラエルティオスから先の文章をギリシア語とラテン語訳で引きあいに出しているが、それはまさしくガッサンディの校閲と訳文なのである［IX, 532B-533A／(II)六二〇頁］。ガッサンディの影響とおぼしき箇所はこれだけではない。ベールは「エピクロス」の項を執筆するにあたり、ガッサンディの『エピクロスの生涯と流儀』とジャック・デュ・ロンデルの同名書（一六九三年）を主たる典拠にしている。ロンデルによればエピクロスは神の摂理を否定していないと本文に記したベールは、しかし注Ｌでその信憑性を疑問に付すようなきわめてアイロニカルな説明を展開したうえに、傍注でセダン大学の同僚であったこの修辞学者の著作について、同じ著者の『エピクロスの生涯』（一六七九年）にガッサンディを剽窃した「まぎらわしい題名」をつけただけと酷評する［VI, 184B-185A, note 108／(2)四九頁および七五頁の注120］。さらには、注Ｎでディオゲネス・ラエルティオスの "τῆς μὲν γὰρ πρὸς θεοὺς ὁσιότητος καὶ πρὸς πατρίδα φιλίας ἄλεκτος ἡ διάθεσις"［DL. X.10］という一節を取りあげて、これをエピクロスの敬神と祖国愛は真摯なものであると読む通説は誤解であり、「実際かれは、神々への敬虔の念と祖国への愛を口ではいえないほど内に宿していた（Nam sanctitatis quidem in Deos, & charitatis in Patriam suit in eo affectus ineffabilis）」［A. 15＝OOV. 4］というガッサンディ訳――それは結果として時代の正統信仰と世俗的な愛国心とを同列において相対化する――が正しいと主張するのである［VI. 186B-187A／⑵五一―五二頁および七六頁の注142］。

それでも、エピクロスが神々の存在を否定するという意味での無神論者ではなかったように、ガッサンディも無神論者ではなかったといえるだろう。『エピクロスの生涯と流儀』の著者は、エピクロスの宗教観にキケロとプルタルコスが下した論評を精査せずに鵜呑みにする風潮を強く戒める［OOV. 197A-198A］。エピクロスは単純なことを教えているのだ。神にたいする人間の態度は子どもが親に示す純粋な献身でなければならず、生贄を捧げて見返りを期待するような互酬的で追従的なものであってはならない。

> 神を崇拝する原因にふたつを区別するのがわれわれの慣わしである。第一の原因は神の卓越した至高の本性である。この本性により、われわれは神がそれ自体において、またわれわれ自身の利益を考慮せずに、崇拝され敬意を払われるにもっともあたいすることを知る。もうひとつは神がわれわれに授けた利益、あるいは……祝福をあたえ害悪から救いだすことによって神がわれわれに授けるかもしれない利益である。前者の原因から神の崇拝にいたる者は、純粋に子どものような愛の態度を持したといわれる。後者の原因に突き動かされるとき、その感情は追従的である。このような追従的な愛や名誉も実際は叱責されるべきものではない。恩恵を授けてくれるひとへは感謝を怠ってはならないのであるから。しかし子どものような愛がはるかにすぐれており、神ご自身の本性によって要求されているのもこの愛であると主張しない者があろうか［OOV. 201B］。

ここで「神の卓越した至高の本性」のなかに原子の創造主という自然哲学的な性格が含まれていないことに注意

しよう。『流儀』は『注解』で採用された著述の技法をまだ確立していない時期の作品だけに、著者の真意がより率直に吐露される。たとえば、ルクレティウスの「宗教はかくもはなはだしき悪事を為さしめえた」[DRN. I. 101] という一節を引き、エピクロスのような賢者は「都市の祭礼の折りには人並み以上に楽しむ」[DL. X. 120a] というディオゲネス・ラエルティオスの証言と対比した箇所で、ガッサンディはつぎのような注釈を付している。

> かれが参列したのは、市民法と公共の安寧が要求したからである。魂はそこからなんらの知恵も得ないがゆえに、かれはそれを非難した。……内面のかれは自分自身の法に依り、外面は人間社会を義務づける法に依っていた。こうしてかれは自分自身への責務と他者への責務とを同時にはたしていたのである。そしてわたしは、ことばにおいてもおこないにおいても、これほど称賛にあたいするものはありえないといいたい。……世にいうごとく、哲学者の感情は少数者とともにあり、おこないは多数者とともにある。これは知恵の一端なのである [OOV. 202B]。

後年の『注解』と『哲学集成』で、神の摂理をみとめず自然を哲学の至高原則にしたエピクロスを不敬虔と難じたとき [A. 1570＝OOII. 808B]、ガッサンディは古代の哲学者の政治的なふるまいを自分でも模倣していたのではなかったか（ギュイヨー『エピクロスの道徳』[Conclusion générale, 287-88]）。ともかくもこうしてエピクロスは西洋の知的世界のメインストリームに復帰し、その影の立役者は今日でもマイナーな存在でありつづけている。

注

（1） Cf. Thomas M. Lennon, *The Battle of the Gods and Giants: The Legacies of Descartes and Gassendi 1655–1715* (Princeton, NJ: Princeton University Press, 1993), chap. 3.

（2）Alexandre Koyré, "Gassendi: le savant," *Pierre Gassendi 1592–1655: Sa vie et son Œuvre*（Paris: Albin Michel, 1955）, p. 61 and 69.

（3）W. R. Johnson, *Lucretius and the Modern World*（London: Duckworth, 2000）, p. 80.

（4）『エピクロス哲学集成』［OOIII, 1-94］はもともと『注解』に補論として付されたエピクロス哲学の簡潔な要約であり、のちに単行本として出版された。

（5）ガッサンディは一六二八年から翌年にかけてオランダに旅行し、当時すでに医師・科学者の立場から原子論を講じていたイザーク・ベークマンに面会して多大な感化を受け、その直後に庇護者のペイレスクに宛てた一六二九年四月二八日付の手紙でエピクロス哲学研究の詳細な計画を披露した。Cf. Bernard Rochot, *Les travaux de Gassendi sur Epicure et sur l'Atomisme 1619–1658*（Paris: J. Vrin, 1944）, pp. 34–43, 46–48; Howard Jones, *Pierre Gassendi 1592–1655: An Intellectual Biography*（Nieuwkoop: Graaf, 1981）, p. 25.

（6）Cf. Margaret J. Osler, *Divine Will and the Mechanical Philosophy: Gassendi and Descartes on Contingency and Necessity in the Created World*（Cambridge, NY: Cambridge University Press, 1994）, p. 48 and pp. 100–1; Lisa T. Sarasohn, *Gassendi's Ethics: Freedom in a Mechanistic Universe*（Ithaca, NY: Cornell University Press, 1996）, p. 74.

（7）Cf. Monte Ransome Johnson, "Was Gassendi an Epicurean?" *History of Philosophy Quarterly*, Vol. 20 No. 4（2003）, pp. 344–45.

（8）ガッサンディによれば、エピクロスは「悪意」からではなく異教徒ゆえの「無知」が原因で神の本性を誤解したのであった［OOI, 290B］。なお、ガッサンディ原子論のもっとも簡便な要約は依然として Léopold Mabilleau, *Histoire de la philosophie atomistique*（Paris: F. Alcan, 1895）, Livre IV である。

（9）批判哲学期のカントは、「純粋理性の独断論」であるエピクロスの哲学を理性批判に服する以前の近代自然科学の精神にとどまるものと一蹴するようになる（『純粋理性批判』［A466/B494; A854/B882］）。

（10）ガッサンディはディオゲネス・ラエルティオスの刊本の本文批評およびラテン語訳の不備を嘆き［A, 2-3］、友人の人文主義者たちに依頼して残存する数多くの写本を実見した。Cf. Lynn Sumida Joy, *Gassendi the Atomist: Advocate of History in an Age of Science*（Cambridge: Cambridge University Press, 1987）, pp. 74–75. デュピュイ・アカデミーにあつまった「人文学者リベルタン」については、赤木昭三『フランス近代の反宗教思想――リベルタンと地下写本』（岩波書店、一九九三年）、第一部

第三章を参照。

（11）「論理学提要」［OOI, 91-124］はその後『エピクロス哲学集成』との合本で一六六〇年にロンドンで出版され、近代経験論、とりわけロックの観念の理論に影響をあたえた。Cf. Emily and Fred S. Michael, "The Theory of Ideas in Gassendi and Locke," *Journal of the History of Ideas*, Vol. 51 No. 3（1990）; Rolf W. Puster, *Britische Gassendi-Rezeption am Beispiel John Lockes*（Stuttgart-Bad Cannstatt: Frommann-Holzboog, 1991）, Kapitel VI. なおコールリッジも「提要」から多くを学んだと告白している（『ノートブック』［IV. Feb. 1824, #5123］）。

（12）Cf. René Pintard, *Le libertinage érudite dans la première moitié du XVIIe siècle*（Paris: Boivin, 1943）, pp. 41-42; Joy, *op.cit.*, pp. 79-80.

（13）Cf. Joy, *op.cit.*, p. 19.

（14）Cf. Pintard, *op.cit.*, pp. 127-28; Olivier René Bloch, *La philosophie de Gassendi: nominalisme, matérialisme et métaphysique*（The Hague: Martinus Nijhoff, 1971）, pp. 485-87. 当時の代表的なリベルタンについては Antoine Adam, *Les Libertins au XVIIe siècle*（Paris: Buchet Chastel, 1964）を参照。

（15）ヴォルテールは宗教による哲学者迫害の例として、ガッサンディが生地の南仏ディーニュにたびたび身を潜めたことをあげている（『哲学辞典』の「哲学者（PHILOSOPHE）」の項［344／三三三頁］）。

（16）Cf. Emily and Fred S. Michael, "Two Early Modern Concepts of Mind: Reflecting Substance vs. Thinking Substance," *Journal of the History of Philosophy*, Vol. 27 No. 1（1989）, pp. 31-32.

（17）Friedrich Albert Lange, *Geschichte des Materialismus und Kritik seiner Bedeutung in der Gegenwart*, Bd. 1（Frankfurt am Main: Suhrkamp, 1974）, S. 244; cf. Bloch, *op.cit.*, pp. 476-81. 一方、デカルト批判に力を発揮した懐疑主義こそガッサンディが自然理性によっては魂の不死性を証明できないとみなす真の根拠であり、『集成』の議論に後退と混乱をみるものに Antonia Lolordo, *Pierre Gassendi and the Birth of Early Modern Philosophy*（Cambridge: Cambridge University Press, 2007）, pp. 233-39, 244-47 がある。

（18）アフロディシアスのアレクサンドロス『霊魂論』注解は一四九五年に、シンプリキオスは一五四三年にそれぞれラテン語に訳された。アヴェロエス『自然学大注解』もすでに一三世紀にラテン語に移されている。

（19）アヴェロエス主義とパドヴァ学派の関係およびラテラノ公会議については、Ernest Renan, *Averroès et l'Averroïsme: Essai*

Historique (Paris: Augusta Durand, 1852), pp. 281-92; Eric A. Constant, "A Reinterpretation of the Fifth Lateran Council Decree *Apostolici regiminis* (1513)," *The Sixteenth Century Journal*, Vol. 33 No. 2 (Summer 2002) を参照。信仰と理性の対立を強調するルナンのアヴェロエス主義理解を批判し、二重真理説とガッサンディを含む自由思想家たちとの関連にも否定的な解釈として、Paul Oskar Kristeller, "The Myth of Renaissance Atheism and the French Tradition of Free Thought," *Journal of the History of Philosophy*, Vol. 6 (1968); Craig Martin, "Rethinking Renaissance Averroism," *Intellectual History Review*, Vol. 17 No. 1 (March 2007) を参照。

(20) クリステラーによれば、「アヴェロエス主義」には少なくとも、①アヴェロエスのアリストテレス注釈を利用すること、②単一知性論、③二重真理説の三つの意味がある。Cf. Paul Oskar Kristeller, "Paduan Averroism and Alexandrism in the Light of Recent Studies," *The Journal of Philosophy*, Vol. 54 (November 1957), p. 775.

(21) レオ・シュトラウスはアヴェロエスを「中世のもっともラディカルな思想家」に数え、つぎのように述べている。「哲学することの新しい状況、すなわち啓示による義務から、哲学者たちにとっての新しい問題、すなわち「啓示にたいする哲学者の説明責任」が生じてくる。かれらの「公教的」な著作のもつ機能は、人間に哲学することを「説得」したり「勧奨」したりすることではなく、哲学することが一個の義務であること、哲学することがその形式と内容において啓示の意味と調和することを「法的思弁」によって示すことにある」。Leo Strauss, *Philosophie und Gesetz: Beiträge zum Verständnis Maimunis und seiner Vorläufer, Gesammelte Schriften*, Bd. 2, Zweite Aufl. (Stuttgart: J. B. Metzler, 2001), S. 47. Daniel Heller-Roazen, "Philosophy before the Law: Averroes's *Decisive Treatise*," *Critical Inquiry*, Vol. 32 No. 3 (November 2006) も参照。

(22) ガッサンディは注釈を訓詁に尽きない哲学の方法と考えていた。ルクレティウスの注釈を準備中のイタリア人医師（アルサリオ・デッラ・クローチェ）がいると知らせる一六三一年のノーデの手紙に、ガッサンディはこう返信した。「そのひとは詩が書かれている順序でルクレティウスを解釈するのでしょうが、わたしは自分の方法に沿ってルクレティウスに語らせ、これらエピクロスの箴言を裏づけるつもりです。小著はルクレティウスを全文写しとることになりますが、詩の順序はすっかりばらばらになるのでまったくの別物と化すはずです」[OOVI, 49B-50A]。また、エピクロスによれば世界は理性ではなく偶然によって支配されることになってしまうと水を差す一六三二年のカンパネッラの手紙には [OOVI, 407B; 408A-B]、キリスト教徒としては教会の教えと矛盾する立場に自分は反対だが、注釈者としては原著者の理解に資する議論をすべて提示する義務があると答えている [OOVI, 54B]。

（23）「かれが懸念しているのは、哲学が神学……への奉仕に召されてはならないということである。神学が哲学に課すたぐいの内職は、神学自身に価値あるものをもたらさないばかりか、哲学を不純なものにしてしまい、一学問学科としての哲学を効果的に破壊するとかれは明言している」。Veronica Gventsadze, "Atomism and Gassendi's Conception of the Human Soul," *Epicurus: His Continuing Influence and Contemporary Relevance*, eds. Dane R. Gordon and David B. Suits（Rochester, NY: RIT Cary Graphic Arts Press, 2003）, p. 97.

（24）デカルトは一六二九年から三五年にかけて執筆した『世界論』においてすでにガリレオ的な宇宙像を擁護していたが、やはり生前はその公表を控えた（六四年に死後出版）。

（25）ニュートンは摩擦のない空虚のなかを原子が「重さ」により等速落下するというエピクロスの説明に慣性法則の最初の定式化をみたが（「慣性法則についての断片」[309-11]）、エピクロスは物体間の遠隔力である重力を原子に内在する運動の原因と誤解していたという。「重力は物質に内在する本有的なものだから、ある物体が離れたところから真空をとおって別の物体に作用しながら、その作用や力が一方から他方へと伝わるなにか別のものの媒介がない、というのはわたしにはとてつもない背理で、哲学的な問題を考えるだけの資質のある者には思いつけないことだと信じています」（ベントリー宛第四書簡 [III. 406, 253-54]）。

（26）原子論の運動理解では重力加速度を説明できないとするものに以下がある。Carla Rita Palmerino, "Galileo's Theories of Free Fall and Projectile Motion as Interpreted by Pierre Gassendi," *Reception of the Galilean Science of Motion in Seventeenth-Century Europe*, eds. C. R. Palmerino and J. M. M. H. Thijssen（Boston: Kluwer Academic Publishers, 2004）.

（27）Cf. Osler, *op.cit.*, p. 191. ガッサンディの影響下でエピクロス主義復興をになった聖職者たちについては、ジョルジュ・ミノワ、石川光一訳『無神論の歴史（上）——始原から今日にいたるヨーロッパ世界の信仰を持たざる人々』（法政大学出版局、二〇一四年）、三四八頁以下を参照。

（28）Cf. Kurd Lasswitz, *Geschichte der Atomistik vom Mittelalter bis Newton*, Bd. 1（Hamburg und Leipzig: Leopold Voss, 1890）, SS. 72-76, 134-75; Mabilleau, *op.cit.*, Livre II et III, Chapitre IV; Andrew G. van Melsen, *From Atomos to Atom: The History of the Concept Atom*（Mineola, NY: Dover Publications, 2004）, chap. 2; Shlomo Pines, *Studies in Islamic Atomism*, ed. Tzvi Langermann（Jerusalem: Magnes Press, 1997）, p. 113; Alnoor Dhanani, "Kalam Atoms and Epicurean Minimal Parts," *Tradition, Transmission, Transformation: Proceedings of Two Conferences on Pre-modern Science Held at the University of Oclahoma*, eds. F. Jamil Ragep and Sally P. Ragep with Steven Livesey（New York: E. J. Brill, 1996）;

M. Johnson and C. Wilson, "Lucretius and the History of Science," *The Cambridge Companion to Lucretius*, eds. Stuart Gillepie and Philip Hardie (Cambridge: Cambridge University Press, 2007), p. 137.

（29）M・ジェイコブ、中島英人訳『ニュートン主義者とイギリス革命』（学術書房、一九九〇年）、参照。

（30）Cf. Lolordo, *op. cit.*, pp. 143-44.

（31）執筆時期の違いに着目してふたつの議論のあいだに修正の過程をみるのはSarasohn, *Gassendi's Ethics*, p. 126である。ブロックによれば、ガッサンディは前者の議論の危険な唯物論的含意に気づいて「良心の危機」に直面し、以後エピクロス主義への深入りを自制したことになる。Cf. Bloch, *op.cit.*, p. 477.

（32）ピエール・ベール『歴史批評辞典』の「エピクロス」の項の注Sを参照。「物質に触れたり押したりできるものは、自分も物質と別のものではない。……もしかれ〔神〕が物質と別のものなら、延長が全然ないことになる」〔VI, 193A／（Ⅱ）五九頁〕。

（33）Cf. Bloch, *op.cit.*, pp. 228-30.

（34）先取観念は感覚経験の反復が記憶として蓄積されて成立した「正しい臆見」であり、感覚による確証ないし反証を「待っているもの」と称される。塔の件はそれを説明する伝統的な例であった〔DL. X. 33-34; 50; 147〕。ルクレティウス『事物の本性について』〔IV. 353-363; 501-502〕、プルタルコス『モラリア』〔XIV. 1121A-C〕、セクストス・エンペイリコス『学者たちへの論駁』〔VII. 203-216; 414〕および『ピュロン主義哲学の概要』〔I. 32; 118〕を参照。

（35）『探究』初版目次では、デカルト第六省察への再反論三第一項に、「ここで提起された抽象的な概念形成過程から、精神の物質的本性を、またはむしろ精神の肉体からの分離不可能性を、分離可能性と同様に推論できる（Ex præcisione conceptuum proposita tam inferri mentem esse corpoream, imo consici potius inseparabilem, quam separabilem esse）」と記されている。Cf. *Disqvisitio Metaphysica, seu Dvbitationes et Instantiæ adversus Renati Cartesii Metaphysicam & Responsa* (Amsterodami: Apud Iohannem Blaev, 1644).

（36）「物体なしには（sine corpore）」は「物体でなければ（nisi corpus）」の誤記である。ラ・メトリは『霊魂論』（一七四五年）で「魂は物質でなければ肉体に作用できず、現実にああやってさまざまに肉体に衝撃をあたえて動かしているのであるから、実際に物質的なものとはいえないだろうか。こうして衝撃をあたえ動かすということは物体にのみふさわしい」と述べた箇所に注を添え、ルクレティウスをガッサンディの誤記で引用している〔X. 8, I-94〕。「魂と肉体は同じ瞬間に一緒につくられ、いわば一筆書きにされている」ではじまり、ルクレティウスから「それゆえこれもまた当然に死を免れない」〔DRN. III. 462〕を引用しておわる『霊魂論』は、全体としてガッサンディのデカルト批判を参照した形跡がある。

（37）Cf. Osler, *op.cit.*, p. 71; Lisa T. Sarasohn, "Motion and Morality: Pierre Gassendi, Thomas Hobbes and the Mechanical World-View," *Journal of the History of Ideas*, Vol. 46 No. 3（1985）, pp. 363–80.

（38）ガッサンディの霊魂論は、ジャンセニストとピューリタンから明白に魂不滅を否定するものとみなされた。A・アルノーはこう述べている。「デカルト氏の形而上学的省察にたいするガッサンディ氏の反論の書が、魂の可死性にかんするエピクロスの謬見を信仰の固まっていない若者に吹き込むおそれが大いにあることは、たしかにみとめざるをえない。かの哲学者はこの書でありったけの知力を用い、理性にとどまるなら、われらの魂と身体の区別は微細な物体と粗大な物体の区別のようなものにすぎないと考えてはいけない確たる証拠などひとつもないことを示そうとしたからである」（『ステヤールト氏に呈する異議』[V. IX, 100]）。ピューリタンからのガッサンディ批判はバクスター『キリスト教の理性』[Conclusion, 419f.] を参照。

（39）『注解』では第二部「自然学」の「人間の魂は不死である、エピクロス論駁（*ESSE ANIMOS HOMINVM Immortaleis, contra Epicurum*）」[A. 549–602] と題する節で一括して論じられていた。

（40）原子はつねに等速運動するのに物体の運動に遅速があることをエピクロスはどう考えるのかという問いに、ガッサンディは運動に含まれる静止の瞬間の数によって説明できると答える [OOI, 341B–342B]。このやりかたはアフロディシアスのアレクサンドロス（『問題と解決』[Quaestio 2.1]）に先例がある。

（41）『注解』ではアヴェロエス、ドゥンス・スコトゥス、マイロニウス、オッカムのウィリアム、カイエタヌス（トンマーゾ・デ・ヴィオ）、アントニオ・ミランドゥラヌス、トマス・ガルビウス、リチェティが列挙されていたのが [A. 555]、『集成』の対応箇所ではスコトゥスとカイェタヌスだけになり、削除された名前はすべて別の箇所で言及されている [OOII, 256A–B]。ガッサンディはメルセンヌ『創世記の諸問題』（一六二三年）のルネサンス自然主義批判を読んでポンポナッツィの思想を知悉していた。Cf. Osler, *op.cit.*, pp. 96–97.

（42）ノーデは一六二七年刊の著書で理想的な図書館に欠かせない著者のひとりにポンポナッツィをあげている（『図書館設立のための助言』[III. 32-33／二九頁]）。パドヴァ大学に留学したノーデは人文主義研究にかんするガッサンディの重要な情報源であった [OOVI, 399]。

（43）「真理への愛ゆえに、わたしは自分が口にしたことでさえ恥じらいもなく撤回する。だが、わたしがたんに矛盾への愛ゆえに他者に異を唱えるというひとは嘘をついている。哲学に真理をもとめる者は異端者たらざるをえないのである」。Cited by Martin L. Pine, *Pietro Pomponazzi: Radical Philosopher of the Renaissance* (Padova: Antenore, 1986), p. 287; cf. pp. 113-18.

（44）魂は可死だとする異教徒の聖人・義人として、ポンポナッツィはシモニデス、ホメロス、ヒポクラテス、ガレノス、アフロディシアスのアレクサンドロスと並び、アル・ファーラービー、アヴェンパーケ（イブン・バーッジャ）、アブバケル（イブン・トゥファイル）らアラビアの哲学者の名前をあげる［XIV, 220］。

（45）ピエール・ベールはガッサンディを「哲学者のなかでいちばんの人文学者、人文学者のなかで最大の哲学者（philosophorum literatissimus, literatorum maximè philosophus）」と評し、全集編者たちは「十分な忍耐力」を欠いていたと苦言を呈している（『歴史批評辞典』「カティウス」の項の注E［IV, 585A／(I)七四〇頁］）。

（46）Cf. Olivier René Bloch, "Gassendi et la théorie politique de Hobbes," *Thomas Hobbes: Philosophie première, théorie de la science et politique*, sous la dir. de Y. C. Zarka et J. Bernhardt (Paris: PUF, 1990), p. 345; Gianni Paganini, "Hobbes, Gassendi and the Tradition of Political Epicureanism," *Der Garten und die Moderne: Epikureische Moral und Politik vom Humanismus bis zur Aufklärung*, hrsg. Gianni Paganini und Edoardo Tortarolo (Stuttgart-Bad Cannstatt: Frommann-Holzboog, 2004), SS. 126-27.

（47）Cf. Gianni Paganini, "Hobbes, Gassendi et le *De Cive*," *Materia actuosa: Antiquité, Age classique, Lumières. Mélanges en l'honneur d'Olivier Bloch*, édités par M. Benitez, A. McKenna, G. Paganini et J. Salem (Paris: Honoré Champion, 2000), p. 185.

（48）『主要教説』三六［DL. X. 151］のガッサンディ訳をみよ。「一般的にいえば、正義あるいは正しいことはすべてのひとにとって同一である。なぜならそれは、人間相互の交渉にさいしての一種の相互利益のことだからである。しかし、地域それぞれの特殊性やその他さまざまな条件があるために、同じことでも結局は万人にとっての正義あるいは不正なことでなくなってしまう」［A. 1761 = OOV. 162A］。

（49）「もし万人がひとしく利益を見抜き、心にとめることができるのなら、さらにそのうえ法など必要ないであろう。各人は禁じられていることはすすんで避け、命じられていることをおこなうだろう。……処罰の脅しは利益を理解できない者向けである」（『禁忌について』［I. 8. 4-5］）。親近性はゼノンとクリシュッポスに由来する概念であり、人間の本質的な共同性を意味する以前にまず生き物のおのれ自身との関係をあらわし、自己保存を正当化する（『初期ストア派断片集』［II. 724 = DL. VII. 85-86］）。エピクロス派のヘルマルコスが古ストア派起源の概念を用いた意図については、Paul A. Vander Waerdt, "Hermarchus and the

Epicurean Genealogy of Morals," *Transactions of the American Philological Association*, Vol. 118（1988）を参照。

（50）Cf. Phillip Mitsis, *Epicurus' Ethical Theory: The Pleasures of Invulnerability*（Ithaca: Cornell University Press, 1988）, p. 106; A. A. Long, *From Epicurus to Epictetus: Studies in Hellenistic and Roman Philosophy*（Oxford: Oxford University Press, 2006）, pp. 195-97.

（51）Cf. Olivier René Bloch, "Gassendi and the Transition from the Middle Ages to the Classical Era," *Yale French Studies*, No. 49（1973）, p. 52; Sarasohn, *Gassendi's Ethics*, p. 158.

（52）「多数者が一堂に会してなにかを決定したり、個々に（あるいは部族ごとに）意見を表明したり一票を投じたりするのでは不都合が生じるであろうから、かれらはみずから自由意志により、権力を少数の人びと、ないしはあるひとりの人物に委譲する」［A. 1464 = OOII, 755B］。

（53）「人間本性から生じる権利は二重である。第一次的自然権（jus naturale primaevum）は人間と動物とに共通する自己保存の自然的な欲望（instinctus）であるが、堕落によって腐敗してしまい、それ以後は理性による修正を必要とするようになった。これが第二の自然権を生みだし、第一次的自然権にとってかわった。第二次的自然権（jus naturale secundarium）とはすなわち、人間知性（mens humana）から出来した権利のことである。……正義概念（notitia justitiae）は正と不正とを区別する人間精神の力であり、神の恩寵をつうじて、腐敗した自然にたいする救済策として人間に貸しあたえられたものである」。Roderich Stintzing, *Geschichte der deutschen Rechtswissenschaft*, erste Abt.（München und Leipzig: R. Oldenbourg, 1880）, S. 302.

（54）この解釈はセネカ『閑暇について』の一節［III. 2-3］を典拠としている。

（55）ガッサンディのいう活動の渦中の心の平静を観照的生活がもたらす最善の幸福にたいする「次善の幸福」とみる解釈として、Sarasohn, *Gassendi's Ethics*, pp. 73-74 を参照。

（56）Cf. *ibid.*, p. 145.

（57）『エピクロス哲学集成』の「倫理学」の部は、一六五四年にウォルター・チャールトンの序文を付して『エピクロスの道徳』として英訳された。コリングウッドはこう述べている。「注意ぶかい読者ならエピクロスとチャールトン博士のエピクロスが同一人物だなどとは想像しないであろう」。後者は「一七世紀の基準で判定され賞讃される人物である」。R. G. Collingwood, "Review of *Epicurus: the Extant Remains* by C. Bailey and *Epicurus: his Morals* by W. Charleton," *The Monthly Criterion*,

Vol. VI No. 4（1927）, pp. 370-71. また一六六〇年に出版されたトマス・スタンリーの大著『哲学史』第三巻第一三部「エピクロス」は、原著者名を伏せて『エピクロスの生涯と流儀』の最初の二章（伝記的記述）と『エピクロス哲学集成』を英訳したものである。エピクロス主義関連以外では、『ペイレスクの生涯』（*Viri illustris Nicolai Claudii Fabricii de Peiresc, senatoris Aquisextiensis, vita*, 1641）[OOV, 237-350] が *The Mirrour of True Nobility and Gentility: Being the Life of the Renowned Nicolaus Claudius Fabricius, Lord of Pieresk, Senator of the Parliament at Aix*, englished by W. Rand（London: Printed by J. Streater for Humphrey Moseley, 1657）のタイトルで英訳されている。Cf. Puster, *op. cit.*, Kapitel III.

（58）*The Vanity of Judiciary Astrology, Or Divination by the Stars, Lately written in Latine, by that Great Schollar and Mathematician the Illustrious Petrus Gassendus; Mathematical Professor to the King of France, Translated into English by a Person of Quality*（London: Humphrey Moseley）. これは「自然学」第二篇第六章「天体の運行について（*De effectibus siderum*）」[OOII, 713-52] の英訳である。

（59）ベルニエの『要約』がガッサンディ主義の普及にはたした役割については以下を参照。Cf. Bloch, *La philosophie de Gassendi*, p. 493; J. S. Spink, *French Free-Thought from Gassendi to Voltaire*（New York: Greenwood, 1960）, pp. 106-8; Alan Charles Kors, *Epicureans and Atheists in France, 1650-1729*（Cambridge: Cambridge University Press, 2016）, pp. 60-73. 自由思想家とは一線を画しエピクロス主義とキリスト教の両立を素朴に信じるベルニエは、ガッサンディ哲学の公教的な側面を代表する弟子といえる（『ムガル帝国誌』[Lettres, 9-11, 25-26／(2)一五四—五六、一六二—六三頁]）。一方、ガッサンディのリベルタン気質を体現する弟子は、『月の諸国諸帝国』（一六五七年）で世界の複数性、無神論、魂の可死性を広言したシラノ・ド・ベルジュラックと、ルクレティウスの性愛観を『人間ぎらい』（一六六六年）その他の作品で大胆に適用したモリエールである。

（60）イギリスでのガッサンディ主義流行のもうひとりの功労者はソルビエールである。メルセンヌ・アカデミーの有力メンバーでもあったかれは、ラテン語版『市民論』の出版にかかわり、その最初の仏訳も手がけるなど、亡命期のホッブズとフランス思想界のあいだをとりもった。当時のパトロナージュ社会システム内部で暗躍した思想ブローカーとしてのソルビエールについては Lisa T. Sarasohn, "Who was then the Gentleman? Samuel Sorbière, Thomas Hobbes and the Royal Society," *The History of Science*, Vol. 42（2004）を参照。

（61）ガッサンディ倫理学を功利主義史に位置づける試みとして、Emily and Fred S. Michael, "Gassendi's Modified Epicureanism and British Moral Philosophy," *History of European Ideas*, Vol. 21 No. 6 (1995); Frederick Rosen, *Classical Utilitarianism from Hume to Mill* (London: Routledge, 2003), chap. 2 を参照。

(62) 『三講』を参照した形跡のあるディグビィの訳では『主要教説』三三もこうなっている。「正義はそれ自体ではなにものでもない。統一して社会をなす人間たちが発見した利益、つまりたがいに敵対せずに生きるためのある条件を守ることで合意する利得のことである」(『エピクロスの道徳』[Max. XXII, 146])。

(63) これはアリストテレスの海戦問題(『命題論』[18a30-b4])を下敷きにした議論である。あらゆる命題は真か偽かのどちらかであるとする二値原理は決定論を導くが、「明日、海戦が起こるか起こらないかのどちらかだろう」のような未来についての命題は二値原理が妥当しないがゆえに、アリストテレスは決定論を誤りとみなした。アンモニオスとボエティウスは、未来のできごとについての偶然的命題は「非決定的(ἄπειρος; indefinitus)」に(真理値が明確に分配されておらず選言的に)真または偽であると解釈しつつ、神にあってはそれが「決定的」な知となるゆえんを説明して、キリスト教神学の議論に接続した(アンモニオス『命題論』[136.1-137.1]、ボエティウス『命題論』[II. 208.12-18; 225.10-226.25]および『哲学の慰め』[V. P6.92-172])。

(64) アウグスティヌス『神の国』[XI. 21]、アクィナス『対異教徒大全』[I. 66-67]および『神学大全』[I. 14. 13]を参照。Cf. John F. Wippel, "Divine Knowledge, Divine Power and Human Freedom in Thomas Aquinas and Henry of Ghent," *Divine Omniscience and Omnipotence in Medieval Philosophy: Islamic, Jewish, and Christian Perspectives*, ed. Tamar Rudavsky (Dordrecht: D. Reidel, 1985), pp. 218-21.

(65) オスラーとサラソーンによれば、ガッサンディはモリナの『恩寵の賜物と自由裁量との調和』(一五八八年)に多くを負っている。モリナは神がもつ知として、物理的世界において生じる現象を予知する自然知(scientia naturalis)と、神自身の意志が原因となって生じるすべてのことを知る自由知(scientia libera)に加え、個々の被造物が可能なあらゆる状況下で為すことをすべて想像しうることから生じる中間知(scientia media)をみとめ、結果として人間の自由意志をアクィナスよりもさらにラディカルに擁護した[Disputation. 52.9, 168]。Cf. Osler, *Divine Will*, pp. 84-85, 94-95; Sarasohn, *Gassendi's Ethics*, pp. 76-86. フランツ・ボルケナウ、水田洋ほか訳『封建的世界像から市民的世界像へ』(みすず書房、一九六五年)、五一四—一五頁も参照。

(66) 海戦問題についてのホッブズの解釈を参照[EW4, 277; EW5, 406-7]。ガッサンディはデモクリトスの決定論をホッブズの見解に見立て、エピクロスの自由意志論とのあいだで「想像上の対話」を展開しているとみることもできる。Cf. Sarasohn, *Gas-*

sendi's Ethics, p. 138.

（67）Cf. Sarasohn, "Motion and Morality," pp. 370-71.

（68）一六三一年の構想では自然学のなかに「世界における偶運と宿命について（De fortuna et fato in mundo）」の章題がみえるが、その後の偶運の位置づけは自然学と倫理学のあいだで二転三転しており（cf. Sarasohn, *Gassendi's Ethics,* Appendix, pp. 211-14）、ガッサンディの倫理学構想はエピクロス研究の開始直後からほとんど変化しなかったというパンタール説は見直しを迫られている。Cf. René Pintard, *La Mothe le Vayer, Gassendi, Guy Patin: Études de bibliographie et de critique suivies de textes inédits de Guy Patin*（Paris: Boivin, 1943）, p. 35. なお『注解』「倫理学」の部の執筆時期は、冒頭部分にデカルトへの「再反論」（執筆は一六四一年）の一部が再現されていることから、早くても一六四二年以降と推測される。Cf. Bloch, *La philosophie de Gassendi,* p. 64 note 177.『集成』各部の成立年代については Lolordo, *op.cit.,* pp. 22-23 を参照。

（69）本書第二部のIIIを参照。

（70）Cf. Benjamin Farrington, *Head and Hand in Ancient Greece: Four Studies in the Social Relations of Thought*（London: Watts, 1947）, pp. 94-96. ウーゼナーは τοῖς ἀγαθοῖς をかっこに入れてガッサンディによる補足であることを明記している。*Epicurea,* hrsg. Hermann Usener（Leipzig: Teubner, 1887; Dubuque: Brown Reprint Library）, S. 6. ロングおよび最近年のマルコヴィッチも同様である。*Vitae Philosophorum,* Recognouit Breuique Adnotatione Critica Instruxit H. S. Long（Oxford: Clarendon Press, 1966）, p. 552; *Diogenis Laertii Vitarum philosophorum, Vol. I: Libri I-X,* edidit Miroslav Marcovich（Stuttgart: B. G. Teubner, 1999）, S. 792. ヒックスは反対にガッサンディ説を採用している。Diogenes Laertius, *Lives of Eminent Philosophers,* Vol. 2, trans. R. D. Hicks（London: Heinemann, 1950）, p. 650. ベイリーはウーゼナーにならっているが、ガッサンディの補足を必要とみなす。*Epicurus: The Extant Remains,* trans. and Notes by Cyril Bailey（Oxford: Clarendon Press, 1926）, p. 84 and 331. ディアーノはこれを省き、ガッサンディの補足を異説として紹介するにとどめる。*Epicuri Ethica,* edidit adnotationibus instruxit Carlo Diano（Florentiae: In Aedibus Sansonianis, 1946）, p. 7. ミュール、アリゲッティおよびロング＝セドレーはガッサンディ説を無視する。*Epicuri epistulae tres et ratae sententiae e Laertio Diogene Servatae in usum scholarum, Accedit Gnomologium Epicureum vaticanum,* edidit Peter von der Muehll（Lipsiae In aedibus B. G. Teubneri, 1922）, S. 45; *Epicuro Opere,* introduzione, testo critico, traduzione e note di Graziano Arrighetti（Torino: Giulio Einaudi Editore, 1973）, p. 109; *The Hellenistic Philosophers,* Vol. 1, eds. A. A. Long and D. N. Sedley（Cambridge: Cambridge University Press, 1987), p. 140. ちなみに邦訳書は、出隆・岩崎允胤訳（『エピクロス――教説と手紙』岩波文庫、一九五九年、六六頁）がファリントンにしたがってガッサンディ説をとらず、戸塚七郎訳（『世界人生論全集1』筑摩書房、一九六三年、三八六頁）、真方敬道訳（『エピクーロス書簡集』而化文庫、一九九四年、三六―三七頁）、および加来彰俊訳（ディオゲネス・ラエルティオス『ギリシア哲学者列伝（下）』岩波文庫、一九九四年、三〇〇頁）はこれを採用している。

Ⅲ　心の平静《アタラクシア》から社会の平和へ——ホッブズ

もし神というものが存在しないのなら、神を発明する必要があるだろう。

ヴォルテール「『三人の詐欺師』の著者への手紙」

1　ホッブズはエピクロス主義者か

ホッブズ（Thomas Hobbes, 1588-1679）がエピクロス主義者であることは、当時のホッブズ批判者にも称賛者にも自明のことがらであった。チャールズ・ウーズリーがホッブズ弾劾の書『無神論の不条理を暴露する』（一六七五年）の巻末に付した「無神論者公教要理」——神は存在しない、世界は原子《アトム》の偶然的な衝突から生まれた、宗教の起源は眼にみえないものへの恐怖にある、生の目的は快楽である、魂は不死ではない［197-99］——は、そのままでエピクロス哲学の要約といってよい。リチャード・カンバーランドによれば、社会をもとめる人間の動機を恐怖に帰したホッブズは、最大の快楽を苦痛の欠如と同一視したエピクロスにならっている（『自然の法律についての哲学的探求』［375］）。ルクレティウス『事物の本性について』全六巻を最初に英語で完訳したトマス・クリーチは、「序文」にこう記した。「ホッブズ氏の政治学がルクレティウスの拡大版にほかならないことは、氏の賛美者たちにもたやすくご理解いただけよう。かれの自然状態とはわれらが詩人の謳いあげているものだ。法のはじまり、社会のおこり、正義の基準と不正の基準とがまったく同一であること、人間のエピクロス主義的起源から当然に帰結することども。目新しい冒険はない」[Preface, n.p]。要するに一七世紀後半のイングランドでは、「ホッブズとエピクロスが一緒くたにあつかわれるのがほぼ通例である。……ホッブズの教えがエピクロスに帰せられたりその逆であったりすることも稀ではなく、それが両者の実際の教義とどれほど齟齬をきたそうがおかまいなしである」(1)。

ルクレティウスと並んでエピクロス主義の二大文書をなすディオゲネス・ラエルティオス『主要哲学者の生涯と意見』もすでに一五世紀初頭に発掘され、ヴァッラ、エラスムス、モンテーニュらの作品をつうじてヨーロッパの知的世界に浸透していたことを考えると、若き日のホッブズが人文主義的教養の一環としてこれらの書物を読んでいた可能性は否定できない。しかしエピクロス主義にかんする同時代の情報源としては、一六三〇、四〇年代のパリ滞在時に交誼を結んだガッサンディが最有力候補である。チャールズ・キャヴェンディッシュ（ホッブズのパトロンであったニューキャッスル伯の弟）は、ガッサンディの草稿に接したホッブズがそれを「アリストテレス哲学に大きさで匹敵し、真実味ではるかにまさる卓越したラテン語」と評したことを伝えている（一六四四年一〇月二〇日付ジョン・ペル宛の手紙 [#59, 85]）。これが当時メルセンヌ・アカデミー内で回覧され、のちに『ディオゲネス・ラエルティオス第一〇巻注解』（一六四九年）として公刊された原稿であることが確実視される今日、ガッサンディのホッブズへの影響を小さく見積もったG・C・ロバートソン、F・ブラント、A・コイレらの判断は見直しを迫られつつある(2)。それまで伝説のように語られてきたガッサンディ＝ホッブズ関係は、A・パッキ、K・シューマン、L・T・サラソーン、O・ブロック、B・ルートヴィヒ、G・パガニーニ、P・スプリングボルグらによって精力的に解明され、かなりの蓄積をみるにいたっている(3)。

しかし、ホッブズ哲学におけるエピクロス主義的要素をガッサンディの影響に還元する研究が注目をあつめる一方で、ホッブズがエピクロス主義のなにをどこまで継承したのか、またその結果としてエピクロス主義にどんな変化がもたらされたかは、依然として明らかではない。ホッブズがガッサンディによってエピクロス主義の洗礼を授けられたこと、エピクロス哲学にかんするホッブズのなにがしかの知識がガッサンディ作品をつうじてより豊穣かつ正確になったことはおそらく事実であり、その経緯の解明がホッブズ哲学研究に未見の展望をもたらすことも大いに期待できる。だがこの継承劇の中核をなすもっとも興味ぶかい点は、ホッブズが伝授された知識にアレンジを加えて自分の企図に活用したこと、すなわち「大多数のひとがエピクロスと聞いて眉を顰め、その教義を哲学者にあるまじきものであるばかりか、さらに厳しくコモンウェルスにとって危険なものとしてしりぞける」（トマス・ブラウン「エピクロスの教義にかんする考察」[211]）時代にあって、ホッブズがそこに平和な社会秩序の確立に不可欠ななにかを見いだしたことなのだ。それが暗示するエピクロス主義の政治化の意味とこの企図の成否について考察することが本章の課題である。

2　真空・原子・運動

エピクロスの原子論は、原子《アトモス》に加えて原子が運動する空間、すなわち空虚《ケノン》ないし場所《トポス》の実在をみとめ、かつこのふたつだけを実在とみなす[DL. X. 40]。すべての物体は微粒子（petites parties）からできているとしたデカルトを原子論者と呼べないのは、物体を「延長」と同一視する立場から、なにものにも占められていない空虚の実在を一貫して否定し、真空とみえる場所は空気より希薄な「微細な物質（matière subtile）」が充満していると仮定したからである。[4] ホッブズの場合はもう少し微妙であった。原子についてはその実在を終生信じて疑わなかった形跡があるものの、[5] 真空についてのかれの考えは『物体論』（*De Corpore*, 1655）を境に大きく転換している。

一六四〇年代半ばまでのホッブズが真空論者《ヴァキュイスト》であったことは、この時期に書かれた未公刊のいわゆる『反ホワイト論』（*Anti-White*, 1642-43）や光学を主題とする一連の手稿にうかがえる。(6) デカルトを含む当時の充満論者《プレニスト》たちが依拠していたのは、アリストテレス以来の伝統的な自然の「真空嫌悪（horror vacui）」説であった。(7) ホッブズはこれに反駁して、太陽光線が四方に伝搬するとき、膨張した太陽のなかでその部分をなす物質のあいだになにもない空隙ができるはずだと推論する［DME. IX. 2, 101］。

……そのような膨張によって真空がつくられるとわたしは考えているのですが、真空をみとめることにはなんらの不可能性も不条理も見あたりませんし、もっともらしい反論がなされたためしがないことからして、それがもっともらしさを欠いているわけですらないのです。ある空間や延長と物体ないし延長をもつものとを取り違え、そこから、空間とは想像しうるあらゆる場所のことなのだから物体はあらゆる場所に存在する、などと結論しなければの話です。空腹と空っ腹をかかえるものが別物であるように、延長と延長をもつものとは別物であることがわからない御仁などおりましょうか。(8)

ソルビエールのようなエピクロス主義者たちにとって、「トリチェリの真空」の真偽をつきとめるべく一六四八年にパスカルがクレルモン近郊のピュイ・ド・ドムで実施した大がかりな実験は、空虚の実在を証明するものとみえた。スコラ哲学とデカルト主義との折衷によってこの実験結果の反証を企てたイエズス会士エティエンヌ・ノエルの『真空の充満』（一六四八年）に満足できなかったホッブズは、メルセンヌ宛ての手紙であらためて真空にかんする自説を展開している。(9) だがこの時点でもホッブズ（およびガッサンディ）は、そもそも実験によって真空問題の解決が可能だとは信じていなかった［Letter #59, 173］。エピクロスにしたがえば、原子や空虚のように感覚によって実在を立証できない「不明なもの《アデローン》」は、感覚にもとづき理性がこれを推論するのだからである［DL. X. 39］。

すでに四〇年代から書きつづられていた『物体論』の完成が早まっていたら、ともかくも真空の実在を擁護する論陣が張られていたと想像されるが、一六五五年にようやく出版されたホッブズ哲学原理の「第一部」は、原子論的にはいわば逆コースの様相を呈する。「物体によって占められている空間や場所は「充実」していると呼ばれ、占められていなければ「空虚」であると呼ばれる」［DCo. VIII. 6, 95／一三三頁］という定義から、延長と物体のデカルト的同一視にたいする批判が持続していることは明らかであった。しかし、かつてホワイトの真空非在論を思考実験によってしりぞけたホッブズは［DME. III. 6, 45］、いまや実験によりルクレティウスの誤りは証明可能だと豪語する確信的充満論者としてあらわれる［DCo. XXVI. 2-3, 338-42／四五九―六四頁］[10]。それを可能にしたのは、物体の本性を水のようにあらゆる部分において一斉に絶え間なく流れるものと理解する仮説である。世界を構成する三種の物体、すなわち天体のような「可視の物体」、「地球と星々のあいだの全空間にばらまかれている小さな原子のような不可視の物体」、「宇宙の残りすべてを満たし、そのうちにいかなる虚ろな空間も残さない、あのきわめて流動的なエーテル」は、いずれも流体（fluidum）であり、流動性の程度によって区別されるだけなのだ［DCo. XXVI. 5, 347-48／四七一頁］。したがって原子の特性にもエピクロス＝ガッサンディ的原子の「大きさ」「形状」「重さ」に「硬さ」が加わり、神および理性はそれを無限に分割することができる［DCo. XXVII. 1, 362-63／四八九―九一頁］。

エピクロス主義者はもちろんこれに承服できなかった。『物体論』上梓から二年後の手紙で、ソルビエールは真空問題をホッブズとエピクロスの自然哲学上の主たる対立点にあげ、その解明が原子論者にとっていかに喫緊の重要問題であるかを強調している。エピクロスは原子がそれ自身にそなわる「重さ」によって空虚を鉛直方向に等速で並行落下すると主張したために、「ばかげた帰結」（原子の〈逸れ《クリナメン》〉のこと）を招いた[11]。それゆえ原子論者の為すべきは、真空の実在を所与のものとしつつ、原子を衝突させて可視的な物体をつくる「最初の衝撃」（神を暗示する）の想定を加えたガッサンディの修正エピクロス主義を受容することである［Letter #114, 436］。しかしホッブズはもはやこの批判に取りあおうとはしない。「エピクロスが真空を理解したとわたしが考えるその意味において、わたしはかれの説がばかげていると考えたわけではありません。というのもかれは、わたしが信じるに、デカルトが「微細な物質」と呼び、わたしが「極度に純粋なエーテル的実体」と呼ぶもの、すなわちそのいかなる部分も原子ではなく、各部がさらに分割可能な部分へと分割可能な（量がそうであるといわれるような）ものを「真空」と呼んでいたのだからです」[Letter #117, 445]。

その後も真空否認の立場を貫いたホッブズは、みずから考案したエア・ポンプを用いて数々の真空実験を実施したボイルを相手に苦しい論争を強いられることになる。[12] とはいえ、時間とともに空間をも主観的《イマジナリー》なものとみなし、なにがなんでも真空の非在を証明しようとする人びとの情熱を「子どもじみた（pueriliter）」[DCo. VIII. 9, 97／一三六頁]と評したホッブズにとって、真空の実在如何は自然哲学的に死活の問題ではなく、それゆえ原子の実在へのかれの信念なるものも疑わしい。[13] ホッブズの関心は原子の属する形而上学的世界にではなく、物体（エピクロスのいう原子の「合成体」）とその場所的移動《ローカル・モーション》――「ある場所の放棄と他の場所の獲得が連続的になされること」[DCo. VIII. 10, 97／一三六頁; cf. DME. V. 1. 56]――からなる可視の現象世界にあった。なかでも感覚を物体の運動として整合的に説明した点は独創を自負するところであり、デカルト、ガッサンディ、ディグビィの剽窃を疑われて柄にもなく激昂するほどであった[EW7, 340–41]。この機械論的運動論が必要とするかぎりで原子や真空にときおり言いおよんだというのが、おそらくは真相に近い。[14]

それでも運動の問題はエピクロス主義とホッブズに共通する重要関心事であり、しかもホッブズの機械論的感覚論の初期構想においては原子論的な発想が決定的な役割をはたしていたと信じる要素がある。「第一原理にかんする小論文」（"A Short Tract on First Principles," 1630）の著者は、遠隔の光源から発せられた光の色彩の知覚が「媒質（medium）の諸部分の連続的な活動」だけでは十分に説明できず、作用素から継続的に発出する形象（species）を感覚器官が受けとる必要があると主張していた[ST. II. 1.C2–5, 198–99]。この形象はそれ自体で空間を飛翔する物体的実体とみなされており、アリストテレス『霊魂論』に起源をもつ形象のように、媒質が作用素に同化しその似姿となって感覚器官に色彩を伝えるわけではない（ロジャー・ベーコン『自然の哲学』[PI. I. 4-5]）。[15] これをエピクロス＝ルクレティウスの映像《エイドーラ》――事物をかたどった薄い膜状の原子が事物の表面から絶え間なく剝離し、空間を運動してわれわれの眼を打つとその事物の視覚像となる。その生成は「思考と同じくらい速やか」とされる[DL. X. 48; DRN. IV. 176-208]――に重ねて解釈することは可能である。[16]「小論文」には実体的な形象を継続的に発出する光源がその減少分をどのように補充するかについての説明があるが[ST. II. 1. C8. 201]、これはエピクロス＝ルクレティウスの映像理論に伝統的に突きつけられてきた疑問への答えになっている。[17]

しかしホッブズが（「小論文」をホッブズの真作とすれば）形象理論を早々に見かぎったために、[18] この方向での原子論的な議論の展開はみられない。『法の原理』（*The Elements of Law*, 1640）以降のホッブズは、感覚と感覚対象とを区別し、われわれは対象そのものの色彩や形状を知覚するのではなくそのイメージをもつだけだと考え、[19] 媒質は感覚器官に運動ないし物理的な圧力のみを伝えると仮定して心的過程の機械論的説明を整合化する道を選んだようにみえる。この転換を象徴するのは、形象にかわってコナトゥス（conatus: endeavour）がホッブズ運動論の基礎概念の地位に就いたことである。『法の原理』にみえるように、コナトゥスは感覚対象と感覚器官のあいだの媒質を介した身体外部の過程ではなく、欲求を引きおこす「動物的運動の内的端緒」[EL. I. 7. 2. 28／六八頁]の意味で導入された。[20] これを受けて『リヴァイアサン』（*Leviathan*, 1651）では、外界から感覚器官へ達した刺激の運動が脳髄で感覚器官に反作用して対象のイメージを形成し、それが心臓において生命運動を助長するか阻止するかに応じて欲求あるいは嫌悪が生じる過程が生理学的に説明される。すべての意志的な運動は、このイメージの圧力に突き動かされる不可視の微小運動《コナトゥス》が「最初の内的な端緒」となるのである。「教育のない人びとは、動いたものがみえない場合や動いた空間が（短いために）感覚されない場合、そこにどんな運動があるとも考ええない。しかしだからといって、そういう運動があることの妨げにはならない。なぜなら、空間がいくら小さくても、その小さな空間を一部分とするより大きな空間を横切って動かされるものは、まずこの小さな空間を横切って動かされるはずだからである」〔L. VI, 78／⑴九七―九八頁〕。

さて、形象のいわば後継概念としてコナトゥスが登場したからといって、ホッブズ自然哲学が原子論的要素を漸次払拭していったと結論するのは早急である。かつて「小論文」の著者は、形象の場所的移動を否定する誤った議論の例にアリストテレスの原子論批判をあげていた。アリストテレスによれば、レウキッポスやデモクリトスは物体の運動を「不可分割的＝部分をもたない」ものでできた直線や時間を順次通過していくイメージで理解するが、このやりかたでは物体がある場所から別の場所へ移動することはたしかに不可能になってしまう（『自然学』〔231a21-25; 231b18-232a19〕）。「小論文」の著者にいわせると、この批判は「直線と時間における最小部分なるものを想定するが、実際にはどちらにも最小などない」〔ST. II. 1. C8. 201〕がゆえに誤りである。直線や時間のような連続量が思考のなかでなら無限に分割可能で「最小《ミニマム》」がないことは原子論者も同意しており、真の争点はむしろ、そうして得られる実在量のない無限小《インフィニテシマル》は、アリストテレスのいうように運動する物体が連続体を踏破する支障になるのか、それともならないのかであった[21]。この点で原子論者に与したホッブズは、その後も幾何学的連続体の無限分割可能性は一貫してみとめつつ[22]、感覚を感覚閾下で生じる微小運動の物理的作用として説明する過程で運動そのものに「最小」連続量があると考えるにいたり、これをコナトゥスと名づけたのである。

『物体論』においてホッブズは、コナトゥスを「あたえられうる、……すなわち図や数によって規定ないし指定されうるよりも微小な空間と時間においてなされる運動、すなわち点の長さと瞬間あるいは時間上の点においてなされる運動」と定義し、つづけてつぎのように補足説明する。

点は、いかなる量ももたないもの、あるいはいかなるしかたでも不可分割的（indivisibilis）なものと理解されてはならない。自然の事物にそのようなものはないのだから。むしろその量がいっさい考慮されないもの、すなわちそのいかなる量も部分も論証にあたって計算に入れられないものをいう。こうして点が不可分割的でなく分割のない（indivisus）ものとみなされるべきであるように、瞬間も時間における分割のないものであって、不可分割的な時間ではない［DCo. XV. 2. 177／二四三頁］。

ホッブズのコナトゥス概念は、無数の非連続な最小不可分量の総和で連続量を理解するライプニッツの微分法の不完全な先取りと解釈される傾向にある。[23] しかし、「分割のない／不可分割的」の区別が「最小」というすぐれて原子論的な観念をめぐる論争にかかわることに注目すると、ホッブズが「不可分割的」なものの名で分割に牢固としてこだわる思考の系譜を、すなわちアリストテレスにより戯画化された原子論だけでなく、点と瞬間は直線や時間を等比分割して得られる最小離散量であるというガリレオや、幾何学的連続体を無限個の「不可分者」で構成されたものとみなすカヴァリエリら同時代の数学的原子論を念頭においていることがわかる。[24] それにくらべると、「分割のない」ものであるホッブズ自身の点と瞬間は連続体の分割を恣意的に中断しただけにみえ、点と瞬間における運動であるコナトゥスの量がインペトゥス、つまりその瞬間速度のみというのも要領を得ないが［DCo. XV. 2. 178／二四四頁］、それも結局は、コナトゥスが運動における最小を定義して、はじめてその移動距離とそれに要する時間が「分割のない」ものとしての点および瞬間になるからである。

ホッブズが粒子説型の原子論者でないことは明白だが、可視の運動の原理《プリンキピウム》＝端緒を不可視の微小運動にみるホッブズの方法自体は、巨視的現象の原理《アルケー》＝始原を微視的世界にもとめる原子論の正統的なやりかたに意外にも近い。[25] 要するにコナトゥスとは、運動という連続量を量子化して得られる運動原子《モーション・アトム》なのである。それはいかに微小であっても無限小ではなく、最小限の物理量をもつからこそ接触によって別の物体を動かすことができる。「運動している点が、なんであれ静止しているきわめて硬い物体的な点に、いかに小さなインペトゥスによってであれ衝突するならば、前者は最初の接近によって、なにほどか後退するよう後者に強いる」[DCo. XV. 3, 179／二四六頁]。ここからホッブズは、ガッサンディの「作用因の原理」(『哲学集成』[OOI, 334A–B]) を思いおこさせる「あらゆる運動はあらゆる物質にたいしてなんらかの作用をもつ」[DCo. XXVII. 8, 370／四九九頁] という原理を導いている。

　エピクロスの原子を論じたガッサンディ『注解』の一節に「コナトゥス」という用語の先例があり [A. 411; 418–21]、『物体論』執筆当時のホッブズがそれを記憶に甦らせたとしても不自然ではないだろう。ガッサンディがこれを敷衍した『哲学集成』のある箇所では、エピクロスの原子が「数学的点 (punctum mathematicum)」ではなく「物理的点 (punctum physicum)」であることが強調され [OOI, 263B]、それがただ思考のなかでだけ区分される最小時間で最小空間を横切る原子的運動《アトミック・モーション》、すなわちコナトゥスの作用から、眼にみえるあらゆる物体の生成が説明されている [OOI, 279A; 280A–B]。これを運動論的に読みかえ、運動の基体である原子ではなく運動そのものに「最小」をもとめた結果が、ホッブズのコナトゥスであったとはいえないだろうか。[26]

　だがこうして表層の類似や暗合をいくら積みあげても、自然哲学にかんしてホッブズがエピクロス主義者であったことの証明にはならない。エピクロス主義の一大特徴は、原子論にもとづく自然哲学が心の平静《アタラクシア》の獲得と直結し、魂の動揺や不安を招く恐怖から自由になった幸福な生を至上目的とするところにある。いまはホッブズがこの点でエピクロス主義者であるかどうかの考察が最終的な課題になることを確認するにとどめ、つぎに両者の道徳哲学を比較してみよう。

3　ふたつの快楽主義

エピクロスの原子論がホッブズの自然哲学におよぼした影響がどこまでいっても推測の域を出ないのにくらべて、快楽主義はホッブズをエピクロス主義の伝統に結びつけるもっとも確実な紐帯であるようにみえる。ポリニャックによれば、エピクロス主義的快楽観の復興者がガッサンディなら、それを利己主義的な倫理学説に仕立てあげたのがホッブズである（『反ルクレティウス』〔I. 471–473; 593–607〕）。では実際はどうであろうか。

仮に「第一原理にかんする小論文」がホッブズ作品であるならば、善とは「あらゆるものにとって、それを場所的に引きつける能動的な力をもつもの」であり、悪とは「あらゆるものにとって、それに反発せしめる能動的な力をもつもの」〔ST. III. C7. 208-9〕とする立場を、ホッブズは哲学的キャリアの出発点においてすでに独力で確立していたことになるだろう。死が最大の悪であるという視点も、『法の原理』（「自然のかの恐ろしい敵、すなわち死」〔EL. Pl. XIV. 6. 71／一四二頁〕）を経て、『市民論』（*De Cive*, 1642）で明確にエピクロス主義的な定式をあたえられているようにみえる。「各人は自分にとって善いことを欲し、自分にとって悪いこと、わけても死という自然の諸悪のうちの最大の悪を逃れるように駆り立てられており、しかもそれは、石を下方へと駆り立てる必然性に劣らないある自然の必然性によってである。それゆえ、誰かが自分の身体および四肢を死や苦痛から防衛し、かつ保存するためにあらゆる労力を払ったとしても、それは馬鹿げたことでも非難すべきことでもなく、また正しい理に反してもいない」〔DC. I. 7. 94／四〇頁〕。だがホッブズが死をあくまで回避すべきものとした時点で、「死はわれわれにとってなにものでもない」〔DL. X. 125〕と説くエピクロスとの隔たりは明らかであった。またホッブズの快楽主義にはエピクロスの快楽主義に特有の知的性格――「いっさいの選択と忌避の原因を探し、魂をとらえる極度の動揺の生じるもとになるさまざまな臆見を追い払う素面の思考」［DL. X. 132］——が希薄なばかりか、むしろデモクリトス的決定論の立場から自由意志を否定する傾向を示していたこともわかる。(27)『リヴァイアサン』になるとそこに善悪の主観性原則が加わり、エピクロス哲学からの乖離に拍車がかかっている。

誰かの欲求または意欲の対象は、どんなものであっても、それがかれ自身としては善と呼ぶものである。そしてかれの憎悪と嫌悪の対象は悪であり、かれの軽視の対象はつまらない取るに足りないものである。つまりこれらの善、悪、軽視すべきという語は、つねにそれらを使用する人格との関係において使用されるのであって、単純かつ絶対的にそうであるものはなく、対象自体の本性から引きだされる善悪についての共通の規則もない［L. VI. 80／(1)一〇〇頁］。

予告した哲学三部作を完成させる責務だけから執筆され新味がないとしばしば酷評される『人間論』（*De Homine*, 1658）だが、善悪が主観化されるなかで健康が「万人にとっての善」とされている点はエピクロス主義との関連で注目される［DH. XI. 4. 96／一四八頁］。ただしホッブズによれば、それも「善それ自体」ではない。「第一の善は各人にとって自己保存である。なぜなら、自然はすべてのひとが自己自身の幸福を望むように仕組んでいるのであるから。それを獲得するには生命と健康が必要であり、また未来にわたって安全が必要である。これにたいして第一の悪は死、とくに耐えがたい苦痛をともなう死である」［DH. XI. 6. 98／一五〇頁］。自己保存を第一の善とするのは、エピクロス主義的というよりも、生き物における自然の最初の親近性《オイケイオーシス》を自己との関係にみたストア派のクリュシッポスに近い。(28)

エピクロスとホッブズの快楽主義に散見される表層の類似の背後に、そもそも快楽とはなにかをめぐる両者の決定的な見解の相違があったことはたしかである。快楽に自然的な限界をみとめるエピクロスは、この限界内にとどまる「自然で必要な」欲望を肯定し、「自然だが必要ではない」欲望と「自然でも必要でもない」欲望を悪しきものとしてしりぞけた［DL. X. 127-128］。しかしホッブズの快楽主義にはなにを欲望すべきかの視点がなく、「より大きいもの」「程度のより強いもの」「数のより多いもの」が善とみなされることから［DH. XI. 14. 102-3／一五七―五八頁］、快楽を量的基準だけで区別していたと考えられる。この相違の根底にエピクロスのいう「動的な快楽／静的な快楽」［DL. X. 136; Us. 2］をめぐる古代と近代の評価の相違があることは、早くから指摘されてきた。J・M・ギュイヨーによれば、心の平静の維持獲得にこそ最高善があるとするエピクロスは真の快楽を静止のイメージでとらえ、安らぎや閑暇そのものに価値をみとめていたが、人間の至福は「ひとがそのつど意欲するものの獲得に継続的に成功すること」にあると断言するホッブズは、キュレネ派にならって基本的に快楽を前進することとみなしている（『エピクロスの道徳』［IV. 1. 197］）。「われわれがこの世に生きているあいだは精神の永遠の平静など存在しない。生命そのものが運動にほかならず、感覚なしにはありえないように、意欲または恐怖なしにはありえない」［L. VI. 96／(1)一一四頁］。それゆえ、「いにしえの道徳哲学者たちの書物で語られるような究極目的（Finis ultimus）や最高善（Summum Bonum）など存在しない。……至福とはある対象から他の対象への意欲の継続的な進行であって、前者の獲得はまだ後者への途上にすぎない」［L. XI. 150／(1)一六八頁; cf. DH. XI. 15. 103／一五八頁］。こうしてホッブズはエピクロスの快楽主義に「適宜な変更」を加え、それを近代功利主義へと架橋したとギュイヨーはいう（『エピクロスの道徳』［Conclusion générale, 284］）[29]。

だが両者の快楽主義の最大の相違は、実におのおのから帰結する主張にあった。「精神のあらゆる快楽とあらゆる愉悦は、それを感じる当人が自分を誰かある人びとと比較して、自分自身のことを誇らしく思うことにもとづいている」［DC. I. 5. 94／三九頁］。快楽の存在論的根拠を欠いたホッブズの世界においては、最終的に他者との比較で自己の優越を意識する以外に快楽を確認するすべがないため、人間の生は終局のない至福獲得競争となる[30]。すでに

『法の原理』でも、「より大きな富や名誉やその他の力を手に入れるにつれて、人間の欲求はますます増大する。また人間は、ある種の力において最大限に到達すると、どんな種類の力でも自分が他人に後れをとっていると考えるかぎり別の力を追求する」〔EL. PI. VII. 7. 30／七〇頁〕とされていた。嵐の海で危険にさらされている他人を陸からみるとき、あるいは平原で繰り広げられる合戦を安全な城内から眺めるとき、「人びとは、通常そのような場合に、自分の友人の不幸の目撃者であることに満足をおぼえる」〔EL. PI. IX. 19, 46／九九頁〕。憐れみを感じてしかるべきときにひとがおぼえるこの悦びは、ここではさしあたり名前がない。だが、『リヴァイアサン』で「冷酷（cruelty）」と名づけられ〔L. VI. 90／⑴一〇九頁〕、『人間論』でつぎのように説明されている情念がこれに相当すると考えられる。「他人の不幸をみるのは愉快である。それが不幸として愉快なのではなく、他人のものだからである。それゆえ、他人の死や危険を見物しにあつまるのは人間の習いである」〔DH. XI. 12. 100／一五四頁〕。

こうしてみると、快楽主義倫理学のなかにもホッブズをことさらエピクロス主義に結びつける理由はないように思われるが、エピクロスからもっとも遠く隔たるかにみえるこの議論が実はルクレティウスの一節に依拠していることが問題なのである。

大海原で嵐が波をかき立てているとき、陸のうえから他人の苦労を眺めるのは愉しい。他人の困難が心地よく愉しいのではなく、自分はこの不幸に見舞われていないと自覚するから愉しいのである。平原に広がる戦争の大合戦のもようを、自分ではその危険にさらされずにみるのも愉しい。とはいえ、なにより愉しいのは、賢者の学問で築き固められた平穏な殿堂にこもって、高所から人びとを見おろし、かれらが人生の途をもとめて彷徨い、あちらこちらと踏み迷っているのを眺めていられること、才能や生まれのよさを競いあい、日夜はなはだしい辛苦をつくして権力の高みに昇りつめ、あるいは富のかぎりを手に入れようとあくせくするさまを眺めていられることである［DRN. II. 1-13］(31)。

ホッブズが引用の前半のみをパラフレーズし、哲学する快楽と政治的生活にたいするその優位とを説く後半を割愛したのは示唆的である。エピクロスの快楽主義が富・名声・権力のもたらす快楽を蔑むのは、それが死の恐怖という魂の病を治癒するのになんら裨益しないことに加えて、その享受を他者に依存するがゆえに自足的な快楽ではないからであった。「真の哲学への愛によって、心をかき乱すやっかいな欲望はことごとく解消される」［Us. 457］。心の平静をもたらす至高の哲学知には閑暇と隠棲が必要であり、それにはまた文明の恩恵である平和な社会秩序の確立が不可欠になる。「法は賢者たちのために存在する。賢者が不正をはたらかないためにではなく、不正を被らないために」［Us. 530］。かたやホッブズの快楽主義から帰結するのは、至福の継続的獲得を確実にするためにも、人間相互の「安全」それ自体に至高の価値が帰せられねばならないということである。ひとは快楽の確証のために他者を必要とするが、他者の存在は同時に「通常、自然が人びとにたいして許している生きる時間をまっとうする保証」［L. XIV. 198／(1)二一七頁］を奪い、暴力死の恐怖に不断にさいなまれる生活を人間に強いる。「対象自体の本性から引きだされる善悪についての共通の規則」を欠いたこの世界においては、たしかに「各私人が善悪の諸行為の判定者である」以外にはない。だがコモンウェルスが設立されたのちは、「善悪の諸行為の尺度は市民法であり、判定者はつねにコモンウェルスの代表者たる立法者である」［L. XXIX. 502／(2)二四二頁］。ここからホッブズが導きだすのは、「たとえ真の哲学であれ法に反して教える人びとにあっては、不服従は合法的に処罰されうる」［L. XLVI. 1102／(4)一三四頁］というおよそエピクロス主義とは対蹠的な結論であった。

ここでエピクロス主義の内部に心の平静から社会の平和への哲学の目標の転換と、それにともなう目的と手段の逆転が生じていることは明らかである。ホッブズにあっては、平和が究極の目的へと引きあげられることにより、至高の哲学ですらその価値を秩序と安全への貢献度によって測定されるようになる。しかし、快楽の追求ということが快楽享受の確実性の追求をも含意するのだとすれば、この転換はある意味で必然的であった。エピクロスの哲学が快楽主義の古典的な表現となったのも、それが最大の快楽をいっさいの苦痛をともなわない純粋さゆえに確実なものとみなすからである。[32]ホッブズの快楽主義は、この確実性を快楽そのものの存在論的特質から各人が快楽を追求する環境の信頼性に転換することによって成立した。恐怖と苦痛にさいなまれない快適な生活を確保するには、究極において恐怖と苦痛の存在しない世界を、「エピクロスの園」を模した社会を創造すればよいのだ。そしてホッブズをエピクロス主義者と呼べるかどうかは、畢竟ここに生じた快楽主義の政治化がなおもエピクロス主義として妥当かどうかにかかっているのである。

4　自然主義と啓示神学の相克

ホッブズが草稿段階のガッサンディ『ディオゲネス・ラエルティオス第一〇巻注解』に接したのは、『市民論』（一六四二年）の二年後、そしてその第二版（四七年）公刊の三年まえのことである。したがってふたつの『市民論』を比較すればガッサンディがホッブズにおよぼした影響のほどを確認できるはずだが、結論からいえばそこにみられる異同は、B・ルートヴィヒが主張するストア派的＝有神論的な自然法論からエピクロス主義的＝世俗的な自然法論への転換が生じたことを証明してはいない。[33]むしろ『市民論』第二版以後のホッブズの政治哲学は、エピクロス主義的な方向での自然主義化とそれとは正反対の啓示神学化とが同時に昂進する奇妙な展開を示しているのである。

(1)　正義の自然主義的理解

「設立によるコモンウェルス」のみならず、「獲得によるコモンウェルス」においてすらその支配の正当性を勝者の力の優勢という事実ではなく敗者の同意にもとめ、カトリシズムとピューリタニズムをともにしりぞけるホッブズの社会契約論については、フッカーの同意理論とアングリカニズムの影響が指摘される[34]。だが少なくとも自然状態という概念だけは別の思想的淵源をもっていると考えねばならない。キリスト教神学の伝統においては、そもそも「自然」という語が神の恩寵にあずからない状態、すなわちキリストを知らない者の純粋無垢か端的な堕落の形容に用いられ、国家は「救済」および「恩寵」のイメージをまとってあらわれる（フッカー『教会統治の法について』[I. 10. 13. 97]）。これとは対照的に、ホッブズの人間の「自然」を特徴づけるのは完全な神学的無記性である。

人間の意欲およびその他の情念は、それ自体では罪ではない。それらの情念から出てくる諸行為も、人びとがそれを禁止する法を知るまではやはり罪ではない。法がつくられるまで人びとはそのことを知りえず、また法をつくるべき人格について人びとが同意するまでは、どんな法もつくられえないからである［L. XIII. 194／(1)二一二頁］。

ガッサンディ作品を知る以前からホッブズ政治哲学の自然主義化が進行していたことは、自然状態概念の変化が如実に物語っている[35]。人間を自然状態において眺めるということは、『法の原理』では「相互の信約や服従もなく、あたかもついいましがた突然に男や女として創造されたかのように考える」［EL. P2. III. 2. 127／二四二頁］ことだとされていたが、『市民論』では「相互にいかなる拘束もなく、あたかもついいましがた突然に大地から（キノコのように）生じて成長したものと考える」［DC. VIII. 1. 160／一七五頁］ことに改められていた。それが『市民論』第二版になると、自然状態を論じた第一章の二節と一〇節に長い注が付され、人間の社会的結合の自然性をあえて否定しなければならない理由と、「純然たる自然状態（in statu mere naturali）」を理論仮説として導入する必要が説明される［DC. I.2, 92; I.10, 95-96／三五―三六、四一―四三頁］。自然状態の意味の変化は、ガッサンディから寄せられた批判を真剣に受けとめた結果であった可能性がある。『注解』の第三部「倫理学《エティカ》」でガッサンディは、人間を「孤立したものとして、また純粋な自然状態にある（quasi solitarius, & in purae naturae statu）」ものとみる場合と、「人間は自然によって社交的な動物（sociabile animal）にできている」とみる場合とを対比している。前者は『市民論』でホッブズが鮮明にした立場に相当するが、ガッサンディはそれを「現実というよりは方法論的「みかけ」（「フィクション」）の状態」とみなし、この仮説的状況から引きだされる「第一次的自然権（ius naturae primarium）」を法的に保証された「第二次的自然権（ius natur ae secundarium）」にすることが契約による政治社会設立の主たる目的だと主張した［A. 1543-44＝OO2, 794B-795A］。いうまでもなくこれを厳密な方法に仕立てあげたものが[36]、『市民論』第二版に付された「読者への序文」でホッブズがいう仮説的世界消去である［DC. Præfatio, 79／一八頁］。

ホッブズ社会契約論のエピクロス主義的起源を強調する解釈は、ガッサンディからホッブズへの一方向的な影響を過大に評価しがちになる[37]。『リヴァイアサン』で正義を論じるホッブズの語彙が、エピクロス『主要教説』のガッサンディによるラテン語訳を彷彿とさせることはたしかである。ガッサンディはそこに、正義は契約の所産であるがゆえに契約締結以前の自然状態には正／不正の区別が存在しないこと、またそもそも正義とは対他者関係のことがらであって個人の魂の問題とは切り離して論じられうることを強調する文言を補足しており、ホッブズはそれをほぼ忠実になぞっているようにみえる。

各人対各人のこの戦争から、なにごとも不正ではありえないということもまた帰結する。そこに正邪および正不正の観念の存在する余地はない。共通の権力がないところに法はなく、法がないところに不正はない。戦争にあっては強力と欺瞞がふたつの主要な徳性である。正義と不正は、肉体または精神のいずれの能力にも属さない。もしそうなら、この世に人間がただひとりであっても、その感覚や情念と同様に正義と不正が存在したであろう。正義と不正は、孤独でなく社会をなしている人びとに関係する性質である。さらに、先に述べた状態の帰結として、そこには所有も支配もなく、わたしのものとあなたのものの区別もなく、各人の獲得しうるものだけが、しかもそのひとがそれを保持しうるかぎりにおいてそのひとのものなのである［L. XIII. 196／⑴二一三―一四頁］。

なんの信約も先行しなかったところでは、なんの権利も譲渡されなかったのであり、各人はあらゆるものにたいする権利をもち、したがってどんな行為も不正ではありえない。しかし、信約がなされるときは、その場合にそれを破棄するのは不正である。そこで不正義の定義とは、信約の不履行にほかならない。そして不正でないものごとは、なんでも正しいのである［L. XV. 220／⑴二三六頁］。

エピクロス主義の影響は道徳哲学が成立する根拠の説明にもおよんでいた。ホッブズ曰く、道徳哲学《モラル・フィロソフィ》とは「人間の交際と社交においてなにが善でなにが悪かについての科学」にほかならないが、なにが善でありなにが悪であるかはひとによって異なり、また同一人物が同じことに異なる判断を下すこともある。にもかかわらず、正義、報恩、謙虚、公正、慈悲などの徳目がもっぱら「平和で社交的で快適な生活への手段」として称賛されるという点では、人びとのあいだに合意がある［L. XV. 242／⑴二五五―五六頁］。これもまた『主要教説』三六～三七［DL. X. 151-52］のガッサンディ訳に感化された形跡がある。[38]

一般的にいえば、正義**あるいは正しいこと**はすべてのひとにとって同一である。……しかし、地域それぞれの特殊性やその他さまざまな条件があるために、同じことでも結局は万人にとっての正義あるいは不正なことでなくなってしまう〔A. 1761〕。

法的に正しいとみとめられる行為のうち、人間相互の交渉の必要という点からそれに共同で関与すれば利益になるという確証のあるものは、万人にとって同じであるかどうかにかかわりなく、正の保証をもっている。だが法を制定しても、相互の交渉の点から利益にならないのなら、そのような法はもはや正の本性をもたない。正という意味での利益はさまざまに変わりうるとしても、正にかんしてもたれている先取観念としばらくのあいだ適合しているのなら、それによってなにほどか有益なのであり、とにかくそのあいだは正である。……〔A. 1762-63〕

だがこうしてホッブズ政治哲学がガッサンディ経由でエピクロス主義の本格的な摂取・同化を開始したとみえたその瞬間に、実はエピクロス主義からの乖離もはじまっていた。つぎにその次第をたどることにしよう。

(2)　「愚か者」と賢者

エピクロス哲学の特徴である分析的な記述からは、法や強制権力がいかにして生じてきたかの歴史的説明が省かれている。そこでこの点をガッサンディが引用するヘルマルコスの法の系譜学《ゲネアロギア》に尋ねよう。

もし万人がひとしく利益を見抜き、心にとめることができるのなら、そのうえに法など必要ないだろう。各人は禁じられていることはすすんで避け、命じられていることをおこなうだろう。……処罰の脅しは利益を理解できない者向けである〔A. 1537＝OOII, 791〕。

万人が十分に理性的であるなら法がなくても平和であるかもしれないが、自分にとっての真の利益を理解できない人びとが現実に存在する以上は、法による強制が不可欠になる。仮にこれが法の存在理由にかんするエピクロス主義の正統的見解であるとすれば、ホッブズの逸脱は明白であった。『リヴァイアサン』第一五章には、旧約聖書『詩編』〔14.1〕の「愚かなる者は心のうちに神なしといへり」をもじってつぎのように述べた箇所がある。

愚か者が心のなかで正義なるものは存在しないといい、ときには口に出していった。その場合、かれは真面目にこう主張したのである。すなわち、各人の保存と満足はそのひと自身の配慮にゆだねられているのだから、各人がそれに役立つと考えることをしてはならない理由はありえず、したがってまた信約を結ぼうが結ぶまいが、守ろうが守るまいが、それがそのひとの便益に役立つならば理性には反しない、と。そのさいかれは、信約というものがあること、それがときには破られ、ときには守られること、そのような破棄は不正義と呼ばれ、遵守は正義と呼ばれうることを否定しない。しかしかれはこう問うのである。不正義は、神への恐怖を除去して（同じ愚か者は心のなかで神はいないといったのだから）各人におのれの利益を指示する理性と両立するときもあるのではないか、とくにそれが、他者の非難や罵倒だけでなく力をも無視するような立場にひとをおくという便益に役立つ場合には、と〔L. XV. 222／(1)二三七―二三八頁〕。

ホッブズの「愚か者」はヘルマルコスのいう自分の利益に無知な者ではない。それどころか、他者と約束をかわしておきながら、それを履行しないほうが利益になると判断すれば平然と約束を破る「愚か者」は、恥知らずではあるがそれなりに賢明とさえいえる。合理的選択論に立つ解釈はこの点にホッブズの論理の破綻をみる。すなわち、ホッブズは自然状態においてそのような人間像を提示した手前もあり、信約不履行により短期的に見込まれる確実な利益とコモンウェルス成立後の「安全」という長期的で不確実な利益とを秤にかける「愚か者」を論駁できないというのである[39]。ホッブズ正義論をエピクロス主義で整合的に解釈しようとする論者は、この疑問につぎのように反論する。たしかに各人の利益に合致しない法にはその遵守への積極的な動機づけがともなわない。だが、「このもっともらしい推理は虚偽である」[L. XV. 102／(1)二三九頁]というホッブズは、そもそも法の正義をエピクロスにならってコンヴェンショナルなものだと考えていた。信約締結によりコモンウェルスが成立したのちは、契約の条項こそが正義を定義し、主権者の定める法を遵守することが各人の自己保存を保証する唯一の方法となる。「愚か者」が愚かであるゆえんは、こうして世界がいまや一変したにもかかわらず、各人の私的利益の計算はいかなる場合にも正義に優先すると主張するカルネアデス的懐疑主義を奉じているからなのである[40]。

しかしこのどちらの解釈にも共通する難点がある。エピクロス主義的正義論の系譜においては、正義とはなにが相互の利益となるかについての人びとの思慮の所産であり、法はこの正義の先取観念と一致するかぎりで正しい法とみなされ、またそのような法にかなった行為は正しい行為である。だがこれは、正義がそれ自体において選択にあたいする徳であることを意味してはいない。エピクロスの『主要教説』三四には、「不正それ自体は悪ではない。不正行為の処罰を職務とする人びとの眼からは逃れられないという気がかりが恐怖を生んで、はじめて不正が悪になる」[DL. X. 151]とあり、「気づかれはしないとわかっていたら、賢者は法が禁じていることに手を染めるだろうか。単純明快な答えは容易に見つからない」[Us. 18]というポレミカルな断片も残っている。つまりエピクロス的賢者の賢者たるゆえんは、自分にとっての利益を理解しているというだけでなく、法の正義を多数者の約束事《コンヴェンション》として軽蔑しつつ、あえて法を遵守してみせるところにこそある。市民法を正しいと信じて遵守する臣民ないし市民と、自然状態における剝きだしの私益追求のみを知り、必要とあらば法を破る「愚か者」の区別しかないホッブズの世界には、かならずしも法の誠実な遵守者ではない賢者を容れる余地はないといってよい。

その点を考慮したうえでなおも「愚か者」問題とエピクロス主義との接点を探すと、ホッブズが『詩編』の一句にない「心のなかで／口に出して」を区別したことに着目して、これを『法の原理』以来の内面留保の原則、あるいは同じ『リヴァイアサン』第一五章の「内面の法廷において（in foro interno）／外面の法廷において（in foro externo）」の区別［L. XV. 240／(1)二五四―五五頁］や、第三一章の「公共的崇拝／私的崇拝」の区別［L. XXXI. 564／(2)二九三頁］と関係づける解釈に説得力が生じてくる。[41] それによれば、ホッブズは正義にたいする「愚か者」の軽蔑を共有しつつ、それを「口に出して」公然と吹聴してまわることだけを戒めている。たとえ正義への侮蔑を「心のなかで」は秘めていても外面の行為で法に服従してみせる者は、非道徳であるが少なくとも処罰を免れる。もしこの解釈が正しければ、都市の公共祭祀に参列しつつ心中で別の神に崇拝を捧げたエピクロス的賢者のふるまいは許容されることになるだろう［DL. X. 120a］。

ところが『リヴァイアサン』における「内面の法廷において／外面の法廷において」の区別は、そのような事態を想定したものではなかった。むしろホッブズは、「口に出しさえしなければ」「心のなかだけなら」正義を否定してかまわないと考える「愚か者」がいるからこそ、「外面の法廷において」つねに拘束するとはかぎらない自然法を強制力のある市民法にするだけでは足りず、「内面の法廷において」すら意欲や傾向性以上の義務を課す神の命令とみなす必要があるというのである。

> これらの理性の指令を法の名で呼ぶのが人びとのつねであるが、これは適切ではない。なぜなら、それらはなにが自分の保存と防衛に役立つかについての結論または定理にすぎず、かたや法とは、適切にいえば権利によって他者を支配する者のことばのことだからである。しかしなおわれわれが、もし同じ定理を権利によって万物を支配する神のことばのなかに発せられたものと考えるならば、それらは適切に法と呼ばれる［L. XV. 242／(1)二五六―五七頁］。

ひとは利己心だけで契約遵守の義務をはたすことができるのか？――然りという答えを期待させてはじまったこの議論は、「愚か者」問題を経て反対の結論を導いていく。仮に利己心だけで十分であるとすると、発覚のおそれがなければ約束を破棄しても私益を追求する合理的な「愚か者」の選択が正当化されてしまう。契約遵守にはなにか利己心以上の動機づけが、すなわち自然法の命令者としての神とそれにしたがうキリスト者の義務が必要なのだ。ホッブズの議論の神学化は『リヴァイアサン』で突如はじまったことではない。『法の原理』で自然哲学的な神の認識（「自然の作者である全能の神」［EL. Pl. XVII. 12. 93／一八二頁］）に由来するとされていた自然法の拘束力は、早くも『市民論』で啓示（「聖書のなかで神によって告げ示されたかぎりにおいて」［DC. III. 33. 121／九四頁］）に帰せられたうえで、つぎのように主張されていた。「理性の不完全な使用と感情の激しさとが神を正しく崇拝することの妨げになっている。……それゆえ人間たちにとって、神の特別な助けがなければ無神論と迷信というふたつの危険をともに逃れることはほとんど不可能であった」［DC. XVI. 1. 234／三二七頁］。だが同じ『詩編』の一節を引用しても、『市民論』第二版までは無神論者の罪を無知に帰す根拠であったのが［DC. XIV. 19, 215／二八七頁］、「神」を「正義」におきかえた『リヴァイアサン』においては、無神論を不正義として断罪する根拠になる。ひとたびコモンウェルスが成立し、各人の私的理性の判断にかわって法の定めるものが正義となったのちも胸中で正義の存在を否定する者は、「愚か者」であるばかりでなく、「神のことば」に耳を傾けない「無神論者」とみなされるのである。

　この啓示神学化の昂進をどう理解するかで、ホッブズ解釈はいまなお二分されるといってよい。そこに真摯な有神論的議論をみる論者は、ホッブズにあっては啓示が人間理性への懐疑を贖い、たがいの心のうちを見通せない人間同士の相互信頼契約の不確かさは人間と全知の神との契約の確実性によって克服され、救いはキリスト者にとっての長期的な私益にほかならないと説く[42]。しかしその真摯さを疑う論者によれば、自然法は主権者の手で市民法化されてはじめて真に義務的なものとなるのだから、「神のことば」であるがゆえに義務的だとする議論は余計であり、みずからの無神論を隠蔽するホッブズの「口実」でしかない(43)。だがいずれにしても、ガッサンディとの接触によってホッブズに生じたものがエピクロス主義への単純な宗旨変えなどでないことだけは明らかであった。それはむしろ、エピクロス主義的な問いへのエピクロスとは別の解の探求であり、あるいはそのすぐれて独創的な変奏というべきものなのである。

5　宗教批判と偶運の問題

エピクロス＝ルクレティウスによれば、宗教の起源は自然現象の真の原因にかんする無知ゆえに生じた恐怖である。地震、雷、火山の噴火、嵐のような自然の事象を神々の怒りのあらわれと考えて恐れおののく必要はない。そのような無知に由来する恐怖こそ心の平静を脅かす最大要因であるがゆえに、哲学の治療的効果は自然研究において最大となる［DL. X. 79］。唾棄すべきは、ときに無辜のひとを天災が襲って生命を奪うのをみて、この偶運（τύχη: fortuna）の原因を「槍をふるって罪ある者を見逃すかと思えば、罪なき者を殺し罰にあたいしない者を殺す神」［DRN. II. 1103-1104］に帰せしめること、またそのような神々の愛顧を願って生贄を捧げること、すなわち迷信である。エピクロス的賢者は「偶運については、多数者の考えとは違ってこれを神とはみなさない」［DL. X. 134］。真の自然は「偶運のもたらす善を平然と受けとり、偶運のもたらすみかけの悪にたいしては応戦する準備をととのえよと教える。なぜなら、多数者が善ないし悪としているものはことごとくつかのまのものであり、知恵は偶運となんら共通するものがないからである」（ポルフュリオス『マルケッラ宛の手紙』［30＝Us. 489］）。

ホッブズの宗教批判はおおよそエピクロス主義に沿って展開されている。宗教の「自然的な種子」はできごとの原因を知りたいという人間の「好奇心」にある。そのひとつの発現形態は、できごとの原因を推理によって無限にたどり「すべてのものごとの最初にして永遠の原因」、すなわち「第一起動者」としての神にいたろうとする。もうひとつは「自分自身の幸運や不運の原因を探求する」〔L. XII. 164／(1)一八一頁〕意欲から生じてやはり神にいたるが、その帰結はきわめて政治的である。

ものごとの自然的な諸原因についての探求をほとんど、あるいはまったくしない人びとは、それでも、自分に多くの利益や害悪を為す力をもつものがなにかがわからないこと自体に由来する恐怖から、さまざまな種類の眼にみえない力を想定し、仮構しようとしがちであり、自分自身でイメージしたものを畏れ、困窮するときにはそれに救いをもとめ、期待したとおりにうまくいくと感謝を捧げるようになる。つまり自分自身の空想の産物を自分の神々とするのである。こうして数えきれないほど多種多様な空想から、数えきれないほどの種類の神々を人びとがこの世につくりだすということが出来した。そして眼にみえないものごとへのこの恐怖が自然的な種子となって、ひとはそれぞれ自分の場合は宗教と呼び、自分のとは違う力を崇拝したり恐怖したりする人びとの場合は迷信と呼んでいる。

そしてこの宗教の種子は多くの人びとによって観察されてきた。それを観察した人びとのなかには、これに養分をあたえ、衣装を着せ、かたちをととのえ法にしようと考える者もいた。さらには、それで自分たちが他の人びとをもっともうまく統治し、その力を自分たちにとってもっともうまく利用できるようになると思えるものなら、未来のできごとの諸原因についてのどんな憶説であろうとも、自分で発明して、この種子につけ加えようと考えるようになったのである〔L. XI. 162／(1)一七八―七九頁〕。

この議論において、原因についての無知のなかにある人間につきまとう「永続的な恐怖」から偶運の責を帰すべき神が創造されたという説は「いにしえの詩人たちのある者」〔L. XII. 166／(1)一八三頁〕に由来するとホッブズがいうなかには、「最初に恐怖がこの世に神を生みだした（Primus in orbe deos fecit timor）」の一句で知られるペトロニウス（断片・詩［76.3］）やスタティウス（『テーバイド』［III. 661］）と並んで、いうまでもなくルクレティウスが含まれる。宗教の政治的利用に論及した後半の議論は、「もし精霊にたいするこの迷信的な恐怖が除去され、それとともに夢占いや偽の予言や、狡猾で野心的な輩が純朴な人びとを欺き利用するのに使うその他多くのこの恐怖に依存するものごとが除去されるならば、人びとはいまよりはるかに市民的服従に適したものとなるであろう」［L. II. 34／⑴五五頁］という主張につながる。これもやはりホッブズの独創にみえて、実はルクレティウスに遠い淵源がある。

> 君〔メンミウス〕自身もいつの日か聖職者どもの脅し文句に屈して、われわれのもとを去ろうとするともかぎらない。実にあの者どもは、いまなおいくつもの夢幻を眼のまえにでっちあげ、君の生きる理を覆し、君の運命をことごとく恐怖のなかに惑わせるのに利用できるのだから。それも道理なのだ。人間の煩いに確たる限度があるとわかれば、宗教のとがめや聖職者どもの脅しに理をもって抗いようもある。だが実際には死後の永遠の処罰を恐れざるをえず、抵抗する手だても力もないのである［DRN. I. 102-111］。

ルクレティウスの標的は迷信と結びついたローマの鎮護国家宗教であって、キリスト教でも啓示宗教一般でもなかった。だが「みえないもの」の恐怖につけ込む宗教権力へのエピクロス主義的批判は、イングランドの内乱の主たる原因をやはり無数の聖職者権力の跳梁にみたホッブズに格好の武器を提供し、その影響力は晩年の『ビヒモス』（*Behemoth*, 1679）や『教会史』（*Historia Ecclesiastica*, 1688）にいたるまで維持されたといってよい。[44] それだけに、『リヴァイアサン』にかぎって宗教批判が貫徹されず、迷信ならざる宗教の擁護ともとれる発言が多々みえることは、ホッブズ哲学の全体像を理解するうえで重要な鍵となるはずである。[45]「心によって仮想され、あるいは公共的にみとめられた物語からイメージされたみえない力への恐怖は、宗教と呼ばれる。公共的にみとめられていない物語からのものは迷信と呼ばれる。そして、イメージされた力がまさしくわれわれのイメージするとおりのものである場合には、真の宗教と呼ばれる」〔L. VI. 86／(1)一〇六頁〕。たとえばこの発言の趣旨をエピクロス主義というコンテクストのなかで理解する場合にも、やや迂遠な道をたどらなければならない。

『法の原理』でホッブズは、神にかんして自然理性の推論が教えるのは「神は存在する」ということだけだと主張していた〔EL. Pl. XI. 2. 53／一一二頁〕。さしあたりこの神は、できごとの因果系列を遡行していく果てに想定される「あらゆる原因の最初の原因」を指している。それゆえ人間はそれにいかなる神のイメージも本来は抱きえないのだが、ホッブズによれば「これこそ万人が神の名で呼ぶものなのである」。存在のみ知られるこの神に属性をあたえようとすれば、その結果は「われわれの無能力（incapacity）をあらわすものか、それともわれわれの畏敬（reverence）をあらわすものかのどちらかになる。無能力というのは、理解不可能性や無限性をいう場合である。畏敬というのは、全能の、全知の、正しい、慈悲ぶかいなど、もっとも賛美し称賛するもののわれわれのあいだでの呼び名である名を神にあたえる場合である」〔EL. Pl. XI. 3. 54／一一四頁〕。人間の認識能力の限界ゆえに神はその存在以外に理解不可能であり、敬意をあらわすことば以外に神について考え語るためのことばは事実上ない。この立場をホッブズは後々まで基本的に堅持したと考えてよいが(46)、それが『リヴァイアサン』で再論されるまでにふたつの重要な留保が付されている。

自然哲学上の神は『市民論』でも維持されているが(47)、第二版でそこに最初の重要な留保が加えられる。初版の第一四章で無神論者の罪を不正義ではなく無知に帰したホッブズは、第二版に注を付して「神が存在することは自然の理によって知ることができるとわたしが述べたことは、神の存在を万人が知りうるとわたしが考えたかのように受けとられてはならない」〔DC. XIV. 19. 215／二八七頁〕という。「享楽や富や名誉の追求で絶えず頭がいっぱいな人びと、正しく合理的に考える習慣ないし能力がないか、そうすることに気を使わない人びと、最後に無神論者たちを含む愚かな人びと」〔DC. XIV. 19, 215／二八八頁〕がこの世に存在するかぎり、たとえ自然理性の推論が神の存在を確約しても、それだけでは神の世界統治に似た現世の国家統治の実現はけっして期待できない。さらに『リヴァイアサン』では、この神は万人の神たりえないという第二の留保が示唆されている。ホッブズによれば、ルクレティウスの宗教＝恐怖起源説は「異邦人の多数の神々について」語られるかぎりで正しく、「永遠・無限・全能の唯一神」はむしろ自然哲学上の「第一起動者」からのほうが容易に引きだせる〔L. XII. 166／(1)一八三頁〕。ただしその場合に、人びとは神の本性に対応するような神の観念やイメージを抱懐できないだけでは済まなくなる。それには「人びとの偶運（fortune）についての考慮がともなわない。偶運への懸念があると、人びとはそれ以外のものごとの諸原因の探求におそれをなして、これをしなくなる。こうして神々を捏造する人間の数だけ多くの神々が捏造されるということが生じてくる」〔L. XII. 166／(1)一八三頁〕。たとえ一部のひとが「無限・全能・永遠の唯一神の承認」にいたっても、「原因となる（causing）とわれわれが呼ぶもののなんたるかを知らない人びと（すなわちほとんどすべてのひと）」は、この眼にみえない原因の作用と幸運・不運とを結びつけられないため、「当然に途方に暮れてしまう」〔L. XII. 170／(1)一八六頁〕。

以上の議論から暗示されるのはつぎのことである。自然理性の推論が発見する「第一起動者」が「全能の唯一神」でなければならない理由はなく、したがってすべての人間が哲学者であるような社会に神は不要であろう。だが実際の社会はそうではなく、理性を適切に使用できない人びと、とくにそのせいで偶運を恐れる人びとの存在をいまだ所与としなければならない。そうである以上は、やはりなんらかの神を、それも自然哲学上の神のよくなしえない偶運の問題――「すべからく厭うべき罪をうかつにも犯した者が、雷に打たれ、貫かれた胸から雷電の焔を吐く仕儀とはならず、むしろなんら恥ずべきおこないを犯したおぼえのない者が、罪もないのに焔に巻かれたり、天空からきた旋風に突如として包まれたり、火にさらわれてしまうことがあるのはいったいなぜなのか」〔DRN. VI.

386-395〕——に対処する神を発明しなければならない。宗教が「自然的な種子」から生い立つ以上は、それを摘みとることはできないのである。[48]

『リヴァイアサン』第三一章「自然による神の王国について」では、人間を統治し自然法違反者を処罰する神の自然の権利が旧約聖書『ヨブ記』の神の「抗いがたい力」から引きだされ、人間を創造した神への感謝として服従が要求されるという説はしりぞけられる〔L. XXXI. 558／⑵二八七―八八頁、DC. XV. 5. 221／三〇〇頁〕。これはホッブズの神が、もっぱら情念が理性にまさる者の心に恐怖と崇敬の念を惹起し、偶運すら甘受せざるをえないと感じさせるために発明されたことを意味する。[49]偶運の問題は、「神の摂理にかんする俗衆のみならず哲学者たちの、さらには聖者たちの信仰を動揺させたほどのむずかしさをもっている」〔L. XXXI. 558／⑵二八九頁、cf. DC. XV. 6. 222／三〇二頁〕。偶運を泰然と受けとめる賢者だけでできてはいないこの世界においては、神による無からの創造を否定し神々は人間に無関心と説くエピクロスの教義は、問題の解になりえないどころか、むしろ種々の「哲学者の神」ともども拒絶されねばならない。なぜなら、「神に属性をあたえるさいにわれわれが考慮すべきは、哲学的真理の表示ではなく、われわれにできる最大の尊敬を神に払おうという敬虔な意図の表示である」〔L. XXXI. 568／⑵二九八頁〕のだから。エピクロスは多数者の奉じる神の尊厳性《セムノーマ》と矛盾するような属性を神にあたえてはならないと説いて哲学と社会との共存をはかったが、ホッブズはさらにその上をいく。すなわち、自然理性によっては存在しか知られえない神の属性を崇拝のしかたの問題とみなし、哲学から政治の手にゆだねるのである。

語は（したがって神の属性は）、その意味を人びとの同意と設定によって有するのだから、尊敬をあらわすことになるよう人びとの意図する属性が、尊敬をあらわすと考えられるべきである。それに、理性以外の法がないところで個々人の意志により為されうることはなんでも、コモンウェルスの意志により市民法によって為されてかまわない。またコモンウェルスは意志をもたず、主権的権力を有するひとないし人びとの意志によってつくられる法以外に法をつくらない。したがって、神の崇拝にあっては、尊敬のしるしとして主権者の定める属性が、私人たちによりその公共的崇拝において、そのようなものとして考えられ使用されるべきである［L. XXXI, 570／(2)三〇〇頁、cf. DC. XV. 16, 229; XV. 17, 233／三一七、三二四頁］。

『法の原理』から『物体論』までの著作に持続する自然神学的な議論と『リヴァイアサン』第三一章の政治神学的な議論の矛盾は、後者の神を現実のキリスト教信仰に配慮したフィクションとみなし、自然の世界には適用されないものと考えても解消できる。[50] だが自然法の背後にある「抗いがたい力」の権威がたとえフィクションにすぎなくても、社会の平和を希求するホッブズ政治哲学にとって重要なのはそのドラマトゥルギーであり、「公共的にみとめられた物語」のレトリックがキリスト者の意識にもたらすリアルな効果であった。[51] パスカル曰く、「あることについての真理が知られていない場合、人間の精神を固定させる共通の誤り（une erreur commune）があるのはよいことである」（『パンセ』［B18＝L744＝S618］）。オークショットはこの一節を引用しながらホッブズの主張をつぎのように要約している。「およそ共通の誤りでないものなどありはしない。真理そのものが一個の共通の誤りなのである。そして重要なのは共通の誤りが真実共通であることなのだから、それは権威によって固定されなければならない[52]」。

ホッブズはまさしくこの点においてエピクロスと袂を分かつ。本来のエピクロス主義にしたがうなら、恐怖のドラマトゥルギーによって可能になる社会の平和は、個々人の心の平静を犠牲にしなければ成立しえない。偶運への恐怖とそれを利用して人びとの魂を支配する無数の聖職者権力が、唯一神の「抗いがたい力」への恐怖とそれに裏打ちされた〈リヴァイアサン〉の「地上に並ぶものなき」至高の処罰権力におきかえられるだけだからである。しかもそうして実現する社会の平和は、ホッブズ自身の自然哲学をそもそも必要としなかった。「人間の悩みを癒してくれないあの哲学者〔自然学者《ピュシオロゴイ》〕のことばはむなしい」と述べて、自然研究を心の平静の獲得に直結させるエピクロス＝ルクレティウス的な哲学の伝統との乖離幅は、ここで最大値に達するかにみえる。

ただしホッブズによれば、「神の崇拝や人間にかんする学問」のある種の学説が市民たちに供されるべきでないのは、平和の確立に寄与しないからであって「教理の誤謬のせいではない」［DC. VI.11. 140-41／一三六頁］。あるいは『リヴァイアサン』にもあるように、

聖書が書かれたのは、人びとに神の王国を示してその精神に神の従順な臣民となる準備をさせるためであり、世界と世界についての哲学を自然理性の行使のために人びとの論争にゆだねている。昼と夜をつくるのが地球の運動なのか太陽の運動なのか、あるいは人びとの法外な行為が情念から出てくるのか悪鬼から出てくるのか（そうであればわれわれはかれを崇拝しない）は、全能の神へのわれわれの従順と臣従にとってすべてどうでもいいことであり、聖書は後者のことのために書かれている［L. VIII. 120／(1)一三九頁］。

「共通の誤り」のうえに成り立つ社会の平和にとって、真理はよくてカテゴリー錯誤、最悪なら社会秩序の基盤を掘り崩す危険要因となるがゆえに、あからさまな発露を禁じられねばならない(53)。同じことはホッブズ自身の自然哲学についてもいえる。『市民論』公刊直後の一六四五年に亡命先のパリではじまり、帰国後もつづいた国教会主教ブラモールとの論争において(54)、徹底した必然性の支配のもとに人間の自由意志を否定する厳格な決定論哲学を展開したホッブズは、その公表を拒む理由をつぎのように弁明した。

仮に人類の大半をそのあるべき姿ではなく現にあるがままに、すなわち、富の獲得や出世に熱中したり、官能

的な歓びを欲したり、熟考をもどかしがったり、間違った原理を拙速に信奉したりして、ものごとの真理を論じるのに不向きになってしまった人間として考えるならば、わたくしはこう告白せねばなりません。この問題を論じるのは、かれらの敬虔さを促すよりはむしろそこなうことになるであろう、と。それゆえ、もし閣下〔ブラモール〕がその答えをお望みにならなければ、わたくしはそれを書いたりなどしなかったでしょうし、両閣下〔ニューキャッスル伯とブラモール〕が門外不出にしてくださることがあてにできないのなら書きません [EW4, 256–57]。

その見込みのもとに執筆した『自由と必然』(*Of Liberty and Necessity*, 1654) が第三者によって無断で出版されてしまったのち、ホッブズは「理性的な人間の害にはけっしてならないが、もっぱら困難な省察を要する諸論点での推論ができないひとには有害なものとなりうる」[EW5, 435] 自説の公表にあたって、いっそう周到に機会を選ぶようになる[55]。これをたんに無神論の露見を懸念して保身のために有神論的な偽装を凝らしているとみるのでは、ことがらの半面をとらえたことにしかならない[56]。ホッブズとは対照的に世界の起源を原子同士の偶然的な衝突に帰したエピクロスの哲学も、やはり醜く苦い「真の理論」(ルクレティウス) であり、かならずしも万人向けではなかったことを想起しよう。この教えを学園の外で喧伝することを戒めたエピクロスは、決定論的な自然哲学を説くデモクリトスやストア派の無責任をつぎのように難じた。「実際、自然学者たちの主張する運命の奴隷になるくらいなら、神々についてのつくり話《ミュトス》にしたがうほうがまだましであっただろう。なぜなら、神話は神々を崇拝によって宥める希望があることを示唆しているが、自然学者たちの主張する運命はおよそ宥める見込みのない必然性をそなえているからである」[DL. X. 134]。必然性の哲学であれ偶然性の哲学であれ、社会の常識に反する《パラドクシカル》自然の観念を抱く哲学者には、多数者の慣習や信仰心に配慮した節度あるふるまいが要求される[57]。この古代人の知恵をホッブズがいつ・どこで学んだにせよ、『リヴァイアサン』執筆時のホッブズがそれを知る哲学者であったことは疑いえないのである。

6　死の恐怖のゆくえ

ホッブズ無神論者説の代表と目されるレオ・シュトラウスは、人間がもたらす暴力死の恐怖と宗教がもたらす「みえないもの」の恐怖を対比して、つぎのような議論を展開している。ホッブズにとって暴力死の恐怖は、それを回避する努力や創意を喚起するがゆえに善い情念であるが、問題は「みえないもの」（暗闇、霊、地獄の劫火）の恐怖が人びとの心を領していることにあった。人間が「原因にかんする無知」の状態にあるかぎり、「みえないもの」の恐怖はつねに暴力死の恐怖にまさり、それを煽る聖職者権力によって人びとが喰い物にされる状況は改まらない。それゆえ啓蒙によりこの呪縛を解き、暴力死の恐怖に本来の力を取り戻させることがホッブズの企図には不可欠であった。そうみるならば、ホッブズの哲学は「社会的ないし政治的問題の解決策として、完全に「啓蒙された」、つまり非宗教的あるいは無神論的社会の設立を、必然性をもって指し示した最初の理論」と呼ばれるにふさわしい。にもかかわらず、「ホッブズ自身の無神論観によってさえ、かれが無神論者であったという証明ができない」ことが真の問題なのだとシュトラウスはいう。(58)

自然は知性を平等に配分していない（理性がある者に多く、ある者に少なくあたえられていること自体は自然＝偶然である）というのが古代の基本的な人間学的前提であったとすれば、この究極の偶然を克服するべく自然そのものを馴致・改良・創造しようとする近代の意志が、ホッブズ哲学のなかにはたしかに兆していた。『人間論』の「俗衆も次第に教化される（Paulatim eruditur vulgus）」［DH. XIV. 13, 128／一九九頁］の一句は、そのようなラディカルな啓蒙への志向を端的に象徴する。しかし自然法の命令者としての神に言及せざるをえなかったホッブズは、少なくとも名誉のような世俗的な徳や集合的利己心としての正義の観念だけで維持される「無神論者の社会」の到来を夢想だにしていなかった。「窮迫あるいは強欲のために商売や労働のことで頭がいっぱいな人びと、また逆に贅沢あるいは怠惰のせいで官能的な快楽を追いもとめる人びと（この二種類の人間が人類の大多数を占める）は、自然的正義のみならず他のすべての学問のことがらにおける真理の研究が必然的に要求する深甚なる省察から遠ざけられている」［L. XXX. 532／⑵二六九頁］。そのような状況下で、地上の主権者にも見抜けないひとの心を内奥まで見とおす全知・全能の神、その摂理と神罰を否定すれば、現世における道徳の根拠が掘り崩される。『リヴァイアサン』のホッブズは、すべての人間が神を必要としないエピクロス的賢者となる「黄金時代」を遠望しながら、いま・ここで必要な神とはなにかを真剣に問うたのである。

この企図の実現を期して駆使されるきわめて巧妙なレトリックが、ホッブズを敬虔な有神論者を装う無神論者、二重真理論者、エラストゥス主義者とみる解釈にいまなお言質をあたえつづけている。[59] たとえばホッブズは、「ものごとの真の原因が自分で確認できないときは（なぜなら幸運や不運の原因は大半がみえないものであるから）、ひとはその原因を自分自身の想像が暗示するとおりのものと想定するか、あるいは自分の味方であり自分より賢明だと思う他人の権威にゆだねる」［L. XII. 164／⑴一八二頁］と述べ、この「みえない力」への恐怖という種子を宗教へと育成する方法に二種があったという。ひとつは「異教徒の国家の最初の創設者と立法者たち」にみられるもので、「人間の政治（humane Politiques）」の一部をなす。かれらは自分の考案した宗教的戒律を神々が命じたもの、不幸は適切な崇拝の儀礼を怠ったがゆえの神々の怒りに由来するものと民衆に信じ込ませることにより、統治者への反抗傾向を鎮めることに成功した。こうして「当時知られていた世界の大半を征服したローマ人たちは、ほかならぬローマの都市のなかでは、なにかかれらの市民的統治と両立しえないものを含んでいるのでないかぎり、どんな宗教でも許容するのに躊躇しなかった」[L. XII. 178／(1)一九三―九四頁]。[60] もうひとつは「アブラハム、モーセおよびわれわれの祝福された救世主」のやりかたであり、「神の政治（Divine Politiques）」そのものである。「神自身が超自然的な啓示によって宗教を植えつけたところでは、神はまたおのれ自身にたいして特別の王国をつくり、神自身にたいするふるまいの法だけでなく、人間相互のふるまいの法をあたえたのであり、そのことによって神の王国では、政策と市民法のほうが宗教の一部なのである。またそれゆえ、現世的統治と霊的統治との区別はここでは存在の余地がない」[L. XII. 180／(1)一九四頁]。こうしてある種の神政政治を擁護するかのような外見にまぎれて、ホッブズが実際にはふたつの宗教の相違を意図的に曖昧にしていることをブラモールは見抜いていた。[61] これが宗教の「自然的な種子」を「人間本性から廃棄してしまうことはけっしてできない」[L. XII. 180／(1)一九五頁]という前提に立つ政治哲学者の結論だとしたら、神学者にはつねにそれを非難する理由があるといってよい。しかしこの「人間本性」そのものを改良する可能性がある場合には、話は別である。

ならばホッブズ自身は神の存在を否定するという意味での無神論者であったのだろうか。無神論の嫌疑がかかる言辞に事欠かない『リヴァイアサン』だが、その最たるものは神や魂のような霊的なものを非物体的（incorporeal）と規定したスコラ哲学への批判である。ホッブズ曰く、「実体と物体とは同じものをあらわしており、したがって無形の実体（substance incorporeal）ということばは、ひとつに結合されると、ひとが無形の物体（incorporeal body）という場合のように相互に破壊しあう」[L. XXXIV. 610／(3)五六頁]。あるいは、

この世界……は有形であり、いいかえれば物体であって、大きさの諸次元、すなわち長さ、幅、深さをもつ。また物体のすべての部分も物体と同じように同様な諸次元をもつ。したがって宇宙のあらゆる部分は物体であり、物体でないものは宇宙の部分ではない。さらに宇宙がすべてなのだから、宇宙の部分でないものは無で

あって、したがってどこにもない［L. XLVI. 1076／⑷一一四頁; cf. DCo. XXVI. 1, 334-37／四五五―五八頁］。

ところがホッブズは、「聖書のみ（sola Scriptura）」の原則を掲げて無神論の嫌疑を一蹴する。人間の魂はもちろん、天使でさえ物体であることを聖書は否定しておらず、神や霊を無形のものと呼ぶスコラ哲学の悪しき言語慣習も、あえて好意的にとれば「神に名誉をあたえようとするわれわれの欲求をもっともよく表現するのはなにか」［L. XLVI. 1078／⑷一一五頁］と考えた結果といえなくもない、と。そのホッブズにして、ニケア信仰箇条に定める三位一体の教義を公に否認し、「著者はたしかに神が物体（corpus）であると主張する」［LL. App. 3, 1229／⑷三一七頁］と記すのにラテン語で書き直した『リヴァイアサン』（一六六八年）の補論を待たねばならなかったという事実は、それがなお危険きわまりない賭けであったことを意味するのかもしれない[62]。それでも、ホッブズの敬虔さが迫害の危険を当面最小化するためにみずからまとったパブリック・イメージ以上のなにか、いわば些細な異端の神を奉じるある種のキリスト者のものであった可能性は残る[63]。ではその神とは自然哲学上の「第一起動者」のことなのか、それとも啓示によってのみ知られる摂理の神のことなのか。あるいはブラモールとの論争でホッブズ自身が強調するようにそのどちらでもあって、デモクリトスの機械論的決定論とカルヴァンの予定説とは両立するのか。

神学的議論のここぞというところでもちだされるエピクロス主義に特有の論拠は、そのいずれでもないことを明らかにする。たとえばホッブズは、神や魂のような霊的なものが物体であるというだけでなく、微細な物体でできているという[64]。その典拠になったラテン教父のテルトゥリアヌスは［EW4, 307; 383; 429; LL. App. 3, 1229／⑷三一七頁］、主としてストア派の議論にもとづいて魂の物体性を論じた『霊魂論』第五章の末尾で［V. 6］、ルクレティウスから「物体でなければ接触することも接触されることもできない」［DRN. I. 304］を引用している。しかしルクレティウスがいいたいのは、神々は「希薄な本性（tenuis natura）」のものゆえにどんなものにも接触できないということなのである［DRN. V. 148-152］。仮にホッブズの神もそのようなものだとしたら、物体に運動をもたらす最初の衝撃をあたえるには原因そのものが物体的でなければならないとするエピクロス＝ガッサンディの「作用因の原理」により、この神は「あらゆる原因の最初の原因」にはなりえないという結論が導かれる。

啓示により知られる神でもないという点については、モーセの夢に神が現出し語ったという件をあげよう。ホッブズは夢を覚醒時の感覚を素材としてつくられた映像ないし幻（Apparitions）に還元する一方で［DCo. XXV. 9, 325-28／四四三―四六頁］、「神が自然的でない幻をつくりうることに疑いはない」［L. II. 34／(1)五四頁］とも述べている。モーセのまえに神があらわれたときの「より特別な方法」、すなわち「幕屋の祭殿において」「ひとが友人に話しかけるように」「天使の媒介によって」神が語った「超自然的」なやりかたがその例であるが、結局ホッブズは、それが他の預言者たちの場合と同じ「睡眠中あるいは恍惚状態のなかで得た想像」であったと結論する［L. XXXVI. 662-66／(3)一〇四―七頁］。エピクロス主義にしたがうなら、夢のなかで神的なものが顕現《エピファニー》するという考えは、「不死かつ至福のもの」である神々に人間的な形姿や性格をあたえる神人同形説的な臆見としてしりぞけられねばならない［DL. X. 139, scho.: DRN. V. 1161-1193］。ホッブズの議論はこれに依拠しながら、預言者モーセの権威が神与のものなどではなく、実は主権者としての権威にほかならないことを暗示する。つまりこの「主権的預言者」論は、「すべての形成された宗教は、はじめは、あるひとりのひとにたいして群衆が抱く信仰にもとづく」［L. XII. 180／(1)一九六頁］というテーゼの例証なのである。[65]

そのホッブズに知られざる信仰者の一面があることは、ホッブズ哲学における死の恐怖のゆくえを追うオークショットが指摘している。「おのれの実存の各瞬間にこれと決めたものを獲得すること」ができれば本望という人間にとって、最大の恐怖は誰にも不可避だが差し迫っていない死ではなく、至福獲得競争での敗北を意味する暴力死であり、自然状態にはその危険が恒常的に存在する。それでも暴力死の恐怖は、正義の合意による平和という解消手段があるという意味でより小なる恐怖なのだ。「だが大いなる恐怖、すなわち死の恐怖は、永続的でおよそ鎮めることなどできない。生は夢である。人類がどんな知を手に入れても、この夢は追い払うことができない」(66)。ならばホッブズの場合、なにが死の恐怖から人類を救うのか。〈リヴァイアサン〉は暴力死の恐怖からの解放を約束するだけの「慎ましい贈り物」であった。しかし、啓示によってのみ知られうるものとともに「一全体としての宇宙」「無限で永遠なるもの」「目的因」を哲学の対象から除外したホッブズが、エピクロス＝ルクレティウス（あるいはスピノザ）のように、そもそも自然にかんする真の知識によって人類が最終的救済にいたる可能性を信じていたとも考えにくいのである(67)。

期せずしてこの議論は、ホッブズがエピクロス主義的な問いの圏内で思考しつつ別の解を探求していたという解釈に説得力をあたえる。エピクロスの箴言に曰く、「天上のことと地下のこと、総じて無限の宇宙で生じるあらゆる事象が気にかかったままでは、いくら人間同士の安全保障があっても無益である」［DL. X. 143］。正義と法がもたらす「安全」は暴力死の危険にたいする有効な処方であっても、死の恐怖への処方にはけっしてなりえない。「死すべきものがつくるなにものも不死ではありえないとはいえ、もし人びとが自分で称するように理性を使用できたならば、かれらのコモンウェルスは、少なくとも内部の病気による滅亡にたいしては安全が保障されえたであろう」［L. XXIX. 498／(2)二三九頁］。人間相互の安全保障に政治の為しうる最大限をみる点において、たしかにホッブズは、死にかんしては人間が永遠に「城壁のない都市」の境涯にあるとするエピクロス主義の忠実な徒であったといえる。しかし、「自然学《フィジカ》はわれわれを救済してくれない、それがどれほど真理であろうとも」［HE. 1662］。政治にも哲学にも託すことのできないこの救いをなおもホッブズがどこかにもとめていたとしたら、おそらく信仰をおいてほかにはあるまい。

『法の原理』から『市民論』まで救いに不可欠とされていた魂の不死性は［EL. P2. VI. 6. 148／二八二頁、DC. XVII. 13.

262／三七七頁］、ガッサンディ作品をつうじてエピクロスの哲学を知ったのちの『市民論』第二版の注において、ひそかに肉体の甦りにとってかえられている［DC. XVIII. 6. 287／四二八頁］[68]。『リヴァイアサン』で明確に魂の物体性を、それゆえ解体可能性＝可死性をみとめたホッブズは、聖書のなかに「魂の自然的不死性はないが、だからといって選ばれた者が恩寵によって享受すべき永遠の生と矛盾するものもない」［L. XLIV. 988／(4)四二頁］と言い放つ。肉体の死滅後に裁かれるために魂は不死でなければならないという虚説をしりぞけたのち、救いの確証として残るのは、「われわれの救い主」が復活によって示した肉体の甦りを信じることだけである［L. XXXVIII. 706／(3)一四一―四二頁］[69]。こうして「イエスはキリストである」と一途に信じ救いをもとめる人間にとっても、この世はけっしてかりそめの生をおくる場所ではなく、短い生をまっとうするためにすら忍従しなければならないことは数多《あまた》あるだろう[70]。だがそれがなにほどのものであろうか？「不合理ゆえにわれ信ず」（テルトゥリアヌス）によって心の平静を確保したホッブズは、朗らかにこういうのである。

注

（1）Charles Trawick Harrison, "The Ancient Atomists and English Literature of the Seventeenth Century," *Harvard Studies in Classical Philology*, Vol. 45（1934）, p. 24. ヘンリー・モア『神についての対話』（一六六八年）にも、名指しこそしないがホッブズを揶揄した箇所がある。「この世界には物体ないし物質しか存在せず、本性において正しいあるいは不正なものなどなく、すべて快楽は、たとえひとの残虐さや欲の身勝手な満足ではないにせよ、ひとしく真正なものだ、という考えで悪名高いあのひとではなかろうね？」［I. 1. 4］

（2）Cf. G. C. Robertson, *Hobbes*（Edinburgh and London: William Blackwood and Sons, 1901）, p. 64 note 1; Frithiof Brandt, *Thomas Hobbes' Mechanical Conception of Nature*（Copenhagen: Levin & Munksgaad, 1927）, p. 388; Alexandre Koyré, "Le savant," *Pierre Gassendi 1592-1655: Sa vie et son Œuvre*（Paris: Albin Michel, 1955）, pp. 153-54.

（3）Cf. Arrigo Pacchi, "Hobbes e l'epicureismo," *Scritti Hobbesiani*（*1978-1990*）, ed. Agostino Lupoli（Milano: Franco Angeli. 1998); Karl Schuhmann, "Hobbes und Gassendi," *Veritas filia temporis ? Philosophiehistorie zwischen Wahrheit und Geschichte, Festschrift für Rainer Specht zum 65. Geburtstag*, hrsg. R. W. Puster (Berlin: Walter de Gruyter, 1995); Lisa T. Sarasohn, "Motion and Morality: Pierre Gassendi, Thomas Hobbes and the Mechanical World-View," *Journal of the History of Ideas*, Vol. 46 No. 3 (1985), *etc*.

(4)『哲学原理』[VIII-I. II. 15-20, 49-52／(3)九〇—九二頁]、『屈折光学』[VI. 87／(1)一一六—一一七頁]、『気象学』[VI. 233／(1)二二六—二二七頁]、参照。

(5)後年の『力学対話』(*Dialogus Physicus*, 1661) にも「粒子 (ルクレティウスならびにホッブズによって想定されている原子のような) が……」[OL4, 283] とある。

(6)とくに『反ホワイト論』には、真空論のほかにも複数世界論のようなエピクロス主義に特有の観点が多々みられ [DME. III, 39-50]、その執筆時期からみてガッサンディの影響が考えられる。

(7)空虚の実在を否定する自然の「真空嫌悪」説は、後々まで自然科学の発展を阻害した。Cf. Edward Grant, *Much Ado About Nothing: Theories of Space and Vacuum from the Middle Ages to the Scientific Revolution* (Cambridge: Cambridge University Press, 1981).

(8)Cited in Max Köhler, "Studien zur Naturphilosophie des Th. Hobbes," *Archiv für Geschichte der Philosophie*, Bd. 15 (1902-03), S. 72 note 10. これは同年に執筆されたラテン語著作集第5巻所収の「光学論」(*Tractatus Opticus*, 1646) とは別の未公刊論考である。

(9)「それゆえ、真空にかんする私見を要約すると、いまでもわたしの考えは以前あなたにお話ししたとおりです。すなわち、物体の存在しないある小さな空間がそこかしこにあること、そうした空間が生じるのは、太陽や火や (ほかにもなにかあるとすれば) その他の熱を生みだす物体の本性、あるいは自然的活動のためだということです。というのも、そうした物体の活動が隣接する物体に運動を起こさせ、またそれらをたがいに衝突させてその構成部分を撒き散らすのですから。この活動によって、ある小さい虚ろな空間が必然的に形成されるのです」[Letter #57, 167]。

(10)「詩の主題は人間のありかたであって自然の諸原因ではない」[EW4, 445] がゆえに、ルクレティウスはエンペドクレスとともに自然哲学者であって詩人ではないとホッブズはいう。

(11)原子の〈逸れ〉が一七世紀当時どのように受けとめられていたかを伝えるものに、イギリス国教会の神学者で王立協会員のジョン・ハリスの証言がある。「人間の意志の自由がいまだ否定しがたいことでなかったのか、だからエピクロスは帰依者のルクレティウスとともに、それは誰でも自分で経験できることを承知していなかったのか。ともかくもかれは、学識者がよくするように……老師デモクリトスにならって人間精神は原子の打撃により必然的かつ運命によって動かされるのだと確言した。しかしこの見解を放棄して人間の魂の自由を主張せざるをえなくなると、かれはそれを自分の無意味な仮説によって証明するために、原子のわずかな逸れ（exiguum clinamen principiorum）［DRN. II. 292］とルクレティウスが呼ぶ原子の無責任な斜行運動を発明したのであった」（『無神論的運命観念の論駁』［The Eighth Lecture, 19, note (a)］）。

（12）S・シェイピン／S・シャッファー、吉本英之ほか訳『リヴァイアサンと空気ポンプ――ホッブズ、ボイル、実験的生活』（名古屋大学出版会、二〇一六年）、第V章参照。

（13）トマス・テニスンによれば、ホッブズは真空を幻像に帰すことによってその実在を暗黙理に承認している（『ホッブズ氏の信条尋問』［I. 35-36］）。だが概して一七世紀後半は現象主義と懐疑主義が優勢になり、人間理性には原子のような形而上学的実体の実在を証明できないとされる（ボリングブルック「第一論考、人間的知識の本性・限度・実在性について」［V.89, 338-39］）。

（14）Cf. Charles Trawick Harrison, "Bacon, Hobbes, Boyle and the Ancient Atomists," *Harvard Studies and Notes in Philology and Literature*, Vol.15（1933）, pp.202-3; Gary B. Herbert, *Thomas Hobbes: The Unity of Scientific and Moral Wisdom*（Vancouver: University of British Columbia Press, 1989）, p. 28.

（15）Cf. Cees Leijenhorst, *The Mechanisation of Aristotelianism: The Late Aristotelian Setting of Thomas Hobbes' Natural Philosophy*（Leiden: Brill, 2002）, p. 75 and p.93 note 173.

（16）Cf. Pacchi, *op.cit.* pp. 37-38. ガッサンディは『注解』でスコラ哲学的な含意を除去した形象概念をエピクロスの映像概念の解釈に適用しているが［A. 235-249］、その構想自体は一六三一年に遡る。Cf. Bernard Rochot, *Les laux de Gassendi sur Épicure et sur l'atomisme 1619-1658*（Paris: J. Vrin, 1944）, pp. 143-45. 仮に「小論文」の執筆期が一六三〇年ではなく三四年以降だとしたら（cf. Brandt, *op.cit.*, pp. 48-50, 54）、三度目の大陸訪問時（一六三四―三五年）に知己を得たガッサンディの影響を疑うことができるかもしれない。

（17）Cf. Cyril Bailey, *The Greek Atomists and Epicurus*（Oxford: Clarendon Press, 1928）, pp. 462-64; J. M. Rist, *Epicurus: An Introduction*（Cambridge: Cambridge University Press, 1972）, pp. 144-46.

（18）Cf. Robert Hugh Kargon, *Atomism in England from Hariot to Newton*（Oxford: Oxford University Press, 1966）, pp. 58-

60. 知覚における形象の作用は、一六三六年一〇月一六日付のウィリアム・キャヴェンディッシュ宛書簡で否定される［Letter #21, 37-38: cf. EL. Pl. II, 3-6］。『リヴァイアサン』［L. I, 24／⑴四五―四六頁: XLVI, 1088／⑷二二三―二二四頁］（とくにラテン語版［LL. XLVI, 1089／⑷二二七頁］）では、形象概念のスコラ哲学的起源が強調されている。ラテン語韻文で書かれた晩年の自伝では、オックスフォードで学んだアリストテレスの形象理論にたいしてホッブズははじめから懐疑的であったことになっている［OLI, lxxxvii］。

(19) R・タックはこの感覚と感覚対象の区別から暗示される認識論的帰結、すなわち人間は外的世界について真の知識をもちえないとする非表示的（non-representative）な知の観念そのものが、エピクロスに由来する可能性を示唆している。Cf. Richard Tuck, "Hobbes and Descartes," *Perspectives on Thomas Hobbes*, eds. G. A. J. Rogers and Alan Ryan (Oxford: Clarendon Press, 1988), pp. 29f. 正確にいえば、物体の感覚的（第二次的）性質を「慣習《ノモス》において」あたえられる恣意的な構築物だとしたのはデモクリトスである［DK. Democritus. B9; 125］。エピクロスの場合、外的対象の性質は映像によって伝達され感覚「表象（*φαντάσματα*）」に再現されるのであり、誤りはその後の判断ないし推論において生じる［DL. X. 32］。

(20) Cf. Brandt, *op.cit.*, pp. 300-1. 運動一般の眼にみえない小さな「端緒（principium）」としてのコナトゥスにホッブズが論及するようになるのは、『反ホワイト論』からである［DME. XIII. 2-3, 148-50］。

(21) ライエンホルストはこの点を見誤り、「小論文」のホッブズが形象論では原子論（粒子説）に接近しながら、運動論においては無限分割可能性に依拠してアリストテレスの原子論批判に与しているという。Cf. Leijenhorst, *op.cit.*, pp. 66-67.

(22) ホッブズは『物体論』で円の方形化問題にカヴァリエリの不可分者概念を密かに援用し［DCo. XX, 246; 255／三三七、三四九頁］、数学者ウォリスの叱責を受けた。Cf. Douglas M. Jesseph, *Squaring the Circle: The War between Hobbes and Wallis* (Chicago and London: The University of Chicago Press, 1999), chaps. 3 and 4.

(23) Cf. Kurd Lasswitz, *Geschichte der Atomistik vom Mittelalter bis Newton*, Bd. 2 (Hamburg und Leipzig: Leopold Voss, 1890), S. 217f; Brandt, *op.cit.*, pp. 314-15; Howard R. Bernstein, "*Conatus*, Hobbes and the Young Leibniz," *Studies in History and Philosophy of Science*, Vol. 11 (1980). 岸畑豊『ホッブズ哲学の諸問題』（創文社、一九七四年）、七〇―七二頁参照。

(24) アリストテレスが理解した原子論者のやりかたで直線を次々に分割しても、「不可分割的なもの」としての点には到達できないとガリレオはいう。「無限小部分の総体（tutta la infinità）としての有限部分を一気に分割すれば、……連続量がこれ以上はまったく分割不可能な原子からなっていることをかれら〔ペリパトス派〕もよろこんで納得するでしょう」（『新科学対話』［I.

48／（上）八〇頁］）。しかしパスカルによれば、「不可分者」の方法は「古代人の方法」と同じである（デットンヴィルの手紙［GEM4, 424／一四〇頁］）。ちなみに、物体の運動を静止から一定の速さに到達するまでの各瞬間速度の増加分で理解するガリレオにホッブズのコナトゥスの発想源をもとめる場合、ガリレオの棹さすパドヴァ学派の伝統とホッブズ自然哲学との矛盾が問題になる。Cf. Jan Prins, "Hobbes and the School of Padua: Two Incompatible Approaches of Science," *Archiv für Geschichte der Philosophie*, Vol. 72 No. 1 (1990).

(25) ホッブズは「わたしはここで、感覚や経験によってではなく理性（ratio）によって事物を考察する」［DCo. XV. 7, 183／二五〇頁］といい、ガリレオは「五感のおよばないところは理性で補わねばなりません」（『新科学対話』［I, 60／（上）九四頁］）という。不可視なものを理性《ロゴス》で考察するのはエピクロスの方法である［DL. X. 59］。

(26) ガッサンディのコナトゥス概念がスピノザにあたえた影響を指摘するものに Bernard Rousset, "Spinoza, lecteur des *Objections* de Gassendi à Descartes: La «métaphysique»," *Archives de Philosophie*, Vol. 57 No. 3 (Juillet-Septembre 1994), pp. 485-502 がある。エピクロスの原子の本有的な運動力にこだわるガッサンディと、原子の「合成体」である物体のレベルで運動を機械論的に説明するホッブズとでコナトゥスの意味に生じる相違については Peter Anton Pav, "Gassendi's Statement of the Principle of Inertia," *Isis*, Vol. 57 No. 1 (1966); Antonia Lolordo, "Epicurean and Galilean Motion in Gassendi's Physics," *Philosophy Compass*, Vol. 3 No. 2 (2008) を参照。

(27) ガッサンディの『ディオゲネス・ラエルティオス第一〇巻注解』にはつぎのような一節がある。「石が下降運動するのはそう決定づけられているからであり、その運動への自由裁量をもっているからではない。それとちょうど同じで、欲求が善に向かうのはそう決定づけられているからであって、善にも悪にもひとしく自由裁量で向かうわけではない。また石はどの運動への自由裁量も欠如しているのだから下降運動するのは自発的だといわれるが、だからといって自由に運動してはいない。かくして欲求も、善悪への自由裁量が欠如しているからこそなにをするのも意のままだといわれるが、それでも善へと自由に向かうわけではない」［A. 1597 = OOII, 823A］。アウグスティヌスやルターの伝統的なトポスを踏まえた表現とも考えられるが、この文章が書かれた時期（一六四二年三月以降）から考えて、『市民論』を念頭においていた可能性もある。Cf. Lisa T. Sarasohn, *Gassendi's Ethics: Freedom in a Mechanistic Universe* (Ithaca: Cornell University Press, 1996), pp. 127-28, 136-37. ホッブズの決定論は『市民論』公刊直後にはじまったブラモールとの論争で明確になるが、すでに『法の原理』でホッブズは、いわゆる自由意志論争がエピクロス主義とストア派の対立にまで遡ることをみとめている［EL. P2. VI. 9, 154／二九二頁］。

(28) ギュイヨーもこの点では誤解している。「快楽主義はその根本原則上、執拗な自己保存であって、事実の観点からは打破できない」(『義務も制裁もなき道徳』[II. 1, 142／一五六頁])。

(29) ブロシャールによればこれは端的な誤解である。Cf. Victor Brochard, *Étude de philosophie ancienne et de philosophie moderne* (Paris: Vrin, 1954), pp. 287-88. Phillip Mitsis, *Epicurus' Ethical Theory: The Pleasures of Invulnerability* (Ithaca: Cornell University Press, 1988), pp. 52-57も参照。

(30) 古典的「伝統」からのホッブズの断絶は数学的自然科学に依存していないとするレオ・シュトラウスの解釈は、これを有力な根拠とみなしていた。Cf. Leo Strauss, *The Political Philosophy of Hobbes: Its Basis and Its Genesis*, trans. Elsa M. Sinclair (Chicago: The University of Chicago Press, 1984), pp. 134-35〔飯島昇藏ほか訳『ホッブズの政治学』(みすず書房、一九九〇年)、一六六—六七頁〕.

(31) この第一行(「大海原で嵐が波をかき立てているとき、陸のうえから他人の苦労を眺めるのは愉しい」)、および『ビヒモス』の表紙にエピグラフとして掲げられた「宗教はかくもはなはだしき悪事を為さしめえた」は、ともにベーコンがしばしば引用したことで知られている(『学問の進歩』[III. I, 317-18／一〇八—九頁]、『エッセイズ』[VI. I, 378／一九頁; III, 384／二八頁])。

(32) Cf. Leo Strauss, *Die Religionskritik Spinozas als Grundlage seiner Bibelwissenschaft*, *Gesammelte Schriften, Bd. 1*, Zweite Aufl. (Stuttgart: J.B. Metzler, 2001), S. 81.

(33) Cf. Bernd Ludwig, *Die Wiederentdeckung des epikureischen Naturrechts: Zu Thomas Hobbes' philosophischer Entwicklung von De Cive zum Leviathan im Pariser Exil 1640-1651* (Frankfurt am Main: V. Klostermann, 1998).

(34) 梅田百合香『ホッブズ　政治と宗教——『リヴァイアサン』再興』(名古屋大学出版会、二〇〇五年)、一四八—八四頁参照。D・バウチャー／P・ケリー編、飯島昇藏・佐藤正志訳者代表『社会契約論の系譜——ホッブズからロールズまで』(ナカニシヤ出版、一九九七年)、五一—七頁参照。

(35) 『法の原理』『市民論』『リヴァイアサン』における自然状態概念の相違については、François Tricaud, "Hobbes's Conception of the State of Nature from 1640 to 1651: Evolution and Ambiguities," *Perspectives on Thomas Hobbes*を参照。ルートヴィヒも'status naturalis'から'conditio naturalis'へのホッブズの語彙の変化にガッサンディの関与をみる。Cf. Ludwig, *op.cit.*, S. 206 note 97.

(36) Cf. Gianni Paganini, "Hobbes, Gassendi and the Tradition of Political Epicureanism," *Der Garten und die Moderne: Epi-*

kureische Moral und Politik vom Humanismus bis zur Aufklärung, hrsg. Gianni Paganini und Edoardo Tortarolo（Stuttgart-Bad Cannstatt: Frommann-Holzboog, 2004）. S. 126.

（37）　ルートヴィヒによれば、ホッブズのいわゆる「分解－構成的方法」はガッサンディ「論理学提要」の影響下にあり、ブラモールとの論争でホッブズが言語のコンヴェンション的性格を強調するようになるのも［EW5, 397］、『注解』を読んでエピクロス主義の理解が深化したためである。Cf. Ludwig, *op.cit.,* S. 80, 113, 312 n. 41 und 345 n. 114.

（38）　Cf. *ibid.,* S. 408f.

（39）「愚か者」問題を合理的選択論で解釈する論者は、英語版『リヴァイアサン』の「当事者の一方がすでに履行してしまった場合か、あるいは（or）かれに履行させる権力が存在する場合には、他方が履行するのは理性に反するかどうか、すなわち他方の便益に反するかどうかという問題がある」［L. XV, 224／(1)二三九頁］という一節にもとづき、自然状態においては信約を履行することがつねに合理的であると結論する。Cf. David P. Gauthier, *The Logic of Leviathan: The Moral and Political Theory of Thomas Hobbes*（Oxford: Oxford University Press, 1969）, pp. 84–87; Jean Hampton, *Hobbes and the Social Contract Tradition*（Cambridge: Cambridge University Press, 1986）, pp. 64–66; Gregory S. Kavka, *Hobbesian Moral and Political Theory*（Princeton, NJ: Princeton University Press, 1986）, p. 137. しかしラテン語版『リヴァイアサン』の対応箇所は「強制権力が存在し、また（&; et）当事者の一方がすでに約束をはたしてしまった場合に、問題となるのは、偽る者がそうするのは理性にかなっており自分自身の善に合致しているかどうかである」［LL. XV, 225］と改められており、「愚か者」問題がコモンウェルス樹立後を想定したものであることは明らかである。Cf. Pasquale Pasquino, "Hobbes, Religion and Rational Choice: Hobbes's Two Leviathans and the Fool," *Pacific Philosophical Quarterly,* Vol. 82（2001）.

（40）　Cf. Patricia Springborg, "*Behemoth* and Hobbes's 'Science of *Just* and *Unjust,*'" *Hobbes's Behemoth: Religion and Democracy,* ed. Tomaz Mastnak（Exeter: Imprint Academic, 2009）, pp. 165–66; "Hobbes's Fool the *Stultus*: Grotius and the Epicurean Tradition," *Hobbes Studies,* Vol. 23 Issue 1（2010）, pp. 30–35; "Hobbes's Fool the *Insipiens,* and the Tyrant King," *Political Theory,* Vol. 39 No. 1（2011）, p. 86. スプリングボルグによれば、ホッブズにおける善／悪、正義／不正義、正統／異端の区別の相対性はすべてエピクロス主義的なコンヴェンショナリズムに帰せられる。Cf. Patricia Springborg, "Hobbes' Theory of Civil Religion," *Pluralismo e religione civile: Una prospettiva storica e filosofica, Atti del convegno*（Vercelli, 24–25 giugno 2001）, eds. Edoardo Tortarolo and Gianni Paganini（Milano: Bruno Mondadori, 2004）, pp. 78–82.

（41）Cf. Kinch Hoekstra, "Hobbes and the Foole," *Political Theory*, Vol. 25 No. 5（1997）, p. 625, 638. ただしこれは直接にエピクロス主義との関連を論じたものではない。『法の原理』ではつぎのように述べられている。「いかなる人間の法も、ひとの良心を義務づける意図はなく、もっぱら行動のみを義務づける。舌や身体のその他の部位の行動にあらわれるのでなければひとにはひとの心や良心がわからない（ただ神のみぞ知る）ことをみれば、心や良心に法を定めてもなんら功を奏しない。ことばやその他の行動によってでなければ、そのような法が守られているか破られているか誰にも見分けがつかないからである」[EL. P2. VI. 3, 146／二七六頁、cf. DC. III. 27, 118／八九頁]。

（42）Cf. F. C. Hood. *The Divine Politics of Thomas Hobbes*（Oxford: Clarendon Press, 1964）, p. 38; R. J. Halliday *et al.*, "Hobbes's Belief in God," *Political Studies*, Vol. 31 No. 3（1983）; Aloysius P. Martinich, *The Two Gods of Leviathan: Thomas Hobbes on Religion and Politics*（Cambridge: Cambridge University Press, 1992）, p. 117.

（43）Cf. Strauss, *The Political Philosophy of Hobbes*, pp. 69, 76-77〔邦訳、九三、一〇二―三頁〕. Cf. Edwin Curley, "'I Durst Not Write So Boldly,' or How to Read Hobbes' Theological-Political Treatise," *Hobbes e Spinoza, Atti del Convegno Internazionale Urbino, 14-17 ottobre, 1988*, a cura di Daniela Bostrenghi（Napoli: Bibliopolis, 1992）; Paul D. Cooke, *Hobbes and Christianity: Reassessing the Bible in Leviathan*（New York and London: Rowman and Littlefield, 1996）.

（44）非公認版『ビヒモス』の表紙には、ルクレティウスからの引用（「かの宗教なるものこそ、これまではるかに多くの罪ぶかい不敬虔のおこないをしてきたではないか」[DRN. I. 82-83] および「宗教はかくもはなはだしき悪事を為さしめえた」[DRN. I. 101]）が掲げられ、ホッブズを困惑させた [Letter #208, 772-73]。『教会史』には、「実際、無知蒙昧な輩は、夢でしかなく、聖職者たちの望むがままに飾りたてたものを崇拝していた」[HE. 1423-24] や、ローマの聖職者たちが「恐れていたのは、われわれがそれらの幽霊を恐れないことであった。すなわちかれらは異端者たちを――そして暴露されるのを恐れているのである」[HE. 2135-36] などの表現がある。『教会史』にみられるエピクロス主義の影響については、Patricia Springborg, "Hobbes on Religion," *The Cambridge Companion to Hobbes*, ed. Tom Sorell（Cambridge: Cambridge University Press, 1996）を参照。

（45）伊豆藏好美「ホッブズにおける宗教の問題」、『奈良教育大学紀要（人文・社会）』第46巻第1号（一九九七年）、参照。

（46）Cf. Arrigo Pacchi, "Hobbes and the Problem of God," *Perspectives on Thomas Hobbes*, p. 178. A・P・マーティニッチによれば、この点でホッブズはアンセルムスとトマス・アクィナス、とりわけカルヴァンに継承されたキリスト教正統信仰の伝統に属している。Cf. Martinich, *op. cit.*, pp. 189-203.

（47）「たとえ神が存在することは自然の光によって知られうるとしても……」[DC. II. 21, 106／六六頁]。「国家《キウィタス》の統治は、万物の第一動因たる神が第二原因の秩序をつうじて自然な結果を産みだす通常の世界統治に似ている」[DC. XIII. 1, 195／二四九頁]。

（48）宗教をめぐってホッブズが示す啓蒙と反啓蒙のアンビヴァレンスは、のちにスピノザとヴィーコによって先鋭に表現される。スピノザは『エティカ』でこう述べている。「事物が偶然（contingens）といわれるのは、われわれの認識の欠陥という観点からでしかない。実際、ある事物の本質が矛盾を含むことをわれわれが知らないか、またはある事物についてその本質がなんの矛盾も含まないことは承知していても、諸々の原因の秩序がわれわれに隠されているためにその事物の現実存在について確たることをなにも主張できない場合、そうした事物はわれわれに必然とも不可能ともみえない。それでわれわれはそういう事物を偶然あるいは可能と呼ぶのである」[I. P33. Sl. 74／四三頁]。同じく宗教の起源に無知をみても、ヴィーコにとってはルクレティウスの批判する迷信ですら文明化への必要な段階であった。「諸々の虚偽の宗教は詐欺からではなく軽信から生まれた」（『新しい学』[191／(1)一四〇頁]）。

（49）この「抗いがたい力」の拘束力の源泉としては、人間の「恐怖、すなわちおのれの（神の力と比した）弱さの意識」[DC. XV. 7, 223／三〇四頁]や、全能の神の「思うがままに人びとをさいなむ権利」[L. XXXI. 558／(2)二八八頁]があげられる。総じて『リヴァイアサン』では神の力の理不尽さがより強調されている。

（50）スプリングボルグはそれがエピクロス主義的観点からこの矛盾を整合的に解消する唯一のやりかたであるという。Cf. Patricia Springborg, "Hobbes and Epicurean Religion," *Der Garten und die Moderne*, pp. 208-12. だがこの解釈は、心の平静をもとめたエピクロスと社会の平和を追求するホッブズの本質的な企図の相違に留意せず、両者を近づけすぎるように思われる。

（51）ホッブズのレトリックは、理性的な人びとにかれの道徳幾何学を理解させたり、聖職者たちの愚昧さを暴露したりするためにも用いられている。Cf. Quentin Skinner, *Reason and Rhetoric in the Philosophy of Hobbes* (Cambridge: Cambridge University Press, 1996), chap. 10. だがそれが最大の効果を発揮するのは、推論能力に劣る人びとを地上の主権者に臣従させる説得の技術としてである。ホッブズに「玄人向け／素人向け」のふたつの教義があるとするオークショット説を参照。Cf. Michael Oakeshott, *Hobbes on Civil Association* (Indianapolis: Liberty Press, 2000), pp. 125-26〔中金聡訳『リヴァイアサン序説』（法政大学出版局、二〇〇七年）、一五〇―五一頁〕.

（52）Michael Oakeshott, "Thomas Hobbes (1935)," *The Concept of a Philosophical Jurisprudence: Essays and Reviews 1926-51* (Exeter: Imprint Academic, 2007), p. 120.

(53) この点でスウィフトは奇しくも同じ結論に達している。哲学は「素朴な理性」に反する狂気にも比すべきものだが、幸福とは「上手に騙されている状態を不断に所持していること」にほかならない(『桶物語』[9, 121／一六三頁])。三位一体の教義があまねく承認されている現在、それを否定するソッツィーニ主義のように「議論を立てて世界の壁を打ち破る(Qui ratione sua disturbant moenia mundi)」[DRN. V. 119] のは大罪である(「宗教考」[IX, 261])。エピクロス主義にかんするスウィフトの知識――たとえば「死ほどにも自然で、やむをえず、普遍的なものが、神慮によって人間にとっての悪として計画されたなどということはありえません」(「宗教考」[IX, 263])は、庇護者であったウィリアム・テンプルの影響によるものであろう。

(54) ホッブズ＝ブラモール論争については以下を参照。Nicholas D. Jackson, *Hobbes, Bramhall and the Politics of Liberty and Necessity: A Quarrel of the Civil Wars and Interregnum* (Cambridge: Cambridge University Press, 2007). 川添美央子『ホッブズ　人為と自然――自由意志論争から政治思想へ』(創文社、二〇一〇年)、一～二章。

(55) 英語版『リヴァイアサン』の「神ということで理解されるのは世界の原因である」[L. XXXI, 564／(2)二九四頁、cf. DC. XV. 14, 226／三一〇頁] という表現は、ラテン語版の対応箇所にはなく、かわりに世界を創造し統治する全能という属性によって神は崇拝されるべきだとされる [LL. XXXI, 565]。一方、『物体論』でホッブズは、あるできごとが偶然事(contingentia)と呼ばれるのは「原因としてそれを生じさせたのではないできごととの関連において」[DCo. IX. 10, 112／一五六頁] であるとしたうえで、つぎのようにいう。「ひとはある結果からその直接の原因へ、またそこからさらに遠い原因へと進み、かくして原因から原因へと正しい推論によって継続的に上向していくかもしれない。だが永久に進みつづけることはできず、終局まで進めるのかどうかもわからずに、むしろ疲れてしまって、ついには断念することになるだろう。……それゆえ世界の大きさおよびはじまりについての問いは、哲学者たちによってではなく、神の崇拝を命じる権威を合法的に授けられた人びとによって決定されるべきである」[DCo. XXVI. 1. 335-36／四五六―五七頁]。ここで第一原因への遡行を断念するのは疲労のためであって不可能だからではない。Cf. Curley, *op.cit.*, p. 577.

(56) Cf. Jackson, *op.cit.*, p. 104; Kinch Hoekstra, "The End of Philosophy (The Case of Hobbes)," *Proceedings of the Aristotelian Society*, Vol. 106 No. 1 (2006), pp. 54-56.

(57) ホッブズをエピクロス的自然主義者とみなすライプニッツは(「新ストア派およびエピクロス派へのソクラテスの反感」[VII-5. 263, 1385])、この点でもエピクロスとホッブズの名を並置している。ホッブズの神は「物質的な事物の集積の盲目的な本性をもったものにすぎず、絶対的な必然性にしたがって数学的な法則によりふるまうものである。これはエピクロスの説における原子がしていることと同じである」（「ホッブズ氏が英語で出版した著作『自由、必然性、偶然についての考察』」[I, 423／(7)一九〇頁]）。自然にかんする真理を「愚衆」に説いてはならないという主張は、ブルーノ（『無限、宇宙および諸世界について』[I, 263-65／六七―六九頁]）やガリレオ（クリスティーナ大公母への書簡[179-83／一三六頁]）にもみえる。

（58） Leo Strauss, *Natural Right and History* (Chicago and London: The University of Chicago Press, 1953), p. 198 and p. 199 note 4〔塚崎智・石崎嘉彦訳『自然権と歴史』（ちくま学芸文庫、二〇一三年）、二六六、四四六頁〕. さらにシュトラウスは「ホッブズの教えの根本的な両義性」に着目し、「若干のもっとも重要な主題を論じるにあたって、なぜかれがそのような曖昧さないし矛盾をもって自分を表現したか」が問われるべきだという。Cf. Leo Strauss, "On the Basis of Hobbes's Political Philosophy," *What is Political Philosophy? and Other Studies* (Glencoe, Ill.: The Free Press, 1959), p. 177 and 196〔飯島昇藏ほか訳『政治哲学とは何であるか？とその他の諸研究』（早稲田大学出版部、二〇一四年）、一八七、二〇八頁〕; James H. Nichols, Jr., *Epicurean Political Philosophy: The De rerum natura of Lucretius* (Ithaca: Cornell University Press, 1976), pp. 183-85.

（59） Cf. Curley, *op.cit.*, pp. 530-31; Cooke, *op.cit.*, pp. 199-202; David Berman, *A History of Atheism in Britain: From Hobbes to Russell* (London: Croom Helm, 1988), pp. 64-67; Arrigo Pacchi, "*Leviathan* and Spinoza's *Tractatus* on Revelation: Some Elements for a Comparison," *Scritti Hobbesiani*, pp. 142-43.

（60） ローマの宗教にかんするホッブズの記述の典拠はポリュビオス（『歴史』[VI, 56]）であろう。

（61） 宗教の自然的な種子「の育成と改良をかれはもっぱら政策に関連づける。人間の政治も神の政治も所詮は政治でしかない」（『ホッブズ氏の最終論駁譴責』[466]）。そもそもこの議論は、異教徒の統治者たちとユダヤ＝キリスト教の預言者たちとが「自分に依拠する人びとを服従、法、平和、慈恵、市民の交わりによりふさわしくするためにそうしてきた」[L. XII, 79／(1)一八七頁]点で同じだといってはじまっており、ホッブズは別の箇所で「現世的および霊的な統治とは、人びとが自分の合法的な主権者を二重にみて誤解するようにと、この世にもちこまれたふたつのことばにすぎない」[L. XXXIX, 732-34／(3)一六七頁]と明言している。

（62） Cf. Springborg, "Hobbes and Epicurean Religion," p. 202. ホッブズのニケア信仰箇条論をめぐるカーリーとマーティニッチの解釈の応酬も参照。A. P. Martinich, *op.cit.*, "Appendix A: Curley on Hobbes"; Edwin Curley, "Calvin and Hobbes, or Hobbes as an Orthodox Christian"; Martinich, "On the Proper Interpretation of Hobbes's Philosophy"; Curley, "Reply to Professor Martinich," *Journal of the History of Philosophy*, Vol. 34 No. 2 (1996). 三位一体の教義にたいするホッブズの批判とその語り

の戦略にヴァッラの著作から受けた顕著な影響をみるのはパガニーニである。Cf. Gianni Paganini, "Hobbes, Valla and the Trinity," *British Journal for the History of Philosophy*, Vol. 11 No. 2 (2003), pp. 201-18.

(63) ライプニッツはそれをソッツィーニ主義に見いだしている（「ホッブズ氏が英語で出版した著作『自由、必然性、偶然についての考察』」[I, 417-18／(7)一八三―八四頁]）。Cf. Leo Strauss, "Die Religionskritik des Hobbes: Ein Beitrag zum Verständnis der Aufklärung," *Gesammelte Schriften*, Bd. 3, Zweite Aufl. (Stuttgart: J. B. Metzler, 2001); Ann Thomson, *Bodies of Thought: Science, Religion and the Soul in the Early Enlightenment* (Oxford: Oxford University Press, 2008), chap. 2.

(64) 「霊という名でわれわれが理解しているのは自然的物体であるが、きわめて微細にできているので感覚には作用しない」[EL. Pl. XI. 4, 55; cf. EW4. 313; LL. App. 1. 1185／(4)二七五頁]。

(65) 同時にそれは、モーセを政治的主権者の原像として描きだすスピノザ『神学政治論』の試みを先取りするものとなっている。福岡安都子『国家・教会・自由――スピノザとホッブズの旧約テクスト解釈を巡る対抗』（東京大学出版会、二〇〇七年）、二七七―九五頁参照。

(66) Oakeshott, *Hobbes on Civil Association*, pp. 161-62〔邦訳、二〇四―五頁〕.

(67) Cf. *ibid.*, p. 76〔邦訳、八五―八六頁〕.

(68) Cf. Strauss, *The Political Philosophy of Hobbes*, p. 72〔邦訳、九七頁〕.

(69) ホッブズの救済論はテルトゥリアヌスの『肉体の甦りについて』に依拠している。魂は肉体の死滅とともに消滅するが、最後の審判の日には肉体のなかに戻り、「完全なものとならんがため、また作用を受けられるようにならんがため、肉との交わりを要求する」[17; 35]。

(70) 『市民論』でホッブズは、救済に必要な信仰箇条は「イエスはキリストである」だけであり、それ以外は主権者に命じられた「信仰告白」で服従の意を示すためにみとめればよいという。第二版の注では前者の「内面」における信仰こそが「本来の意味での信仰」であると明言され、「教会の定めたどんなひとつの信仰箇条であれ、内心の同意をあたえないような箇条がある（とはいえその箇条を反駁することはなく、命じられれば承認する）者は、すべて永遠の罪に定められるというようなことはないとわたしはみなしている」[DC. XVIII. 6. 286-87／四二六―二八頁]とある。『リヴァイアサン』では、「人びとの内面的な思想と信仰についていえば、それは人間である統治者たちが知ることのできないものであって（なぜなら心は神のみぞ知るのだから）、それらは意志的でも諸法の効果でもなく、啓示されない意志により、神の力によるのである。だから義務づけを受けることがない」〔L. XL, 738; XLII, 784-86／(3)一七〇、二一一—一二頁〕といいながら、内面の「信仰」と外面の「信仰告白」の区別は主権者が異教徒の場合にしかみとめられず、地上の主権者への服従に重心が傾いている〔L. XLIII, 954／(3)三六〇頁、cf. XXXVII, 696／(3)一三三—三四頁〕。

Ⅳ　『パンセ』におけるエピキュリアン・モーメント――パスカル

太陽も死もじっとみつめることはできない。
ラ・ロシュフコー『箴言集』

人間は庭園において堕落し、庭園において救われた。
ウィラ・キャザー『大司教に死来たる』

1　人間の偉大さと悲惨

パスカル（Blaise Pascal, 1623-62）の『パンセ』（*Pensées*, 1670）を忌み嫌う文学者は多い。ウォルター・ペイターによれば、『パンセ』は「パスカルにおける想像力――ひとを欺く能力――の異様な力」に起因する「病める魂のことば」に溢れており、それが科学者パスカルの業績を台無しにしてしまった（『雑纂』［72／(1)四四〇頁］）。オルダス・ハクスリーも『パンセ』の著者を病んだ「死の崇拝者」と唾棄し、「かつてこれほど精妙に、優美に、これほどの説得力をもって、みごとなまでの簡潔さで生への反対論が提起されたためしはない」と断言した（『汝の欲するところを為せ』［236-37］）。かれらはヴォルテールのひそみにならい、雄弁と諧謔を武器に狂信と闘った『プロヴァンシャル』（*Les Provinciales*, 1656-57）の著者には快哉を叫んでも、「卓越した人間嫌い」の書『パンセ』は疎んじる

（『ルイ十四世の世紀』〔1071-72／⑶一六七―一六八頁〕、『哲学書簡』〔II. 25, 185／二六四頁〕）。

アンチ・パスカルの系譜のなかでやや毛色が異なるのは、「この無限の空間の永遠の沈黙はわたしを恐れさせる（Le silence éternal de ces espaces infinis m'effraie）」〔B206＝L201＝S233〕という一文だけの断章に着目したポール・ヴァレリーの小篇である。文脈を欠いてぽつりと語られるだけに、広大無辺の宇宙に放擲された人間の孤独、よるべなさ、寂寥感がいよいよ増してパスカルのたぐいまれな文学的資質をうかがわせるが、宇宙の均整美に触れてもその創造者への賛嘆の念をおこさない「パスカル氏反応」は、キリスト者にも科学者にもあるまじきものだとヴァレリーはいう。だが『パンセ』の著者が弾劾されるべき最大の理由はやはりそのことばに、すなわち「永遠」や「無限」のような「思考されえないもの《ノン・パンセ》」の象徴をキリスト教擁護のためのレトリックに利用した点にある。「わたしは護教論《アポロジー》を許すことができない。偉大な能力をそなえた精神が慎まなければならないこと、考えてさえもならないことがあるとすれば、それはまさに他人を説得しようとする意図をもつことであり、そのような目的を達するための手段を用いることである」（「『パンセ』の一句を主題とする変奏曲」〔I. 468／⑻九八頁〕）。(1) 説得に憑かれた天才の傲慢を告発するという点では、モーリアックのパスカル論も偶像破壊効果は満点であった。(2)

その後のパスカル批評は、かれの政治観をめぐるイデオロギー的ないし社会学的な批判――パスカルをマキァヴェッリ的国家理性主義者ないしホッブズ的絶対主義者とみたF・ボルケナウ、『パンセ』が前提とする「身体（corp）／精神（esprit）／心情（cœur）」の三秩序に当時の中央集権国家構造ないし教会の階級制度を投影するH・ルフェーヴル、そこにヘーゲルやマルクスの弁証法に匹敵する世界観をみとめつつ歴史性の欠如を指摘したL・ゴルドマン(3)――へと重心を移していった。だがパスカルのことばにこだわる文学者たちの批評は、それらとくらべてもいまだ一日の長があるように思われる。ヴァレリーがパスカルの護教論を「説得」の技法ゆえに嫌い、その数少ない支持者のひとりであったT・S・エリオットが、「奇蹟と真理は必要である。人間全体を、身体と魂とを説得しなければならないから」［B806＝L848＝S430］というパスカルに格別の注意を払ったのは（「パスカルの『パンセ』」［361－62／一七二―七三頁］）、少なくともその営為が「理性の間断なき自殺」（ニーチェ『善悪の彼岸』［46＝KSA5, 66／Ⅱ(2)八六―八七頁］）におわるものではなかったからであろう。

「無限の空間の永遠の沈黙」の一節は、「人間の不釣合い」［B72＝L199＝S230］と題した長い断章と関係づけて理解される。(4) そこには、極大と極小の統一としての神の観念や多中心的で円周がない宇宙のイメージなど、クサヌス『学識ある無知について』（一四四〇年）やとりわけブルーノ『無限、宇宙および諸世界について』（一五八四年）――「宇宙には中心も周辺もなく、いうなれば、中心がいたるところにあり、どの点も他の中央ないし中心からみれば周辺部をなす」［V. 365／二三三頁］――の影響と推測される箇所がみられるが、(5) パスカルの筆致は近代自然科学を鼓舞したかれらの自己賛美やルネサンス的楽観を微塵も感じさせない。それどころか、反対にそれらのイメージにも、無限と虚無の中間におかれた人間の不安、神からの絶対的な懸隔の感覚、それにもかかわらず惹きつけられてしまう甘美な苦悩をひたすらつのらせる効果が期待されている。当代随一の科学者パスカルにして、自然を探求する同時代人たちの神学的動機づけ――「創造主を賛美し、人間の窮状を救うために」（ベーコン『学問の進歩』［I. 294／六八頁］）――を共有できないのはなぜだろうか。パスカルの著述にときおりのぞくキリスト者らしからぬ、また近代人としてさえふさわしからぬ物言いのなかでも、(6) 無限の宇宙をまえにした人間の恐怖にヴァレリーは「異教的なもの」を嗅ぎつけていた。たとえばつぎの断章はその出所を暗示しているように思われる。

人間の盲目と悲惨とをみて、沈黙している全宇宙をながめるとき、人間がなんの光もなく、ひとり置き去りにされ、宇宙のこの一隅に彷徨っているかのように、誰が自分をそこにおいたか、なにをしにそこに来たか、死んだらどうなるかをも知らず、あらゆる認識を奪われているのをみるとき、わたしは、眠っているあいだに荒れ果てた恐ろしい島に連れてこられ、覚めてもどこだかわからず、そこから逃れでる手段も知らないひとのような恐怖に襲われる〔B693＝L198＝S229〕。(7)

冒頭の「人間の盲目と悲惨（l'aveuglement et la misère de l'homme）」は、ルクレティウス『事物の本性について』第二巻導入部の「おお悲惨なひとの精神よ、おお盲いたる心よ（O miseras hominum mentes, o pectora caeca）」〔DRN. II.14〕を思いおこさせる。パスカルの耽読したモンテーニュが書斎の梁にこの詩行を刻ませていたことを考え合わせるなら、それもさほど的外れな連想ではあるまい。実際、ルクレティウス起源とおぼしき『パンセ』中の表現はこれにかぎらず、暗黙的なものまで含めるとかなりの数にのぼる。(8)

著作に遺された明示的な言及箇所から判断するかぎり、パスカル自身のエピクロス主義理解はかなり皮相で通俗的なもの、単純な快楽主義であり、独断的な自然の形而上学であり、またなによりも無神論の教えであった。(9)一六五四年一一月二三日夜半のこととされる「決定的な回心」を経験したパスカルは、『メモリアム』に「アブラハムの神、イサクの神、ヤコブの神／哲学者および識者の神ならず」〔L913＝S742〕と記す。キリスト者の神は「愛となぐさめの神」であり、跪拝に愛顧で報いるユダヤ教徒の神ではなく、いわんや「幾何学的真理や諸元素（élément）の秩序の創造者にすぎない」異教徒とエピクロス主義者の神ではありえない〔B556＝L449＝S690〕。これが揶揄するのは、ガッサンディのような同時代のキリスト教的原子論者の見解、あるいは理神論や自然哲学上の「第一原因」でこそあれ、「至福にして不滅」なるがゆえに人事に無関心な神というエピクロスそのひとの見解ではないとはいえる。しかしアウグスティヌス主義者のパスカルには、そのすべてを無神論と呼ぶ権利がたしかにあったのだ。「A・P・R」（ポール・ロワイヤルにてÀ Port-Royal）と題した断章のひとつで、パスカルはキリスト教以外に「人間の偉大さと悲惨（les grandeurs et les misères de l'homme）」の由来を解き明かす真の宗教があるだろうかと問いかける。

われわれの内なる善が善のすべてだという哲学者たちがそうだろうか。真の善とはそんなものだろうか。かれらははたしてわれわれの不幸の治療法を見いだしただろうか。人間を神とひとしい地位においたことで、人間の思いあがりを癒したというのであろうか。われわれを獣と同列においた人びと、そして地上の快楽が善のすべてであり、永遠においてさえそうだというマホメット教徒たちは、はたしてわれわれの欲心への治療薬をもたらしただろうか［B430＝L149＝S182; cf. B606＝L421.2＝S680］。

もしパスカルが、「人間の苦悩を癒してくれない哲学者のことばはむなしい。医術が身体の病を追い払わねば無益であるのと同じように、哲学も魂の苦悩を追い払わなければ無益だからである」［Us. 221］というエピクロスの箴言を知っていたら、心ならずも共感をおぼえたかもしれない。しかし魂の病を治療する「真の理論」とルクレティウスが崇めたその哲学は、パスカルの帰依するキリスト教の教えとはどこまでいっても相容れなかった。「われわれの真の幸福は神のうちにあり、われわれの唯一の不幸は神からの離反にある」と信じるパスカルにとって、哲学の説く神なき人間の自力救済はおよそ救済の名にあたいせず、哲学は人間の「偉大さ」の認定において重大な過ちを犯している。「人間には最初の幸福を慕う無力な本能がまだいくらか残っている。それなのに人間は盲目と欲心のもたらす悲惨の淵に沈み、それが人間の第二の自然となった」という「A・P・R」の結論には、パスカル護教論の根本思想が凝縮されているといってよい。

だがそれは裏を返せば、救いを必要とする人間の「悲惨」の認定にかぎるなら両者のあいだに合意があっても不思議はないということである。一七世紀のフランスでエピクロス主義とアウグスティヌス主義の混淆が生じたことはつとに指摘されてきた(10)。J・ラフォンによれば、両思潮は本来なら宗教をめぐって水と油の関係にあるにもかかわらず、人間の自然を自己愛に支配されて快楽の追求に奔走するものとみる点で一致しており、それがパスカルの生きた時代に、セネカのストア派的な栄光の美徳を攻撃する者（ラ・ロシュフコー、ピエール・ベール）がアウグスティヌス主義者なのかエピクロス主義者なのか判別不可能になる事態をもたらし、やがて一八世紀には、私益を追求する貪欲から公益としての諸利益の均衡、「欲心の秩序」が生じるとする新しい倫理の揺籃となって、功利主義を準備した[11]。アウグスティヌス主義がエピクロス主義との出会いをきっかけに変質して、「情念の政治経済学」（A・O・ハーシュマン）の遠い起源になったというわけである。

『パンセ』のなかにエピクロス主義との接触を重要な契機として形成された部分があることは、どうやらたしかであるらしい。しかしパスカルにおける〈エピキュリアン・モーメント〉は、護教論的レトリックにエピクロス主義の語彙を用いて人間の「悲惨」の翳りをさらに黒々と塗り込めるということには尽きない、もっと実質的な次元での両者の合意を暗示しているように思われる。ルクレティウスが憐れみ蔑むのは、「死はわれわれにとってなにものでもない」［DL. X. 124-25: 139］と説いたエピクロスを知らず、権力や富の所有によって死の恐怖から逃れることができると信じる人間であったが、パスカルのいう「人間の盲目と悲惨」も、いまだ真の神を知らず、可死性という究極の条件に怯えつつそこから眼をそらし、現世の欲心を満たすことに汲々とする人間の愚かしさを指示している。エピクロスの同盟者は、エピクロス主義者を自称しない著作家たち、エピクロスやルクレティウスの教義に批判的な思想家たちのなかにしばしば姿をあらわした。ならばパスカルにおける〈エピキュリアン・モーメント〉も、エピクロスの死のロゴスをめぐって pro と con がせめぎあう一例とは考えられないだろうか。以下でことの真相を探ってみよう。

2　無限の恐怖

パスカルは一六四六年の最初の回心を機にポール・ロワイヤル女子修道院とのかかわりを深めるようになったのちも、デカルトと会談し（一六四七年九月）、一連の真空実験を敢行し（四六―四八年）、また「大気の重さについて」「流体平衡論」「算術三角形論」（いずれも五四年刊）などの代表的な科学的業績を残している。このいわゆる「世俗時代」は一六五四年一一月の「決定的な回心」の訪れとともに幕を下ろし、五七から五八年にかけては『パンセ』の大半が書かれたと推定されるが、その後もサイクロイドの求積問題にかんする回状をヨーロッパの主要な数学者たちに送るなど、旺盛な科学的探求心はその早すぎた死の直前まで衰えをみせない。パスカルは終生「科学者にして偉大なる俗人、世長けたひと」（エリオット「パスカル、偉大なる俗人」[234]）であったと考えるべきであり、「信仰者パスカルは科学者パスカルの廃墟のうえに築かれたと想像してはならない」(12)のである。

そのパスカルの生涯とエピクロス主義とが明示的な交錯をみたのは、真空の実在をめぐる一七世紀の科学的論争という文脈においてである。義兄フロラン・ペリエに依頼して一六四八年九月一九日にオーヴェルニュのピュイ・ド・ドム山上で実施した大気圧にかんする実験は、真空がいかなる物質によっても占められていない空間であることを確認するという副産物をもたらした。ソルビエールのようなエピクロス主義者たちは、原子《アトム》が運動するそれ自体は原子でできていない空間、すなわちエピクロスのいう空虚《ケノン》の実在がこれにより証明されたと考え色めき立った。パスカル本人にも、アリストテレス以来の「真空嫌悪」説をしりぞけ、デカルトの「微細な物質」の仮定にもとづいていわゆる「トリチェリの真空」を否定するイエズス会士エティエンヌ・ノエル神父の充満論に対抗する意図があったことはたしかである。実験に先立つ一連の書簡による論争の過程で、パスカルは空間に「三次元を有し、不動であり、物体によって透入可能なもの」という定義をあたえたうえで、空虚な空間は「物質と無の中間（milieu entre la matière et le néant）」に位置しており（一六四七年一〇月二六日付のノエル神父宛書簡［ŒM2, 526］）、時間と同じく実体でも偶有性でもないと明言していた（四八年二月のル・パイユール宛書簡［ŒM2, 565］）。この空間の規定のことばづかいは、ガッサンディがのちに『哲学集成』（一六五八年）で示した原子論的な空間概念に酷似している［OOI, 224A–B］[13]。ガッサンディによれば、アリストテレスの「自存して偶有性の基体となるもの」という実体の規定のうち、空間は第一の要件を満たすが第二の要件を満たさないがゆえに実体ではない。さらに、空間と時間とは「キメラのように知性には依存しない。なぜなら、知性がそれを思考するとしないとにかかわらず、空間は着実に持続し、時間は流れゆくからである」。それゆえ空間は、実体、偶有性、時間とともにそれ自体で存在論上の一カテゴリーである［OOI, 182A］。

だがそれはパスカルが原子論に与したことを意味しなかった。『真空論序言』（*Prefacé pour le traité du vide*, 1651）では真空ないし空虚の実在をめぐる形而上学的議論は展開されず、『パンセ』にも「真空嫌悪」の権威の軛からついに解かれなかったデカルトへの皮肉とおぼしき箇所はあるが、総じてエピクロス主義に否定的なニュアンスをともなっている[14]。むしろこの時期のパスカルは、「決定的な回心」後に再燃した幾何学への情熱に促されるようにして無限小《アンフィニテジマル》の概念を探求し、物質の不可分な最小《ミニマル》単位としての原子の実在を独断的に前提したエピクロスの自然哲学に真っ向から反対する論陣を張っているのである[15]。

『パンセ』では「人間の不釣合い」の議論にそれが典型的にあらわれている。明らかにルクレティウスの表現を念頭におきながら[16]、パスカルはつぎのようにいう。

> われわれに想像できるかぎりの空間よりもさらに向こうへ、われわれの思いをいくらふくらませていったとこ

ろでむだである。事物の現実にくらべては、原子（atome）を生みだすにすぎない。これは中心がどこにもあり、円周がどこにもない無限の球体である。すなわち、われわれの想像がその思考のなかに自分を見失ってしまうということこそ、神の万能について感知しうる最大のしるしである［B72＝L199＝S230］。

宇宙の広大さとの比較で死すべきおのれの卑小さをおぼえるルクレティウス的「メランコリー」でこれを理解することもできなくはないが[17]、パスカルの筆は無限大から反転して無限小へ、すなわち原子論が否定する無限分割可能性へと進んでいく。微小なものの例としてダニをあげ、その小さな身体のさらに小さな部分を「関節のある脚、その脚のなかの血管、その血管のなかの血、その血のなかの体液、その体液の一滴、その一滴のなかの蒸気、……」とたどり、この「原子の縮図（raccourci d'atome）」ともいうべきもののなかに一転ひとつの宇宙を、星々を、そこに住まう生物を、そしてまたダニをみるという具合に。この想像の連鎖もガッサンディ経由でルクレティウスに由来する可能性があるとはいえ[18]、それはすでに文学的メタファー以上のものではない。「物質的なものについては、その性質上無限に分割できるにもかかわらず、われわれの感覚がそれ以上なにものもみとめられない点を指して不可分の点（point indivisible）と呼んでいる」にすぎないのである。

だがそれでパスカルとエピクロス主義との縁が完全に切れてしまったことにはならない。数学上の無限分割可能性と自然学上の「分割のないもの《アトマ》」とを慎重に区別したガッサンディにくらべ、『パンセ』における無限概念の使用法がやや無頓着で恣意的であることは、すでにR・ジャザンスキーやA・O・ラヴジョイらが指摘している[19]。結局それは、パスカルの無限が自然哲学的概念ではなく心理学的な機能を担ったメタファーであり、原子論哲学の宇宙観に世の人びとが抱く恐怖――「それに慣れていないひとには晦渋にすぎ、俗衆は尻込みする」［DRN. I. 943-945］――を増幅させるためのレトリックだからである。自然学上の空間と幾何学上の無限概念が結合した「わたしの知らない、そしてわたしを知らない無限に広い空間」〔B205＝L68＝S102〕は、たんなる真空とは異なり、無限と虚無のふたつの深淵の中間《ミリュー》におかれた自己のよるべなさを人間に意識させ、実存的な恐怖をかきたてる。

誰がいったいわたしをこの世においたのか、この世がなんであるか、わたし自身がなんであるかをわたしは知らない。わたしは、すべてのことについて、恐ろしい無知のなかにいる。わたしは、わたしの身体、わたしの感覚、わたしの魂、そしてわたしのうちのまさしくこの部分、すなわちいまわたしのいっていることを考え、すべてのことと自分自身とについて反省し、しかも他のものについてと同様に自分自身をも知らないところのこの部分、これらのものがなんであるのかを知らない。わたしは、わたしを閉じこめている宇宙の恐ろしい空間（effroyables espaces de l'univers）をみる。そして自分がこの広大なひろがりのなかの一隅に繋がれているのをみるが、なぜほかのところでなく、ここにおかれているか、またわたしが生きるべくあたえられたこのわずかな時が、なぜわたしよりもまえにあった永遠のすべてとわたしよりも後に来る永遠のすべての（de toute l'éternité qui m'a précédé et de tout celle qui me suit）[20]なかのほかの点でなく、この点に割り当てられたのかということを知らない。／わたしはあらゆる方面に無限しかみない。それらの無限は、わたしをひとつの原子か、一瞬たてばふたたび帰ることのない影のように閉じこめているのである。／わたしの知っているすべてはわたしがやがて死ななければならないということであり、しかもこのどうしても避けることのできない死こそ、わたしのもっとも知らないことなのである〔B194＝L427＝S681〕。

「パスカルの世界はルクレティウスの世界……である」[21]というボルヘスの評言は至当といえる。科学者あるいは数学者としてブルーノやケプラーのコペルニクス的宇宙を知悉するパスカルは、人間の可死性と存在の無根拠性を突きつけるエピクロス＝ルクレティウス的宇宙観をそれに重ねあわせ、永遠に沈黙する「無限の空間」のまっただなかに抛擲された近代人の境涯を描きだしてみせたのだ。ヴァレリーを憤慨させた「パスカル氏反応」とは、実は『パンセ』における〈エピキュリアン・モーメント〉のあらわれなのである。

パスカルの議論の志向はエピクロスと一見して正反対である。エピクロス主義にとっては、神話と宗教は死の恐怖を煽る元凶以外のなにものでもなく、世界は原子の離合集散からなるという醒めた唯物論的認識こそが死の恐怖から魂を救済する唯一の治療薬であった［DL. X. 37, 79-81］。一方、キリスト者のパスカルはエピクロス＝ルクレティウスの救済観をしりぞけ、科学的認識をもっぱら「わたしの知らない、そしてわたしを知らない」宇宙への恐怖へと結びつけつつ、「この無限の深淵は、無限で不変の存在、すなわち神自身によってしか満たされえない」［B425＝L148＝S181］と主張する。しかし両説は、この恐怖が真理——「真の理論」（ルクレティウス）ないし「真正このうえない哲学」（アウグスティヌス）——についての無知に由来するという一点を共有し、それを中心に旋回させると重なるふたつの対称図形のような関係にある。無限の宇宙に戦慄するのは真のキリスト者でない「わたし」——おそらくはガッサンディ主義者の自由思想家《リベルタン》たちであり、[22]「決定的な回心」を経験する以前のパスカル自身のことかもしれない——であった。ラ・メトリは一八世紀当時まことしやかに噂された「パスカルの深淵（abîme）」[23]を紹介しているが、その真偽のほどははなはだ疑わしい。ヴァレリーもいうように、『パンセ』の著者そのひとはかなり底意地がわるく、読者を無限のメタファーで煙に巻いてほくそ笑んでいたと考えるほうがよい。[24]

無限の宇宙への恐怖は、理性そのものが、あるいはもっぱら推論する（raisonner）能力である理性の限界が引きおこす一種のパニック症状として説明することができる。「われわれは無限が存在することを知っているが、その本性は知らない。数は有限だというのが誤りであることは知っているので、数における無限が存在することは真実である。だがそれがなんであるかは知らない」［B233＝L418＝S680］。デカルトやホッブズにとっては、理性の光が届かないわずかな暗部に根をおろすのが宗教であったが、パスカルによれば、全体を理解不可能なものに転じるにはこの小暗部で十分なのだ(25)。理性だけで真理は到達可能と考える独断論（デカルト）と、それを不可能とみなすがゆえに真理への努力そのものを放棄するピュロンの懐疑論（ガッサンディ）は、理性の推論が依拠する第一原理は理性そのものによってはあたえられないことに気づいていない。この隘路を避けるには、心情の直感する（sentir）能力が、神への自然な愛と啓示の絶対的受容が不可欠である［B282＝L110＝S142］。信じることが真理の前提条件であり、愛が理解に先立たねばならない。

「存在の謎」を解決できない理性の窮境を既定の事実とみなすかぎりでのパスカルは、ニーチェによれば「理性の間断なき自殺」を企てる宗教的人間（homines religiosi）以外のなにものでもない(26)。ただしパスカル自身に理性そのものを否定するつもりはなく、「心情は理性の知らない、それ自身の理性をもっている」［B277＝L423＝S680］という。デカルト的理性が自己のむなしさを自覚せず、その欲心を満たすだけの歪んだ自己愛（amor-propre）の別名であるとすれば(27)、パスカル的理性は憐れみぶかい高次の理性であって、すでにそれが占めている高所へと低次の理性を説得して連れだそうとする。「理性は、みずからが服従しなければならない場合があるということを自分で判断しないかぎり、けっして服従することはないだろう。／だから理性が自分で服従するべきだと判断するときに服従するのは、正しいことだ」［B270＝L174＝S205］。「理性の最後の歩みは、理性を超えるものが無限にあることをみとめることにある。それを知るところまでいかなければ、理性は弱いものでしかない」［B267＝L188＝S220］。真の救いが神を愛する心情のはたらきによって授けられるものであるのなら、いくら自然の被造物を証拠にした神の存在証明で無信仰者の理性を納得させても無駄なのだ［B242＝L781＝S661］。そうであるからこそ『パンセ』の説得論法は、無限大／無限小の議論で人間の自然理性に訴えながら、同時にその理性がいくら推論しても謎のままにとどまる宇宙のイメージでいたずらに恐怖をつのらせようとするのである。

神から心情の直感（sentiment de cœur）により宗教をあたえられた者は、非常に幸福であり、また正当に納得させられているのである。だが、宗教をもたない人びとにたいしては、われわれは推理（raisonnement）によってしかあたえることができない。それも、神がかれらに心情の直感によっておあたえになるのを待つあいだのことであって、これがなければ信仰は人間的なものにとどまり、魂の救いのためには無力である［B282＝L110＝S142］。

パスカルの知的生涯のなかで説得術（l'art de persuader）の意義が高まっていく過程は、「身体／精神／心情（愛）」の三秩序の構想［B283＝L298＝S329; B793＝L308＝S339］が確立していく過程とほぼ軌を一にしている。心情がもつ理性には、すでに救われた者の享受する幸福の高みからいまだ救われざる者を説得する無条件の権利がみとめられる。「心情の秩序」を知らなかった「世俗時代」のパスカルは、そのような説得の正当性を「身体／精神」の関係によって説明していた(28)。説得が対等な関係にはない者たち相互のあいだで成立するという信念は、「身体／精神／心情（愛）」の三秩序を確立した『パンセ』においても維持されているとみてよいだろう。とはいえ、「決定的な回心」直後の『幾何学的精神について』では、「精神」から「心情」へとどのように架橋するかの問題はまだ確たる答えをあたえられていない。その第一部で幾何学の合理的論証を高く評価したパスカルは、第二部「説得術について」では一転して、それが信仰の問題には適さないと主張する。神学的真理は心情から精神に入るものであり、人間のことがらについては愛するまえに知らなければならないが、神にかかわることがらの場合は知るためにもまず愛さなければならないからである。にもかかわらず、「神はこの超自然的秩序を確立された、それも、自然のことがらにより人間にとって自然であるはずだった秩序とはまったく反するものとして確立された……。ところが人間は、聖なることがらと世俗のことがらとを同等にあつかってしまい、この秩序をそこなってしまった」［ŒM3, 414

／(2)四一四頁〕。もとめられているのは論証ではなく説得であり、「説得術は納得させる（convaincre）術と同程度に、気に入られる（agréer）術からも成り立っている」。にもかかわらず、「くらべようもなくずっとむずかしく、捉えにくく、有用で、驚くべきもの」である後者の術を当時のパスカル自身がまだ身につけていなかったうえに、そもそも「気に入られる術」は、すでにそれができるひと以外にはわからないものなのである〔ŒM3, 416／(2)四一六—一七頁〕。

それをパスカルに教えたのは、「世俗時代」に交誼を結んだリベルタンでガッサンディの弟子のド・メレであった。『幾何学的精神について』を読んだメレは、一六五五年（推定）の手紙で、パスカルの無限分割可能性の主張は「はるかに良識（bon sens）とかけ離れている」〔ŒM3, 354／(1)三八二頁〕といい、「点や瞬間についてわたしたちが理解しているのは、それらが分割不可能であるということだけです」とエピクロスの原子論に賛意をあらわしている。「忘れてはならないのは、良識は少しも騙されないということ、そして超自然のことがらは別として、良識に反することはすべて誤りであるということです」〔ŒM3, 356／(1)三八四頁〕。そしてこの批判を受け入れたかのように、『パンセ』には「幾何学の精神」が「共通の語法（l'usage commun）とかけ離れており、慣れていないとそちらに頭を向けにくい」〔B1＝L512＝S670〕と記される。もちろんパスカルは原子論哲学の正しさを思い知らされたわけではない。かれがエピクロス主義者から学んだのは、説得者の人柄によっても説得の議論によっても相手を説得できないことは、相手の心理状態を利用して説得せよというレトリックのイロハであった。(29)

3　キリスト教護教論の弁証術的レトリック

たとえ哲学による自力救済をしりぞけ、信仰によってのみ人間は救いにあずかるのだと説得しても、救いをもたらす真の光がそれに慣れていない者を怖じ気づかせることはパスカルも十二分に承知であった。

あまりに強い光は眼をくらませる。……あまりに真実なことはわれわれを困惑させる。……第一原理はわれわれにとってあまりに明白すぎる。……あまりの恩恵はわれわれをいらだたせる。……過度の性質はわれわれの敵であって、感知できないものである。われわれはもはやそれを感じることなく、その害を受ける［B72＝L199＝S230］。

『パンセ』のレトリックの少なくとも遠い淵源はここにみとめられる。[30] 自然研究から信仰生活に転じたパスカルは、かつて自然学者のひとりでありながら哲学に転じたソクラテスに比較可能であるかもしれない。プラトンによれば、その後のソクラテスはアナクサゴラスが万物の原因とみた知性《ヌース》を直接探求せず、日蝕を観測する者が眼を保護するために水面に映してみるように、「ことば《ロゴス》のなかに逃れて、そこに真理《アレーテイア》を探る」のをつねとした（『パイドーン』［99d-e］）。自然のことがらと人間のことがらとを問わず、およそ真理の放つ光は危険なまでに神々しく、「多数者の魂の眼は、神的なもののほうを視《み》つづけることには耐えられない」（『ソピステース』［254a4-5］）。哲学的探求は対人的に（ad hominem）、すなわち人びとの心に直接あたえられているものから日常言語を介して真理へと漸次上昇していく弁証術《ディアレクティケー》的なやりかたをとらねばならないのである。

沈黙する無限の宇宙への恐怖をいくらかきたてても、そこからの救済を約束する真の光がさらに大きな恐怖を惹起するのなら、パスカルの説得の目的は達成されない。これはエピクロスの哲学を全人類への福音と信じるルクレティウスが直面した問題に相当する。世界のまったき無根拠性を説くエピクロスの「真の理論」もまた、哲学者ならぬ大多数者には理解不可能であるばかりか、かえってそれ自体があらたな恐怖の源泉となりかねなかった。エピクロス自身は弁証術を「ひとを誤らせるもの」としてしりぞけ、賢者は詩を論じてもみずから詩作はしないと主張したが［DL. X 31: 121b］、ルクレティウスはその禁を破って周到な言説戦略を張りめぐらせている。「ニガヨモギ」たる師の暗鬱な教えをあえて甘い詩のことばにのせて歌い［DRN. I 943-950］、まずは非哲学的人間の視点からかれらの憐れむべき境遇を仔細に描きだして、救いへの渇望をつのらせるのである。(31)

「順序、対話によって（Ordre, par dialogues）」［B227＝L2＝S38］。パスカルの護教論もキリスト教の真理そのものを説くまえに、神なき人間のむなしさ、その「盲目と悲惨」を語る人間の独白ではじまっていた。無の恐怖に直面した多数者の最初の自己防衛反応は「気ばらし（divertissement）」である。「人間は、死と不幸と無知とを癒すことができなかったので、幸福になるために、それらのことについて考えないことにした」［B168＝L133＝S166］。「気ばらし」がなければ、われわれは倦怠《アンニュイ》に襲われ自分自身を、「弱く、死すべき、……惨めなわれわれの状態」を直視しなければならなくなる。

人間のさまざまな立ち騒ぎ、宮廷や戦争で身をさらす危険や苦労、そこから生じるかくも多くの争い、情念、大胆でしばしばよこしまな企て等々について考えたときに、わたしがよくいったのは、人間の不幸はすべてただひとつのこと、つまり部屋のなかで静かに落ち着いていられないことに由来するということである。生きるために十分な財産をもつひとなら、自分の家によろこんでとどまっていられさえすれば、なにも海や要塞の包囲戦に出かけたりなどしないだろう。法外な金を払って軍職を買うのも、町にじっとしているのがたまらないというだけのことだからである。社交や賭事の気ばらしをもとめるのも、自分の家によろこんでとどまっていられないというだけのことだからである［B139＝L136＝S168］。

『パンセ』における「気ばらし」の記述には、かつてパスカル自身が「世俗時代」に親しく交わったド・メレ、ミトン、ロアネーズ公爵、あるいはサン・テヴルモンらリベルタンたちの通俗的エピクロス主義に向けた、確信的アウグスティヌス主義者ないしジャンセニストの非難がこめられている。「この世に真の堅固な満足はなく、われわれのあらゆる楽しみ《プレジール》はむなしいものにすぎず、われわれの不幸は無限であり、そしてついに、われわれを一刻一刻脅かしている死が、わずかの歳月ののちに、われわれを永遠に、あるいは無とされ、あるいは不幸となるという、恐ろしい必然のなかへ誤りなくおくのである……。これ以上に現実的で、これ以上に恐ろしいことはない」［B194＝L427＝S681］。パスカルの「気ばらし」の着想源もやはりモンテーニュかアウグスティヌスが有力視されるが、[32]「部屋」あるいは「家」の喩えはルクレティウスから借用された可能性がある。

> 精神のなかに重荷があること、またその重荷ゆえに自分が疲弊しきっているのだということを人びとは明らかに自覚してはいるらしい。だがそれと同じに、そういったことが生じるのはいかなる原因によるのか、不幸のかくも大きないわば塊が心のなかに生じる原因はいったいなにか、という点もまたもし究明できたならば、われわれが一般に見かけるように、ひとがそれぞれ自分の欲するところを知らず、住処を変えれば重荷を除くことができるかもしれないと、ひっきりなしに生活する場所を変えるような生きかたはけっしてしないであろう。……こうして誰でもみな自分自身から逃れようとする――もちろん、自分自身から逃れることなど到底できるはずもなく、逃れられない自分自身は嫌でもかえってつきまとってくるものなのに――、そればかりか自分自身を厭うようにさえなるが、これは自分自身が病人のくせに病気の原因を突きとめないからである。この病気さえよく見抜けるのなら、ひとは誰しもただちに俗務を投げうって、まずつとめて万物の本質をきわめようとするだろう。なぜなら、死すべき人間にとって、死後も持続すべき時がすべていかなる状態にあるかは永久にわたる問題であり、ほんの一時的な問題ではないからである［DRN. III. 1053-1075］。[33]

このメタファーの照応関係も先の「ダニ」と同じく暗合以上のものでないようにみえるが、死・可死性・死後が問題となるだけに、『パンセ』における〈エピキュリアン・モーメント〉を理解するうえで決定的に重要な意味をもっている。「気ばらしはわれわれを楽しませ、知らず知らずのうちに死にいたらせる」[B171＝L414＝S33]。パスカルによれば、社交や冗語にはじまり、賭事、栄職、戦争にいたるまで、およそ人間の社会的活動の目的は死すべき惨めな自分の身の上を忘れることにあり、「個々の仕事を全部調べなくとも、それはみな気を紛らすということでまとめてしまえば十分である」[B137＝L478＝S713]。息子を喪った男は猪狩りに興じる。だがいかに周到に遠ざけても死の侵入は食い止められず、いくら眼を逸らしてもその着実な足取りはわれわれの生を脅かす。「仮にあらゆる方面にたいして十分保護されているようにみえても（quand on se verrait même assez à l'abride toutes parts）、倦怠が自分勝手に、それが自然に根を張っている心の底から出てきて、その毒で精神を満たさずにはおかないだろう」[B139＝L136＝S168]。これとエピクロスの箴言――「その他すべてには安全を確保することができる（*Πρὸς μὲν τἄλλα δυνατὸν ἀσφάλειαν πορίσασθαι*）が、死にかんしては、人間はみな城壁のない都市の住人である」[Us. 339]――とを並べてみれば、パスカルが（モンテーニュを介して）それと知らずに継受した〈エピキュリアン・モーメント〉がもはや皮相なレトリックの域にとどまらないことは明らかである。

　もちろんパスカルはエピクロス主義者ではなかった。「魂が不滅かそうでないかに応じて、道徳に全面的な変化が生じるはずだ。これは疑いようがない。それにもかかわらず哲学者たちはかれらの道徳をそれとは無関係につくりあげた」[B219＝L612＝S505]。それゆえ『パンセ』が、たとえこの悲惨な状況から人間を連れだすために幸福主義的な言辞を弄するようにみえても――「人間はみな幸福（heureux）になりたいと願いもとめている。このことに例外はない。そのためにとる手段は種々さまざまなのだが、みながこの目標を目指していることにかわりはない」[B425＝L148＝S181]――、その本音は「真のキリスト者ほどに幸福な者は誰もいない。これほど道にかない、徳の高い、愛すべき者は誰もいない」[B541＝L357＝S389]という点にある。パスカルによれば、人間には「気ばらし」

によって死の恐怖から逃れようとする「ひそかな本能」と並んで、「われわれの最初の本性《ナチュール》の偉大さのなごり」としてそなわり、「幸福は事実安息のうちにしかなく、激動のなかにはないことを知らせる」もうひとつの「ひそかな本能」がある［B139＝L136＝S168; cf. B411＝L633＝S526］。修道女を志願するロアネーズ公の妹シャルロット・グイエへの手紙で、「ひとはより大きな悦び《プレジール》のためにのみ悦びを捨て去るのです」［OEM3, 1041／⑵三三三頁］とパスカルが励ますのも、この「ひそかな本能」に訴えてのことであったに相違ない。

しかしこの議論は、かならずしもすべての人間が同じやりかたで幸福と救いにいたるという結論を導かない。ここにもやはり重要な「順序《オルドル》」がある。

自然《ナチュール》はそのすべての真理をおのおのそれ自身の場所に収めた。われわれの人為《アール》は、それらのあるものを他のもののうちに閉じ込める。しかしそれは自然ではない。おのおのの真理は自分の場所を占めている［B21＝L684＝S563］。

パスカルによれば、自然と真理の擁護者を自称する哲学者たちは、自然そのものが堕落していること、「自然は、人間の内と外とを問わず、いたるところに神の喪失と自然の損傷とを示している」［B441＝L471＝S708］ことに気づいていない。「……ここで哲学者ぶり、買ってまで欲しいとは思わない兎を日がな一日追って過ごす世間の人びとを不合理だと考える者は、われわれの本性《ナチュール》をほとんど知らないのである。兎はわれわれが死や悲惨を見ずにすむようにはしてくれないだろう。だが狩りはわれわれの眼をそこからそらせ、見ずにすむようにしてくれる」［B139＝L136＝S168］。人間の堕落した自然を理解しなかった哲学者たちは、それゆえこの自然にふさわしく説得するやりかたも知らなかった(34)。そしてもし自然の堕落が人さまざまであるのなら、すべての人間に同じ真理を説諭するのは不自然であり、堕落の程度に応じて異なる説得の目的と手段を選ぶほうがむしろ自然にかなっている。すべてのひとが真のキリスト者になったあかつきには、たしかに「気ばらし」を含む偽りの幸福などいっさい不要になるだろう。だがそのときが到来するまで、人間はおのおのの堕落した自然にしたがい、死の恐怖を忘れるそれぞれのすべを必要とする。したがって説得のやりかたも相手によりけりである。「神は福音に示されたる道によりてのみ見いださる」（『メモリアム』[L913 = S742]）は、すでに「愛の秩序」に生きる者にとってのみ真実である。だがいまだ「身体の秩序」に繋がれた人間には、感覚に訴える奇蹟で福音を信じさせ [cf. B806 = L848 = S430]、あるいは習慣によって「無理じいも技巧も論証もなしにものごとを信じさせ、われわれの全能力をそれに傾けさせ、そうしてわれわれの魂が自然とそこに落ち込むようにする」のがよいやりかたである。[35] そして「精神の秩序」に囚われた人間には、かれらの理性を用いて無限の宇宙を彷徨い、恐怖がかれらを押し拉ぐにまかせ、あるいは地上の快楽を飽きるまでむさぼらせるのが、やはり自然にかなっており、またかれらのためにもなるのだ。なぜなら、「解放者に諸手を差しだすようになるまで、真の善の無益な探求で倦ませられ、疲れさせられるのはよいことである」[B422 = L631 = S524] のだから。

「精神の秩序」の住人たるミトンのようなリベルタンを説得して「愛の秩序」の住人にすることにパスカルのキリスト教護教論の意図をみるゴルトマンは、現在と永遠とが対峙する「悲劇的」なものの経験をつうじて神に接近する点で、それは「弁証法的」であるという。[36] だが、不信仰者たちにかれらの心情の直感が信仰をあたえるときが、たとえいつの日か訪れるとしても、説得でそれを促すことができるなどとはそもそもパスカル自身が信じていない――「身体から精神への無限の距離は、精神から愛への無限大に無限な距離を表徴する」[B793 = L308 = S339]。ここで想起すべきは、真のキリスト教国家（civitas Christiana）より「寄留者の国（civitas peregrina）」について多くを語ったアウグスティヌスである。

天上の国――むしろ可死性という条件のもとに遍歴の旅をつづけながら信仰によって生きる天上の国の部分――も地上の平和を用いるが、それはもっぱら、この平和を必要とする可死性そのものが消え去ってしまうまではそうせざるをえないからである。それゆえ、地の国においていわば捕囚や異邦人のように遍歴の生を営んでいるあいだは、すでに贖いの約束とその担保としての霊の贈り物とをうけているとはいえ、天上の国はためらうことなく地の国の法にしたがい、死すべき生の支えに必要な諸々の事物をその管理にまかせる（『神の国』〔XIX. 17／⑸七七頁〕）。

パスカルもまた、堕落した人間の自然にふさわしく、かつそれが許す範囲内でもっとも正しい「寄留者の国」を描き、説得により人間をそこへ誘い込むのである。

4　共通の誤り

パスカルの同時代人でただひとり、その名をエピクロスと並べてみせたピエール・ベールのやりかたはすこぶる奇妙であった。『文芸共和国だより』の一六八四年一二月号に掲載したポール・ロワイヤル版『パンセ』の短評のなかで、ベールはジャック・デュ・ロンデルの『エピクロスの生涯』〔34-35〕から、神殿で祈るエピクロスを見かけたディオクレスなる人物が「敬虔の念がよみがえったわけだな。エピクロスが跪くのをみるとユピテルがいままでよりはるかに偉くみえる」と叫んだという逸話を紹介した〔I. 195A〕。一見それは、無神論と快楽主義で悪名高い哲学者の知られざる一面を紹介する脱線のようでもある。しかし『歴史批評辞典』（一六九五―九七年）の「エピクロス」の項に付した注では、同じ逸話を引用した直後にエピクロスの敬神が祖国愛と並べて弁護され、ふたつの情念を相対化するかのような議論が展開されている〔VI, 186B-87A／(Ⅱ)五一頁〕[37]。もとよりベールはパスカルの信仰の真摯さに疑念を抱いていたのではない。この手の込んだやりかたでかれが示唆しているのは、ストイックなまでの敬虔さで知られる在俗神学者とラディカルな唯物論を説いた異教徒の哲学者とが、好対照にみえて、実はともに時代の精神的標準環境に譲歩する余地をみとめていたということである。

『プロヴァンシャル』でジェズイット主義を槍玉にあげ、その決疑論神学の欺瞞を弾劾したパスカルの舌鋒の鋭さと率直さは、ジャンセニスムを奉じる同志アルノーをすらたじろがせるほどのものがたしかにあり、モーリアックはそこに「聖アウグスティヌスの名において人類の五分の四を地獄に堕すことを神に強いる」傲慢な宗教をみたのであった[38]。この率直さは、アウグスティヌス的なキリスト教信仰の真理は理性によっては獲得できないことを、デカルトの明晰判明な観念に匹敵する確実性をもって証明するという前代未聞の野心――ソクラテスにさえできなかった異教徒の回心〔B769＝L447＝S690〕――に火を点けた。ニーチェはパスカルの主要な過失をそこにみている。

パスカルの主たる誤り。かれは、キリスト教は必要であるがゆえに真であることを証明しようとした――だがこのためには、必要なものをすべて真なるものとしてつくりだす、真にして善なる創造主が存在することが前提とされなければならない。だが必要な誤謬（nöthige Irrthümer）というものがありうるであろう！　そして最後に！　こうした必要が現象するのは、誤謬が習慣となり、第二の自然のごとくに支配力をもつ場合である〔NF. Ende 1880. 7〔233〕＝KSA9, 366／Ⅰ⑪四七五頁〕。

無信仰者たちを説得するためにあえてかれらの土俵に立つ証明というやりかたは、はたして適切だろうか？　そうした後世の詮索を見越していたかのように、『パンセ』には、「あることについての真理が知られていない場合、人間の精神を固定させる共通の誤り（une erreur commune）があるのはよいことである」〔B18＝L744＝S618〕という思想が登場する[39]。ベールが『パンセ』にみた〈エピキュリアン・モーメント〉は、おそらくそれを指している。「わたしは多数者の歓心を買おうとは思わなかった。多数者の気に入るものをわたしは知らなかったし、わたしの知っていることは多数者の感覚から遠く隔たっていたからである」〔Us. 187〕。それを自覚するエピクロスは、この世を支配する臆見との軋轢を避けるために、都市の祭礼に参列し、神々の像を奉納するなどの思慮あるふるまいを哲学者たちに勧め、みずから範を示した〔DL. X. 118-19, 121b; U. 387〕。そこにベールは、無神論哲学者が敬虔な都市にあって迫害もされず、かえって栄誉に浴し静穏な生涯を送ることができた秘密をみている（『歴史批評辞典』の「ルクレティウス」の項〔IX. 520B-22A／(Ⅱ) 六〇九―一一頁〕）。かたやパスカルも、自分が「〔堕落した〕自然に反し、常識（sens commun）に反し、われわれの快楽に反する唯一の宗教」〔B605＝L284＝S316〕への帰依を説いているという自覚は強いのである[40]。この断章と、「常識に反し、人間の自然に反する唯一の知識が、人間たちのあいだでつねに存在してきた唯一の知識である」〔B604＝L425＝S680〕という断章との表現上の近似は、宗教と哲学の違いはあっても、およそ社会通念に抵触する真理の追求が今日まで命脈を保ってきた理由は同一であるとパスカルが考えていたことを暗示する。それがすなわち「日常生活の会話から生まれた思想ばかりから成り立っている」、かの「人間の精神を固定させる共通の誤り」の活用なのであり、ここでもその着想源は、社会の臆見にたいするエピクロスら古代の哲学者たちの態度を説明したモンテーニュの文章と考えてよい。

この思想の具体的な適用例は、まず「オネトムの徳（honnêteté）」を論じた箇所にみられる。オネトム（honnête homme）とは、道理をわきまえ、良き趣味をもち、会話の術に長け、敬神と遵法の精神にあふれているなどの特質をそなえたミトンのような人物像、一七世紀当時の社交界でもてはやされた紳士《ジェントルマン》のことである。パスカルによれば、その本質は多様な精神的活動に才を発揮するルネサンス的普遍人（les gens universels）にあるが〔B34＝L587＝S486〕、「オネトムの徳」そのものは世俗的なモラルの域を出るものではない。「わたしというもの（le moi）」にはふたつの性質がある。「それはすべてのものの中心になるから、それ自身不正である。それは他者を従属させようとするから、他者には不快である。なぜなら、おのおののわたしはたがいに敵であり、他のすべてのわたしの僭主になろうとするからである」。オネトムたちの人好きのする性格や愛他主義も、実は自己愛に発した内面の不敬虔や快楽主義を周囲の眼から覆い隠す外被であり、エゴイズムの裏返しにすぎない。それゆえ「君は不快を除くが、不正を除きはしない」[B455 = L597 = S494]。ミトンは「人間の自然が堕落しており、人間がオネトムの徳とはかけはなれた存在であることをよく知っている。だが、なぜ人間がもっと高く飛ぶことができないのかは知らない」[B448 = L642 = S529]。

しかしパスカルは、「オネトムの徳」に内と外を使い分ける欺瞞をみるだけでなく、この不誠実さ自体にある種の効用をみとめてもいた。『パンセ』のある断章では、真理の観照に励んだ古代の哲学者たちも、政治社会にあっては市民の徳《シヴィリテ》を説き、法と慣習を守る敬虔な「美しき善きひと《カロス・カガトス》」であった理由を説明するさいに、やはりオネトムへの言及がある。

> プラトンやアリストテレスといえば、長い学者服をまとった姿しか想像しない。かれらも紳士（gens honnêtes）で、ほかのひとたちと同様に友人と談笑していたのである。そしてかれらが『法律』や『政治学』の著述に興じたときには、遊び半分にやったのだ。それはかれらの生活のもっとも哲学者らしくなく、もっとも真剣でない部分であった。もっとも哲学者らしい部分は、単純に静かに生きることであった。／かれらが政治論を書いたのは、狂人の病院を規整するためのようなものであった。／そしてかれらがいかにも重大なことのようにそれについて語ったのは、かれらの話し相手の狂人どもが、自分たちは王や皇帝であると思い込んでいるのを知っていたからである。かれらは、狂人連中の狂愚をできるだけ害の少ないものにおさえようとして、連中の

諸原則のなかに入り込んだのである〔B331＝L533＝S457〕。

「オネトム」の語は、『大貴族の身分についての三講話』（*Trois discours sur la condition des Grands*, 1660）でも僭主的傾向を有する人物を教育・馴致するために用いられている。(41)

あなたも同様に、少数の人びとに取り巻かれており、そこであなたは自分なりの流儀で君臨している。この人びとは現世の欲心に満ち満ちており、欲心の対象となる富をあなたにもとめる。かれらをあなたに繋ぎとめているのは、この欲心である。したがってあなたはまさしく欲心の王である。……これらの人びとすべてがあなたに服従しているのは、あなた自身の生来の力や権威によるのではない。だからかれらに力ずくの支配を押しつけたり、過酷な取り扱いをしてはならない。かれらの正当な欲望は満たし、困窮はやわらげ、すすんで恩恵をほどこすのだ。できるだけかれらの出世をはかるがよい。そうすればあなたのふるまいは、真の意味での欲心の王にふさわしいものになろう。／以上の話の射程はかぎられている。そしてあなたがもしそこにとどまるなら、あなたは身を滅ぼさずにはおかないだろう。しかし少なくともオネトムとして滅びることはできる〔CEM4. 1034／(2)四六九頁〕。

このふたつの用例に共通するのは、「オネトムの徳」が地上の秩序を維持するための思慮的で手段的な価値を有し、もっぱらその政治的な機能によって評価される徳だという主張である。もちろんこの啓蒙された快楽主義というべきものは、「現世の欲心とその王国を蔑み、愛の王国、臣民がこぞって愛のみを希い、愛の富だけを切望するあの王国」〔CEM4. 1034／(2)四六九―七〇頁〕における最善の生きかたではないが、それでもこの地上の生に平和と安全をもたらすかぎりでは必要なものでもある。そこでキリスト者は――この点では哲学者とともに――「オネトムの徳」を道徳的に真剣な意味で受けとることなく、現世の統治者にオネトムとしてふるまうことを説き、みずからもそれを演じてみせねばならない[42]。古代の「美しき善きひと」が、哲学者だけでできてはいない都市に生きることを余儀なくされた哲学者の「政治的な写像であり模像[43]」であったように、パスカルのオネトムも、真のキリスト者だけでできてはいないこの「寄留者の国」で生きるキリスト者の「政治的な写像であり模像」なのだ。「人間を愛すべきものであると同時に幸福なものとするのはキリスト教だけである。オネトムの徳では、ひとは愛すべきものであると同時に幸福なものとはなりえない」[B542＝L426＝S680]。にもかかわらず、「もしもキリスト者になれないのなら、せめて紳士（honnêtes gens）になってもらいたい」[B194＝L427＝S681] とパスカルがいうのは、そのような意味に解することができる。

必要な「共通の誤り」の思想を適用したもうひとつの例は、法律に服する根拠の説明である。パスカルはまず、モンテーニュの見解を『エセー』の各所からつぎのように要約する。すなわち、自然法ないし「真正の法」（キケロ）のような普遍的な正義の基準は存在せず [cf. B297＝L86＝S120]、したがって正義は各国の風習にしたがって多数存在する（「川一筋で仕切られる滑稽な正義よ！　ピレネー山脈のこちら側では真実であることが、あちら側では誤謬なのだ」）。正義の本質は現在の習慣にほかならず、それがいま受け入れられているという事実こそが「その権威の神秘的な基礎」である。習慣は「かつて理由なく導入されたが、いまや理にかなうものになった。もしもそれにすぐおわりを告げさせたくないのなら、それが真正かつ永久的なものであるように思わせ、その始源を隠さなければならない」[B294＝L60＝S94][44]。

さて、パスカルはその大半を肯定する――「正義とは確立されたもののことである。したがって、われわれのすべての既成の法律は、それがすでに確立しているという理由で、検討されることなく必然的に正義とみなされるだろう」[B312＝L645＝S530]、「なぜひとは古い法律や古い意見にしたがうのか。それらがもっとも健全であるからか。否、それらがそれぞれひとつしかなく、多様性の根をわれわれから取り除いてくれるからである」[B301＝L711＝S589]——が、ただ一点、「法律は正しいといってしたがう者は、正しい根拠にもとづいて法律にしたがっているとはいえない」[III-13, 1072／⑹一三三頁]とした『エセー』の著者には同意しない。「モンテーニュは間違っている」[B325＝L525＝S454]。

法律は正義ではないと民衆に向けていうのは危険である。なぜなら民衆は、それが正義だと信じるがゆえにこそしたがっているからである。だから民衆には、同時に、法律は法律であるがゆえにしたがわねばならない、あたかも、目上の人びとには、かれらが正しいからではなく目上だからしたがわなければならないのと同様に、といってやらねばならない。そこで、このことを民衆に理解させ、これこそまさに正義の定義であることを理解させることができれば、すべての反乱は防止されるのである［B326＝L66＝S100］。

〈法は正しいがゆえに守らなければならない〉、あるいは〈高貴な身分のひとは有徳であるがゆえに敬わねばならない〉という「共通の誤り」を民衆が真理とみなすこと、現世の秩序と平和はこの一事にかかっている。「世の人びとがみな幻想のなかにいるというのはほんとうだ。民衆の意見はそれ自体としては健全でも、かれらの頭のなかではそうでない。実際かれらは、真理のないところに真理があると考えているからだ。真理はたしかにかれらの意見のなかにあるが、かれらが想像している点にはない」[B335＝L92＝S126]。パスカルにとって人間は、「共通の誤り」との関係でさまざまに類型化される。まず「民衆（peuple）」は「純粋な自然的無知」[B327＝L83＝S117]ゆえに、法は正しく高貴な身分のひとは有徳だと信じている。しかしモンテーニュのような哲学者たちは、「半端な賢者（demi-habiles）」——「生まれは人身にそなわる優越ではなく偶然による優越だといって、高貴な生まれの人びとを軽蔑する」人士——と化してこの健全かつ
むなしい民衆の意見を毒しかねない。哲学者は「民衆の考えによるの

ではなく後ろ側の考えによって」、法は習慣にすぎないと知りつつその法を守ってみせる「賢者（habiles）」であってもらわねばならないのだ。同じことはキリスト者についてもいえる。「信心家たち（dévots）」は「信仰がかれらにあたえた新しい光によって」高貴な生まれの人びとを軽蔑するが、「完全なキリスト者（chrétiens parfaits）は、他のいっそう高い光によってその人びとを敬う」［B337＝L90＝S124］。こうして「民衆」と「賢者」と「完全なキリスト者」とは、それぞれの理由からおのおの法を守り貴族を敬うオネトムとなり、「共通の誤り」を維持するのである。

こうしてパスカルとモンテーニュを「共通の誤り」の思想を介して結びつけた〈エピキュリアン・モーメント〉は、さらにパスカルをホッブズに結びつけることにも説得力をあたえるように思われる。つぎにその次第をみてみよう。

5　ホッブズとパスカル

ほぼ同時代人であること以外になにひとつ共有するものがないようにみえるホッブズとパスカルだが、(45)「最大の災いは内乱である」［B313＝L94＝S128: cf. B320.2＝L977＝S786］や、「われわれの本性は運動のうちにある。完全な静止は死である」［B129＝L641＝S529］をはじめ、いかにもホッブズらしい表現が『パンセ』に散見されることも事実である。この類似がホッブズ作品に感化されたもの、とくに出版の時期から判断して、『市民論』のラテン語初版（一六四二年）ないし第二版（四七年）、あるいはソルビエール訳の仏語版（四九年）のいずれかをパスカルが読んだためではないかという推測は、つとにG・シナールによってなされたところでもあった。たとえば、「人間はすべて、生まれつきたがいに憎みあっている。人びとは、可能なかぎり、人間の欲心を利用して公共の利益に役立てようとした。しかしそれはつくりごとであり、愛の偽りの姿にすぎない。実のところそれは憎しみにすぎないのだ」［B451＝L210＝S243］、あるいは「人びとは欲心を基礎として、そこから統治と道徳と正義のすばらしい規則を引きだした。／しかし結局のところ、人間のこの邪悪な核心、この「悪しきありさま」はただ覆われているだけで、取り除かれてはいない」［B453＝L211＝S244; cf. B402＝L118＝S150, B403＝L106＝S138］のような主張は、ホッブズが『市民論』で「自然な欲求」および「自然の権利」に言及した箇所［I.7, 94／四〇頁］へのパスカルなりの応答であったというのである。(46)

『パンセ』中もっともホッブズに接近したとみえる箇所にさえ別の典拠のあることが周知の事実となっている現在、(47)たしかにシナールの言い分を鵜呑みにはできない。それでも、『市民論』（あるいは『リヴァイアサン』）と『パンセ』とがある共通の問いのふたつの解であり、同じ哲学的伝統がそれぞれの教義の正当化に援用されていた可能性は残っている。そしてこれは、とりわけホッブズ研究の側でいまだ手つかずなだけに問う価値のある問題のように思われる。(48)『パンセ』からふたつの断章を取りあげよう。

ひとつは、コンドルセが師ヴォルテールと共同編集した『パンセ』（一七七八年）のなかで、「パスカルはここでホッブズの思想に接近しているように思われる。かれの世紀の哲学者のなかで最大の敬神家が、正義と不正の本性についてもっとも非宗教的な者と意見を同じくするのだ」（「パスカルの『パンセ』」［III, 643］）と評注された断章である。(49)

正しいものにしたがうのは正しいことであり、もっとも強いものにしたがうのはやむをえないことである。力のない正義は無力であり、正義のない力は僭主的である。／力のない正義は反対される。なぜなら、悪人がいつもいるからである。正義のない力は非難される。したがって正義と力とを一緒におかなければならない。そのためには、正しいものが強いか、強いものが正しくなければならない。／正義は論議の種になる。力はみてすぐわかるから論議無用である。そのために、ひとは正義に力をあたえることができなかった。なぜなら、力が正義に反対して、それは正しくない、正しいのは自分だといったからである。／こうして人間は、正しいものを強くできなかったので、強いものを正しいとしたのである〔B298＝L103＝S135; cf. B299＝L81＝S116〕。

もうひとつは、『市民論』における「獲得によるコモンウェルス／設立によるコモンウェルス」の区別〔V. 12. 135／一二五―一六頁：VIII. 1. 160／一七五―七六頁〕との関連をかつてシナールが指摘したつぎの断章である。

もっとも強い部分がもっとも弱い部分を圧迫し、ついに支配的な一党ができるまでたがいに戦いあうだろうことに疑いはない。だが、それがひとたび決せられると、戦いがつづくのを欲しない支配者たちは、かれらの手中にある力が自分たちの気に入る方法で受け継がれていくように制定する。ある者はそれを人民の投票に、他の者は世襲等にゆだねる。／そして、この時点から想像力《イマジナシオン》がその役割を演じはじめる。それまでは純粋な力が事を強行した。これからは力が、ある党派のうちに、想像力のおかげで保たれていくのである〔B304＝L828＝S668〕。

このふたつの断章の総合から、およそ正義とは偽装された力のことだという結論を導けば、パスカルの議論がホッブズを嚆矢とする近代社会契約論の標準的見解とは理論的志向が正反対なことは明らかである(50)。たとえば後年ルソーは、力と正義の同一視を批判してこう述べている。「力とは物理的な実力のことである。そのはたらきからどんな道徳的なものが結果しうるか、わたしにはわからない。力に屈することはやむをえない行為で、意志による行為ではない（un acte de nécessité, non de volonté）。それはせいぜい慎慮の行為なのだ。いかなる意味でそれが義務でありうるだろうか」（『社会契約論』〔I. 3, 354／(5)一一三頁〕）。ことばづかいこそパスカルを――「欲心と力とがわれわれのあらゆる行為の源泉である。欲心は自発的な行為をさせ、力が自発的でない行為をさせる（La concupiscence fait les volontaires, la force les involontaires）」〔B334＝L97＝S131〕――彷彿とさせるが、結論はそうではない。「力は権利を生みださない、ひとは正当な権力にしかしたがう義務がない」〔I. 3, 355／(5)一一四頁〕。他者に力で優るという事実から他者を支配する権利を引きだすのは論理的な誤りである。人びとは自分の意志で服従を誓った権力に服従する場合にのみ自由であり、またそのようにして成立した「正しい」権力のみが人びとの服従を受ける権利を有する。『リヴァイアサン』でホッブズも曰く、「あるひとが征服者に臣従するにいたる時点とは、そのひとがかれに降伏する自由をもっていて、明言されたことばか他の十分なしるしでかれの臣民たることに同意するときである」〔Review and Conclusion, 1133-34／(4)一六〇頁〕。

政治社会は「公共の利益」を実現するために人間の欲望から導きだされると考える点で、パスカルと社会契約論者たちは一致をみる。ただしパスカルにいわせれば、世襲や選挙のような正当なやりかたで創設された政治権力ですらその永続には想像力の助けが欠かせず、その意味では、簒奪や征服のような暴力によって創設された政治権力と選ぶところがない。「想像力はすべてを思いのままに動かす。それは美と正義、そしてこの世のすべてである幸福をつくりだす」〔B82＝L44＝S78〕。人間たちは自分が正しいと思う権力に服従しておいて、あとからそれが正しい理由をこしらえる。現実には、力によって創設された政治社会が、その事実を権利と誤認させる想像力によって維持されているにすぎないのだ。G・フェレロルもいうように、「想像力は力に正のみかけをあたえることを可能にする。その魔力の影響下に、われわれは勝ち組の恣意性を正統かつ尊ぶべきものとみる。想像力は精神のなかにすらある戦争を終わらせ、闘争の不確実性を自然的で不可避の結果へと変容させる。なぜなら、もし「力がすべてを規制している」〔B306＝L767＝S632〕のだとしたら、想像力は「すべてを思いのままに動かす」のだからである」[51]。正義なき力に正義をみることを可能にする想像力は、力なき正義に力をみることも可能にする。力が「想像力という力を生み、それがつくりだす「集合的想像」が法の支配と社会政治的秩序を維持する」[52]。したがっていかなる政治社会も「理性的基礎（fondement rationnel）」を欠いており、もっぱら「デ・ファクトの同意（consentement de fait）」が基底にあると考えるべきなのである[53]。

ルソーにとってこの結論は政治理論としての欠格証明にほかならないが、そこに〈エピキュリアン・モーメント〉をみるなら、同じものがパスカルの哲学的品質証明になる。それを理解するには、正義を「人間相互の交渉にさいして、おたがいのあいだで加害も被害もなくすための一種の契約」[DL. X. 150] と定義したエピクロスが、近代社会契約論の始祖ではなかったことを想起する必要があるだろう。実にエピクロスは、都市の正義を神与のもの、あるいは自然にかなったものと信じて疑わない当時の通念に抗して、正義とは本来「たがいに害をあたえたり受けたりしないことから得られる利益をあらわす符合」[DL. X. 150] でしかないと喝破したのである。快楽の追求は自然によりつねに善であるが、正義は秩序の解体を阻止するために快楽追求に歯止めをかける強制の体系であって、人間の約束事《コンヴェンション》にすぎない。正義の具体的表現は多様でもこの本質はつねに同一であり、それに合致するかぎりでの法は正しい法とみなされる [DL. X. 151-52]。古代人は社会契約の名でそのような自然に反した実定的正義への攻撃を意図したのであり、それが前提する自然／人為の価値的ヒエラルヒーを逆転させ、人為の正義への軽蔑を拭い去り、その全体を諸利益の均衡という政治的課題のもとに読みかえて、はじめて近代社会契約論は成立したのであった[54]。

「現在の習慣」でしかない法の正義をなおも必要な「共通の誤り」として維持せよと説いたとき、パスカルがモンテーニュから古代のコンヴェンショナリズムの偶像破壊的な威力を学ぶとともに、そこに秘められたアイロニーも継受していたことは明らかである[55]。エピクロスが正義を軽蔑したのは、それによって樹立される政治社会が可死性の侵入を防ぐ「城壁」たりうるとは考えないからであった。「天上のことと地下のこと、総じて無限の宇宙で生じるあらゆる事象が気にかかったままでは、いくら人間同士の安全保障があっても無益である」［DL. X. 143］。にもかかわらず、法の正義が約束するこの平和と安全は、多数者の便宜のためのみならず、哲学者が哲学する至高の快楽を享受するためにも不可欠とされるところに、エピクロス主義に特有のアイロニーが帰結する。だがパスカルにあっても、力により創設され想像力によって維持される政治社会は、可死性から一時人間の眼を逸らさせる「気ばらし」の生活を約束するだけで、真の救済にはほど遠い。にもかかわらず、「真のキリスト者（vrais chrétiens）は、それでもなお愚劣なこと（folie）に服従する。愚劣なことを敬うからではなく、人間を罰するためにこれらの愚劣なことにかれらを服せしめられた神の命令を敬うからである」［B338＝L14＝S48］。

　このアイロニーの翳りは、『パンセ』でほかならぬホッブズとの親和性が取り沙汰される箇所にもっとも色濃くあらわれている。人間の欲心のうちでも、すべての他者に優越しようとする支配欲（libido dominandi）は、神の地位に就こうとする高慢に発した「最初の悪」（アウグスティヌス『神の国』［XIV. 13. 1／(3)三二五頁］）であること[56]。「内乱こそ最大の災いである」がゆえに、いかなるやりかたにせよ、原初の闘争に終止符を打って成立した秩序には十分な存在理由があること。さらには、共通権力の成立を合理的な自己保存策を模索する各人の自然理性が一致した結果とみなすか、あるいは暴力と想像力の共作とみなすかの相違はあれ、正義とは権力とその法が定めるものであること。このいずれについてもパスカルとホッブズのあいだには完全な合意があり、違いといえば、ホッブズの場合は暗示にとどまっていたアイロニーが、アウグスティヌス主義者のパスカルの場合はより直截に表明されるというだけのことである。政治社会を最深部で規定しているのは死の恐怖であるにもかかわらず、そこから誕生した〈リヴァイアサン〉は、他者の手にかかって非業の死を遂げる恐怖から人間を解放することはできても、死の恐怖そのものへの処方には結局なりえない。真の救済は、少なくとも政治生活を超えたどこかにもとめられねばならないのだ[57]。欲心から「統治と道徳と正義のすばらしい規則」を引きだした「人間の偉大さ」を嗤う理由が、キリスト者パスカルにはあったのである。

6　偶然としての自然

最後にふたたび『大貴族の身分についての三講話』をみてみよう。パスカルは聴き手の貴族の若者に、その高い身分は無数の偶然（hazard）の結果であると諭すことからはじめる。高貴な身分に生まれついたこと自体も偶然であるが、そもそも身分の上下というものが人間の定めた約束事にすぎず、高位と人格的卓越のあいだにはなんらの必然的な絆もない。貴族の子弟の財産所有資格は「自然の資格ではなく人間のとりきめ（établissement humain）に由来する。……あなたが自分の手にあるすべての財産を所有しているのは、あなたに生を授けた偶然と、あなたにとって都合のよい法律のありかたが合致したからにすぎない」〔CEM4, 1030／⑵四六五頁〕。ここからパスカルは偉大さに二種を区別する。「自然的な偉大さ（grandeurs naturelles）」は、精神における知性と美徳、肉体における健康と力のような人身にそなわる自然的な特質であり、それを眼にする人びとから自然的な敬意を誘発する。かたや「とりきめ上の偉大さ（grandeurs d'établissement）」は高位や顕職にともなうもので、「人びとの意志」にもとづいている。

とりきめ上の偉大さにはとりきめ上の敬意、つまりある種の外面的な儀礼を尽くさなければならない。……／だが尊敬に発する自然の敬意については、それを捧げなければならないのは自然的な偉大さにたいしてだけである。……もしあなたが侯爵でしかも紳士であるなら、このふたつの特性のいずれにたいしても果たすべき義務をわたしは果たすだろう。……しかし仮にあなたが侯爵でありながら紳士ではなかったとしても、わたしはなお公平にふるまうだろう。つまり外面では社会秩序の命じるところにしたがってあなたの家柄にたいする義務を果たすが、内心ではあなたの精神の卑しさに見合った軽蔑の念を抱かずにはおかないだろう。／以上が二種の義務の正しいありかたである。そして不正は、とりきめ上の偉大さに自然の敬意を捧げるか、あるいは自然的な偉大さにたいしてとりきめ上の敬意を要求するところにある〔CEM4, 1032-33／(2)四六七―六八頁〕。

この議論でパスカルは、あるひとが「とりきめ上の偉大さ」をともなう身分にたまたま生まれつくという偶然と、「とりきめ上の偉大さ／自然的な偉大さ」の結びつきに必然性がないという意味での偶然に加えて(58)、さらにもうひとつの偶然の存在を問わず語りに指摘している。すなわち、他者に優越する秀でた人身の特質である「自然的な偉大さ」が、ある者により多く、ある者により少なくそなわっていること自体に根拠がない、つまりその配置は別様でもありえたという意味では、やはり偶然以外のなにものでもない。

必然的で不動とみえるものを始源のたわむれへと執拗に引き戻そうとする偶然性の思想は、『パンセ』にもさまざまに表現を変えて顔をのぞかせる(59)。「わたしの知らない、そしてわたしを知らない無限に広い空間」を理性が恐れるのも、この世の事物の配置の無根拠性を突きつける偶然性が究極の理由であったが(60)、いまはそれが力と正義の問題にも深く関与していることを確認しよう。ある少数者が多数の他の人びとより生来の力が強く、あるいは美貌にめぐまれていたり知性に優れたりするのは、国により稀少な地下資源の埋蔵量に多寡があるのと同じく自然のなせる偶然である。勝ち組と負け組の力の差は天の配剤としかいいようがないのであるから、最強者が支配するのは少なくとも自然にかなっている。この力に知恵が加わるならその支配は自然的に正しいとさえいえることを、おそらくパスカルは古代の哲学者とともにみとめるだろう。船の舵取り（gouvernement）をさせるのに、その心得のある者ではなく、もっとも家柄のよい船客を選ぶほど不自然なことはないのだ〔B320＝L30＝S64; B320.2＝L977＝

S786]。だがこの自然の正義は、力と知恵がひとつの人身に同居するというさらに大きな偶然にかかっていることもパスカルは忘れない――「人間のあいだに不平等があるのはやむをえない。それは真実だ。だがそれがいったんみとめられると、最高の支配に、いや最高の僭主政治にも門戸が開かれる」［B380＝L540＝S458］。天然資源の埋蔵分布を人間の力で変更することが不可能であるように、人びとのあいだで力を不均等に配分した〈自然＝偶然〉は変えられない。この過酷な真実をせめて想像のなかでだけでも変えようとするのが人間の正義というものなのである。

もし可能であれば、力は正義の手中におかれていただろう。だが力はみればわかる性質であるために、思いのままにあやつることができない。ところが正義は精神的な性質のものなので、思いのままに左右することができる。そこで人びとは正義を力の手中におき、そうしてしたがわざるをえないものを正義と呼ぶことにした［B878＝L85＝S119］。

始源の偶然にこだわるパスカルの口吻は古代人さながらといってよい。エピクロス主義者ならば、この〈自然＝偶然〉は、永遠に等速で並行落下運動をつづける原子がときおり予期せずその軌道からわずかに外れる〈逸れ《クリナメン》〉の産物であるというに相違ない（ヒューム『自然宗教にかんする対話』［II. VIII. 427-29／九二―九四頁］）。ルクレティウスによれば、「この世界は自然によってつくられたもので、原子がおのずから偶然の衝突によって、あらゆる具合に、偶然に、目的もなく、意志もなく、結合され、ついに突然投げだされて、漉されて出てきたものが、大きなもの、すなわち大地、海、天空、生物の種類を発生させた」［DRN. II. 1058-1063］。そこになんらの意志や意図も介在せず、すべては原子同士のランダムな衝突が織りなす無限の試行錯誤の結果であることを詩人はくりかえし強調している［DRN. I. 1024-1028; V. 187-194; 422-431］。自然にまかせた原初の事物と人間の配置は無根拠ででたらめなのだ。エピクロス主義者が正義は約束事であるという場合にも、自然そのものが偶然であるからには、その自然に反した人工物たる正義はいわば二重に偶然的だという含意があった[62]。土地の分配基準が自然的な徳（「美貌と力と才智」）から人間のとりきめ（「富と黄金」）になったとき、都市はすでに堕落しはじめていたのである［DRN. V. 1110-1116］。

自然が偶然性に満ち満ちていることは、異教徒の詩人にとっては「われわれのために神々が事物の自然をつくったのでは断じてない、自然はいかに多くの欠陥をそなえていることか」［DRN. V. 198-199］と信じる証拠であった。一方キリスト者のパスカルは、「自然は恩寵の影像《イマージュ》である」［B643＝L275＝S306］という表現で神が自然を人間のために創造したことをみとめつつ、同時に「自然はみずからが神の影像であることを示すためにある完全さをもち、みずからが影像にすぎないことを示すためにある欠陥をもっている」［B580＝L934＝S762］とも述べている。神与の〈自然＝偶然〉に欠陥のあろうはずがない以上、欠陥はその自然にかえてみずから想像した世界に生きる人間の側に、すなわち習慣という偶然（なぜならそれは「かつて理由なく導入されたが、いまや理にかなうものになった」のだから）にすがる堕落した人間の自然にある。「われわれの自然の原理とは習慣づけられた原理以外のなんであろうか」［B92＝L125＝S158］――

> 習慣は第二の自然であり、第一の自然を破壊する。……習慣が第二の自然であるように、この自然それ自体が第一の習慣にすぎないのではないかとわたしは大いにおそれている［B93＝L126＝S159］[63]。

事物と人間の自然的な配置に偶然性を混入させた「隠れたる神（deus absconditus）」の意図は到底はかり知れないとはいえ、人間もまた「自然的には（naturellement）卓越したもの（vertu）を愛し、愚劣なもの（folie）を嫌う」ようにできているのである。それなのに、「習慣の力は実に偉大で、自然がただ人間としてしかつくらなかったものから、人間はあらゆる身分の人間をつくりあげる」［B97＝L634＝S527］。神の創造し給うた〈自然＝偶然〉を自分でつくった〈習慣＝偶然〉におきかえて生きることが、人間という被造物に科せられた境涯なのだ。ヴァレリーが人間の矜持をみとめるところで、[64]パスカルは「世の中でもっとも理にかなっていないことが、人間がどうかしているためにもっとも理にかなったこととなる」〔B320.2＝L977＝S786〕証《あかし》以外のなにものをもみない。にもかかわらず、それもまた堕落した人間に神が科した正当な懲罰ゆえに敬い、甘受せねばならないと説くのである。

現世的なものを否定しつつ肯定し、軽蔑しながら敬うこのアイロニーは、もちろんキリスト教的でありジャンセニスム的ですらあるが、それに尽きない響きがともなう。パスカルが現世について多くを学んだモンテーニュおよび同時代人のホッブズの場合、それは〈エピキュリアン・モーメント〉に由来しつつふたつの異なるあらわれかたをした。自然により知性を多く配分された者には、「隠れて生きよ」というエピクロス主義的な戒めを堅く守って、現世内超越を選ぶ道もあっただろう。[65]モンテーニュのように「庭園」に引きこもり、この世を彩る愚劣さを眺めやっては、「もっとも真実とわれわれに思われることが、しばしば生活上もっとも有益でない。これがわれらが境遇の悲惨である」（『エセー』〔II-12. 512／(3)一三九頁〕）とつぶやくこともできたのである。さもなければホッブズのように、人間が快楽を安んじて追求できないのは「通常、自然が人びとにたいして許している生きる時間をまっとうする保証のありえない」（『リヴァイアサン』〔XIV. 198／(1)二一七頁〕）環境が原因だと考えた者は、恐怖と苦痛にさいなまれない「エピクロスの園」を模して恐怖と苦痛の存在しない世界を創造しようとした。近代エピクロス主義の主流がたどったのは、この政治的快楽主義の道である。[66]だがパスカルの場合はそのどちらでもなかった。このキリスト者は、優れた知性にめぐまれながら「精神の点では〈木偶の坊なるべし il faut s'abêtir〉」と説き（ニーチェ『道徳の系譜』〔3.17〕＝KSA5: 379: cf. B233＝L418＝S680）、この世の悪と愚劣さの数々を眼にしながらその是正も変革も企てようとはしない。

わたしはまったき暗黒を愛することはできる。だが、神がわたしを半端な暗黒のうちにおかれるとすれば、そのようなわずかな暗黒はわたしを不快にする。わたしはまったき暗黒にあるような長所をそこにみとめないので、不快になるからである。これは欠点であり、わたしが神の秩序から離れて暗黒を自分の偶像にしている証拠である。ところで、崇めるべきは神の秩序だけである［B582＝L926＝S755］。

パスカルをヨブのように反動的と評したのはシェストフである（「ゲッセマネの夜」［288-92／(2)一六二—一六八頁］）。実際、近代のもっとも革命的な精神を鼓舞してやまない〈エピキュリアン・モーメント〉も、『パンセ』にあってはもっぱら愚かしい現世を全肯定するためのものでしかなかった。だがエピクロス主義の思想史的系譜のなかにおいてみるならば、それはモンテーニュやホッブズにおいてさえ保たれていたアイロニーの最後の残光の様相を呈してくる。啓蒙へのもっとも手強い反対者となったパスカルの反動的な物言いは、極端なアウグスティヌス主義の枷さえはずせば、このうえもなくラディカルな、啓蒙をすら凌駕する革命的な結論をたやすく導くだろう。神を無用のものとするだけでなく、〈自然＝偶然〉ですらも馴致することによって死の恐怖を超克する——二世紀ののちニーチェが無神論の名において企てたのはまさしくそれであった。

注

（1）ヴァレリーはたびたび著作でこの断章に言及している（「エウパリノス」［II, 126／(3)五八頁］、「邪念その他」［II, 841／(4)二九〇頁］）。

（2）安井源治・林桂子訳『パスカルとその妹（増補版）』（理想社、一九七八年）、一三章参照。

（3）フランツ・ボルケナウ、水田洋ほか訳『封建的世界像から市民的世界像へ』（みすず書房、一九六五年）、六〇四頁。アンリ・ルフェーヴル、川俣晃自訳『パスカル』（新評論社、一九五四年）、一八〇頁。リュシアン・ゴルドマン、山形頼洋・名田丈夫訳『隠れたる神』（社会思想社、一九七二—七三年）、第一四章。以下も参照。Jacques Maritain, "The Political Ideas of Pascal," *Redeeming the Time* (London: Geoffrey Bles, 1944). エーリヒ・アウエルバッハ、岡部仁訳「パスカルの政治理論」、『世界文学』

の文献学』（みすず書房、一九九八年）。

（4）ブランシュヴィック版『パンセ』で第三章「賭けの必要性について」に収められていたこの断章は、いわゆる「第一写本」にもとづくラフュマ版以降、「人間の不釣合い」を論じる断章とともに第一五章（セリエ版では第一六章）「人間を知ることから神への移りゆき」のなかにおかれた。

（5）ブルーノ的な宇宙イメージは、モンテーニュに私淑したマリー・ド・グルネーが一六三五年版『エセー』に付した序文に影響されたものとも考えられるが、グルネーはそれをヘルメス・トリスメギストスの思想として紹介している（「義による娘の序文」[xxxi]）。

（6）Cf. John C. McCarthy, "Pascal on Certainty and Utility," *Interpretation*, Vol. 22 No. 2 (Winter 1994–95), p. 261.

（7）ラフュマ版とセリエ版では、この断章につづけて「人間の不釣合い」をめぐるふたつの断章、高名な「人間は一本の葦にすぎない」という文章を含む断章、そして「永遠の沈黙」の断章を連続して配置している［L198–201 = S229–233］。

（8）Cf. Simone Fraisse, "Lucrèce et Pascal (Cammentaire du *De Rerum Natura*, livre III)," *Bulletin de l'Association Guillaume Budé: Lettres d'humanité*, n° 15 (décembre 1956). ただしフレスは「人間の盲目と悲惨」の暗合については言及していない。

（9）『プロヴァンシャル』第四の手紙［P, 619／(1)七六頁］、参照。パスカルによれば、ギリシアの哲学学派は感覚の欲（エピクロス主義）、知識の欲（アカデメイア派とペリパトス派）、支配の欲（ストア派）の三つの欲心（concupiscence）から生じた［B461 = L145 = S178; cf. B458 = L545 = S178］。また道徳をめぐるストア派とエピクロス主義の対立、および認識をめぐる独断論と懐疑論の対立は、いずれも神についての無知に由来する［B435 = L208 = S240］。パスカルによる哲学諸派の分類法については Vincent Carraud, *Pascal et la philosophie* (Paris: PUF, 1992), chap. 2 を参照。ちなみに「他宗教の誤り」（ラフュマ版第一六章）を論じたある断章［B597 = L207 = S239］で言及されるケルソスとポルフュリオスもエピクロス主義とのかかわりが深い。

（10）Cf. Nigel Abercrombie, *Saint Augustine and French Classical Thought* (New York: Russell and Russell, 1972, originally 1938), chap. IV.

（11）Cf. Jean Lafond, "Augustinisme et Épicurisme au XVIIe siècle," *L'homme et son image, Morales et littérature de Montaigne à Mandeville* (Paris: Honoré Champion, 1996), pp. 345–68.

（12）モーリアック前掲書、四八頁。

(13) O・ブロックはこの類似を、メルセンヌ・サークル内で回覧されていた草稿段階の『ディオゲネス・ラエルティオス第一〇巻注解』の影響に帰している。Cf. Olivier René Bloch, *La philosophie de Gassendi: nominalisme, matérialisme et métaphysique* (The Hague: Martinus Nijhoff, 1971), pp. 197–98. ちなみにガッサンディ作品のうち、当時すでに公刊されていた『エピクロスの生涯と流儀』（一六四七年）に「空虚」の説明はなく、エピクロスの原子論形而上学への本格的な論及がある『注解』の出版は一六四九年のことである。

(14) 「生気のない物体が情念や恐れや嫌悪をもち、また無感覚で生命をもたず生命の資格さえない物体がそれを感じるためには、少なくとも感性的霊魂を前提とする情念をもち、さらにまた、その嫌悪の対象が真空であるなどということほど不合理なことがあろうか。真空のなかにこれらのものを恐ろしがらせるなにものがあるのだろう。これ以上低級でおかしなことがあろうか」[B75＝L958＝S795]。

(15) 「決定的な回心」直後の一六五五年に書かれたと推定される『幾何学的精神について』（*De l'esprit géométrique*）には、すでに無限分割可能性が主張されていた。「こうしたすべての大きさは、無限に分割でき、それぞれの不可分者（indivisibles）に陥ることはない。したがって、そうした大きさは、すべて、無限と虚無との中間の位置を占めている」[ŒM3, 410／⑴四一一頁]。

(16) 「空間のひろがりがこの世界の壁を越えて無限に広大であるとすれば、その先にはいったいなにがあるのかを心はあくまでつきとめようとする。精神はそれを望見してやまず、われわれの心の自由な飛翔はどこまでも天翔けていく」[DRN. II. 1044–1047]。「あらゆる方向に無限の空間がひろがり、そのなかを数知れぬ大量の原子が、永遠の運動に駆られ幾多のやりかたで飛びまわっている」[DRN. II. 1053–1055]。

(17) Cf. Constant Martha, *Poème de Lucrèce: Morale-Religion-Science* (Paris: Hachett, 1896), pp. 316–30.

(18) 「ある種の生物は、きわめて微小であるがゆえに、その三分の一の部分を絶対にみることができない。この生物の内蔵はどのようなものと考えるべきだろうか。心臓の球、眼の球はいかなるものであろうか、体躯の各部はどうか、手足はどうか。いかに小さいことだろう。つぎに、魂や精神の本質をなす原子はすべてどうであろうか。いかに微細かつ微小なものか君にもわかるだろう」[DRN. IV. 115–122]。ガッサンディ『哲学集成』[OOI, 269A]、シラノ・ド・ベルジュラック『月の諸国諸帝国』[405–6／一三〇―一三一頁] も参照。

(19) Cf. René Jasinski, "Sur les *deux infinis* de Pascal," *Revue d'Histoire de la Philosophie et d'Histoire générale de la Civilisation*, No. 1 (1933), pp. 151–52. A・O・ラヴジョイ、内藤健二訳『存在の大いなる連鎖』（晶文社、一九七五年）、一三三頁

参照。

(20) 類似の表現がもういちど出てくる（éternité qui m'a précédente et suivante）[B205＝L68＝S102]。この起源もルクレティウスのいわゆるシンメトリー論法である [DRN. III. 972-977]。シラノ・ド・ベルジュラック『太陽の諸国諸帝国』[475／三一八頁]、ショーペンハウアー『意志と表象としての世界』[II. 41, 596／(7)一八頁]、参照。

(21) 中村健二訳「パスカル」、『続審問』（岩波文庫、二〇〇九年）、一六九頁。Cf. Charles Segal, *Lucretius on Death and Anxiety: Poetry and Philosophy in De Rerum Natura* (Princeton: Princeton University Press, 1990), p. 74.

(22) Cf. Antony McKenna, "Pascal et Gassendi: la philosophie du libertin dans les *Pensées*," *XVIIe siècle*, n° 233 (2006).

(23) 「集会の場合や食卓についているとき、パスカルはいつも左隣に椅子を積みあげておくか、それとも誰かにいてもらわなければならなかった。それは恐ろしい深淵がみえるのを防ぐためであり、いくらそれが錯覚であると知ってはいても、ときにはどうしても落ちるような気がして恐ろしかったのである」（『人間機械論』[I, 322／九七頁]）。医師のラ・メトリはこれをパスカルの脳髄の疾病に帰した。ヴォルテールが「この大胆きわまりない建造物〔無限〕に、それを建てたひとりは恐ろしくなってしまった」（『哲学書簡』[II. 17. App. I. 71／一八三頁]）というのもパスカルのことである。

(24) 「「永遠の沈黙云々」というのは、はっきりいえばこういうことだ。「わたしは自分の思想の深さで君たちを怖れさせ、自分の文体で君たちを驚かせたいのだ」」（「倫理的考察」[II. 696／(4)四九九頁]）。

(25) この点でパスカルはホッブズの議論を転用しているように思われる。人間の認識能力の限界ゆえに、神や宇宙のような「無限なもの」はその存在のみ知られ、その属性は理解されない。「無限なもの（*infinitum*）」ということばは心中のある概念をあらわすが、だからといって無限な事物（*Rei infinitæ*）のなにかある概念がわれわれにとって存在するという結論にはならない。なぜならわれわれは、あるものが無限であると述べる場合、事物にかんしてなにごとかをいいあらわしているのではなく、われわれの心の内なる無力をいいあらわしているのだからである」（『市民論』[XV. 14, 226／三一一—三一二頁]）。〈存在することは知っているが、なにかは知らないもの〉にたいして、人間は畏敬あるいは恐怖の念を抱く。

(26) 「もともと人間は、自由な探求、存在の謎の解明のなかに、みずからの満足、みずからの至福を見いだすことができるようにつくられている。しかし他方において、人間は存在の謎の解決を切望しながら、その知識はつねにかぎられているため、神の照明が必要なことは否定できないし、啓示の可能性も論駁できない」。Leo Strauss, *Natural Right and History* (Chicago and London: The University of Chicago Press, 1953), p. 75〔塚崎智・石崎嘉彦訳『自然権と歴史』（ちくま学芸文庫、二〇一三年）、一一二頁〕。「宗教的人間」については本書第二部のⅤを参照。

（27）Cf. Carraud, *op.cit.*, p. 332.

（28）「上位の精神が下位の精神にたいして行使する説得の権利は、政治的統治における命令の権利に相当するものなのです。この第二の支配権は、精神が身体よりも上位の秩序に属するものであるがゆえに、それだけいっそう高い秩序にあるとさえわたしには思われます」（スウェーデン女王クリスティーナ宛一六五二年六月の書簡〔OEM2, 924／⑵二一七頁〕）。

（29）アリストテレス『弁論術』〔1356a〕、参照。「弁論術の機能は、……議論の数多い段階を経て全体を見渡すことも、長い推論の筋道をたどることもできないような聴衆のあいだではたされる」〔1357a〕。

（30）直接の源泉としては、アウグスティヌス『キリスト教教理論』〔cf. B900＝L251＝S283〕や、アルノーとニコルの『ポール・ロワイヤル論理学』にも影響をあたえたペトルス・ラムスの論理学など諸説ある。Cf. Patricia Topliss, *The Rhetoric of Pascal*（Amsterdam: Leicester University Press, 1966）, pp. 23-24; Erec R. Koch, *Pascal and Rhetoric: Figural and Persuasive Language in the Scientific Treatises, the Provinciales, and the Pensées*（Charlottesville: Rookwood Press, 1997）, chap. 1.

（31）Cf. James H. Nichols, Jr., *Epicurean Political Philosophy: The De rerum natura of Lucretius*（Ithaca and London: Cornell University Press, 1972）, pp. 50-51.

（32）『エセー』第三巻第四章「気分転換について」、参照。いまの文脈ではむしろモンテーニュのつぎの一節が重要である。「われわれの競争の決勝点は死である。それはわれわれが目指す必然的な目標である。その死に絶えずびくびくしているのであれば、身震いせずに一歩でもまえに進むことがどうしてできるだろうか。俗衆がこれから逃れる療法はこれを考えないことである。しかし、どんな畜生のような愚鈍さによってそんなにひどい盲目になれるのか」〔I-20, 84／⑴一五四頁〕。セリエはその着想源を、犬が兎を追いかけているのに気をとられて「ある重大な考えごと」を忘れてしまうひとの例を掲げたアウグスティヌスの『告白』〔X. 35. 57〕にもとめている。Cf. Philippe Sellier, *Pascal et saint Augustin*（Paris: Colin, 1970）, pp. 163-67.

（33）Cf. Fraisse, *op.cit.*, pp. 63-64.

（34）Cf. Matthew L. Jones, *The Good Life in the Scientific Revolution: Descartes, Pascal, Leibniz and the Cultivation of Virtue*（Chicago: The University of Chicago Press, 2006）, p. 159.

（35）人間は「精神であるのと同程度に自動機械（automate）である」がゆえに、「精神がひとたび真理がどこにあるかをみた場合にも」習慣はその信仰を維持する助けになる〔B252＝L821＝S661; cf. B233＝L418＝S680〕。

（36）ゴルドマン前掲書（下）、一五九―六〇頁参照。Cf. Jean Mesnard, *Les Pensées de Pascal*, 2e éd. (Paris: SEDES, 1993), pp. 173-76, 316-23.

（37）劇作家ラシーヌの子で詩人のルイ・ラシーヌは、ロンデルの記述にもとづいてエピクロスの敬虔さを真摯なものとする（『宗教』〔18〕）。ベールの記述をマルブランシュの快楽主義とアルノーの恩寵主義の論争というコンテクストから理解するものとして Antony McKenna, "Pascal et Epicure: L'intervention de Pierre Bayle dans la controverse entre Antoine Arnauld et le Père Malebranche," *XVIIe siècle*, 137 (1982) も参照。

（38）杉捷夫・菅野昭正訳『内面の記録』（紀伊國屋書店、一九六四年）、二〇七頁。

（39）これは「サロモン・ド・テュルティ」の思想である〔B18＝L745＝S618〕。Salomon de Tultie は、『プロヴァンシャル』でパスカルが用いた筆名ルイ・ド・モンタルト（Louis de Montalte）と数学論文で用いた筆名アモス・デットンヴィル（Amos Dettonville）のアナグラムであり、『キリスト教護教論』の筆名に用いられる予定であった。石川知宏「狂愚の国のソロモン――パスカルの偽名について」、首都大学東京『人文学報（フランス文学）』四二〇号（二〇〇九年）、参照。

（40）この断章を収めたファイルA二一には「永続性（PERPÉTUITÉ）」という題がついており、それにつづくファイルでは、そのような宗教が古代に端を発して今日にいたるまで永続してきた理由が考察される。パスカルの結論は、「われわれの宗教は、結果を産みだす原因に着目すれば愚かだが、そこに導く準備をさせる知恵に着目すれば賢い」〔B587＝L291＝S323〕というものである。

（41）この講話はパスカルからの聞き書きとしてニコルにより公表されたものと伝えられる。それと僭主馴致文学の伝統との関連については A. J. Beitzinger, "Pascal on Justice, Force and Law," *The Review of Politics*, Vol. 46 (1984), pp. 232-33, 237 を参照。

（42）『パンセ』には（ただしパスカルの文章ではない）、芝居の恋愛表現の力に観劇後も囚われたままになってしまうひとの例があげられている。「あらゆる大がかりな気ばらしは、キリスト者の生活にとっては危険である。だがこの世が発明したすべての気ばらしのなかでも、演劇ほど恐るべきものはない」〔B11＝L764＝S630〕。

（43）レオ・シュトラウスによれば、古代のジェントルマンは古典的自然権の理論から帰結する「賢者（哲学者）の絶対的支配」の問題性を緩和する方策であった。「ジェントルマンは賢者と同一ではない。かれは賢者の政治的な写像であり模像である」。Strauss, *op.cit.*, p. 142〔邦訳、一九七頁〕; cf. Leo Strauss, *The City and Man* (Chicago and London: The University of Chicago Press, 1964), p. 18 and 37〔石崎嘉彦ほか訳『都市と人間』（法政大学出版局、二〇一五年）、五二、七七頁〕.

(44) 以上の主たる典拠は、『エセー』の第一巻第二三章「習慣について、また既存の法律を安易に改めてはならないこと」、第二巻第一二章「レーモン・スボンの弁護」および第三七章「子どもが父親に似ることについて」、第三巻第一三章「経験について」である。

(45) フォントネルの証言を信じるなら、ホッブズのパリ亡命時代（一六四〇―五二年）に、両人はメルセンヌのサロンで対面したことがある（「王立科学アカデミーの歴史」〔CEML 811〕）。

(46) シナールはこのほかにも以下の例をあげる。「おのれの領域を越えて全体を目指す支配欲」という「僭主政治（tyrannie）」の規定〔B332＝L58＝S91〕と、他者への優越幻想から生じる不和を説明した『市民論』第一章第四・五節の議論の対応。人間各個を国家秩序という大きな身体の各肢体（membres）に喩えた断章〔B473-77, 480-83＝L368-74＝S401-6〕と、『市民論』第六章一九節の対応。「真正の法」としての自然法の不在〔B297＝L86＝S120〕および「剣の威力」〔B878＝L85＝S119〕に言及した断章と、『市民論』第六章第七節の「戦争の剣」の対応。民衆の意見は健全かつむなしい〔B324＝L101＝S134; B328＝L93＝127〕がゆえに、民衆に向かって法律は正義でないと広言するのは危険であるという主張〔B326＝L66＝S100〕と、諸個人を善悪の判定者とすることの危険を説く『市民論』第一二章第一節の対応。『マタイによる福音書』の「ふたつの掟」への言及〔B484＝L376＝S408〕と『市民論』第四章第一二節との対応。Cf. Gilbert Chinard, "Notes sur quelques pensées de Pascal," *Essays in Honor of Albert Feuillerat*, ed. H. M. Peyre (New York: Books for Libraries Press, 1970; originally 1943); *En lisant Pascal: notes sur les Pansées et l'Economie du monde* (Lille: Librairie Giard, 1948), pp. 58-82.

(47) 「悪しきありさま（figmentum malum）」という文言を含む断章の出典は、一三世紀のドメニコ会士レモン・マルタンの『イスラム教徒とユダヤ教徒に向けた信仰の懐剣』（*Pugio Fidei Raymundi Martini Ordinis Prædicatorum Adversus Mauros et Judaeos*）の一六五一年刊本が有力視されている。塩川徹也訳『パンセ（上）』（岩波文庫、二〇一五年）、二七一頁の訳注(1)を参照。

(48) たとえばQ・スキナーは両者の関係を完全に黙殺している。Cf. Quentin Skinner, "Thomas Hobbes and His Disciples in France and England," *Comparative Studies in Society and History*, Vol. 8 No. 2 (Jan. 1966). 他方、自然哲学領域まで含めて両者の見解を対比する試みに François Tricaud, "Pascal disciple de Hobbes?" *Revue européenne des sciences socials*, t. XX, n° 61 (1982) がある。

(49) 「パスカルはやはり、ホッブズのほんとうの弟子なのである！」（ボルケナウ前掲書、六〇二頁）

(50) Cf. Yves Charles Zarka, *Hobbes et la pensée politique moderne* (Paris: PUF, 1995), chap. XII: "Hobbes et Pascal: deux modèles de théorie du pouvoir."

(51) Gérard Ferreyrolles, *Pascal et la raison du politique* (Paris: PUF, 1984), p. 102.

(52) *Ibid.*, p. 111.

(53) Cf. Christian Lazzeri, *Force et Justice dans la politique de Pascal* (Paris: PUF, 1993), P2-II, especially pp. 221-23.

(54) 本書第一部のⅢを参照。

(55) パスカルのアイロニーをV・ジャンケレヴィッチはこう評している。「誰もソクラテスの慣習順応主義的《コンフォルミスト》変装を見破れないように、パスカル的誠実さの暗号を解読する者は誰もいない。絶えず「正から反への逆転」[B328＝L93＝S127; B337＝L90＝S124]が、つぎに反から正への逆転があるのである」。久米博訳『イロニーの精神』（ちくま学芸文庫、一九九七年）、一六一頁。

(56) Cf. Ferreyrolles, *op.cit.*, p. 102. パスカルの欲心の序列については論者の見解が分かれる。フェレロルによれば名誉欲と所有欲は支配欲に服するが（cf. Ferreyrolles, *ibid.*, p. 94）、ラッゼーリは虚栄心および支配欲と財貨および外的善への欲を自己愛の「ふたつの様態」とみなす。Cf. Lazzeri, *op.cit.*, pp. 12-20.

(57) 本書第二部のⅢを参照。エピクロス、ホッブズ、パスカルの三者の名を並べて論じたのは、管見のかぎりM・オークショットだけである。Cf. Michael Oakeshott, *Notebooks, 1922-86*, ed. Luke O'Sullivan (Exeter: Imprint Academic, 2014), 13 [54], p. 297; "Thomas Hobbes (1935)," *The Concept of a Philosophical Jurisprudence: Essays and Reviews 1926-51* (Exeter: Imprint Academic, 2007), p. 120.

(58) このふたつが組みあわさると、「半端な賢者」が高位のひとを軽蔑する理由（「生まれは人身にそなわる優越ではなく偶然による優越だ」）になる。

(59) 「人間の法律をばらまいた向こうみずな偶然（hasard）……」[B294＝L60＝S94]。「公爵領や王権や司法職は、現実的なものであり、必要なものである（力がすべてを規制しているがゆえに）。それらはいたるところにつねにある。だが、これこれのひとがそのどれかに当たることを理由づけるのは気まぐれ（fantaisie）にすぎないのであるから、それは一定せず、変わりうるものである、云々」[B306＝L767＝S632]。

(60) 「わたしの一生の短い期間が、そのまえとあととの永遠のなかに「通り過ぎていく一夜の客の思い出」のように呑み込まれ、わたしが占めている小さなこの空間ばかりか、わたしが眺めている空間までもが、わたしの知らない、そしてわたしを知らない無限に広い空間のなかに沈められているのを考えめぐらすと、わたしがあそこでなくここにいることに恐れと驚きを感じる。なぜなら、あそこでなくここ、あの時でなく現在に、なぜいなければならないかの理由はまったくないからである。誰がわたしをこの点においたのか。誰の命令と誰の処置によって、この場所とこの時がわたしにあてがわれたのか」［B205＝L68＝S102］。

(61) この比喩の出所はプラトン『国家』［488A–489C］あるいはクセノフォン『メモラビリア』［III. 9. 11］である。

(62) ルクレティウスはエピクロスにならって原初の正義を「たがいに害をあたえたり受けたりしないこと」［DRN. V. 1020］と定義した直後に、言語の起源を事物の意味を固定するためにつくられたそれ自体恣意的な記号の体系として説明している［DRN. V. 1028–1090］。エピクロス曰く、言語とは「ことばの意味が相互にとってより曖昧でなくなるように、またより簡単にあらわせるようにと、種族ごとに固有な名称が共同で設定された」［DL. X. 76］もののことである。

(63) 「われわれ各人の習慣や環境をも自然と呼ぼうではないか。……習慣は第二の自然であり、自然に劣らず強力である」（『エセー』［III–10. 1010／(6)一八頁］）。

(64) 「人類の存在は、人類の到達したあるいくつかの反‐自然的結果によってしか正当化されない」（「邪念その他」［II. 901／(4)三九六頁］）。

(65) 自然の定めた優秀者の一員を自負するパスカルは、そのような少数者は「鋭敏な精神を鼻にかけないか、あるいは自分だけで満足しているほうがいい」と述べている［B302＝L88＝S122］。これとエピクロス主義者メトロドロスのつぎの箴言を比較せよ。「自然研究をするひとは、多数者の反感を招く学識《パイデイア》を誇示したり、吹聴してまわったり、広言するようなまねはできなくなる。むしろ超然として自己充足的になり、人事一般の善ではなく私的な善を誇るようになる」［M. 89＝SV. 45］。

(66) Cf. Strauss, *Natural Right and History*, V: Modern Natural Right〔邦訳、二二九—七〇頁〕.

V　エピクロスの園を後にして――ニーチェ

おお、あの深い謎めいた裂け目はなんだ、杉の山肌を裂いて緑の丘を斜めに走っている！

コールリッジ「クーブラ・カーン」

1　啓蒙と宗教批判

近代啓蒙思想に継承されたエピクロス主義の遺産のうち、最大の成果をあげたのはいうまでもなく宗教の批判である。ヴォルテールが「この世がつづくかぎり永続する」と讃えたルクレティウスの一句「宗教はかくもはなはだしき悪事を為さしめえた」［DRN.I.101］は、これまでみてきたモンテーニュ、ガッサンディ、ホッブズにとどまらず、スピノザ、ピエール・ベール、あるいはヒュームにいたるまで、宗教を論じたおよそすべての思想家の著作に影をおとしている。ただしレオ・シュトラウスによれば、近代啓蒙による宗教批判の「基盤、より正確にはその前景」をなしたエピクロス主義は、当の啓蒙のなかで、あるいは啓蒙が指し示すその理念において、「本質的変化」を経験しつつあった。

もちろん啓蒙にとっても、またまさしく啓蒙にとってこそ、主として、あるいはもっぱら、宗教的諸観念によって脅かされているのは人間の幸福、心の平静の問題なのである。しかし啓蒙は、この幸福な平和、魂の平静を本来のエピクロス主義とは根本的に異なったやりかたで理解する——すなわちその理解のしかたによると、「魂の平静」には自然の、わけても人間の自然の陶冶、征服、改良が欠かせなくなるのである。(1)

恐怖と苦痛にさいなまれない心の平静《アタラクシア》を獲得・維持することがエピクロス主義者の永遠の目標である。だが、「隠れて生きよ」と説いて喧噪と苦悩に満ちた世界から撤退したかつてのエピクロス主義とは異なり、近代エピクロス主義は究極において恐怖と苦痛の存在しない世界の創造をもとめる。もし恐怖と苦痛が人間の内部や人間のあいだから生じるのなら、その元凶である人間の本性そのものを改造してしまうのが新世界創造の早道なのだ。このラディカルな啓蒙においては、宗教批判の意図もまた根底から変化せざるをえなかった。「宗教の恐ろしいまやかしを相手にしたエピクロス主義者の闘いは、主としてこのまやかしの恐怖を標的にしていたが、啓蒙は主としてそのまやかしという性格自体を標的にした。……宗教のまやかしから解放され、自分の真実の状況にかんする冴えた意識にめざめ、吝嗇で敵意に満ちた自然に脅かされる手酷い経験から学んだ人間は、「自分の庭園を耕す」よりも、自分を自然の主人にして所有者にすることにより、ともかくも自分で「庭園」をつくることが唯一の救いにして義務であるとみなすのである」。変化したのはそもそも宗教を拒絶する理由であった。宗教はいまや恐ろしいからではなく好ましいがゆえに、人間を慰撫するがゆえに、そして「いかなる文明の進歩によっても根絶できない生の恐怖や希望のなさ」から、またそれをもたらす自然を「征服」するという真の課題から人類の眼を逸らせるがゆえに、拒絶されなければならない。

生の恐怖から逃れて慰藉をあたえるまやかしに逃げ込むことをみずからにいっさい禁じ、神なき人間の悲惨を雄弁に描くことこそ責務をまっとうする証として引き受ける新種の堅忍不抜が、最終的に、啓示の伝統にたいする反抗の究極かつもっとも純粋な根拠として姿をあらわす。この新しい堅忍不抜、すなわち人間の見捨てられた境涯を真正面からすすんで見据え、恐ろしい真理を歓迎する勇気、自分の状況にかんしておのれを偽ろうとする人間の傾向に抗う強靭さこそ、廉直（Redlichkeit）である(2)。

パスカルを思わせる「神なき人間の悲惨」や「人間の見捨てられた境涯」という表現から、「廉直」あるいは「知的廉直」が意味するのは端的にデカルトの近代合理主義のようにもみえるが(3)、シュトラウスはそのはるか先を想定していた。一途に知的廉直を追求する新しいエピクロス主義者は「一六世紀と一七世紀の迫害のなかで「理想主義者《アイディアリスト》」になり、安穏と「隠れて生きる」ことに甘んじるかわりに名誉と真理のために闘って死ぬことを学んで、ついには良心を理由に神への信仰を拒絶する「無神論者」となる」。ラディカルな啓蒙の本質は、啓蒙の宗教批判のなかにも保存されていた信仰との和解への希望を最後の一片までかなぐり捨てた「廉直から生じる無神論」にあり、「啓蒙の論争的な辛辣さもロマン主義の曖昧な畏敬もなしに、正統信仰を根底から理解することでそれを根底から乗り越えるのである」(4)。

「廉直から生じる無神論」という表現から察せられるように、シュトラウスが暗示しているのはニーチェ（Friedrich Nietzsche, 1844-1900）の立場である。それゆえ「ロマン主義」も、ここではニーチェが『悦ばしき知識』（*Die fröhliche Wissenschaft*, 1882-87）で説明するつぎの意味で用いられている。

> ロマン主義とはなにか？　すべての芸術、すべての哲学は、成長し闘争する生に奉仕する薬剤であり、救済手段であるとみることができる。それらはつねに病苦ならびに病苦に悩む者を予想する。しかしこの病める者には二通りある。第一には生の過剰のために病み悩んでいる者、これらの人びとはディオニュソス的芸術をもとめ、同様に生にたいする悲劇的な見解ならびに洞察をもとめる、――それから第二には生の貧弱化のために病

み悩んでいる者、これらの者は安息・静寂・凪いだ海・芸術と認識による自己からの救済をもとめるか、もしくは陶酔、痙攣、麻痺、狂気をもとめる。後者のこの二通りの要求に、芸術と認識におけるいっさいのロマン主義は呼応しているのである……。もっとも豊かに充溢している者、ディオニュソス的な神と人間とは、怖ろしく疑わしい外観をみずからに許すばかりでなく、恐るべき行為そのものさえも、破壊・解体・否定といったあらゆる贅沢さえも許す。こうした者にとっては、どのような砂漠も豊饒な沃野と化してしまうような、そうした生産し結実させる力の過剰のために、悪・無意味・醜悪がいわば容認されるのである。その反対に、もっとも病んでおり生に乏しい者は、思想において、また行動において、穏和・平穏・善意をもっとも必要とするであろう、――できるなら神を、それもまったく病者のための神、〈救い主〉であるような神を必要とするであろう［FW. 370＝KSA3, 620-21／I⑩三七一―七二頁］。

ショーペンハウアーの哲学とヴァーグナーの芸術は、アポロン的なもの（「凝固化・永遠化への願望、存在（*Sein*）への願望」）にたいするディオニュソス的なもの（「破壊への、変化への、新奇への、未来への、生成（*Werden*）への願望」）の反逆となるはずであった。にもかかわらず、両者のペシミスティックな反逆は根底において「事物にたいする復讐」――「すべての事物に自分の像を、自分の責苦の像を押しつけ、割りこませ、焼きつける」――を動機とするかぎりで、やはり生の苦悩に自己満足をおぼえさせるロマン主義の一変種、すなわち「ロマン主義的ペシミズム」の産物なのだ。ニーチェによれば、この意味でのロマン主義は啓蒙による「生の貧困化」に随伴する慰藉や代償作用にはとどまらず、そもそも近代に特有のものですらない。「こうしてわたしは次第に、ディオニュソス的ペシミストの反対であるエピクロスを理解するにいたった。同様に〈キリスト教徒〉を、――キリスト教徒は実際たんに一種のエピクロス主義者にすぎず、エピクロスと同じように本質的にはロマン主義者である」［FW. 370＝KSA3, 621

／Ⅰ⑩三七二頁〕。

これが衝撃的ですらあるのは、ニーチェが同じ『悦ばしき知識』のなかで、「わたしはエピクロスの人物をおそらく誰とも違った風に感じていて、それを誇りに思っている。エピクロスについてなにを聞き、なにを読んでも、わたしはそこに古代の午後の幸福を味わう」〔FW. 45＝KSA3. 411／Ⅰ⑩一〇九―一〇頁〕と述べていたからである。若きニーチェに自由精神のなんたるかを教え、ヨーロッパ哲学史の全面的な読み直しを迫ったのは、宗教にたいする認識の勝利を宣したほかならぬエピクロスであった[5]。だが『悦ばしき知識』の執筆に要した五年の歳月（その間に『ツァラトゥストラ』（*Zarathustra*, 1885）と『善悪の彼岸』（*Jenseits von Gut und Böse*, 1886）が書かれた）が宗教批判の先達への評価になにかしら決定的な変化を生じさせ、自称エピクロスの後裔はまさしくわれわれがいま知る「ニーチェ」へと変貌したのである。その過程はたんなる宗旨変えのようなものではない。後年『ツァラトゥストラ』を「〈ディオニュソス的〉というわたしの概念がこの作品において最高の行為となった」〔EH. Also sprach Zarathustra. 6＝KSA6. 343／Ⅱ⑷三九二頁〕と自賛したニーチェであったが、この書が無理解にさらされることは最初から覚悟のうえであった。エピクロスのように誤解されるなら本望だ、と。

> われわれの行動は〈誤解〉されねばならない、エピクロスが誤解されているように！　すべての予言者を特徴づけるのは、容易く理解されてしまったことである――それはかれを引き下げる！　その〈意味〉が数百年後に明らかになるような人間が、われわれにはまず必要である――〈名声〉はこれまで貧弱だった！　わたしが欲するのは長いあいだ理解されないことである〔NF. Frühjahr-Sommer 1883.7［155］＝KSA10. 293／Ⅱ⑸三八八頁〕。

エピクロスを世の誤解から救出したとニーチェが誇るそのエピクロス理解とはどのようなものであったのか、そしてそこからなにを選択的に吸収し、なにを捨て去ることによってニーチェは「ニーチェ」となったのだろうか。

ニーチェのエピクロス経験には、あたかも個体発生が系統発生をくりかえすように、近代におけるエピクロス主義受容史が再現されているのである。

2　われもまたアルカディアにありて

『人間的、あまりに人間的』（*Menschliches, Allzumenschliches*, 1878）での告白を信じるなら、ニーチェはみずから「冥界《ハデス》の旅」と呼ぶ孤独な省察のなかでつねに四組八人の思想家たちと内面の対話をつづけてきた。その八人とは、エピクロスとモンテーニュ、ゲーテとスピノザ、プラトンとルソー、パスカルとショーペンハウアーである［MA2.1.408＝KSA2, 533-34／I⑺二一四頁］。なかでもその筆頭にあげられ、古代人からプラトンとただふたり選ばれたエピクロスにたいして、ニーチェは愛憎相半ばする感情を生涯にわたり抱きつづけた[6]。

「エピクロス讃――叡智はエピクロスを一歩たりとも追い越すことはなかった――そしてしばしばかれの数千歩も後れをとっていた」［NF. Ende 1876-Sommer 1877. 23［56］＝KSA8, 423／I⑻二一六頁］。ニーチェがこれをノートに記したのは、ディオゲネス・ラエルティオスの資料問題への寄与により新進気鋭の古典文献学者として頭角をあらわし、若干二五歳にして員外教授に迎えられたバーゼル大学を休職しがちになったころにあたっている。退職直後の一八七九年六月末にスイスのオーバーエンガディン地方を訪れたかれは、サン・モリッツ近傍の小村シルス＝マリーアに立ち寄り、その周辺の「すべてが静寂と夕べの満ち足りた気配に包まれていた」風景に接して、世界をひとつの啓示のように感じとった。その経験は、『人間的、あまりに人間的』の「われもまたアルカディアにありて（et in Arcadia ego）」ではじまる詩情豊かな断章につぎのように記録されている。

――いっさいは偉大で、静かで、明るかった。全体の美しさは戦慄をおぼえさせるほど、またこの美の啓示の瞬間に無言の崇拝を捧げたくなるほどだった。これ以上に自然らしいものはほかに存在しないかのような想いで、われわれは無意識のうちに、この純粋で鋭い光の世界（憧れや、期待や、まえをみたりうしろをみたりすることとはまったくかかわりのない世界）のなかに、ギリシアの神人たちを入れてみる。われわれはプサンとその流派の画家たちの感じたとおりに感じざるをえない、すなわち、神人的であると同時に牧歌的に感じなければならない。――実際そのように数人の人間がかつて生きたのであり、そのように持続的に世界のなかで自分を、また自分のなかで世界を感じたのであった。そういうもっとも偉大な人間たちのひとりは英雄的・牧歌的なしかたで哲学することを案出した者、エピクロスであった［MA2. 2. 295 = KSA2, 686-87／I(7)三九八頁］[7]。

『悦ばしき知識』に記された「古代の午後の幸福」もこのときの経験が基になっていると考えられる。自分のエピクロス経験はほかの誰とも異なるとニーチェが自負したとき、後年『エピクロス集』をまとめることになるボン大学での師ウーゼナーやそのもとでともに学んだヴィラモヴィッツ＝メレンドルフなど、『悲劇の誕生』（*Die Geburt der Tragödie aus dem Geiste der Musik*, 1872）を酷評した当時のドイツ講壇古典文献学界の面々が念頭にあったことはたしかである[8]。

こうしてはじまったエピクロス主義との蜜月関係は、ニーチェのいわゆる中期（一八七六―八一年）を代表する作品『人間的、あまりに人間的』で絶頂を迎えた。「エピクロス主義者は流行の意見のうえに身を高める。かれらの頭上でも樹々の梢が風にざわめいて、外の世間はどんなに烈しく動揺しているかを知らせているのに、かれらは風のない、よく囲われた薄暗い廻廊のなかを逍遥しているようである」［MA1. 275 = KSA2, 227／I(6)二五五頁］。「古代の午後の幸福」は、ここでは、政治的生活と社会的生活の「不自由・従属・奉仕の週日」との対照で「自由の日曜日」になぞらえられている。認識のみに生きる自由精神は、「大きな大衆的崇拝に身をさらすことをしりぞけ、世界を静かに通り過ぎて去っていく一種の洗練された英雄主義」［MA1. 291＝KSA2. 235／I⑹二六四頁］によって特徴づけられる。それは後年の「力への意志」のあくなき追求とは異なり、名誉の忌避、自己抑制、孤独と隠棲のようなエピクロス主義伝来の私的生活術と非政治的性格によって際立つのだとさえいえる。エピクロスとモンテーニュの名が並記され、両者の比較が可能になる理由の一端もそこにあるが、[9] それは同時に、中期のニーチェにとって「古代」あるいは「ギリシア」が意味するものをはからずも明らかにしていた。実際ニーチェは、モンテーニュ、ラ・ロシュフコー、ラ・ブリュィエール、フォントネル、ヴォーヴナルグ、シャンフォールらフランス・モラリストたちの名をあげ、かれらの作品の「明るさと優雅な明確さ」を手放しで称賛し、それを読めばどんな著作家の作品を読むよりも「古代を身近に感じる」ことができる、「ドイツの哲学者たちのすべての書物をひっくるめたよりもはるかに多くの現実的な思想を含んでいる」、そして「かれらがギリシア語で書いたとしても、ギリシア人に理解されたであろう」［MA2. 2. 214＝KSA2. 646-47／I⑺三五〇―五一頁］とさえいうのである。[10]

ところでエピクロス主義の本領は、「天空のいたるところに顔をのぞかせ、恐ろしい形相で人類をうえから威《おど》しつける重苦しい宗教《レリギオ》」［DRN. I. 61-62］の批判にあった。神々はむしろ、至高の完全な存在であるがゆえに人間の行く末には無関心であり、人事に干渉することなどありえない［DL. X. 139］。このエピクロス主義的な神の観念も、ニーチェはかなりのちまで保持したといってよい。

神々にかんしてもっとも尊ぶべき想念をもっていたのは、エピクロス主義者たちである。つまり、絶対的なものがどうして絶対的ならざるものとなんらかのかかわりをもちうるというのか？　前者はどうして後者の原因や掟や正義であり、また後者にたいする愛や摂理でありうるのか！〈神々が存在するとしたら、その神々はわれわれのことを気にとめなどしない〉——これこそあらゆる宗教哲学のなかで唯一正しい命題である［NF. Dezember 1881-Januar 1882.16［8］= KSA9, 660／Ⅰ⑿二九九頁］。

だが少なくともこの時期のニーチェが異教徒の神学に寄せる関心は、戦闘的な無神論に直結するようなものではなかった。それをよく示しているものに、たとえばつぎの議論がある。「古代末期の魂の鎮静者エピクロスは、今日でもなおきわめて稀にしか見いだせないほどの驚くべき見解をもっていた。すなわち、心を平静にするためには、最後の究極的な理論的問題を解く必要は全然ない、というのである。それゆえ、〈神々にたいする不安〉に苦しめられるような人びとには、〈もし神々が存在するとすれば、神々はわれわれのことなど気にかけないであろう〉といってやるだけで、——そもそも神々が存在するかどうかという最後の問題について、迂遠なやりかたで無益な論議などしなくても——エピクロスは十分だと考えた」［MA2.2.7 = KSA2. 543／Ⅰ⑺二二五頁］。これにつづけてニーチェは、エピクロスの説明の多数性論——自然現象の探求にあたっては、超自然的なものに訴えずにそれを結果として説明できるすべての原因は許容される［DL. X. 86-87］——に言及し、こう結論する。「きわめて単純な形式にすれば、あのふたつのやりかたはほぼこうなるだろう。第一に、事態がそういうことになっているとすれば、それはわれわれにはなんのかかわりもないことであり、第二に、そのとおりかもしれないが、違う場合もありうる、と」［MA2.2.7 = KSA. 544／Ⅰ⑺二二六頁］(11)。

エピクロスによれば、自然研究はそれ自体が目的ではなく、迷信や臆見のもたらす恐怖から逃れて心の平静を獲得する手段のひとつ、生の実践にして観照的生活の極致であった。つまりニーチェが「英雄的・牧歌的な」という最上級の賛辞を贈り、自分だけが看取しえたと自負するエピクロスの真像とは、原子論者でも快楽主義者でもなく、本質的にアスケーシス主義的な、精神の治療をつうじて幸福な生にいたらしめるあの「魂の教導」の実践者にほかならない。[12] それこそが「〈永遠なるエピクロス〉」である。

——エピクロスはあらゆる時代に生きていたし、いまなお生きているが、エピクロス主義者を自称した者たちや、自称する者たちには知られずに、哲学者のあいだでも名声はなく生き、また生きている。わたし自身もみずから自分の名を忘れてしまった。これこそは、かれがこれまでに投げ捨ててきた荷物のうちでももっとも重いものだった［MA2. 2. 227＝KSA2. 656／I⑺三六一頁］。

ところがエピクロス賛美がきわまるかにみえた中期のニーチェは、近い将来の決裂をすでに予感していたかのように、エピクロスの哲学にたいする根本的な疑念をにじませる断章も残していた。肉体の死滅後も残る魂が冥界で永遠の処罰を受けるという考えを迷信として断固しりぞけた点に人類へのエピクロスの最大の貢献をみるという立場は、『曙光』（*Morgenröte*, 1881）においても堅持されている。「エピクロスの勝利——それは憂鬱を脱して明悟に達したエピクロス派の弟子、ローマ人ルクレティウスの歌となり、美しい響きを残しておわった——は早すぎた」。近代科学が死後（das Nach-dem-Tode）にかんする迷妄、地獄、彼岸の生、復活、救いを一掃したのちにこそ、「あらためてエピクロスが勝利の凱歌をあげる！」［Mo. 72＝KSA3. 70-71／I⑼七六—七七頁］そこに『人間的、あまりに人間的』でニーチェが共感を寄せたエピクロスの心の平静とは異質なもの、後年の「力への意志」の哲学を予兆する「実験（Experiment: Versuch）」としての生の観念が混入していることに注意しよう。

死すべき魂！——認識をめぐるもっとも有益な成果は、おそらく魂の不滅という信仰が放棄されたことであろう。いまや人類は待つことができる。以前のように、あわてて半分の吟味もすまない思想を鵜呑みにする必要はもはやない。なぜなら、昔は哀れな〈永遠の魂〉の救いは、短い人生のあいだで到達する認識に依存した。

魂は今日明日のうちに決断しなければならなかった。――〈認識〉は恐るべき重要性をもっていた！　われわれはふたたび、迷いや実験や暫定的処置への十分な勇気を取り戻した。――すべてそれほどの重要性はないのだ！　そしてまさにそのために、いまや個人や世代は、以前の時代なら狂気と思われ、天国と地獄を相手どったたわむれと思われたであろうような壮大きわまる課題を目指すことができる。われわれはわれわれ自身を実験に供することができる！　いや、人類が人類自身を実験に供することができるのだ！　最大の贄は認識にはまだ捧げられていなかった。いや、現在われわれの行為を導くそうした思想をただ予感するだけでも、以前なら瀆神であり、永遠の救済を放棄することになっただろう［Mo. 501 = KSA3, 294／I⑼三五〇―五一頁］。

ここにいたって決定的になるエピクロス主義への違和感の根は、実ははじめから明らかにされていた。「主たる特徴。洗練された英雄主義（ちなみにわたしはエピクロスにおいてもこれをみとめる）。わたしの書物には死の恐怖（Todes-furcht）にあたることばなどない。その恐怖はほとんどない」［NF. Frühling-Sommer 1878, 28 [15] = KSA8, 506／I⑻三二六頁］。

3　知的に廉直であるということ

「山頂で生きる修練――政治や民族的利己心という哀れな当世風のお饒舌りを足もとに見下す修練が必要である」［AC. Vorwort = KSA6, 167／II⑷一六五頁］。[13]『反キリスト者』（*Der Antichrist*, 1888）序言のこの一節がルクレティウスを踏まえていることからみて、宗教批判の先達に寄せるニーチェのシンパシーそのものは後期にいたるまで継続していたようである。エピクロスとルクレティウスのいう宗教とは、死の恐怖を煽って心の平静を乱す異教徒の神話や迷信のことであり、またこの恐怖を地上の権力のために利用する国家宗教のことであった。しかしニーチェは、「エピクロスがなにを相手に戦いをしかけていたかを知るには、ルクレティウスを読めばいい。エピクロスが戦った相手は異教ではなく、〈キリスト教〉である。いうなれば、罪とか罰とか不死とかいった概念による魂の腐敗なのである」［AC. 58 = KSA6, 246／Ⅱ⑷二六五頁］と主張する。「エピクロスが企てたような〈古い信仰〉にたいする闘争は、厳密な意味では、先住したキリスト教にたいする闘争であった」［NF. Frühjahr-Sommer 1888, 16［15］= KSA13, 486／Ⅱ⑾三五一頁］、と。

　キリスト教批判へと転用されたエピクロスの宗教批判は、返す刀でエピクロス主義自体のなかに潜むキリスト教的なものの剔出に向かった。宗教への仮借なき批判で知られるエピクロス主義が、初期のキリスト教とのあいだに一定の親和的な関係を結ぶことができたのはなぜなのか。シュトラウスにならっていえば、それはエピクロスの宗教批判における目的と手段の結びつきが必然的でなかったからである。心の平静が究極の目的ならば、それを達成する手段はかならずしも科学や哲学である必要はなく、たとえば神々の善性を素朴に信じることでもかまわない[14]。心の平静を脅かす最たるもの、死後の人間の魂に永遠の責め苦を負わせる神の処罰権への恐怖は、魂の不滅を否定するエピクロスの原子論哲学によらなくても、そのような過酷な処罰なるものはそもそも善なる神にそぐわないと考えれば雲散霧消する。「神がみずから愛の対象となろうと思うなら、神はまず審判の念と正義の主張をあきらめなければならないだろう」［FW. 140 = KSA3, 489／Ⅰ⑽二〇六頁］。信仰がもたらす慰撫と利益、すなわち「快楽による証明」が、「力による証明、つまりキリスト教の理念のなかで心を震撼するものによる、要するに恐怖による証明」にとってかわるのである［NF. Herbst 1885-Herbst 1886, 2［144］= KSA12, 138／Ⅱ⑼一八五頁］。恐怖の神から愛の神へのこの原理的逆転をパウロが成し遂げたのち、ヨーロッパ世界におけるエピクロス主義の知的伝統もまた換骨奪胎され、決定的に変質してしまった。しかしその誤解の種子は、エピクロスの哲学がそもそも死の恐怖からの解放を根源的なモティーフとする「異教の救済論」であったことに存していたともいえる。「――苦痛にたいする恐怖、ごくごく些細な苦痛にたいしてさえ恐怖を感じること――こんな恐怖感は、結局、愛の宗教にでも行き着くよりほかにしかたのないものなのだ」［AC. 30＝KSA6. 201／Ⅱ⑷二〇七頁］。

その間にエピクロス主義の各教義の精査をおえたニーチェは[15]、かつての無条件に近い称賛を撤回するにいたる。快楽主義倫理学も例外ではなかった。「われわれはすでにエピクロス主義的なものをわが身に体している……。エピクロス主義からは、自然がわれわれの食卓を賑わせてくれるなら、すべてを喜んで享受する心がけと楽しむ眼を受けとった」［NF. Herbst 1881. 15［59］＝KSA9. 655／Ⅰ⑿二九一頁］。「そしてエピクロス。苦痛が除かれること以外に、かれがなにを享受したのか？――これは悩める者の幸福、そしておそらくは病める者の幸福である」［NF. Frühjahr 1884. 25［17］＝KSA11. 16／Ⅱ⑺二四頁］。

エピクロスの快楽主義にたいするニーチェの不満は、それが本質的に苦悩する虚弱体質の人間の倫理であったという点に根をもっている。「快楽主義であれ、ペシミズムであれ、功利主義であれ、幸福主義であれ、快と苦によって、というのはつまり、随伴状態や副次的なことがらによって事物の価値をはかるこれらすべての考えかたは、前景的な考えかたであり、稚気満々たるものであって、みずから形成する力と芸術家の良心を自覚している者なら誰でも、嘲笑なしには、また同情なしには見下せないものだろう」［JGB. 225＝KSA5. 160／Ⅱ⑵二二八頁］。生には享受すべき快楽と回避するべき苦痛のほかにいかなる意味も目的もないと考える快楽主義者は、快楽と苦痛があらゆる選択の基準となるような「エピクロスの園」に引きこもる。しかし、「あらゆる健康な種類の人間にとっては、生の価値がそうした枝葉末節の尺度ではかられることはまったくない」［NF. Herbst 1887. 9［107］＝KSA12. 397／Ⅱ⑽八七頁］。快楽主義は意志を欠いたニヒリズムの徴候である。自然はむしろ「力、行為、欲望そのもの」であり、「諸々の事物に自分を押しつけ、暴行を加える」ことによって変形し、形成し、創造する。それゆえ、「快楽主義的遠近法が前面に出てくるところではどこでも、苦悩やある種の失敗が推論されてしかるべきである」［NF. Herbst 1887. 10［127］＝KSA12, 529-30／Ⅱ⑽二四四頁］。エピクロス主義とキリスト教とが共有する「ロマン主義」は苦悩する自己に酔うデカダンスにほかならず、畢竟その本質は、苦悩を喰いものにしながら聖化する「生の宗教的意義づけ」にある。快楽としての心の平静は、「安息日のなかの安息日」（アウグスティヌス）たるキリスト教的幸福に似て、虚弱な人間にたいしてある種の鎮静効果を発揮し、この秩序の過酷で非情な現実を惨めに生きる自分とこの秩序そのものとに満足をおぼえさせる［JGB. 61, 200＝KSA5, 79-81／Ⅱ⑵一〇三―五、120-21／Ⅱ⑵一七五―七六頁；GM. 3. 17＝KSA5, 377-82／Ⅱ⑶一六五―七一頁］。それゆえキリスト教徒は「実際に一種のエピクロス主義者にすぎず、その〈信仰は幸いにする〉という命題をもって――あらゆる知的誠実を無視するまでに――可能なかぎり大幅に快楽主義の原理に追随する……」［NW. Wir Antipoden＝KSA6, 426／Ⅱ⑶二八一―八二頁］。

廉直さ、すなわち知的に正直であること（Rechtschaffenheit）こそがニーチェにとっての唯一の徳であった。『ツァラトゥストラ』第四部「蛭」に登場する「精神の良心的な者」は、ツァラトゥストラに向かってつぎのように言い放つ。

わたしの廉直さがやむところでは、盲目であり、また盲目でありたく思う。だが、知りたいと思うところでは、あくまでも廉直でありたい。つまり非情で、厳格で、几帳面で、残酷で、そして無慈悲でありたく思う［Za4.Der Blutegel＝KSA4, 312／Ⅱ⑴三六八頁］。

認識において正直であることとは、末期的文化の長き時代を飛び越えてニーチェに隔世遺伝した「ギリシア的本能」である。廉直さは、ヘラクレイトス、デモクリトス、トゥキュディデスのギリシア的啓蒙ともいうべき営為において最初の絶頂を迎えた。「ギリシア人の本来の哲学者は、ソクラテス以前の哲学者である」［NF. Frühjahr 1888. 14

［100］= KSA13, 278／Ⅱ⑾九七頁〕。それはいっさいの道徳的制約をものともせずラディカルな知に殉じようとするソフィストたちの営為のなかで、少なくともソクラテスが諸科学を道徳化するまで維持されていた。「ソフィストたちがはじめて道徳の批判に、はじめて道徳への洞察に手をつけたのである——かれらは道徳的価値判断が多数並存していること（地域的な被制約性）を示した。——かれらはあらゆる道徳が弁証の力により正統化されることを教え、——どの道徳もその点で同じだと教えた。すなわちかれらは、どうして道徳のすべての基礎づけが必然的に詭弁的たらざるをえないかを察知した」〔NF. Frühjahr 1888, 14［116］= KSA13, 292／Ⅱ⑾一一四―一一五頁〕。しかし、そのすべてが「理性＝徳＝幸福」のソクラテス的等視によって台無しにされ、キリスト教的なものがその後を襲ったのであった。「古代の〈道徳的腐敗〉などではなく、まさしくその道徳化こそ、キリスト教が古代を支配することができた前提条件である」〔NF. Frühjahr-Sommer 1888, 16［15］= KSA13, 487／Ⅱ⑾三五二頁〕。

　なぜわれわれはエピクロス主義者にみえるか——ニーチェが喝采を贈るのは、ソクラテス主義の制覇ののちも古代の知の孤塁を守ったエピクロスの啓蒙[16]、すなわち「事物の疑問符的性格を簡単に見逃しなどしない、ほとんどエピクロス的ともいうべき認識の傾向」であり、「大げさな道徳的な文句や身ぶりにたいする反感」であり、あるいは「すべての粗野な荒削りの対立を拒否し、保留の姿勢をとりつづけることを、誇りをもって意識する趣味」であった。「こうしたもの——なにがなんでも確実性をもとめてやみくもに突進するような衝動を食いとめる、こうした軽快な手綱さばき、狂奔する暴れ馬を乗りこなす騎者たるものの自制がわれわれの誇りなのである」〔FW. 375 = KSA3, 627-28／Ⅰ⑽三八〇頁〕。だがそのエピクロスにおいてなお、知の欲望が心の平静の獲得と結びつけられていることに、もっぱら克服するために苦悩を欲する「ロマン主義」のデカダンな道徳主義的煩悶が知的廉直を凌駕していることに、ニーチェは不満をつのらせていく。「わたしはきわめて恐るべき形象に認識の眼を向けているので、そのさいいかなる〈エピクロス的満足〉も不可能である。ディオニュソス的快感のみで用は足りる」〔NF.

Frühjahr 1884. 25〔95〕＝KSA11. 33／Ⅱ(7)四六頁〕。「スピノザ的、エピクロス的幸福に、そして瞑想状態のうちでおとなしくしていることに反対すること。だがもし徳なるものがこうした幸福を得る手段となるならば――しかたがない――ひとは徳にたいしても主人としての支配をおこなわねばならない」〔NF. Herbst 1885-Frühjahr 1886. 1〔123〕＝KSA12. 39-40／Ⅱ(9)五六頁〕。

　最終的にこの不満は、永遠にして不動の「存在」を渇望する哲学そのものへの憤懣と化していくことになるだろう。ニーチェがエピクロス主義から離反する決定的な瞬間は、『ツァラトゥストラ』第三部の「快癒しつつある者」の一シーンに劇的に描かれた。「問いの病」に倦み疲れたツァラトゥストラは、すべての事物が新しい認識の光に映えて輝き、あらたな秩序に組み込まれる永遠の世界を夢想して一時癒されるが、そこへと誘う鷲と蛇に「おまえたちは、すべてのことの成りゆきをただみていたのか？」と食ってかかる〔Za3.Der Genesende. 2＝KSA4. 273／Ⅱ(1)三二四頁〕。「エピクロスの園」が、またそれゆえにキリスト教的な「楽園」が投影されたこの静的な世界に憩うことを、ニーチェは超人ツァラトゥストラに禁じる。[17] ハイデガーもいうように、それは「力への意志」の覚醒を阻む偽りの楽園のイメージでしかない。

　朗らかな懐かしさと楽しさが、存在者の本来の姿である恐ろしさのうえに幕をかけることをかれ〔ツァラトゥストラ〕は知っている。この恐ろしさは、こうして話されることがらの仮像の影で隠されることができる。それにしても真実には、世界は庭園ではないし、まして庭園ということばが存在者からの逃避のためのきれいごとを意味するのなら、ツァラトゥストラにとって世界は庭園であってはならない。ニーチェの世界概念は、かつての哲学者エピクロスさながらに「庭園」でなんの煩いもなく逍遥できるような安息の地を思想家にあたえはしない（『ニーチェ』〔I. 306／三六五頁〕）。

結局のところ、ニーチェにとってエピクロスは生の傍観者でしかなかった。「絶え間なく苦悩する者だけが見つけだすことのできる」エピクロスの幸福は、たしかに「眼の幸福」であり、そのまえで「現存在の海は凪ぐ」〔FW. 45＝KSA3. 411／Ⅰ⑽一一〇頁〕だろう。しかし、「人生は認識者の一個の実験（Experiment）となりうる」〔FW. 324＝KSA3. 552／Ⅰ⑽二九三頁〕と確信するにいたったニーチェは、もはやそのような慎ましい「古代の午後の幸福」に未練などない[18]。「存在」への敬意に由来する道徳的制約から認識への要求を解放して、あらたに「生成」の原理そのものである「力への意志」に奉仕せしめるために、「われわれはギリシア人も凌がなければならない！」〔FW. 340＝KSA3. 570／Ⅰ⑽三一三頁〕かつてのニーチェによれば、エピクロスは来るのが早すぎたのであった。だがその「英雄的・牧歌的」な哲学は、いまやニーチェの「冥界の旅」における一通過点にすぎないばかりか、むしろその早すぎた訪れゆえに「生成」へのディオニュソス的渇望にとっての最大の躓きの石とさえみなされるのである。「民族の男らしさは滅びる。それは文化においていかに表現されるか。エピクロス」〔NF. Frühjahr-Sommer 1883. 7〔183〕＝KSA10. 301／Ⅱ⑸三九七頁〕。

4　俳優としての哲学者

こうして裸形の真理への道をひた走り知的廉直に殉じるかにみえるニーチェが、はじめからラディカルな無神論者であったわけでないことはすでに確認した。シュトラウスもいうように、若き日のニーチェはいわば心地よいまやかしと不快な真理とのあいだで逡巡していた形跡すらみとめられる。

ニーチェによれば、いっさいの包括的見解の相対性を認識し、そのことによってそれらの価値を低下させるような人間的生の理論的分析は、人間的生そのものを不可能にするだろう。なぜなら、それは生や文化や活動がそのなかでのみ可能である庇護的雰囲気を破壊すると思われるからである。……生の危険を回避するために、ニーチェはつぎのふたつの方法のどちらかを選ぶことができた。すなわち、かれは生の理論的分析の厳密にエソテリックな性格を主張すること――つまりプラトンの高貴なまやかしを再建すること――もできたし、あるいは理論そのものの可能性を否定して、思考を本質的に生ないし運命に従属または依存するものと考えることもできたであろう。ニーチェそのひとではないにせよ、ともかくもかれの後継者たちは第二の選択肢を採用したのであった(19)。

ここで「庇護的雰囲気」と呼ばれているのは、直接には『生にたいする歴史の功罪』（*Vom Nutzen und Nachteil der Historie für das Leben*, 1873）にいう「非歴史的なもの」、歴史的（批判的）思考から保護されるべき生の不可欠な要素としての「敬虔な幻想の気分」を指す(20)。『悲劇の誕生』のころのニーチェは、生にとって危険な批判的精神の起源をソクラテスにみていた。「理論的人間」ソクラテスとともにこの世に出現した「深淵なる妄想」――「思考が因果律の導きの糸をたどって存在の深淵の奥底まで潜入し、また、思考が存在をたんに認識するばかりでなく、修正することさえできる」［GT. 15 = KSA1, 99／I(1)一一〇頁］――こそが、あらゆる文化の基礎であり生にとっての「庇護的雰囲気」である神話を破壊する。

神話なくしてはあらゆる文化がその健全な創造的自然力を喪失するのであり、神話に囲まれた水平線こそは、はじめてひとつの文化運動全体をまとめて統一体にするものである。……ここで以上のものに並べて、神話なしに導かれた抽象的人間、抽象的教育、抽象的倫理、抽象的国法、抽象的国家をおいてみるがいい。芸術的想像が土着の神話に制御されずに不規則に放浪するありさまを想い浮かべてみるがいい。確固たる神聖な原＝住地をもたずに、あらゆる可能性を汲みとり、あらゆる文化によってかろうじて身を養うように呪われたある文化を考えてみるがいい――これが神話の根絶を目指す、あのソクラテス主義の結果としての現在なのである［GT. 23 = KSA1, 145-46／I⑴一六〇頁］。

不快な真理を唱道するこのソクラテスは、プラトンの手で道徳主義化されたソクラテスではなく、アリストパネスによって戯画化されたソクラテス、すなわちひとりのソフィストにして自然学者《ピュシオロゴイ》であることに注意しよう。それが説く「やむをえざる真理（Nothwahrheit）」から生を保護するために、「やむをえざる嘘（Nothlüge）」はなおも有効だとニーチェは考えていたのである［HL. 10 = KSA1, 327-28／I⑵二〇五―六頁］。

その後のニーチェの哲学は、みずからギリシア的啓蒙の暗示を知的廉直として徹底させる方向に舵を切ることになるが、その重要な契機となったのは古代哲学の「俳優（Schauspieler）」的性格の発見であった。長い中断をおいて一八八六年に発表された『悦ばしき知識』第五書で、ニーチェは「俳優の問題ほど長いことわたしの気にかかっていた問題はない」と告白する［FW. 361 = KSA3, 608／I⑽三五七頁］。それに決定的な示唆をあたえたのは、ディオゲネス・ラエルティオスが伝えるエピクロスの冗談である。

エピクロスがプラトンおよびプラトン学派に向かって浴びせかけた諧謔にもまして毒々しいものを、わたしは知らない……エピクロスはかれらのことをDionysiokolakesと呼んだ。これは文言上、また表面的には〈ディオニュシオスの追従者〉、つまり僭主の取り巻き、おべっか使いの意味である。だがさらにそのうえに、〈あいつらはみんな俳優だ、あいつらにはなにひとつ純正なところがない〉とさえそれはいわんとする（というのも、Dionysokolaxとは俳優の俗称だったから）。そしてこの後者こそは、本来エピクロスがプラトンに向けて放った悪たれ口だった……［JGB. 7 = KSA5, 21／II⑵二五頁］。

この件でニーチェは、ディオゲネス・ラエルティオスのテクストの“Διονυσοκόλακας”［DL. X. 8］を密かに綴りかえ、実在のシュラクサイ僭主ディオニュシオスに仕えたプラトンの親僭主政志向と、プラトン主義者たちの徳の理論の「俳優」的な性格とを同時に暴露している。[21] ソクラテスは死に臨んで、アスクレピオス神に鶏を供えよということばを遺したとプラトンは伝える。かつてニーチェが「われわれはギリシア人も凌がなければならない」と叫んだのは、都市の法に合致したこの敬神のふるまいのなかに、唾棄すべき弱者の苦悩の発露と大衆道徳への譲歩をみたからであった［FW. 340 = KSA3, 569–70／I⑽三二二―二三頁］。だがいまやその敬虔さは、ソクラテスの知の瀆神性を隠すためにプラトンがまとわせた外被とみなされる。[22]「わたしたちは少なくとも知っている。〈霊魂〉の遊離的存在と個別的不死という、プラトンにとって到底条件つきの真理にもなりえないものを、かれが絶対的真理として通用させようとしたことを」［NF. Frühjahr 1888. 14［116］= KSA13, 293／II⑾一一五―一一六頁］。プラトン主義者たちは、みずからの説く禁欲主義的理想の価値の清廉な証人でも裁判官でもなく、所詮まやかしと知りつつ神話や魂の不滅を説いてみせる「俳優」であった。ニーチェによれば、俳優性が知的廉直の対極に位置するからといって、それがただちに古代の哲学者たちを弾劾する理由になるわけではない。「現代の教養ある人びと、いわゆるわれわれの〈善人たち〉は嘘をつかない――これはほんとうだ。しかしそれはなにもかれらの名誉にはならないのだ！　本来の嘘、真正の、断固たる、〈正直な〉嘘（その価値についてはプラトンのいうところを聞け）などは、かれらにとってはあまりにも厳しすぎるもの、強すぎるものであろう」［GM. 3. 19 = KSA5, 386／II⑶一七五頁］。「高等な人間たち」に向けて「今日、廉直さにもまして貴重で稀なものはなにもない」と説いたツァラトゥストラは、しかし廉直も過ぎれば――広場で民衆を相手に腹蔵なく真理を語ることは――悪徳にしかならないと警告する。「嘘をつく才覚がないというだけでは、真理への愛にほど遠い。……嘘をつくことのできない者は、真理のなんたるかを知らない」［Za4. Vom höheren Menschen. 8–9 = KSA4, 360–61／II⑴四二八頁］。[23] そして少なくとも古代の哲学者には、真理のためにそのような

「真正の嘘」を利用しても許される理由がたしかにあったというべきなのである。

真理への愛がもとめてやまない事物の「自然」とは、実に非人間的なものの謂いであった。それをニーチェはストア派を例にとってつぎのように説明している。

〈自然にしたがって〉君たちは生きることを欲するというのか？　おお、君たち高貴なストア派の人びとよ、それはなんということばの欺瞞であろう！　自然なるものの存在を考えてみるがいい。際限もなく浪費的で、際限もなく冷淡であり、意図も顧慮ももちあわせず、憐憫もなければ正義もなく、豊穣で不毛で、同時に不確かだ。この無関心こそ力であることを考えるがいい――どうして君たちに、このような無関心にしたがって生きることができるだろう？　生きること――それはまさに、この自然とは別のしかたで存在しようとすることではないのか？〔JGB. 9＝KSA5, 21-22／II(2)二六頁〕

ニーチェによれば、結局ストア派は「自然にしたがって生きる」どころか、むしろ反対に「自然が〈ストア派にしたがって〉自然であることをもとめ、またすべての存在をただ自分たち自身の姿形にしたがってのみ存在させたいと願っている」。だがそれはなにもストア派にかぎったことではなかった。「哲学はつねに世界をみずからの姿形にしたがって創造するのであって、それ以外のやりかたはできない。哲学とはこのような僭主的な衝動そのものであり、力への、〈世界の創造〉への、第一原因へのもっとも精神的な意志なのだ」〔JGB. 9＝KSA5, 22／II(2)二七頁〕。そのような哲学を白眼視する社会との軋轢を避けるために、そして哲学に欠くことのできない閑暇を確保するために、哲学者の本能は哲学者たちに「俳優」となれ、「高貴な嘘」を弄せよと命じる。「かれらは自分のことだけを考えている、……かれらがその場合に考えていることは、まさに自分にとって欠くべからざるもの、すなわち強制や妨害や騒音からの自由、仕事や義務や心配からの自由である」〔GM. 3. 8＝KSA5, 351-52／II(3)一三六頁〕。

> 哲学的精神がおよそなんらかの程度において可能であるためには、それはつねにまず観想的人間のまえから確立している型に変装し仮装せざるをえなかった。すなわち僧侶・呪術師・予言者となり、一般的に宗教的人間とならざるをえなかった、ということになる。つまり禁欲主義的理想は久しく哲学者にたいして、そのあらわれかた、その存在の前提条件として役立ってきたのである、――哲学者が哲学者でありうるためには、禁欲主義的理想を身をもって示さねばならなかった。それができるためにもそれを信じなければならなかったのである。哲学者たちに特有の世界否定的な、生命を敵視する、官能を信じない、感覚から脱落した超然的態度は、最近まで堅持されており、したがってほとんど哲学者的態度そのものとみなされているほどだが、――これはなによりもまず、およそ哲学なるものが成立し存続するのに不可欠な条件の結果にほかならない。禁欲主義という覆面と仮装と自己誤解なしには、哲学はずっと長いあいだ地上にまったく存在しえなかっただろう。具体的に眼にみえるようにいうなら、禁欲主義の僧侶はごく最近まで嫌らしい暗い毛虫の姿をしていたのであり、この姿でのみ哲学は生きながらえることを許され這いまわっていたのである……［GM.3.10＝KSA5, 360-61／Ⅱ(3)一四六頁］。

「存在」とは「生成」にほかならないと考えるにいたり、「自然」への敬意を捨て「力」に身をゆだねようとする新しい哲学者に、そのような外被はもはや必要ない。近代啓蒙の渺々たる勝利――科学、歴史、生理学の進展と、その成果の社会への浸透を可能にする精神の自由――を目前にしたいま、哲学者たちが迫害を恐れる理由は存在せず、大衆向けの心地よいまやかしも不要となって、ひたすら知的廉直を心がけさえすればよい。もっぱらプラトン主義的な哲学の「俳優」的な性格を暴露したエピクロスを称えるニーチェは、そのエピクロスの哲学のなかにもエソテリックな要素があることにはあえて論及しない[24]。「自然」そのものを馴致し、陶冶・征服・改良し、創造さえしようとする近代の意志が胎動するとき、エピクロス主義は古代のためらいを最後の一片にいたるまで払拭し、もはやアイロニーの陰など微塵もない「真の理論《ウェラ・ラティオ》」（ルクレティウス）として、すなわち真にラディカルな啓蒙の哲学として再生する。『悦ばしき知識』以後のニーチェが追求してきたのはそういうことだった。「小心な鹿のように甘んじて森に隠れている時は、まもなく過ぎ去るであろう！　ついに認識は、それにふさわしいと思うものに手を差し伸べるであろう、――認識は支配し、所有することを欲するであろう、そして君たちもこの認識と道行きをともにするだろう！」〔FW. 283＝KSA3, 527／I ⑽二六二頁〕

だがこの希望が成就するときは、ふたたび遠のいていった。「これがほんとうに姿を変えたのであろうか？　この毛虫のなかに隠れていたあの多彩な危険な羽虫、あの〈精神〉が、実際に、日の当たる暖かい明るい世界のおかげで、ついにやっと僧服を脱いで白日の下に出てきたのであろうか。今日すでに誇り、勇敢、自信、精神の意志、責任への意志、意志の自由が十分にそなわって、いまやほんとうにこの世に〈哲学者〉なるものが――可能になったのであろうか？」〔GM. 3.10＝KSA5, 361／II ⑶一四六―四七頁〕「力への意志」を十全に解放する希望に水を差すもの、それゆえ知的廉直へのわれわれの本能の開花を依然として妨げるものとは、いうまでもなく『道徳の系譜』（*Zur Genealogie der Moral*, 1887）で分析される「畜群」のモラリティのことである。『善悪の彼岸』の「序言」は、それへの抵抗もまた「〈大衆〉向けのプラトン主義（Platonismus für's "Volk"）」とのニーチェ積年の闘争の一環として遂行されねばならないことを明かしている。

> プラトンにたいする戦いは、あるいはもっとわかりやすく〈大衆〉向けにいうならば、数千年にわたるキリスト教的・教会的圧迫にたいする戦いは――キリスト教は〈大衆〉向けのプラトン主義だからだが――かつて地上に存在したことのないような精神の華麗な緊張をヨーロッパにつくりだした。……このように引きしぼられ

> た弓をもってすれば、いまやもっとも遠い標的でも射ることができるくらいだ。もちろん、ヨーロッパ人はこのような緊張を緊急事態と感じている。そして、この弓の張りを緩めようとする試みがすでに二度も大規模になされた——最初はジェズイット主義により、二度目はデモクラティックな啓蒙主義によって。——この後者は出版の自由と新聞の購読の助けを借りて、精神がみずからをもはやそう易々とは〈困窮〉と感じとらないような事態を実際に達成するかもしれない！　……しかしわれわれ、ジェズイットでもなくデモクラットでもなく、十分なドイツ人ですらないわれわれ、よきヨーロッパ人であり、自由な、はなはだ自由な精神でもあるわれわれ——そのわれわれはいまだにあれを、つまり精神のあらゆる困窮とその弓のあらゆる張りをもっている！　そしておそらくはまた矢と、課題と、誰が知ろう？　標的さえも……［JGB. Vorrede = KSA5, 12-13／II(2)一三頁］。

ここでニーチェは、「デモクラティックな啓蒙主義」を「ジェズイット主義」につづいて凡庸さの道徳的制覇に向かう第二幕と位置づけることにより、パスカルが自分の先駆者であることをほのめかしているようにみえる。(25)戦闘的無神論者が「宗教的人間（homines religiosi）」を先達と仰ぐ理由は、ニーチェ本人の弁によるなら、「知識と良心の問題が宗教的人間の魂のなかでこれまでどのような歴史をたどってきたかを推測し確認するためには、ひとはおそらく、パスカルの知的良心がそうであったように、みずからそれほど深く、それほど傷つき、それほど巨大でなければならないだろう」［JGB. 45 = KSA5, 65／II(2)八五―八六頁］ということである。われわれはそこに、「エピクロスの園」を後にした近代エピクロス主義が、すでにそれが振り払ったとみえたものとあらためて対峙せねばならない理由をみることになるだろう。

5　「宗教的人間」パスカルとの対決

「わたしはパスカルを読むのではなく愛している」〔EH. Warum ich so klug bin. 3＝KSA6, 285／Ⅱ⑷三一六頁〕と嘯《うそぶ》くニーチェであるが、その並々ならぬ関心にもエピクロスが一枚噛んでいる。かつてパスカルは、そのペシミズムをめぐってつねにショーペンハウアーと対比されていた。[26] だが「知的廉直」の追求が深まる『人間的、あまりに人間的』以後、認識を「エピクロスが最高善として、また神々の状態として賞讃したあの無痛状態」（『意志と表象としての世界』〔I. 38, 280／⑶五二頁〕）に結びつけるショーペンハウアーは失墜し、パスカル的な絶望の孤高のラディカルさがエピクロスとの対比で強調されるようになる。[27]

「宗教的人間」パスカルにたいするニーチェの批判は、強靱な理性をその自由、矜持、自己信頼ともども犠牲にして「十字架にかけられた神（Gott am Kreuze）」という最大の逆説を信じるところに、すなわち「理性の間断なき自殺に恐ろしいほどよく似ているようにみえるあのパスカルの信仰」〔JGB. 46〕＝KSA5, 66／Ⅱ⑵八六―八七頁〕に、「精神の点では〈木偶の坊なるべし（il faut s'abêtir）〉というパスカルの原理」〔GM. 3. 17＝KSA5, 379／Ⅱ⑶一六八頁、cf. B233＝L418＝S680〕に向けられている。純粋な認識によって不完全な迷妄たる世界を否定するショーペンハウアーは、ただの「ロマン主義的ペシミスト」でしかなかった。「もっと絶望していたのはパスカルである。かれは、この場合には認識もまた腐敗したもの、偽造されたものであらねばならないことを――そして世界を否定するにあたいするものと理解するだけのためにすら啓示が必要なことを理解していた」〔NF. Herbst 1887. 10 [150]＝KSA12, 539／Ⅱ⑽二五五―五六頁〕。

本能の特殊な反芸術家的状態を想定しておくことも許されることではありましょう。――つまりすべての事物を貧弱にし、希薄にし、消耗性疾患にしてしまうような一種の存在様式をです。事実、この手の反芸術家、この手の生命の空腹者をたくさん抱えているのが歴史というものでしょう。この手の人びとは否でも応でも事物を掠奪し、食い尽くし、いっそう痩せこけたものにしてしまわずにはおかない連中です。たとえば純粋なキリスト者がこれにあたります。一例をあげればパスカルの場合［GD. Streifzüge eines Unzeitgemässen. 9＝KSA6. 117／Ⅱ⑷九五頁］。

その一方で、ニーチェのパスカル賛美もまた限度を知らなかった。フランスには「もっとも困難なキリスト教の理想が人間に姿を変えた」パスカルがおり、かれこそは「熱情と知慧と廉直の結合において、すべてのキリスト者中の第一人者」［Mo. 192＝KSA3. 165／Ⅰ⑼一八五頁］、「キリスト教の賛嘆にあたいする論理家」［NF. Herbst 1887. 10［128］＝KSA12. 531／Ⅱ⑽二四五頁］、ドストエフスキーとともに「論理のとおった唯一のキリスト教徒」（一八八八年一一月二〇日付ゲオルク・ブランデス宛書簡［KGB. III_5, 483／別巻⑵二三八頁］）であった。その「堕落」の責めはパスカル自身にではなく、キリスト教に帰せられるべきものであるとされる。「もっとも痛ましい実例――パスカルの腐敗。パスカルは自分の理性が腐敗したのは原罪によるものと信じていたが、実はかれのキリスト教によって理性の腐敗を招いたにすぎないのに！」［AC. 5＝KSA6. 171／Ⅱ⑷一七〇頁］むしろパスカルはショーペンハウアーとともに「強者の荒廃」［NF. Sommer 1886-Herbst 1887. 5［35］＝KSA12. 196／Ⅱ⑼二五六頁］の一例であり、「キリスト教がパスカルのような人間を滅ぼしてきたことをけっして許してはならない」［NF. November 1887-März 1888. 11［55］＝KSA13. 27／Ⅱ⑽三三二頁］。

パスカルをめぐるニーチェのアンビヴァレンスは、エピクロスをめぐるアンビヴァレンスと同じ性格のもの、つまり知的廉直の不徹底への不満に起因するようにみえるし、[28] ニーチェ自身も事実そのように理解している。「エピクロスは認識の可能性を否認する。それは道徳的（ないし快楽主義的）諸価値を最高価値として保持するためである。同じことをアウグスティヌスが、後々にはパスカル（「頽廃した理性」）が、キリスト教的諸価値のためにしている」[NF. Herbst 1887. 9 [160] = KSA12, 430／Ⅱ⑽二二七頁]。しかし、だからといってニーチェはパスカルの内なる「理論的人間」のみをみとめ、「宗教的人間」を毛嫌いしたと結論するのは単純かつ性急にすぎる。全知全能でありながら、みずからの意図が被造物によって理解されうるかどうかを顧慮しない「隠れた神（deus absconditus）」の「非道徳」を嗅ぎつけたパスカルに、かつてニーチェは賛辞を惜しまなかった [Mo. 91 = KSA3, 85／Ⅰ⑼九二―九三頁]。それとは対照的に、ジェズイット主義との対決の書『プロヴァンシャル』の著者パスカルには厳しい叱責が投げつけられていた。

> パスカルの主たる誤り。かれは、キリスト教は必要であるがゆえに真であるということを証明しようとした――だがこのためには、必要なものをすべて真なるものとしてつくりだす、真にして善なる創造主が存在することが前提となるのでなければならない。だが必要な誤謬（nöthige Irrthümer）というものがありうるであろう！　そして最後に！　こうした必要が現象するのは、誤謬が習慣となり、第二の自然のごとくに支配力をもつ場合である [NF. Ende 1880. 7 [233] = KSA9, 366／Ⅰ⑾四七五頁]。

早くからニーチェは、キリスト教徒を支配するジェズイット主義の権力が僧侶たちのいかにも禁欲的なふるまいや装いに由来することに注目し [MA1. 55 = KSA2, 74／Ⅰ⑹八二頁]、その本質を「人類の幸福という目的のための人類支配／幻想、信仰の確立によって人類を幸福にすること」[NF. Frühjahr-Sommer 1883. 7 [238] = KSA10, 315／Ⅱ⑸四一四頁]、あるいは「幻影とそれの強制的な血肉化を文化の基盤として意識的に固執したこと」[NF. Herbst 1883. 16 [23] =

KSA10, 507／Ⅱ⑹二六三頁〕に見いだしていた。それが正当化されるのは、もっぱら民衆の統治にとっての「必要な誤謬」の観点から――「公共善が問題であるのなら、ジェズイット主義が正しいだろう。同じくアサッシン派、同じく中国の思想」〔NF. Frühjahr 1884. 25〔340〕= KSA11, 101／Ⅱ⑺一三三頁〕――である。そのジェズイット主義を弾劾したパスカルは、自分の信仰のラディカルな含意を隠すことができないその率直さにおいて、「必要な」神話を破壊する「理論的人間」ソクラテスに比肩する存在とみなされたのである。

しかし哲学の「俳優性」摘発に乗りだしたのちのニーチェは、歴史上のジェズイット主義が「必要な誤謬」を真理と錯認することによって成立したこと、それゆえこの誤謬をそもそも手段として必要とする高い目的がそこではすでに見失われていたことに気づく。そこから帰結したのが「凡庸さのジェズイット主義（Jesuitismus der Mittelmäßigkeit）」である。

> このジェズイット主義は非凡な人間を絶滅する仕事に本能的に取り組んでいて、あらゆる引きしぼられた弓の弦を打ち砕こうとし、あるいは――むしろ好んで！――弦を緩めようとする。つまり、思いやりをもって、いたわるような手つきで弦を緩める――、親しみのある同情をこめて弦を緩める……これこそは、みずからを同情の宗教として売り込むことをつねに心得てきたジェズイット主義の奥の手なのだ。――〔JGB. 206 = KSA5, 134／Ⅱ⑵一九三頁〕

キリスト教が「〈大衆〉向けのプラトン主義」と呼ばれるのは、まさしくそのような意味においてであった。今日「凡庸さのジェズイット主義」は、「デモクラティックな啓蒙主義」および「近代社会主義」に姿を変えて平等な小市民の幸福を追求する畜群倫理の制覇を招来しつつある〔NF. Frühjahr 1884. 25〔263〕= KSA11, 80／Ⅱ⑺一〇六頁〕。その遠い起源がキリスト教により大衆化されたプラトン主義にあるかぎりで、ジェズイット主義にとってのもっとも「危険な弓」であった「非凡で張りつめた人間」パスカルは、いまやニーチェの模倣すべき先駆となるのである［NF. Herbst 1885-Frühjahr 1886, 1［179］＝KSA12, 50／Ⅱ⑼七一頁］。

中期までのニーチェは、神の存在証明にたいして、それゆえすべての形而上学にたいして、「最終的な反駁としての歴史的反駁」を突きつけることができたといってよいだろう。

> かつてわれわれは神が存在しないことを証明しようと試みた。――今日われわれは、神が存在するという信仰がどうして生じえたか、またなにによってこの信仰が重要性を得たかを示す。それによって神が存在しないという反証は余計なものになる。――かつては提出された〈神の存在証明〉を論駁しても、いま論駁されたものよりもさらに優秀な証明が発見されはしまいかという疑念が依然残った。当時においては、無神論者たちはきれいさっぱり片づける道をまだ知らなかった［Mo. 95＝KSA3, 86-87／Ⅰ⑼九五頁］。

しかしこの「最終的な反駁」は、少なくとも『パンセ』の名で知られるキリスト教護教論《アポロジー》の著者にかんするかぎり最終的ではなかった。キリスト教がいつしか体制宗教《レリギオ》と化したのち、地上の権威を聖化するシンボルへと封じ込められた神を解き放とうとする衝動は、すべからく無神論的と称しうる[29]。その意味での「無神論者」パスカルは、「〈大衆〉向けのプラトン主義」に闘いを挑む後期ニーチェの先駆者にして共闘者であっただけではない。「十字架にかけられた神」という逆説を一途に信じるこの異端の信仰主義者《フィディスト》は、同時に、知的廉直を奉じるニーチェにとっての最大にして唯一のライバルにもなるのである。「この定式に匹敵するような大胆な逆転、なにかこれほどに恐ろしいもの、問いかけるもの、疑わしいものは、これまでまだいちども、またどこにも存在したことがなかった……それはすべての古代的価値の転換を約束するものだったのだ」［JGB. 46＝KSA5, 67／Ⅱ⑵八七頁］。

「あらゆる価値の価値転換（Umwertung aller Werte）」のパスカル版オルタナティヴとは、いわゆる「パスカルの賭け」［B233＝L418＝S680］のことである。「仮にキリスト教信仰への反証は為しえないとしても、もしもこの信仰が真理であった場合の恐ろしい可能性を考慮して、パスカルはキリスト教にとどまるのが最高の意味で賢明であると考えた」。たとえ賭けに敗れても、神の存在が「心地よいまやかし」であったとわかるだけで、失うものはなにもない。だから賭けるべきだというパスカルの「聡明」さが、もしニーチェのいうように、あらゆる宗教の堕落の徴候を示す「快楽からの証明」の一変種にすぎないのだとしたら、つまり「なによりも病める神経をやわらげるためだけのキリスト教であるならば、〈十字架にかけられた神〉というあの恐るべき解答をまったく必要としないはずである」［NF. Herbst 1885-Herbst 1886. 2［144］＝KSA12, 138／Ⅱ⑼一八五頁］と斬って捨てることもたしかに可能であろう[30]。だが「宗教的人間」パスカルを相手にしたニーチェの態度には、すでに畏怖に近いものが混入しているようにみえる。ツァラトゥストラは「高等な人間たち」を賭けなかったといって責めるのではなく、「君たちは骰子の一擲にしくじったのだ」［Za4.Vom höheren Menschen. 14＝KSA4, 363／Ⅱ⑴四三一頁］といって慰める。ニーチェは「だが賭けなければならない。……もう君は舟を乗りだしている（mais il faut parier…vous êtes embarqué）」とつぶやくパスカルに自分の似姿をみて、ふたりが真理をめぐる同じ究極の危険なゲームをしていたことに気づいたのである[31]。

その自覚は『ツァラトゥストラ』と同時期の未刊断章にすでに明瞭にあらわれていた。「真理が君たちやわたしの役に立とうと害になろうと――それがわたしにとってなんであろう！ 真理が役に立つような人間を創造しよう！」［NF. Sommer 1883. 13［15］＝KSA10, 464／Ⅱ⑹二〇一頁］ だがその強がりの背後にあるニーチェの正直な心情は、『ツァラトゥストラ』第四部のために準備されながら最終稿に採用されなかった台詞が吐露している――「われわれは真理にかんしてひとつの実験をする。おそらく人類はそれで破滅する！ かまうものか（Wohlan）！」［NF. Frühjahr 1884. 25［305］＝KSA11, 88／Ⅱ⑺一一八頁］

6　エピクロスとともに、エピクロスに抗して

旅立つツァラトゥストラは、弟子たちへの訣別の辞のなかで認識を制約する「壁（Wände）」の存在に言いおよぶ。この「最後の壁」あるいは「永遠の壁」に突き当たってその背後になにか永遠なるものを望見してはならない。「わたしにならって、飛び去った徳を大地へと連れ戻せ――そうだ、肉体と生へと連れ戻すのだ。その徳が大地に大地の意義を、人間による意義をもたらすようにと！」［Za1.Von der schenkenden Tugent.2＝KSA4, 100／Ⅱ⑴一一五頁］「壁」もその向こう側にある形而上学的な「背後世界」［Za1.Von der Hinterweltlern＝KSA4, 35f／Ⅱ⑴四六―五〇頁］も、不完全なこの世界に苦悩するデカダンな生がつくりだした幻想にすぎない。あとにも先にも、あるのはただ偶然事のたわむれ、不条理と無意味だけであり、「いまなおわれわれは、一歩ごとにあの偶然（Zufall）という巨人と闘っている」［Za1.Von der schenkenden Tugent.2＝KSA4, 100／Ⅱ⑴一一五頁］。

ニーチェのいう「壁」は、ひとりエピクロスがその固い門をこじ開けたとルクレティウスの称えたあの「燃えあがる世界の壁（flammantia moenia mundi）」［DRN.I.73］を思わせる。(32) エピクロスも「世界の壁」の背後に唯一真なる不動の美しい「存在」の世界があるなどと主張したわけではなかった。この世界は原子同士のたまさかの衝突から生じ、いつの日か解体してまた起源の原子のたわむれに戻る。人間を含むこの世のありとあらゆる事物は、いっさいの合理的な根拠を欠いた偶然の産物である。古代のエピクロス主義は、この「真の理論」を救いとして受けとめることができるのは哲学者だけであり、大多数の人間は「世界の壁」に包まれた有限の時空を生きる定めにあることと、「世界の壁」への素朴な信頼を失ったのちもそのかわりとなる宗教、法、文明のような「城壁」を発明し、それに保護された生を最善と信じるほどにも、人類という種族は誤謬を必要とすることをみとめた。

だがニーチェにはそれですらが自然に拝跪する屈従的な態度にみえる。ニーチェにとって「壁」とは、人間をして仮象の価値授与者たる「存在」を捏造させ、みずからその奴隷たらしめるものであるがゆえに、そのような「壁」を必要とする人間の自然こそが「力への意志」により征服され、馴致され、改造されねばならない[33]。そもそも偶然性の宇宙をまえにして怯む者など、もはやいないのだ。「かつて人間は神を必要としたが、いまでは神なき世界の無秩序に、すなわち恐ろしいもの、曖昧なもの、誘惑的なものが本質をなす偶然の世界に魅惑されている……」［NF. Herbst 1887. 10［21］= KSA12. 467／Ⅱ⑽一七〇頁］。問題は「いっさいの事象に力‐意志が反映しているという理論よりは、むしろ好んで、いっさいの事象が絶対的に偶然であり、それどころか機械論的ナンセンスであるとする見方になじんでいる」［GM. 2. 12 = KSA5. 315／Ⅱ⑶九四頁］本能と時代趣味にある。かつての人間にとっては恐怖を呼びおこし、是認し、屈従せねばならなかった悪であり、昨今の人間が曖昧に受け入れきってしまった「偶然的なこと、不確実なこと、突発的なこと」は、いまや「強さのペシミズム（*Pessimismus der Stärke*）」によって超克されるべきなのだ。「力への意志」には過去の生も重荷とはならない。それは後戻りして意欲することができない「そうあった（Es war）」の必然性をすら、無数の可能性のなかから偶然に生起したその起源へと差し戻し、英雄的に全肯定する「運命愛（amor fati）」によってわがものとする。

> ——詩人、謎を解く者、偶然からの解放者として、わたしはかれらに、未来の創造に邁進し、創造することによっていっさいの過去を救いだすことを教えた。／人間における過ぎ去ったものを救済し、いっさいの〈そうあった〉を改造して、ついには意志をして〈わたしはそう欲したのだ！　この先もそう欲するであろう——〉といわしめることを教えた。／——かれらに向かって、わたしはこれを救済と呼んだ。これのみを救済と呼べとかれらに教えた［Za3. Von alten und neuen Tafeln. 3 = KSA4. 248-49／Ⅱ⑴二九二頁］。

幻想の「壁」が取り除かれ、起源のまったき偶然の様相をあらわにしたこの世界は、ふたたび創造を待つ素材となって生の闘争の舞台に戻る(34)。生命そのものである「力への意志」のまえでは、「真理とは誤謬の一種であり、それなしにはある種の生物が生存しえないものなのである」［NF. April-Juni 1885. 34［253］= KSA11. 506／Ⅱ⑧三〇六頁］と宣言する生の遠近法主義により、あらゆる価値は相対化される。

法や正義も例外ではない。「平和と安全（εἰρήνη καὶ ἀσφάλεια）」をもたらす現世の法は、たとえ失われた「世界の壁」のいかがわしい代用品でしかないとしても、哲学者ならぬ多数者には必要だとエピクロス主義は説いた。だがニーチェによれば、法秩序を「いっさいの闘争一般を抑える手段として絶対視する」のは、ことごとく「生を敵視する原理」［GM. 2. 11 = KSA5. 313／Ⅱ⑶九一頁］でしかない。法はたしかに「城壁」なのだ。「法典というものは、法の効用や根拠を、また法に先行した決疑論を報告するものではない。そんなことをすれば、法典はその命令的な調子を失ってしまうだろう。「汝為すべし」という命令的語調は、法が遵守されることの前提なのである」［AC. 57 = KSA6. 241／Ⅱ⑷二五八頁］。それゆえ法典は、「価値の流動する状態の継続、無限につづく価値の吟味、選択、批判」を避けるために啓示と伝統の権威で「二重の城壁（Mauer）」を築いてきた。しかし、エピクロスからモンテーニュとパスカルに継受された法の起源にかんするこの人間学的洞察は(35)、ニーチェにあってはただちに政治化される。法を「城壁」で囲うのは法がそれ自体で神聖かつ至高だからではなく、もっぱら少数の「もっとも精神的な者たち」が自然の権利によって——意欲するからではなくその存在によって——「中庸な人びと」を支配するために、より正確には、支配という「粗野なもの」の執行を「秩序と安全の守り手」たる統治者ないし「王」にまかせるために、そして畢竟そのようなヒエラルヒーこそが高みを目指す生の繁栄にとっての至高の条件であるがゆえに、必要なことなのである。

ひとが一個の公益的存在であること、歯車であること、機能であることのためには、一種の自然的規定が存在するのであって、いいかえれば、大多数の人びとを知的な機械に仕立てあげるのは社会ではなく、大多数の人びとがたんになにかをする能力があるというだけで感じている体の幸福感である。中庸な人びとにとっては中庸であることがひとつの幸福なのだ。なにか一芸に秀でてみたり、専門化したりすることが、ひとつの自然な本能なのだ［AC. 57 = KSA6, 244／Ⅱ⑷二六二頁］。

「もっとも精神的な者たち／秩序と安全の守り手／中庸な人びと」という人間の三類型は、明らかにプラトンの「守護者／補助者／生産者」の三類型を念頭においたものだが、自然にかなった最善の国家像を描きながらそれを実現不可能なユートピアにとどめた理想主義者プラトンを、ニーチェは「現実にたいする臆病者」［GD. Was ich den Alten verdanke. 2 = KSA6, 155-56／Ⅱ⑷一四九頁］呼ばわりする。[36]「力への意志」は自然が超越の高みに示す理想を生の現実（Lebenswirklichkeit）たらしめ、同時に自然そのものを克服するのだ。

ニーチェの「力への意志」が、すべての人間を――その任にあらざる者をも含めて――世界の偶然性と無根拠性のまえにいちどは立たしめるのだとすれば、エピクロス主義はそれが万人にとっての救済たりうるとは考えないだろう。万人がひとしい資格においてこの危険な「実験」に参加できるわけでないことは、ニーチェ自身も重々承知であった。

人間に人間の未来をおのれの意志として教え、人間の意志に依存するものとして教え、訓育や育成という大きな冒険と全体的な実験を準備し、それによって、これまで〈歴史〉と呼ばれてきた無意味と偶然のあの戦慄すべき支配に結末をつけること――〈最大多数〉という無意味はその最後の形式にすぎない――、このためには、やがていつかはある新しい種類の哲学者や命令者が必要となるであろうが、これらの者の姿にくらべるならば、この地上にかつて隠された、恐るべき好意的な精神として存在していたすべてのものも、色褪せていじけたものにみえるかもしれない。われわれの眼前に浮かぶのは、そのような指導者（Führer）の姿である［JGB. 203＝KSA5, 126／Ⅱ(2)一八一―八二頁］。

不穏な「大いなる政治（grosse Politik）」の到来を告げる「福音の使者」ニーチェは［EH. Warum ich ein Schicksal bin.1＝KSA6, 366／Ⅱ(4)四二三頁］、「隠れて生きよ」と説いてあらゆる政治を忌避したエピクロスからもっとも遠いところにいる。この帰結は、ニーチェがエピクロスの哲学からルキアノスの風刺文学に継承された「認識」と「啓蒙」の精神――「醒めてあれ、軽々しく信じるな（νᾶφε καὶ μέμνησο ἀπιστεῖν）」（『ヘルモティムス』[47]）(37)――のみを摂取し、アウグスティヌス経由でパスカルがそれと知らずにエピクロスと共有していた死の恐怖からの救いをデカダンスの元凶として切り捨てた時点で、すでに必然化されていたといってよい。だがその「認識」とはどのようなものであったか。「生成に存在の性格という刻印を押すこと――これこそ最高の力への意志なのである。……認識はそれ自体としては、生成のなかでは不可能である。それでは認識はいかにして可能となるのか？　自己自身についての誤謬として、力への意志として、欺瞞への意志として」［NF. Ende 1886-Frühjahr 1887. 7［54］＝KSA12, 312-13／Ⅱ(9)三九四頁］。エピクロスが死の恐怖からの救いを託した「認識」(38)ですら、ニーチェにとっては「力への意志」がそのつど具現するためのかりそめの支点以上のものではなく、「存在」や「正義」ともども生命の「生成」という盲目的なロジックのなかに融解していく。

ではこれがわれわれの尋ねていたもの、エピクロス主義の指し示すかなたを目指して近代が最終的に行き着いた地点なのだろうか。『ツァラトゥストラ』最終部（第四部）には、それとはやや違った結末を暗示するエピソードがある。ツァラトゥストラは一本の節くれだった老木にからみつく葡萄の蔓をみた。一房とって渇きを癒したいという欲望をおぼえ、手を差し伸べた瞬間、この老木のそばに身を横たえて眠りたいというういっそう強い欲望がかれを襲う。自我の欲望——目的、意図、必要——が後退し、人間的な意志を忘れ去ったツァラトゥストラのまえに、世界はその明澄な姿をあらわし、かれがいちどはこばんだあの楽園のイメージと心の平静がふたたび訪れる。

> おお、幸福！　おお、幸福！　あるいはおまえは歌いたいのか、おおわたしの魂よ？　おまえは草のなかに横たわっている。だがいまは、牧人も笛を吹かない密かな、厳かな刻限だ。／恐れ慎め！　熱い正午が野辺に安らい眠っている。歌うな！　静かに！　世界は満ちて完全だ。／歌うな、おまえ、草葉の羽虫よ、おお、わが魂よ！　ささやきの声も立てるな！　いいか——静かに！　年老いた正午が眠っている。かれは口を動かしている。幸福の一滴を飲んでいるところではないか、——／——年を経た、濃い、黄金なす幸福の一滴、黄金なす葡萄酒の一滴を？［Za4.Mittags＝KSA4, 343／Ⅱ⑴四〇八頁］

これはニーチェとエピクロスのあいだにいまだ共振する関係がかすかに残っていることをあらわすのだろうか[39]。少なくともニーチェ自身は最後の最後まで自問しつづけていたのである。「この庭園の神エピクロスがなにものであったのかをギリシアが悟るまでに百年かかった。——だがほんとうに悟ったのであろうか？」［JGB. 7＝KSA5, 21／Ⅱ⑵二五頁］

注

（1）Leo Strauss, *Philosophie und Gesetz: Beiträge zum Verständnis Maimunis und seiner Vorläufer*, *Gesammelte Schriften*, Bd. 2, Zweite Aufl.（Stuttgart: J. B. Metzler, 2001）, S. 24.

（2）*Ibid.*, S. 25.

（3）先の引用文中の「自然の主人にして所有者」も出典はデカルト『方法序説』［VI, 62／⑴六二頁］である。

（4） Strauss, *op.cit.*, S.26.

（5） ニーチェの哲学史におけるエピクロスの位置づけについては、近年でも諸説ある。消極的な解釈として Fritz Bornmann, "Nietzsches Epikur," *Nietzsche-Studien*, Vol.13 (1984), S.188 を、決定的に重要視するものとして Lawrence Lampert, *Nietzsche and Modern Times: A Study of Bacon, Descartes and Nietzsche* (New Haven and London: Yale University Press, 1993), pp.423-28 を、ヘレニズム期の哲学諸派のなかで相対的に解釈するものとして Andrea Christian Bertino, "Nietzsche und die hellenistische Philosophie: der Übermensch und der Weise," *Nietzsche-Studien*, Vol.36 (2007) をそれぞれ参照。

（6） プラトンとニーチェ哲学の確執については Catherine H. Zuckert, *Postmodern Platos: Nietzsche, Heidegger, Gadamer, Strauss, Derrida* (Chicago and London: The University of Chicago Press, 1996), chap.1; Lawrence Lampert, "Nietzsche and Plato," *Nietzsche and Antiquity: His Reaction and Response to the Classical Tradition*, ed. Paul Bishop (Rochester, NY: Camden House, 2004) を参照。

（7） 「一昨日の夕方ごろ、わたしはクロード・ロランの魅惑にすっかり浸りきり、ついに激しく泣きだして長いあいだ止まらなかった。わたしがこれをなお味わうことを許していただきたい！　大地がこのような相をみせることをわたしはこれまで知らなかったし、優れた画家ならばそれを創作したであろうにと思った。英雄的・牧歌的なもの（Das Heroisch-Idyllische）はいまやわたしの魂が発見したものである。そして古代の牧歌的なもののいっさいがいまや一挙にわたしの眼前でヴェールを取り払われて明瞭になった――いままでわたしはこれを少しも理解していなかった」［NF. Juli-August 1879. 43 [3] = KSA8, 610／I⑻四八三―八四頁］。

（8） Cf. James I. Porter, *Nietzsche and the Philology of the Future* (Stanford, CA: Stanford University Press, 2000), pp.33-34; *Out of Arcadia: Classics and Politics in Germany in the Age of Burckhardt, Nietzsche and Wilamowitz*, eds. Ingo Gildenhard and Martin A. Ruehl (London: Institute of Classical Studies, 2003).

（9） ニーチェはエピクロスをその「洗練された禁欲主義」ゆえにモンテーニュ以上に高く評価していたともいえる。「贅沢の哲学者。――小庭園、無花果、小さなチーズ、それに三、四人の友人、――これがエピクロスの贅沢であった」［MA2.2.192 = KSA2, 638／I⑺三三九―四〇頁］。Cf. Richard Roos, "Nietzsche et Épicure: l'idylle héroïque," *Lectures de Nietzsche*, eds. Jean-François Balaudé et Patrick Wotling (Paris: Librairie Générale Française, 2000), p.298. エピクロスの質素な生活ぶりはディオゲネス・ラエルティオスの記述にもとづく［DL. X. 10-11］。モンテーニュとニーチェの違いについては Alan Levine,

Sensual Philosophy: Toleration, Skepticism and Montaigne's Politics of the Self（Lanham: Lexington Books, 2001）, pp. 203-16; Giorgio Baruchello, "Montaigne and Nietzsche: Ancient and Future Wisdom," *Symposium*, Vol. 6 Issue 1（2002）も参照。

（10）ニーチェの「自由精神」のモデルのひとつにモンテーニュ（あるいはパスカル）の「オネトム（honnête homme）」があると主張するVivetta Vivarelli, *Nietzsche und die Masken des freien Geistes: Montaigne, Pascal und Sterne*（Würzburg: Königshausen & Neumann, 1998）, S. 70fを参照。R・ピッピンによれば、少なくともこの時期のニーチェは、形而上学者やその破壊者としてではなく、「偉大な「フランス・モラリストのひとり」」として理解したほうがよい。Cf. Robert Pippin, *Nietzsche, moraliste français: La conception nietzschénne d'une psychologie philosophique*（Paris: Odile Jacob, 2006）, p. 38.

（11）Cf. A. H. J. Knight, "Nietzsche and Epicurean Philosophy," *Philosophy*, Vol. 8 No. 32（1933）, p. 438. 後期ニーチェのいわゆる遠近法主義（Perspektivismus）――「〈認識〉ということばに意味がある程度に応じて、世界は認識しうるものとなる。だが世界は別様にも解釈されうるのだ。世界は背後にひとつの意味をたずさえているのではなく、無数の意味をしたがえている」［NF. Ende 1886-Frühjahr 1887. 7［60］= KSA12, 315／Ⅱ⑼三九七頁］――も、エピクロスの説明の多数性論に感化された可能性がある。それを論じたF・A・ランゲの『唯物論史』（一八六六年）を、ニーチェは友人のカール・フォン・ゲルスドルフ宛の手紙で激賞している［KGB. I_2, 184／別巻⑴九七―九八頁］。Cf. Wilson H. Shearin, "Misunderstanding Epicurus? A Nietzschean Identification," *The Journal of Nietzsche Studies*, Vol. 45 Issue 1（Spring 2014）, pp. 73-76.

（12）Cf. Keith Ansell-Pearson, "True to the Earth: Nietzsche's Epicurean Care of Self and World," *Nietzsche's Therapeutic Teaching: For Individuals and Culture*, eds. Horst Hutter and Eli Friedland（London and New York: Bloomsbury Academic, 2013）.

（13）「なににもまして悦ばしいのは、賢者の教えで築き固められた平穏な殿堂にこもり、高所から他人を見下ろして、かれらが人生の途をもとめて彷徨い、あちらこちらと踏み迷っているのを眺めていられること、才能や生まれのよさを競いあい、日夜甚だしい辛苦をつくして権力の高みにのぼりつめ、あるいは富のかぎりを手に入れようとあくせくするさまを眺めていられることである」［DRN. II. 7-13］。

（14）Cf. Leo Strauss, *Die Religionskritik Spinozas als Grundlage seiner Bibelwissenschaft, Gesammelte Schriften*, Bd. 1, Zweite Aufl.（Stuttgart: J. B. Metzler, 2001）, S. 70f, especially note 10.

（15）ニーチェの原子論批判については、中金聡「甦るルクレティウス――原子の〈逸れ〉と現代物理学（上）」、政治哲学研究会編

『政治哲学』第27号（二〇二〇年）、参照。

(16) H・オットマンは『人間的、あまりに人間的』の断片的な説明から、ニーチェが啓蒙の発展に①エピクロスとエピクテートスの古代啓蒙、②ペトラルカとエラスムスの近代人文主義、③モラリストたちとヴォルテールのフランス啓蒙、④カントのドイツ啓蒙、⑤ニーチェ自身の「自由精神」の五段階を区別していたと主張する。Cf. Henning Ottmann "Nietzsches Stellung zur antiken und modernen Aufklärung," *Nietzsche und die philosophische Tradition*, Bd. II, hrsg. Josef Simon (Würzburg: Königshausen und Neumann, 1985), S. 12f.

(17)「エピクロス主義者は、みずからの極度に敏感な知的性質に適合するような事態を探しもとめ、人間を探しもとめ、できごとをさえ探しもとめる。……エピクロス主義者には自分の〈庭園〉があるのだ！」[FW. 306 = KSA3, 544／Ⅰ⑩二八二頁]「楽園とは、ギリシア的概念によれば〈エピクロスの園〉である／そうした生には課題というものがない／すなわちそれは無を欲する……／すなわち〈エピクロスの神々〉の一形式――／すなわち、なおも目標を設定する理由がまるでない、子どもをもつ理由もない……すべては達成されている」[NF. November 1887–März 1888. 11 [365] = KSA13, 161–62／Ⅱ⑩五〇一頁]。ニーチェにとっての「エピクロスの園」のアンビヴァレンスは Volker Ebersbach, "Nietzsche im Garten Epikurs," *Lauter unsichtbare Gedankenkatastrophen: Nietzsches Tragische Anthropologie, 1: Vier Essays mit einer Vorrede* (Leipzig: Leipziger Universitätsverlag, 2002), S. 93f で説得的に論じられている。ニーチェの「超人」概念にはルキアノスからの影響がみとめられる。Cf. Babette Babich, "Nietzsche's Zarathustra and Parodic Style: On Lucian's *Hyperanthropos* and Nietzsche's *Übermensch*," *Diogenes*, Vol. 58 Issue 4 (November 2011). しかしニーチェ自身はある断章でこう述べている。「超人がいかに生きなければならないかの類型。エピクロスの神のように」[NF. Herbst 1883. 16 [85] = KSA10, 529／Ⅱ⑥二九一頁]。Cf. Roos, *op.cit.*, p. 546.

(18)「ニーチェの場合、観客の眼を安らがせるのは現実の海の凪や穏やかさではない。観念論的主体としての苦悩する者が、形而上学的な「現存在の海」の凪ぐところを目のあたりにするのであり、その眼福は苦悩者の力によって呼び寄せられるのである。この引喩は投影、つまり自然の鏡に自己を映し反省する主体にとって好都合なように、飼いならされ擬人化された自然なのだ。ニーチェはこんなふうにギリシア人を制圧したのだった」。ハンス・ブルーメンベルク、池田信雄・岡部仁・土合文夫訳『難破船』（哲学書房、一九八九年）、四二頁。

(19) Leo Strauss, *Natural Right and History* (Chicago and London: The University of Chicago Press, 1953), p. 26〔塚崎智・石

崎嘉彦訳『自然権と歴史』（ちくま学芸文庫、二〇一三年）、四八頁〕。ニーチェの「後継者」としてラディカルな歴史主義を招来したのは、シュトラウスによればハイデガーである。

(20)「非歴史的なものとは覆い包む雰囲気（Atmosphäre）のようなもので、そのなかで生命が生命を生み育み、この大気を否定すれば生命もまた消失してしまう」〔HL. 1 = KSA1. 252／Ⅰ(2)一二三頁〕。「歴史的に洗い直せばいつでも多くの誤ったもの、粗雑なもの、非人間的なもの、不条理なもの、暴力的なものが明るみに出てくるので、その結果、およそ生きとし生けるものを生かしめるあの唯一のもの、つまり敬虔な幻想の気分（die pietätvolle Illusions-Stimmung）が雲散霧消してしまう」〔HL. 7 = KSA1. 296／Ⅰ(2)一七〇頁〕。

(21) Cf. Lampert, "Nietzsche and Plato," pp. 210-11; Shearin, *op.cit.*, pp. 77-78. ニーチェはバーゼル大学での講義『ギリシア人の祭祀』（一八七五―七六年）において、古代アテナイの俗人宗教団体のひとつに "Διονυσοκόλακες" と呼ばれた芸人たちの組合があったことを指摘している〔2. 6 = KGW. II$_5$, 500／(1)五一二―一三頁〕。

(22) ニーチェのソクラテス観にぶれはない。ニーチェは一貫して「プラトンは高貴だが、ソクラテスは野卑であった」とみなしている。Cf. Zuckert, *op.cit.*, p. 26.

(23) Cf. Melissa Lane, "Honesty as the Best Policy: Nietzsche on *Redlichkeit* and the Contrast between Stoic and Epicurean Strategies of the Self," *Histories of Postmodernism*, eds. M. Bevir *et al.* (New York and London: Routledge, 2007), pp. 30-32.

(24) Cf. Marcin Milkowski, "Idyllic Heroism: Nietzsche's View of Epicurus," *Journal of Nietzsche Studies*, No. 15 (Spring 1998), p. 77. ニーチェがエピクロス理解の典拠にしていたのは、学位論文（一八六八年）のテーマであったディオゲネス・ラエルティオスのテクストであり、一八八七年刊行のH・ウーゼナー編『エピクロス集』と一八八八年にヴァチカンで発見された「エピクロスの勧め」の名で知られる断片集写本は言及されない。ただし一八八三年八月のペーター・ガスト（ハインリヒ・ケーゼリッツ）宛書簡からは、ヘルクラネウム・パピルスの分析にニーチェが多大な期待を寄せていたことがうかがえる〔KGB. III$_1$, 441-42／別巻(1)六二五頁〕。

(25) これはシュトラウスの解釈である。「哲学と宗教は同じものに属しているようにみえる――哲学と都市の結びつきよりももっと緊密にひとつのものに属している。……根本的な選択肢は、宗教にたいする哲学の支配か、それとも哲学にたいする宗教の支配かである。プラトンやアリストテレスにとってのように、哲学的生活か政治的生活かの二者択一ではないのだ。古典作家たちから区別されるニーチェにとって、政治は最初から、哲学か宗教かよりも低次の平面に属している。序言でかれは、自分のひときわ優れた先駆者は政治家でも哲学者ですらもなく、宗教的人間パスカルであることを暗示している」。Leo Strauss, "Note on the Plan of Nietzsche's *Beyond Good and Evil*," *Studies in Platonic Political Philosophy* (Chicago and London: The University of Chicago Press, 1983), p. 176; cf. Lawrence Lampert, *Leo Strauss and Nietzsche* (Chicago and London: The University of Chicago Press, 1996), pp. 33-34.

(26)　ニーチェのパスカル観をショーペンハウアー観との対比で論じたものとして、Brendan Donnellan, *Nietzsche and the French Moralists* (Bonn: Bouvier, 1982), pp. 38-48 を参照。

(27)　たとえば、苦痛を逸らすエピクロスの方法［DL. X. 22］とパスカルの「気ばらし」［B139＝L136＝S168］とが等視され、「宗教や哲学の慰め」も「気ばらしのための楽しみ（abziehenden Vergnügungen）」であるとされる［NF. Ende 1880. 7［157］＝KSA9, 349］。さらにニーチェは、エピクロス的キリスト者とストア的キリスト者を区別し、フランソワ・ド・サールを前者の、パスカルを後者の代表例にあげている［NF. Herbst 1885. 44［6］＝KSA11, 707／Ⅱ⑻五四三頁; cf. NF. Sommer 1883. 8［15］＝KSA10, 336／Ⅱ⑹二七頁］。

(28)　それはまた、かつての自分を「デカダン」と呼んだニーチェ自身のアンビヴァレンス［EH. Warum ich so weise bin. 2＝KSA6, 266／Ⅱ⑷二九〇頁］でもある。Cf. Philippe Choulet, "L'Épicure de Nietzsche: une figure de la décadence," *Revue Philosophique de la France et de l'Étranger*, n° 3, NIETZSCHE (Juillet-Septembre 1998).

(29)　この「無神論的」の意味については、竹下節子『無神論――二千年の混沌と相克を超えて』（中央公論新社、二〇一〇年）、第一部を参照。

(30)　ギュイヨーの見解と比較せよ。「パスカルの賭けにはかれが明瞭にしなかったひとつの要素が存在している。パスカルはほとんど冒険《リスク》の恐怖しかみなかった。かれは冒険の快楽《プレジール》を見おとしたのだ」（『義務も制裁もなき道徳』［II. 2, 147／一六〇頁］）。

(31)　「ニーチェにとって人間の生は、どの根から成長するかという方向は形而上学的に透明であるが、それがどんな目的に向かって伸びていくかという方向は形而上学的に透明でない」。Ｅ・フェーゲリンは、この点でニーチェの「力」のなかにキリスト教の「恩寵」に相当するものがあるという。Cf. Eric Voegelin, *History of Political Ideas*, Vol. VII: *The New Order and Last Orientation*, *The Collected Works of Eric Voegelin*, Vol. 25, eds. Jürgen Gebhardt and Thomas A. Hollweck (Columbia and London: University of Missouri Press, 1999), p. 279 and pp. 285-89.

(32) 天界の真理を手に入れるために「門」を潜り「閾」を跨いで冥界下《カタバシス》りをするのは、パルメニデス以来の伝統的イメージであった。Cf. Walter Burkert, “Das Proömium des Parmenides und die Katabasis des Pythagoras,” *Phronesis,* 14 (1969), S. 10f.

(33) ロマン主義者にとってすら「燃えあがる世界の壁の外（extra mœnia flammantia mundi）」には「グロテスクで幻想的なもの」しかなく、「好ましく心地よい考え」はその内側でだけ可能であった（ウォルター・スコット「空想作品における超自然的なものについて」[348]）。ニーチェとの親和性を示して興味ぶかいのは、エピクロス「の精神の活発な力」は「燃えあがる世界の壁を越えて遠く前進した」[DRN. I. 72–73] というルクレティウスの一節をプロメテウス神話に関係づけるソローである（一八五六年四月二六日の日記 [VI, 312]）。

(34) 「わたしは、偶然的なもののさなかに能動的な力、創造しつつあるものを認識した。――偶然そのものは、ただ創造的諸衝動の鉢合わせにすぎない」[NF. Winter 1883–1884. 24 [28] = KSA10, 661–62／Ⅱ⑹四八二頁]。

(35) Cf. Jens Petersen, *Nietzsches Genialität der Gerechtigkeit* (Berlin: De Gruyter Rechtswissenschaften, 2008), S. 97ff.

(36) オットマンはこれを「政治的プラトン主義」と表現する。Cf. Henning Ottmann, *Philosophie und Politik bei Nietzsche* (Berlin und New York: Walter de Gruyter, 1987), S. 147ff. プラトンの「政治的」理想主義批判については Allan Bloom, “Interpretive Essay,” *The Republic of Plato,* 2nd ed., trans. with Notes, an Interpretive Essay and a New Introduction by Allan Bloom (NewYork: Basic Books, 1991), pp. 409–10 を参照。

(37) このことばはもともとエピカルモスのものである [DK. Epicharmus. B13]。

(38) 木村敏『偶然性の精神病理』（岩波現代文庫、二〇〇〇年）、三八―三九頁参照。

(39) Cf. Joseph P. Vincenzo, “Nietzsche and Epicurus,” *Man and World,* 27 (1994), pp. 392–95.

結論　死と政治

「彼岸における死の止揚を此岸において象徴するのが平和です。あなたはこの世に蔓延る死に待ったをかけ、かわりに平和の秩序を据えました」
「つまり君はこういいたいのかね、アテナイ人はペリクレスに憤慨した、かれは平和をもたらしこそすれ、死を阻止しなかったからだ、と」

ヘルマン・ブロッホ『ウェルギリウスの死』

公共のことがらに無関心で望ましい社会の構想もない非政治的な哲学者——このエピクロス像に異を唱える余地は微塵もない。エピクロスの快楽主義は「世界から隔絶してはじめて達成され、自己自身の私的存在の境界線内部でのみ味わえるような幸福」を、「非政治的で完全に私的な生活様式の極限的な形式」(1)を理想としている。いかなる逆境にあっても快楽を手にしようとする者は、そもそも社会を改良しなければならない理由がなく、苦難のときを同類の友と小さな楽園にこもってやり過ごす「短期的悲観論者」になる(2)。結局「政治的エピクロス主義」とは政治的無関心の別名であり、それを奉じる者は「政治権力を自分の目的に利用しようとする人びとの慰みものとなってしまうだろう。……政治権力の形成に参加する必要は、個人的な瞑想を育むことを好む人びとにとってさえ避けられない」(3)。

近代のラディカルな思想家たちがこぞってエピクロス主義者を自任できたのは、したがって、かれらのエピクロス理解のどこかに根本的な誤りがあったためとしかいいようがない。エピクロスの原子が直線軌道から〈逸れ《クリナメン》〉て世界を産出することにちなんで、近代の諸思潮を生みだしたこの誤解に「創造的誤読《クリナメン》」の名を冠することもできなくはないが、誤読はやはり誤読である。エピクロスの哲学は〈逸れ〉て近代思想の揺籃という栄誉を得るかわりになにか本質的なものを犠牲にした、そしてエピクロスの嫡子を自負する思想家たちも自分が相続しそこねたものの重大さを十分に理解していない、そうは考えられないだろうか。エピクロスの哲学は、死すべきもの（θνητοί）という古代の基本的な人間観を前提としてそこから諸々の帰結を導いていた。近代におけるそのゆくえをたどりながら、いままでの議論をふりかえってみよう。

わたしにはこれしかない

出発点は「死はなにものでもない」というエピクロスのテーゼであった。

死はわれわれにとってなにものでもないと心得るよう習慣づけよ。善と悪はすべて感覚のうちに存するが、死とは感覚の喪失だからである。それゆえ、死はわれわれにとってなにものでもないと正しく認識すれば、生に無限の時間を加えるのではなく、不死への強い憧れを除去してしまうので、可死の生が享受しがいのあるものになる。生のないところには恐怖すべきものもないことを心の底から理解したひとにとっては、生きることにも恐ろしいものなどなにひとつないのである。……死は諸々の悪のなかでもっとも悪いものとされているが、実はわれわれにとって無にひとしい。なぜなら、われわれが現に生きて存在しているときには死はわれわれのもとになく、死が実際にわれわれのところにやってきたときにはわれわれがもはや存在しないからである。生者のもとに死は存在せず、死者は本人がもはや存在しないのであるから、死は生者にも死者にもなんらかかわりをもたない［DL. X. 124-25］。

死とは原子の合成体である物体が解体して元のばらばらな原子に戻ることである。肉体が不滅でないのはもちろん、感覚や思考のような意識活動をつかさどる魂も「希薄な」原子でできた物体であるからには、肉体と同様に不滅ではありえない。わたしを合成していた原子はわたしの解体後に別のなにかを合成する素材となるかもしれず、わたしとまったく同一の原子的組成をもつ人間が出現することも十分に長い時間をかければ不可能ではない。だがいちど死んだこのわたしは、もはやいかなる意味でも存在しない。「死すべき生が不死なる死によって奪われる（mortalem vitam mors cum immortalis ademit）」と、わたしの同一性に必要な記憶を含むいっさいの持続が断たれる［DRN. III. 856-863, 869］。死とは死んだわたしを意識するわたしが不在になることであるがゆえに、「死はなにものでもない」。

この殺伐なまでに簡潔な教えは、今日にいたるまで無数の反発を招いてきた。人間を死すべき有限の存在とみなし、誰もが代理不可能な自己の死を死なねばならないことを強調する実存主義者たちは[4]、エピクロスを遠い祖先とみてもよさそうなものだが、かれらの主たる関心は死の意識にあって意識の死にはない。死の現象学的分析は、「まだ死んでいないときにも、死はいつもすでに差し迫っているものとして現存在そのものに属している」がゆえに、現存在とは本質的にその死にほかならないこと、死についての気がかりを生から駆逐しようとするのは「死からの絶えざる逃亡」をはかる世人《ダス・マン》の特徴であることを明らかにしている（ハイデガー『時間概念の歴史への序説』［XXXIV, 432-38／⒇三九七―四〇二頁］）。人間は死を意識しつつ生きてはじめて十全たる人間といえるのだ。

エピクロスの有名な理屈は、自己の終末を被るだけでそれに立ち向かうことはけっしてできない動物、あるいは非 - 弁証法的存在者一般にしか関係しない。……人間は自己の現存在自体において、そしてそれにより自己を超越する。すなわち、人間は生存中に同時に自己の実在する現存在を超えるのであり、その未来の不在がかれの生命のなかに現前している……。人間だけが自己が死ぬであろうと知りながら生きることができる（コジェーヴ『ヘーゲル読解入門』[524, note／三五八―五九頁]）。

生の外なる死を語ったエピクロス主義と生の内なる死にこだわる実存主義がどこまでいってもすれ違うなかで、興味ぶかい例外はカミュの解釈である。死の恐怖からの解放以外になにごとも期待しない「石の幸福」で死すべきものの不幸を贖おうとした「エピクロスの恐るべき悲哀」は、創造時に科された死すべきものという存在の条件に人間が異議申し立てをする「形而上的反抗」の系譜においてみるときに鮮明になるとカミュはいう（『反抗的人間』[54-57／四三二―三五頁]）。この批判の当否はさておき、死すべきものが創造の不正を匡して新世界を建設するという筋書きは、エピクロス主義そのものに政治化する神学的必然性があったことを示唆している。「死後」や「来世」を信じる者は、たとえこの世が矛盾と不正に溢れていても最後の審判ですべてが一新される日を気長に待てるのだろうが、生がいちどきりとなるとそうはいかない。小説家ジョン・ファウルズの表現を借りるなら、「わたしにはこれしかない（*I have only this*）」のである。

ひとにはこの生しかない。そのことを確信した者は、大多数のわたしたちが自分の住む家にかんして実行するのと同じことをするだろう。その家は、思い描いていたとおりの、もっとも望ましい家ではないかもしれない。もう少し広ければ、美しければ、新しければ、あるいは古ければよかったのにと、わたしたちは思うかもしれない。だが、これこそはいま住まねばならぬ家であることをわたしたちは受け入れ、それを少しでも住みやすくすることに全力を尽くす。わたしは自分の現在の生に一時的に間借りしている者ではないし、無責任に下宿している者でもない。これはわたしの家、今後も所有するであろう唯一の家である。わたしにはこれしかない（『アリストス』〔36／五七―五八頁〕）。

人間の住処として定められたこの世界は、快楽の追求を道徳・法・宗教その他で制約する不正なものであるにもかかわらず、かつてのエピクロス主義者は安全な「庭園」のなかからそれを冷笑的に眺めるだけだった。しかし「これしかない」のだ。かれらはエピクロスを「偉大な反逆者」に仕立てあげたルクレティウスに唆され、人間と事物の配置にはいかなる合理的な根拠もないがゆえにすべては別様に配置可能であると信じ、この世界を万人に快楽の十全な享受が許されるような好ましい環境に変える――「庭園をつくる」――ために立ちあがった。快楽主義が偶然性の思想と手をたずさえたとき、エピクロス主義は現世内救済の希望に応える政治的な哲学となって、ホッブズからマルクスやニーチェにいたる近代のもっとも革命的な思想家たちを鼓舞したというわけである。

黒い穴の恐怖

だがこのシナリオは、実存主義と政治の関係にいささかの光明を投じはしても、エピクロス主義についての誤った予断があるため鵜呑みにできない。

第一に、エピクロスの快楽主義は近代の思想家たちに来たるべき理想社会を予見させるようなものではなかった。もしエピクロス主義的な意味での賢者だけからなる社会がありうるとしたら、それはたしかにユートピアの名にあたいする。賢者は「自然で必要な」欲望が満たされることだけを望み、またそれにはなにを選択しなにを忌避すべきかを思慮できるのであるから、そこでは「あらゆるものが正義と友愛で満たされ、城壁も法も、つまりわれわれがおたがいのゆえにこしらえるすべてのものが不要になるだろう」（オイノアンダのディオゲネスの碑文［frg. 56. I. 1-12］）。だがエピクロスの快楽主義の性格からして、この友情の国は社会内部の居心地のよい孤島のようなもの以上にはなりえない。「生の限度を理解しているひとは、欠乏による苦しみを除き去って全生涯を完全なものとするものが、いかに容易に獲得されうるかを知っている。それゆえに、かれはその獲得のために競争を招くようなものごとを少しも必要としない」［DL. X. 146＝KD. 21］。真の快楽とは、「自然で必要な」欲望が満たされ、生命体としての内部秩序を維持しているときにわれわれがおぼえる安らぎや健やかさの感覚のことであった(5)。それは自他の比較を可能にする量的な性格をもたないがゆえに、所有や支配の快楽のように優越感や妬み・羨みのような情念を喚起しない。おのおのは自分相手の「死を目指すレース」（アウグスティヌス）をしているだけで、他者と鎬を削りあっているわけではない。そのような快楽を追求する者は既存秩序の撹乱要因にもならないかわりに、特別の社会組織や制度も必要としない。「法律がすべて廃止されるようなことがあっても、われわれはいまと同じような生きかたをするだろう」［DL. II. 68］とは快楽主義の祖アリスティッポスのことばだが、エピクロスの徒はどんな悪法のもとでも一途に各自の心の平静《アタラクシア》を追求するのである。

近代エピクロス主義者は、すべての成員が自分の欲するいかなる種類の快楽をも追求・享受できるような「社会的エピクロス主義」（ノイラート）の国に実現可能なユートピアを見いだした。そこにも探せば賢者はいるのだろうが、成員の大多数を占めるのは「自然だが必要でない」欲望や「自然でも必要でもない」欲望に突き動かされる人間であり、かれらは「所有にいかなる限度があるかを心得ず、真の快楽を増大させうるその限界にまったく無知である」［DRN. V. 1430-1435］。それゆえこの社会は、増殖する欲望と多様化する快楽に対応して物質的に豊かでなければならず、また社会秩序の維持はひとえに快楽追求の規制にかかるため、相互危害の禁止を正義として強制し不履行者を処罰するために多くの実定法が必要になるだろう。ただし賢者は政治にたずさわろうとはしないから、この社会の統治は賢者ならざる多数者の手にゆだねざるをえないだろう。[6]

それをエピクロス主義的ユートピアと呼べない最大の理由は、いかに多様な快楽をどれほど大量に享受できても、死の恐怖に囚われたままでは幸福な生活といえないからである。トルストイの『イワン・イリイチの死』（一八八四―八六年）は、まさしくそのような社会に生きる人間の末路を描いている。権力・名誉・富に恵まれた生涯を送った男は、死は誰にでもかならず訪れるとわかっていたのに、いざ自分に死が迫ると受け入れられない。医者の養生訓もアヘンも効かず、聖餐式は一時の気休めでしかなく、仕事や社交に精を出しても、過去の愉しい記憶に浸っても、死という「黒い穴」への恐怖を鎮めることができずに塗炭の苦しみを味わう。

エピクロス主義の政治化を必然とみなせない第二の理由はこの点にかかわる。新旧エピクロス主義は社会変革への志向の有無で区別されるようにみえるが、かつてのエピクロス主義者にも変革すべきものはあったのだ。それはすなわち自己、死の恐怖に動揺するこのわたしの魂であり、それをいかなる不安にも煩わされない魂へと変容させる――「庭園を耕す」――ことが哲学の主たる目的であった。現代の分析哲学者たちは、「死はなにものでもない」というエピクロスのテーゼを「〔死の〕害を被る主体の不在（no subject of harm）」論法として整序しても、死の恐怖を認知的に克服する効果はないと主張するが、[7] フーコーによればそれはむしろ当然なのである。これは論理と認識のレベルで自己完結した言説ではなく、修練《アスケーシス》を積んでその真理を受け入れられるようになった主体にとってのみ救済の意味をもつ実践的・治療的ロゴスの典型であり、真理の追求と霊的救済とが主体において一体不可分になっているからである。[8]

エピクロスの門弟たちは「庭園」で共同生活を営みながら上達者と人格的に交わり、自由な語らい《パレーシア》をつうじて師の教えを手ほどきされ、それを日常の経験にすみやかに適用できる魂となるための修練にいそしんだ。遠隔地の弟子たちに宛てた師の手紙がそれを裏づけている。エピクロスが「魂の健康を得るのに早すぎるも遅すぎるもない」

と諭し、自分の教えの摘要を「ひとりで、また同類の友と一緒に、夜も昼も」記憶《ムネーメー》することを奨励するのは［DL. X. 122; 135］、この「魂の教導」を通信教育でほどこそうとしたのである[9]。哲学的生活とは無縁なメンミウスのような人間にエピクロスの「真の理論」をいくら説諭しても治療的効果はなく、かえって恐怖心を煽るだけであることはルクレティウスも承知していた。世代間の炬火継走という生命のイメージや、死後の状態は未生の状態と同じだと説明するシンメトリー論法は、死は無になることだというエピクロスの「苦い」真理に怖気づく人間を慰撫し、それを受け入れやすくするための「甘い」蜜、つまり説得のレトリックに属するもので、「真の理論」の不可欠な要素ではない[10]。

アスケーシス主義的な哲学が後退するにつれ、真理はありのままの主体の能力を前提とした認識の「方法」（デカルト）の問題に逼塞し、真理の探求と主体の救済とのあいだに保たれてきた不可分の関係は消失してしまう。イワン・イリイチが断末魔に「黒い穴」の恐怖にさいなまれるのも、なんらの変容も遂げない凡庸な魂が享楽に溺れた当然の報いであり、エピクロス主義が哲学の目標を引きさげた代償というべきなのだ。トルストイ自身は「気楽に快適に生きる」主人公の通俗的なエピクロス主義を批判したつもりでも[11]、それが真正エピクロス主義をはからずも呼び寄せてしまうところにこの小説の真骨頂がある。

あえて賢くあれ

人類の宿痾というべき死の恐怖の問題には近代思想も無関心でいられなかった。それどころか、死の周囲に堆積したあらゆる迷妄から万人を解放し、その恐怖を合理的な認識によって霧消させることは啓蒙の哲学的最終目標とさえ考えられていた。だがその試みは、エピクロス主義に直接感化されたかどうかにかかわらず、哲学のまさしく啓蒙的な性格が禍いしてことごとく不首尾におわる。ふたりの哲学者の場合でたしかめよう。

スピノザの哲学にはストア派およびエピクロス主義と共通するものが多分に含まれており、たとえば「自由な人間（homo liber）はなにより死については考えない。その知恵は死の省察ではなく生の省察である」（『エティカ』[IV. P67. 261／二五四頁]）のような主張がそのどちらに帰せられるかを判別するのはむずかしい[12]。確実にいえるのは、自然（精神と全自然との合一性）の認識を民衆に共有させる方法とそれに適した社会の創造を提案した若きスピノザが、典型的な近代エピクロス主義者であったことである（『知性改善論』[§14. 9／一五頁]）。ところがこのラディカルな普遍的啓蒙の企ては、当の民衆の頑迷な無知のまえにあえなく頓挫してしまう。スピノザの生涯変わらぬ信念にしたがえば、死によって身体の物理的持続は途切れても、それは身体との関係における精神、すなわち「身体の観念」としての精神が滅びることを意味するだけで、「われわれの精神は身体の本質を永遠の相のもとに含むかぎりで永遠である」（『エティカ』[V. P23S. 296／二八九頁]、『神、そして人間とその幸福についての短論文』[II. 23. 102-3／一三四頁参照]）。心身平行論にもとづいて改訂されたこの魂不滅説は、「人びとの共通の意見」に背馳しており、それを受け入れるために必要な修練も認識面に偏頗せざるをえなかった[13]。この哲学で死の恐怖から解放されるかどうかは、自然による知性の按分に、つまりは偶然にゆだねられていることをスピノザ自身もみとめるにいたる。『エティカ』はかぎりない諦念をこめた「すべて高貴なものは、稀にしてむずかしい」[V. P42. S. 308／三〇三頁]という一文で閉じられるのである。

一方、「死がなければ哲学することも困難であったろう」（『意志と表象としての世界』[II. 41. 590／(7)一一頁]）と主張するショーペンハウアーは、死の恐怖の克服法についてもエピクロス主義を大いに参照しており、シンメトリー論法を敷衍して「わたしが存在しなかった「後方《ア・パルテ・ポスト》の」無限は、わたしが存在しなくなる「前方《ア・パルテ・アンテ》の」無限と同じくらい恐ろしくない」[II. 41. 596／(7)一八頁]と述べている。「死はなにものでもない」というエピクロスは「まったく正しい」。

……存在しなくなるであろうことは、存在しなかったことと同じくわれわれにかかわりはない。だから認識の見地からは死を恐れる理由はいささかも存しない。しかるに意識は認識活動に存するがゆえに、意識にとって死は災厄ではない。それにまた、実際問題として死を恐れるのはわれわれの自我のこの認識する部分ではなく、生きとし生けるものに充満する死の嫌悪（fuga mortis）はもっぱら盲目的な意志に由来する。この意志にとって死の恐怖が……本質的なものである理由は、意志は生への意志であり、その本領は生存への衝動に存し、他方で認識は生への意志の根本をなさず、意志の客観化の結果として動物の各個体にやどる、という点にある［II. 41. 597／(7)一九頁］。

しかしこのエピクロス主義的な死の哲学ははじめから換骨奪胎されており、結局はスピノザと似た結論を導いていく。「死にかんしてわれわれが恐れるのは、けっしてその苦痛ではなく、……実際には個体の滅亡である」［I. 54. 391／(3)一九二頁］。生への意志という「物自体」が個別に客観化したその「現象」にすぎない個体の生死など、自然はいささかも意に介さない。個体は死んでも生物種が存続するのなら、まだ無になったとはいえないのだ。

あの現象と物自体の区別を堅持するならば、人間はたしかに現象としては死滅するが、その本質そのものがそれで妨げられることはなく、したがって、この本質には時間概念の除去がともなうから死後の持続を付与することはできないとはいえ、それが不壊であるとは主張できる。こうしてわれわれは、持続とは別物である不壊性（Unzerstörbarkeit）なる概念にたどりつくことになろう［II. 41. 631／(7)五七頁］。

死をもっとも恐れざる者とは、死によって個体としての持続性が失われても破壊されないなにかが残ることを認識できる人間をいう。ショーペンハウアーは「自分のなかで認識が意志を焼き尽くし食い尽くした」［II. 48. 780／(7)

二三三頁〕この境地を仏教の涅槃に重ね、それが厳しい知的修練なしには到達できないことを暗示するが、スピノザの形而上学的永遠がその論証を理解できる知性の持ち主の救いにしかならないように、意志の滅却により自己を救済できる人間も多くはない。そして不壊性（これはそもそも無に怯える者にとっての慰藉でしかない）[14]の教義ですらそうだとしたら、死とは解体であり無になることだというエピクロスの暗鬱な真理だけで死の恐怖を克服できるのは、なおさら少数のごく例外的な生来の知的優秀者だけだろう。[15]多数者は依然として宗教ないし擬似宗教にすがらねばならず、普遍的啓蒙の哲学が夢みた「無神論者の社会」は、「賢者だけでできた国」（ポリュビオス『歴史』〔VI. 56. 10〕）と同様にけっして現実のものとはならなかった。チャールズ・テイラーもいうように、エピクロスの無神論と霊魂可死説は、伝統的な神の愛《アガペー》にかえて人間の内部に秩序創造の道徳的原理をもとめる近代の「自己充足的・排他的人間主義」にさえいささかも裨益しなかった。真にラディカルな啓蒙が死にまつわる迷妄を追い払ったのちにこそエピクロスの勝利が訪れると信じたニーチェは、一羽の燕をみて夏がきたと早合点してしまった疑いが濃厚なのである。[16]

死にざまは無数にあるのに、誰もがひたすら目前に迫る死だけを恐れた

しかし、死の恐怖からひとの心を解放するためにつくられた国など、ユートピア小説のなか以外に実現したためしはない。[17]「エピクロスの園」が死の恐怖に煩わされない魂となるための修練に捧げられた哲学的共同体であったのなら、それを来たるべき政治社会のモデルにするなど土台無理なのである。近代版「エピクロスの園」が創造される目的は、はじめからそれとは似て非なるものであったと考えねばならない。

民衆を死の恐怖から解放することを最終的に断念したスピノザは、『政治論』であらためて「自由な群集（multitudo libera）」の国家を構想するにあたり、戦争で征服された人びとが服従に甘んじることにより成立する国家との相

違を指摘しつつ、両者に通底する「国家の権利一般」に言及している［V. 6, 296／五八頁］。すなわち、国家の存在理由は「平和ならびに生命の安全（pax, vitæque securitas）」を確保することにあり、その責務をはたさない国家のもとでは「自由な群集」の欲する善なる生活も約束されない。「騒乱の原因が除去されず、内乱を絶えず恐れ、法律がたびたび破られるような国家状態（status civilis）は、生命の多大な危険のなかで各人が自分の思いどおりに生きる自然状態そのものとさして変わらない」［V. 2, 295／一一七頁］。

同じ傾向は、ホッブズ政治哲学の要約に主著の一節を割いたショーペンハウアーにおいてさらに顕著になる。生への意志がエゴイズムを原則とする以上、それが個別に客観化した個体たちの世界は「他者の意志肯定の境界にたいする侵犯」、すなわち暴力による不正に満ちたホッブズ的闘争の世界である（『意志と表象としての世界』［I. 62, 458／⑶二七八頁］）。正義は「不正の否定」として消極的に定義される概念ではあるが、諸個人の内面を支配する道徳法としてなら自然状態にも存在する。だが物理的暴力としての不正がものをいう経験的世界においては、正義も相互に「不正を受けない」状態を強制するために法律の助けを借りねばならない。国家とは諸個人の「意志肯定の境界」を確定して集合的エゴイズムに奉仕する機関にほかならず、それを論じるときには、至高の哲学もその座を法学と政治学に譲りわたすのである（『余録と補遺』［I. 9, §120-§127, 284-305／⒀七―三一頁］）。

問題が錯綜してみえるのは、死一般と暴力的な死の区別もまたエピクロス主義に起源をもつトポスだからである。たしかにストア派にとっても、死はそれ自体で善でも悪でもない自然の過程であり、その必然性を理解すれば死を恐れる理由はなくなる。時満ちて訪れる死も時ならぬ非業の死も、あるいは自死ですらも、意志の力で死の恐怖を超克した賢者にはひとしくなにものでもない。ところがエピクロスは、他者の手にかかって快楽の生が途絶する暴力死が悪であること、すべての人間にそれを恐れる正当な理由があるがゆえに、その恐怖を除去する特別の手立てが必要なことをみとめる。死の恐怖は死についての誤った想定や推論から生じるがゆえに、魂を鍛える修練により哲学的に克服するしかないが、他者の存在が惹起する暴力死の恐怖は、「たがいに害をあたえたり受けたりしない」正義の合意とその遵守を強制する法により、すなわち政治的に除去可能なのである。(18)

この議論をきわめてプラグマティックなやりかたで摂取し、近代エピクロス主義のスタンダードな定式を確立したのがホッブズであった。その政治哲学的課題は、「最大の悪」である暴力死を避けるべしという自然理性の要求から「約定および信約遵守の必要性」を導くことにある（『市民論』[Epistola Dedicatoria, 75; I.7, 94／八、四〇頁]）。それには、神や地獄の劫火への非合理な恐怖をかき立てて理性の覚醒を阻む宗教的迷信をしりぞけねばならないはずだが、ホッブズは病める魂を治療するエピクロスの道を貫徹しない。それどころか、宗教の「種子」が人間本性に根ざしていることを逆手にとり、信約につきまとうアポリア（暴力死を避けよと命じる理性は、相互信頼契約を結ばせることはできても、それを履行させる拘束力がない）の解決に利用する。すなわち、「人類の最大部分を占める富や支配や肉体的快楽の追求者たち」が契約当事者である場合、「あてにできる」のは理性よりも恐怖という情念であるから、正義の合意をかれらに守らせるために神の「みえない力」への自然的な恐怖を最大限活用せよというのである（『リヴァイアサン』[XIV, 216／(1)二三二頁]）。(19) かつて賢者が心の平静を獲得するための一手段でしかなかった「平和と安全」は、「人民の安全（Salus Populi）」として——「ここで安全というのは、生命のたんなる維持ではなく、コモンウェルスに危険や害をあたえない合法的な勤労によって各人が自己のものとして獲得する、生命のその他のすべての満足をも意味する」[XXX, 520-21／(2)二五九頁]——いまや目的自体に格上げされ、幸福な生を妨げる最大要因ゆえに哲学の最大の標的であった死の恐怖は、もはや一顧だにされない。暴力死には回避の方策があってその恐怖を多数者の心から一掃することもできるが、自然死は誰にとっても不可避の生理的過程（「血流の停滞」）であり、哲学者ならぬ「医学者」の問題である（『人間論』[I.3, 5-6／一一—一三頁]）。

死すべきものが死を恐れさえしなければ、世界を変えなくても不死の神々にひとしい幸福な生が得られると教えた哲学が、暴力死の恐怖に怯える必要のない世界を創造し、そのなかで人間的な幸福を慎ましく享受すべしと説く背理——近代の自称・他称エピクロス主義者たちのエピクロス主義は、決定的かつ不可逆に〈逸れ〉ていた。その過程で切り捨てられた死の哲学の再建を企てたスピノザとショーペンハウアーも、ホッブズの尻拭いをさせられたにすぎず、〈逸れ〉の奔流を押しとどめるにはいたらない小さな逆渦であった。

工事が中断したまま、巨大な城壁が聳えている

エピクロスにならって完全なる無化としての死を受け入れよと説く哲学者が西洋にあらわれなかったことは、それがいかに奇矯で例外的な教えであったかを物語っている。アーレントによれば、「人間は死なねばならないとはいえ、死ぬために生まれるのではなく、はじめるために生まれる」(20)。人間は死ねば死にきりという考えに抗うばかりでなく、あくまでも個人としての不滅性を追求してきた。一般に動物は生物種として存在するがゆえに不死といえるが、人間だけは誕生と死に画された個体の生《ビオス》を有しており、またこの可死の生の「直線運動」によって生物学的生命《ゾーエー》の「循環運動」を断ち切ることができる。死すべきものが死を賭しても偉大なおこないやことばで卓越性を競いあうのも、不朽の名声を残して死後も永遠に記憶されたいというアキレウス的欲望があればこそなのだ。

西洋の歴史のはじまりにおいては、人間の可死性と自然の不死性の区別、人間のつくったものとそれ自身で存在するものとの区別は、歴史を叙述するさいの暗黙の前提であった。作品、おこない、ことばのように、人間にその存在を負うものはすべて滅びゆくものであり、いわば、そのつくり手たちの可死性に染まっている。しかし、死すべきものがその作品、おこない、ことばにある種の永続性をあたえ、それらが滅びゆくのを阻むことに成功するなら、それらの事物は、少なくともある程度までは、不滅の世界に入りそこで安らいを得るよう

になるだろう。のみならず、死すべきもの自身も、コスモス――人間以外の万物が不死である――のうちにみずからの場所を見いだすことになるだろう。これを成し遂げる人間の能力こそ記憶でありムネーモシュネーであった。(21)

文化人類学者アーネスト・ベッカーの見方は、同趣旨だがもっと醒めている。肉体の死滅後も永遠の生を約束する不滅性の観念は、いずれなんらかの宗教的信念に支えられた幻想でしかない。それでも、無になることへの不安が人間の心理学的普遍項であり、それを拭い去ることが人間の最奥の欲求であるのなら、幻想の不滅性でもないよりましであろうし、それならばいっそのこと「どの幻想のもとに生きるのが最善か」を考えるほうが精神衛生的に好ましい。(22)学問や芸術における優れた功績や名誉が、主体の自己尊重のみならず、進歩と繁栄、他者との連帯を促す文化的‐社会的効用ゆえに主体に不滅性をもたらすのなら、それを「テラー・マネジメント」に有効利用しない手はない、と。

エピクロス主義者には、それも死すべきものが不死性の幻想で籠絡されやすい証か、可死性から眼を逸らせる大掛かりな「気ばらし」（パスカル）にしかみえないだろう。名誉や栄光はローマがあるかぎり永続すると信じるキケロとメンミウスが、いくらポンペイウスやカエサルと覇を争い、顕職から顕職へとわたり歩いても、ローマがいつの日か潰え去れば――「可死の物体からなるものは、無限の過去から現在にいたるまで、巨大な時の強大な力を無視できるはずがない」〔DRN. V. 377-379〕――その栄達を記憶にとどめる者などいなくなる。死後の名声によって永遠の生を得るのはごく稀な偉人や成功者にのみ許された特権というだけでなく、そもそも英雄主義《ヒロイズム》は死を受け入れられない人間の錯覚である。

誰でもいずれかならず死者となる。解体して空虚のなかを音もなく落下しつづける無数の原子の「雨滴」に合流し、宇宙にかつて存在した痕跡の一片すら残さずに消滅しなければならない。自然が科した死すべきものという境涯から人間は永遠に逃れられない。

その他すべてには安全を確保することができるが、死にかんしては、人間はみな城壁のない都市の住人である[M. 92 = SV. 31 = Us. 339]。

エピクロスはわたしに自分の死を従容と受け入れさせる哲学の知を「可死の善」、死者となったわたしが追想のなかで生者に悦びをもたらす友情を「不死の善」と呼んで称揚したが[SV. 78]、それでわたし自身が不死になるとはどこにも言明されていない。哲学にも友情にもできないことは、科学にも芸術にも、そして宗教にすらもできないだろう。可死の人間の為しうる万事に自然の定めた限界があるのなら、政治もその例外ではありえない。それに期待してよいのは、せいぜい正義と法をもって暴力死の危険を除去し、死すべきものに天寿をまっとうさせることなのだ……。朗らかなまでに明晰で、自己の死をまえにした人間の研ぎすまされた精神の明澄さを思わせるこの透徹した洞察が、ある種の政治的ミニマリズムを正当化する理論と誤認された次第はすでに確認した。死をめぐるエピクロスの省察から政治哲学の名にあたいするものが仮に導きだせたとしても、それはエピクロス的自由主義などとはおよそ似ても似つかない思想になるはずである。

正義と法で安全を確保するすべをエピクロスの哲学に見いだした人びとは、暴力死を恐れるあまり、その危険さえなくなれば幸福になれると信じた。だが死すべきものの真の幸福は死の恐怖から自由な生にあって、死は暴力死のように「城壁」で防げるものでも、そもそも防ぐべきものでもない。(23) もっとも手強い敵をすら阻む堅固で高い「城壁」を築いても、死は易々とそれを越えて侵入し、かえってその恐怖を城内で昂進させる。死すべきものの敵は死それ自体ではなく、「城壁」で囲い込まれた魂を死の恐怖の捕囚にし、この恐怖につけこんで生を支配する権力、すなわちかつてルクレティウスが宗教《レリギオ》と名づけたものである。死の恐怖がもはや信仰をもとめる最大の動機ではなくなっても、[24]死を恐れる人間がいるかぎり宗教の力が衰えることはない。今日の政治権力が、人びとをすすんで死地に赴かせるために哲学や愛の名を騙って死を実際以上や以下にみせたり、生命科学や医療テクノロジーの進歩に乗じて人間に不死や永遠の生命を望見させたりすれば、エピクロス主義者はそれをやはり宗教と呼ぶだろう。だが、それにくらべたら幻想や欺瞞がない分だけ暴力死限定と銘打った正義と法の「城壁」のほうがまし、ということには断じてならないのである。これらあらたな宗教とは、「城壁」が保証する平和と安全の陰に放置され、ひとしれず増幅した死の恐怖が招き寄せるものにほかならないのだから。

「人間の獣性を飼い慣らし、この世の生活を穏和ならしめる」[25]――自然の脅威だけでなく、他者の暴力から、そして自己の過剰な欲望から自分の身を護る――ために、法という「城壁」がたとえ不可欠とみえても、エピクロス主義はそれが最善の生活をもたらすとは考えない。いかに安全で快適な文明生活を享受できても、死の恐怖から解放されないうちは最善どころか哀れむべき生活である。ところで、この誤解の典型である近代エピクロス主義のなかにも、本来のエピクロス主義の少なくとも残滓は、その哲学的伝統が〈逸れ〉てなお執拗に持続するさまはみとめられるのであった。近代版「エピクロスの園」は、死の恐怖から解放される日を待つあいだを過ごす人間の寓居となるはずが、待機期間を無期限に延長せざるをえなくなったため人類普遍の永遠の住処と誤認されてしまった、そう考えてみよう。この解釈が正しいとすれば、近代政治思想が近代エピクロス主義を名乗りうるのは、みずから築いた「城壁」をまやかしと知りつつも、それにすがって生きることを余儀なくされた種族の悲哀を表現する場合にかぎられ、その疚しさやうしろめたさを忘却してしまえば傲慢《ヒュブリス》の物語以外のなにものでもない。本書で〈エピキュリアン・モーメント〉と呼ばれるこのアイロニーは、架空の帝国を舞台にしたJ・M・クッツェーの小説の語り手が「不安な恥辱《アンイージー・シェイム》」に包まれて吐く台詞に凝縮されている。

われわれは法の世界に生きている。……次善の世界に。それはどうすることもできない。われわれは堕ちた存在なのだ。われわれにできるのは、正義の記憶を薄れるがままにせず、みんなで法を護持することだけだ（『夷狄を待ちながら』[V. 152／三〇八頁]）。

人間という死すべき種族の不幸は、可死の境涯そのものにではなく、救いの意味を履き違えてきたことに、そしてその結果として恥辱《エントロピー》にまみれた生を送らざるをえないことにある。(26) 死にたいしてはいくら「城壁」で防御を固めても無駄なのだ。法を守らねばならないのは、法が正しいからでも真理だからでもなく、死すべきものにとっての真の救いをまだ知らないわれわれにできるのは、それが精一杯だからである。ならばエピクロスの教える救いとはどのようなものであろうか、それはいまもなお福音たりうるのだろうか。

無との和解

人間を本質的に共同体的な存在と考える思想家は、死を論じるさいにもその共同的次元を強調する傾向がある。たとえば和辻哲郎は、ハイデガーの存在論が「個人意識の分析に終始する」現象学の限界ゆえに個人の死のみを問題にし、人間の死に属する「臨終、通夜、葬儀、墓地、四十九日、一周忌等々」を捨象したと評したが（『倫理学』⑴三三三頁）、自分の埋葬方法に無関心なエピクロス主義者への批判とも読める。だが「死は万人の参与し得る最も公共的な現象である」（『倫理学』⑵九一頁）と主張する和辻の直接の根拠は、「否定の否定」を介して「自他未分の主体」にいたるヘーゲル的な存在論ではない。倫理学をもっぱら人間学とみなして自然学から截然と分離したために、死を倫理学の主題にしても「人びとのあいだ」で解釈される死、つまり死の意味だけがクローズアップされ、死それ自体は等閑視されるのである。少なくとも和辻の列挙する「人間の死」は、死ぬ当人とは無関係な、むしろ後に残される生者たちのためにある死の周辺物でしかない。

誰もが免れない死は万人共通のものといえそうだが、正確を期すなら、他者と代替不可能な自分自身の死を死ぬという定めが万人に共通するというべきだろう。人間の死がつねに個人の死、つまりこのわたしの死とならざるをえないのは、和辻のいう「人間存在の個人的契機」にとどまるからでも「孤立的個人」なるものを素朴に前提するからでもなく、パスカルがいうように誰でも「死ぬときはひとり（On mourra seul）」だからである。

わたしたちはおめでたい。自分と同じくみじめで、同じく無力な仲間たちとの交わり《ソシエテ》をあてにしている。かれらに助けてもらうことはできない。死ぬときはひとり。／だからあたかもひとりであるかのようにふるまわねばならない。そうだとしたら豪壮な邸宅など建てたりするだろうか。迷わず真理をもとめるのではないか。それを拒むのは、真理の探究よりひとの評判を大事にしている証拠である（『パンセ』［B211＝L151＝S184］）。

自己の死をまえにした人間はその恐怖を自分で克服しなければならず、エピクロスによれば、死の恐怖を克服する唯一の方法は死を「正しく認識する（γνῶσις ὀρθή）」ことである。「知識は恐怖の解毒剤である」（エマソン『社会と孤独』［VII. X. 247］）から、そしてとくに死の恐怖の場合は、わたしが解体・無化する必然性をわたしが自分で理解し、実際にわたしが自分の死を受け入れる魂となる以外に救いはないのだから。この比類なき孤絶性ゆえに死は社会のものとなりえず、また政治の対極にあってその限界を画している。だがこの議論は、同じ理由からエピクロス主義にとっての躓きの石ともなりかねなかった。つまり「死はなにものでもない」という説は、効験あらたかと謳う知識自体が大多数者の理解力のおよびがたい性格のものであるだけに[27]、それを「正しく認識する」ことができる少数の知的エリートにとっての救いにしかならないようにみえるのである。

死ぬとは物体である人間が原子に還ること、約束事が張りめぐらされた有形の現象世界に別れを告げて無形の本質世界に溶け込むことだと考えるエピクロスにとって、人間の死は専一的に倫理学の問題ではなく、倫理学と自然学が接する境界線そのものをなす特異な形而上学的できごとである。ここでエピクロスが正確には「死はわれわれにとってなにものでもない」と述べていたことに注意しよう。古代の原子論者たちは、原子が合成して可感的な物体となった現象に指示対象を限定して「われわれにとって（πρὸς ἡμᾶς）」という表現を用いた。つまり死が「なにものでもない（μηδείς）・無にひとしい（οὐδέν）」とは、死は端的に経験の外にあるということ、死ねば主体は客体もろとも解体して不可視の原子と空虚しかない微視的世界に移行してしまい、巨視的世界の住人としては不在になるということである。「死は人生のできごとではない。ひとは死を体験しない」（ヴィトゲンシュタイン『論理哲学論考』[6.4311]）がゆえに、死というものは存在せず、かつて存在したこともなければ、これから先も存在することはないだろう。そのような無に実在と意味をあたえて解釈しようとするから「黒い穴」への恐怖が生まれ、それがまた不死、不滅、永遠を約束するものへの軽信を促すのだ。死すべきものが死を恐れる不幸を免れるには、死に無頓着になりさえすればよい……。

それにはルクレティウスのいうように、「世界の壁」で仕切られたふたつの世界のあいだを自在に往還するエピクロス級の哲学的賢者になる必要があるのだとしたら [DRN. I. 62–79; III. 16–30; V. 1–21]、たしかにかなり敷居の高い話となるだろう。[28] だがエピクロス自身は、直接に指導できない遠隔地の弟子たちにそれほど過酷な要求をしなかった。いまだ賢者ならざるかれらが命じられたのは、「死はなにものでもない」と思えるようになるまで「習慣づける（συνέθιζε νομίζειν）」こと、記憶し模倣することである。このやりかたでも、死が無にひとしい理由を「正しく認識する」のに劣らず、「不死への憧れを除去して……可死の生が享受しがいのあるものになる」というのだ。それがほんとうなら、二千年余の時を隔ててエピクロスを師と仰ぐ者にとっても朗報となるかもしれない。

「メノイケウス宛の手紙」のエピクロスが、死の原子論的説明を早々に切りあげ、その正しい認識を身につけた賢者の生を縷々説明するのは、それを記憶し模倣する読者の魂にエートスの変容が生じることを期待しているのだと考えられる。賢者は必然（ἀνάγκη）の奴隷にも偶然（τύχη）の崇拝者にもならず、「われわれをつうじて（παρ᾽ ἡμᾶς）」生じることに意を注ぎ、自分の力がおよばないことには煩わされない(29)。必然性と偶然性が混在するこの宇宙にあっては、いかに思慮を経て選択された行為も成就するとはかぎらず、生はつねに未完でおわるだろう。それを知っているからこそ賢者は、自分のおかれた状況をそのつど自分で吟味し、自分で選択した行為でそれに応答すれば、自由を実感して満足する。たとえ意図した結果が出来しなくても気に病まず、すべての行為を成否の不確かな冒険のように愉しむのだ。生の完成や最終的達成の囚われから解き放たれた魂には、死すべきものの足早に過ぎ去る生の一瞬一瞬が永遠となり、人生のはかない一齣一齣がかえって「不滅性の暗示」（ワーズワス）に輝くようになる。そのような日々を生きる者は、可死性という人間の条件に繋がれたままで「無との和解」をすでにはたしているとはいえないだろうか(30)。

「死はわたしがキャベツでも植えているところに、つまり死にも未完のわが庭園にも無頓着《ノンシャラン》でいるときに訪れてくれればいいと思う」（『エセー』〔I-20, 89／(1)一六三―一六四頁〕）とつぶやいたモンテーニュは、「死はなにものでもない」という生きかたを実践するエピクロス主義者であった。『ツァラトゥストラ』を白鳥の歌にしてエピクロスと訣別したはずのニーチェが、なおも後ろ髪を引かれるように想起したのもこの生きかたではなかったろうか。死の哲学を生の哲学に転じ、まだ見ぬ死についての形而上学的不安から可死の境涯を生きる経験的な倫理を生みだすためにも、「ニイチェの明朗に歸れ、否、エピクロスの快活に歸れ」と九鬼周造は呼びかけた（『人間と實存』〔(3)二七一頁〕）。救いはいま・ここに、祝福された生として、存在の悦びとして、それをもとめる者のまえにある。エピクロスの徒はユートピアの到来を待ち望みなどせず、いかに悪しき法のもとでも、法なき世界においても、たとえこの世界が終焉を迎えても、ひたすら快楽を追求するだろう。

淺草の塔が火の柱になつて
その灰燼から生れたのが
青臭い"La Variété《ラヴリエテ》 d'Epicure《デピキュウル》"なのだ。
萬物流轉の悲哀を背負つて
タンボリンとカスタネットを鳴らす
紅と白粉の子等よ！
君達の靴下の穴を氣にするな!!
ひたすら「パンタライ」の呪文を唱へて
若き男達の唇と股とを祝福せよ。
怪しくもいぶかしいボドボルが
そこから生れ落ちるだらう（辻潤「「享楽座」のぷろろぐ」［二四頁］）。

注

（1）ハンナ・アーレント、志水速雄訳『人間の条件』（中央公論社、一九七三年）、一一八頁。

（2）ジョージ・オーウェル、小野寺健訳「アーサー・ケストラー」、川端康雄編『鯨の腹のなかで』（平凡社〈オーウェル評論集3〉、一九九五年）、二五〇頁参照。

（3）フランツ・L・ノイマン、H・マルクーゼ編、内山秀夫ほか訳『政治権力と人間の自由』（河出書房新社、一九七一年）、二六五頁。

（4）「このわたしが死ぬというできごとは、このわたしにとっては、そうした世間一般のできごとには絶対に解消されない」（キルケゴール『哲学的断片への結びとしての非学問的あとがき』［II.2.1.158／(7)三〇五頁］）。

（5）「〔エピクロスの〕快楽は無根拠である。現存在そのものの純粋意識である。即自的につねにそこにあるのだが、隠されており、かき乱されている。だから引きおこされるのではなく、解放されて元に戻るだけである。それゆえ快楽は消極的に不快からの自由や苦痛の欠如と規定される」。Karl Jaspers, "Epikur," *Weltbewohner und Weimaraner: Ernst Beutler zugedacht MCMLX*, hrsg. Benno Reifenberg und Emil Staiger (Zürich und Stuttgart: Artemis, 1960), S. 112.

（6）これがM・コンシュの描くエピクロス主義的ユートピアである。Cf. Marcel Conche, "Droit naturel et droit positif selon Épicure," *Revue philosophique de la France et de l'étranger*, t. 138 (2013).

（7）トマス・ネーゲルの論文「死」（永井均訳『コウモリであるとはどのようなことか』（勁草書房、一九八九年）所収）を皮切りとした論争は、その後 *The Metaphysics of Death*, ed. John Martin Fisher (Stanford, CA: Stanford University Press, 1993) にまとめられている。

（8）廣瀬浩司・原和之訳『主体の解釈学——コレージュ・ド・フランス講義1981-1982年度』（筑摩書房、二〇〇四年）、二一—二三頁参照。

（9）手紙に自分の教えを要約して記憶させたエピクロスは、「方法的留意事項による魂の教導を記憶の練習から発展させた最初のヨーロッパ人」であった。Cf. Paul Rabbow, *Seelenführung: Methodik der Exerzitien in der Antike* (München: Kösel, 1954), S. 130; cf. SS. 336-38.

（10）「事物の総和はつねに更新され、死すべきものは交代しあって生きている。……短いあいだに世代が移り変わるさまは、さながら生命の炬火を受けわたす継走者である」[DRN. II. 75-79]。「ふりかえってわれわれが生まれる以前の永遠の過去の時代が、いかにわれわれとは無関係なものであるかを悟りたまえ。これは自然がわれわれのために見せてくれる鏡であり、われわれがやがて死に去ったのちの時代を示しているのだ。そこになにか恐ろしいと思えるものがいったいあるだろうか。どんな陰鬱なものが見られるだろう。いかなる眠りよりも安らかなものがあるではないか」[DRN. III. 972-977; cf. 832-841]。Cf. Elizabeth Asmis, "Rhetoric and Reason in Lucretius," *The American Journal of Philology*, Vol. 104 No. 1 (1983), pp. 53-55; P. H. Schrijvers, "Éléments psychagogiques dans l'œuvre de Lucrèce," *Probleme der Lukrezforschung*, hrsg. C. J. Classen (Hildesheim: G. Olms, 1986), pp. 375-81. 和田利博「死の恐れに対するシンメトリー論法とエピクロス派——ルクレティウスによるハチミツとニガヨモギの比喩」、『龍谷哲学論集』第二四号（二〇一〇年）、三〇頁参照。

（11）トルストイは衣食足りたソロモンの快楽主義（『コヘレト書』[8. 15; 9. 4-10]）をエピクロス主義（Эпикуреизм）と呼び、自分のめぐまれた境遇が偶然の産物であることを忘れる「想像力の魯鈍さ」ゆえにしりぞけた（『懺悔』[VII, 41-42／五四—五六頁]）。

(12) スピノザの「コナトゥス」とストア派の「親近性《オイケイオーシス》」の類似を指摘するJon Miller, *Spinoza and the Stoics* (Cambridge: Cambridge University Press, 2015), chap. 3と、エピクロス主義的な死の恐怖との関連を強調するDimitris Vardoulakis, *Spinoza, the Epicurean: Authority and Utility in Materialism* (Edinburgh: Edinburgh University Press, 2020), chap. 1, especially pp. 50f. を比較せよ。

(13) 民衆の知性にたいする不信は『神学政治論』で率直に表明されている。「恐怖こそが、迷信が生まれ、保たれ、育まれる原因である」にもかかわらず、「民衆から迷信を取り去るのは、恐怖を取り去るのと同じくらい無理である」[Praefatio, 5-6: 12／（上）三二、五〇頁]。「民衆はその気質上、ものごとを明晰判明に知ることができない」[V, 78／（上）二四五頁] からである。『知性改善論』では、哲学者の「生活規則（vivendi regulae）」のひとつに「民衆の理解力に合わせて語り、そしてわたしたちの目標に達するのに妨げとならないすべてのことに従事すること」が掲げられていた [§17, 9／一六頁]。

(14) アルベルト・ラディカーティの『死をめぐる哲学的論考』（一七三二年）は、エピクロス＝ルクレティウスの死の思想にもっとも接近した啓蒙期の著作と目される。だが「われわれはある種の存在をやめて別の存在を開始するだけなのだから、死ねば自分の存在を失うという不安になど陥るべくもない」[14] という主張は、正式な書名にあるように「不幸な人びとの慰め」を意図したものである。

(15) 一七七六年七月、死の床についたヒュームは、無になると考えたら不安ではないかというボズウェルの問いに、「ちっとも。ルクレティウスのいうとおり、自分が存在していなかったことを考えても不安がないのと同じです」と答えて質問者を困惑させた（『ボズウェルの日誌』[249]）。だがヒュームは自己の解体・無化・終末を理解して死を受け入れたのであり、シンメトリー論法に説得されたわけではない（「わが生涯」[I, 7]、および一七七六年八月二〇日付ブフレー伯爵夫人宛の手紙 [II. Letter 539, 335]）。

(16) 千葉眞監訳『世俗の時代（上）』（名古屋大学出版会、二〇二〇年）、二四、三三三頁参照。

(17) たとえばオルダス・ハクスリーの『島』（一九六二年）のような。

(18) Cf. Emily A. Austin, "Epicurus and the Politics of Fearing Death," *Apeiron*, Vol. 45 No. 2 (2012), pp. 111-12.

(19) 英語版『リヴァイアサン』で人びとを平和に向かわせる情念とされていた「死の恐怖」は、ラテン語版の対応箇所では「死の恐怖、とくに実は暴力死の恐怖」に改められている [XIII, 196-97／⑴二一四頁]。

(20) アーレント前掲書、二七三頁。

(21) 引田隆也・齊藤純一訳『過去と未来の間』（みすず書房、一九九四年）、五四頁。これに真っ向から異を唱える作家の見解も紹介しよう。「古代の思想家たちは自分たちの神々が死すべき存在であることを知っていました。自分たちの宇宙が死すべきものだと知っていたからです。古代文明と東方の文明は、事物の循環、神々や人間の世代の継起、不動のなかの変化などに、わたしたちよりも敏感でした。自分の神を砦とし、個人の不滅性を時にたいする城壁にしようと望んだのは、ほとんど西欧の人間だけなのです」（ユルスナール『目を見開いて』[266／⑹三〇七頁]）。

(22) 今防人訳『死の拒絶』（平凡社、一九八九年）、三一九―二一〇頁参照。

(23) 文明生活のすべてがかかる城壁も死にたいする防御にはならない。「ああ、あの狼どもを／囲いこむ城壁よ、大地に沈め／もうアテナイを守るな！……敬虔な心も畏怖も宗教も、平和、正義、真理／長幼の序、夜の安らぎも隣人愛も／教訓、礼儀、職業、商売も／階級、作法、習慣も法律も／破滅を生む逆のものになってしまえ／だが混乱は生きつづけろ！」（シェイクスピア『アテナイのタイモン』[IV-1.1-3; 15-21]）

(24) Cf. Jonathan Jong and Jamin Halberstadt, *Death Anxiety and Religious Belief: An Existential Psychology of Religion* (London and New York: Bloomsbury Academic, 2018), especially chap. 6.

(25) Edith Hamilton, *The Ever-Present Past* (New York: W. W. Norton, 1967), p. 34.

(26) エントロピーのギリシア語（ἐντροπή）原義は「辱め」である。審《さば》きと救いを訴える相手を見誤っている信徒たちを戒めるのに、パウロはまさしくこの語を用いた（『コリントの信徒への手紙一』[6.5; 15.34]）。すなわちエントロピーとは、まず乱雑さであり、ついで乱雑さを減少させる努力がさらなる混沌化を招いてしまうこと、さらにその努力の正しさを強弁する者がおぼえる疚しさや不面目の意味ですらある。

(27) 「死それ自体はなにものでもない。だがわれわれは／あずかり知らぬものになったり、あずかり知らぬところへ行くのを恐れる」（ドライデン「オーレン・ジーブ」[IV. 1. 240]）。「……みかけ倒しのたわごとに曰く、「理性あるものは／みずから感覚しないものを恐れなどしない」、わからないのか／われわれが恐れるのはこれ――なにもみえず、音もなく／触覚も味覚も嗅覚もなく、考えるすべもなければ／愛し寄り添うすべもない／誰もが目覚めなくなる麻酔薬」（ラーキン「朝の歌」[190]）。

(28) フローベールはロジェ・デ・ジュネッテ夫人に宛てた一八六一年の手紙にこう記している。「……古代人にとってこの黒い穴（trou noir）は無限そのものでした。かれらの夢は、不朽の黒壇を背景に描きだされ流れ去っていくのです。神々はすでになく、キリストがいまだ存在しなかったキケロからマルクス・アウレリウスまでのあいだは、人間が独力で立っていた唯一の期間なのです。わたしはこれほどの偉大さをほかに見いだすことができません。でもルクレティウスでがまんならないのは、その自然科学をいかにも絶対的であるかのように提示することです。かれに弱点があるとすれば、十分に疑うことをしなかったからです。説明すること、結論づけることだけを望んだのです」[III. 191]。

（29）「必然から生じることと、偶然から生じることと、われわれをつうじて生じることがある。……必然は責任とはかかわりがなく、偶然は定めなきものであるが、われわれをつうじて生じることは他のものの支配を免れており、そのようなものにこそ当然に非難と賞讃とが加えられるべきである」[DL. X. 133]。

（30）Cf. Michael Oakeshott, *On Human Conduct*（Oxford: Clarendon Press, 1975）, p. 85.

あとがき

本書の基になった研究を着想したのはかれこれ二〇年ほどまえのこと、ホッブズをめぐるマイケル・オークショットとレオ・シュトラウスの解釈の応酬をたどっていたころである。次第に関心はホッブズ哲学のエピクロス主義起源の要素に移行して、ガッサンディに目をつけたのはよいものの、あの浩瀚な著作集を五、六年かけてあらかた読みおえてもことの真相はいっこうにみえない。ただ、自分が思想史上の未見の鉱脈の一筋にふれたらしいことだけはおぼろげに感じていた。本書各章の初出（いずれも転載するにあたって全面的に改稿した）をみれば、通史的な体裁をもつ本書が、実際には、ガッサンディ＝ホッブズ関係の解明を主たる動機にしてはじまり、その前史と後史を行きつ戻りつしながら、中盤にさしかかってようやく全体の構想を得たことがおわかりいただけるだろう。

序論および第一部Ⅰ……「隠れて生きよ――エピクロスの政治哲学（上・下）」、政治哲学研究会編『政治哲学』第29・30号（二〇二一年四月・一一月）

第一部Ⅱ……「城壁の哲学――ローマのエピクロス主義について」、国士舘大学政経学部附属政治研究所編『政治研究』第3号（二〇一二年三月）

第一部Ⅲ……「庭園をつくる――エピクロス主義の〈逸れ〉について」、政治哲学研究会編『政治哲学』第23号（二〇一七年一二月）

第二部Ⅰ……「偶然のエピクロス主義者モンテーニュ――『エセー』における引用の政治学」、国士舘大学政経学部附属政治研究所編『政治研究』第6号（二〇一五年三月）

第二部Ⅱ……「エピクロスの帰還――ガッサンディにおける哲学的著述の技法について」、国士舘大学政経学部附属政治研究所編『政治研究』第2号（二〇一一年三月）

第二部Ⅲ……「心の平静《アタラクシア》から社会の平和へ――ホッブズはどこまでエピクロス主義者か」、政治哲学研究会編『政治哲学』第12号（二〇一二年二月）

第二部Ⅳ……「パスカルにおけるエピキュリアン・モーメント（上・下）」、政治哲学研究会編『政治哲学』第20・21号（二〇一六年五月・一一月）

第二部Ⅴ……「エピクロスとニーチェ」、国士舘大学政経学部附属政治研究所編『政治研究』第7号（二〇一六年三月）

結論……書き下ろし

本書もまたひとつの試行にすぎず、著者の非力に起因する多くの誤りや不整合を免れてはいないはずであるから、さらなる議論の踏み台として読者からご批判を賜れば、著者としては望外の喜びである。だがそれをまがりなりにも一著にまとめて世に問うことができたのは、多くの方々のご支援・ご鞭撻あらばこそ。ここにその名を記して心から感謝申しあげたい。

まず学恩を蒙ったいまは亡き師に。澁谷浩先生は常々「古典を読みなさい」とわたしを諭し、ホッブズとパスカルはどこか似ているという思いつきをとてもおもしろがってくださった。飯島昇藏先生はシュトラウスの著作の読み直しへとわたしを導き、エピクロス主義研究論文を発表するたびにいつも温かい励ましのことばを添えて批評してくださった。本書を敬愛するふたりの師の悦ばしい想い出に捧げる。

また学会・研究会において、あるいは私的な会話をつうじて、貴重な助言やヒントを頂戴した「哲学仲間」の諸兄姉、厚見恵一郎、石崎嘉彦、宇羽野明子、太田義器、兼利琢也、川添美央子、近藤和貴、佐藤貴史、添谷育志、高木酉子、竹下節子、村田怜、渡邊雅弘の各氏に。身におぼえがないという方もおられようが、どのおひとりが欠けても本書の成立はありえなかった。著者本人がいうのだから間違いはない。

さらに、毎度冗長な拙文を機関誌に掲載し、その転載を快諾してくれた政治哲学研究会と国士舘大学政経学部附属政治研究所のまれにみる寛大さに、また世界中から資料をかき集めてくれた国士舘大学図書館と、研究遂行を終始サポートしてくれた教務部学術研究支援課のスタッフの、ときに職務をはるかに超えたご尽力に。

恒例により最後になったが、見るからに売れそうもない大部の学術専門書の出版を引き受けてくれた晃洋書房と、その本づくりのプロたちの職人芸に。担当編集者の西村喜夫氏は、本書の原型となった論文に目をとめ、書いた当人があきらめかけていた研究の完成を辛抱づよく待ちながら、たびたび絶妙のタイミングで叱咤激励してくださった。研究者にとって出版人は不可欠のパートナーとの思いを禁じえない。

本書の一部はＪＳＰＳ科学研究費補助金の二〇〇九～二〇一一年度基盤研究(C)一般「近代政治思想史におけるエピクロス主義的伝統の研究」（課題番号 21530129）の遅きに失した成果であり、出版にあたり二〇二四年度研究成果公開促進費・学術図書（課題番号 24HP5103）の援助を受けた。

二〇二四年一〇月　世田谷の研究室にて

中金　聡

《著者紹介》

中 金　　聡（なかがね　さとし）

1961年生まれ
1995年　早稲田大学大学院政治学研究科博士後期課程修了，博士（政治学）
現　在　国士舘大学政経学部教授
専　攻　政治哲学

主要業績
『オークショットの政治哲学』（早稲田大学出版部，1995年），『政治の生理学——必要悪のアートと論理』（勁草書房，2000年），M・オークショット『リヴァイアサン序説』（法政大学出版局，2007年），B・ド・ジュヴネル『純粋政治理論』（共訳，風行社，2014年）など．

〈城壁のない都市〉の政治哲学
——エピクロス主義研究——

2025年1月20日　初版第1刷発行　　＊定価はカバーに表示してあります

著　者　中　金　　聡©
発行者　萩　原　淳　平
印刷者　江　戸　孝　典

発行所　株式会社　晃　洋　書　房
〒615-0026　京都市右京区西院北矢掛町7番地
電話　075（312）0788番㈹
振替口座　01040-6-32280

装丁　尾崎閑也　　印刷・製本　共同印刷工業㈱
ISBN978-4-7710-3887-5

人名索引

全編にわたり頻出する「エピクロス」および「ルクレティウス」は，主題的に論じられる箇所のみをあげる。太字は詳細な論及がある頁を示す。

〈ア　行〉

〈サ　行〉

〈マ　行〉

〈ヤ　行〉

〈ラ　行〉

〈ワ　行〉

文 献 一 覧

以下は本書で参照した一次文献と邦訳書のリストである。引用・引照にさいしては，本文および注の［ ］内に，該当する巻・章・節・行番号，あるいは原書頁数／邦訳書の対応頁数（漢数字）で出所を指示した。

1　主要一次文献および略号

Epicurus and Metrodorus

[EO] *Epicuro Opere,* introduzione, testo critico, traduzione e note di Graziano Arrighetti (Torino: Giulio Einaudi Editore, 1973).

[KD] & [SV] *Epicurus: The Extant Remains,* trans. and Notes by Cyril Bailey (Oxford: Clarendon Press, 1926). 出隆・岩崎允胤訳『エピクロス——教説と手紙』（岩波文庫，一九五九年）。

[M] *Les Épicuriens,* édition publiée sous la direction de Daniel Dlattre et de Jackie Pigeaud (Paris: Gallimard, 2010).

[Us] *Epicurea,* hrsg. Hermann Usener (Leipzig: Teubner, 1887; Dubuque: Brown Reprint Library).

Diogenes Laertius

[DL] *Vitarum philosophorum,* Vol. I: Libri I–X, edidit Miroslav Marcovich (Stuttgart: B. G. Teubner, 1999). 加来彰俊訳『ギリシア哲学者列伝（上・中・下）』（岩波文庫，一九八四—九四年）。

Lucretius

[DRN] *Titi Lucreti Cari De rerum natura libri sex,* ed. Cyril Bailey, 3 Vols. (Oxford: Clarendon Press, 1947). 樋口勝彦訳『物の本質について』（岩波文庫，一九六一年）。

Michel de Montaigne

[E] *Les Essais de Michel de Montaigne,* édition conforme au texte de l'exemplaire de Bordeaux par Pierre Villey, rééditée sous la direction et avec une préface de Verdun-L. Saulnier (Paris: PUF, 1965). 原二郎訳『エセー（１～６）』（岩波文庫，一九六五—六七年）。

[J] *Journal de Voyage de Michel de Montaigne,* édition présentée, établie et annotée par François Rigolot (Paris: PUF, 1992). 関根秀雄・斎藤広信訳『モンテーニュ旅日記』（白水社〈モンテーニュ全集第８巻〉，一九八三年）。

[Lettres] *Michel de Montaigne Œuvres complètes,* édition de Maurice Rat et Albert Thibaudet, introduction et notes de Maurice Rat (Paris: Gallimard, 1963). 関根秀雄訳『モンテーニュ書簡集』(白水社〈モンテーニュ全集第9巻〉, 一九八三年)。

Pierre Gassendi

[A] *Animadversiones in decimum librum Diogenis Laertii,* Reprint Originally published Lugduni: G. Barbier, 1649 (New York: Garland, 1987).

[HVL] *Three Discourses of Happiness, Virtue and Liberty, Collected from the Works of the Learn'd Gassendi, by Monsieur Bernier* (London: Awnsham and John Churchil, 1699).

[OO] *Opera Omnia,* Faksimile-Neudruck der Ausgabe von Lyon 1658 in 6 Bänden mit einer Einleitung von Tullio Gregory (Stuttgart-Bad Cannstatt: Friedrich Fromman Verlag, 1964).

Thomas Hobbes

[DC] *De Cive: The Latin Version,* ed. Howard Warrender (Oxford: Clarendon Press, 1983). 本田裕志訳『市民論』(京都大学学術出版会, 二〇〇八年)。

[DCo] *De Corpore,* OL. Vol. 1. 本田裕志訳『物体論』(京都大学学術出版会, 二〇一五年)。

[DH] *De Homine,* OL. Vol. 2. 本田裕志訳『人間論』(京都大学学術出版会, 二〇一二年)。

[DME] *Thomas White's De Mundo Examined,* The Latin translated by Harold Whitmore Jones (Crosby Lockwood Staples and London: Bradford University Press, 1976).

[EL] *The Elements of Law, Natural and Politic,* edited with a preface and critical notes by Ferdinand Tönnies, 2nd ed. with a new introduction by M. M. Goldsmith (London: Frank Cass & Co. Ltd., 1969). 田中浩・重森広臣・新井明訳『法の原理——人間の本性と政治体』(岩波文庫, 二〇一六年)。

[EW] *The English Works of Thomas Hobbes of Malmesbury,* Now first collected and edited by Sir William Molesworth (Aalen: Scientia Verlag, 1962).

[HE] *Historia Ecclesiastica, including text, translation, commentary and notes,* eds. Patricia Springborg, Patricia Stablein and Paul Wilson (Paris: Champion, 2008).

[L] & [LL] *Leviathan,* English and Latin Texts, 3 Vols, ed. Noel Malcolm (Oxford: Clarendon Press, 2012). 水田洋訳『リヴァイアサン(1～4)』(岩波文庫, 一九九二年)。

[Letter] *The Correspondence,* 2 Vols, ed. Noel Malcolm (Oxford: Clarendon Press, 2005).

[OL] *Thomæ Hobbes Malmesburiensis Opera philosophica quæ Latine scripsit omnia*

in unum corpus nunc primum collecta studio et labore Gulielmi Molesworth, 2nd reprint (Aalen: Scientia Verlag, 1966).

[ST] "A Short Tract on First Principles," EL. Appendix I.

Blaise Pascal

[B] *Pensées, Œuvres de Blaise Pascal,* Texte établi par Léon Brunschvicg, t. 12 (Paris: Hachette, 1925).

[L] *Pensées sur la religion, et sur quelques autres sujets,* introduction de Louis Lafuma (Paris: Éditions du Luxembourg, 1951).

[S] *Pensées,* Présentation et notes par Gérard Ferreyrolles, texte etabli par Philippe Sellier (Paris: Le Libre de poche classique, 2000). 前田陽一・由木康訳『パンセ（Ⅰ・Ⅱ）』（中公クラシックス，二〇〇一年）。

[ŒM] *Œuvres complètes,* I-IV, Texte établi, présenté et annoté par Jean Mesnard (Paris: Desclée de Brouwer, 1964, 1970, 1991, 1992). メナール版『パスカル全集１・２』（白水社，一九九三年—）。「デットンヴィルの手紙」，原亨吉訳『パスカル数学論文集』（ちくま学芸文庫，二〇一四年）。

[P] *Les Provinciales & autres, Œuvres complètes,* t. I, ed. présenté, etab. & ann. par Michel Le Guern, nouv. éd. (Paris: Gallimard, 2000). 田辺保訳『プロヴァンシアルⅠ・Ⅱ』（教文館〈パスカル著作集Ⅲ・Ⅳ〉，一九八〇年）。

Friedrich Nietzsche

[KGB] *Nietzsche Briefwechsel, Kritische Gesamtausgabe,* hrsg. Giorgio Colli und Mazzino Montinari unter Mitarbeit von Helga Anania-Hess (Berlin/New York: Walter de Gruyter, 1975-2004). 塚越敏訳『ニーチェ書簡集』（ちくま学芸文庫〈ニーチェ全集別巻１・２〉，一九九四年）。

[KGW] *Nietzsche Werke, Kritische Gesamtausgabe,* hrsg. Giorgio Colli und Mazzino Montinari (Berlin/New York: Walter de Gruyter, 1967-). 戸塚七郎・泉治典・上妻精訳『古典ギリシアの精神』（ちくま学芸文庫〈ニーチェ全集１〉，一九九四年）。

[KSA] *Friedrich Nietzsche Sämtliche Werke: Kritische Studienausgabe in 15 Bänden,* hrsg. Giorgio Colli und Mazzino Montinari (München: Deutscher Taschenbuch Verlag; Berlin/New York: Walter de Gruyter, 1980).『ニーチェ全集（第Ⅰ期・第Ⅱ期各12巻）』（白水社，一九七九—八五年）。

[GT] *Die Geburt der Tragödie aus dem Geiste der Musik*; [HL] *Vom Nutzen und Nachteil der Historie für das Leben*; [MA] *Menschliches, Allzumenschuiches*; [Mo] *Morgenröte*; [FW] *Die fröhliche Wissenschaft*; [Za] *Zarathustra*; [JGB] *Jenseits von Gut und Böse*; [GM] *Zur Genealogie der Moral*; [NW] *Nietzsche contra Wagner*; [GD] *Götzen-Dammerung*; [AC] *Der Antichrist*; [EH] *Ecce Homo*; [NF]

Nachgelassene Fragmente, all in KSA.

2　その他の一次文献

A　古代・中世

以下に列挙する以外のテクストは，［DK］Hermann Diels, *Die Fragmente der Vorsokratiker: Griechisch und Deutsch,* 3 Bde, neunte Auflage, hrsg. Walther Kranz（Berlin: Weidmann, 1960）および *The Loeb Classical Library* に依拠した。

Aelianus, *Claudii Aeliani De natura animalium libri XVII, Varia historia, Epistolae fragmenta,* ex recognitione Rudolphi Hercheri, 2 Bde（Lipsiae, in aedibus B. G. Teubneri, 1864）.

Agathias, *Agathiae myrinaei historiarum libri quinque,* recensuit Rudolfus Keydell（Berolini: Walter De Gruyter, 1967）.

Alexander of Aphrodisias, *Quaestiones 1.1–2.15,* trans. R. W. Sharples（Ithaca: Cornell University Press, 1992）.

Ammonius, *On Aristotle on Interpretation 9,* trans. David Blank（London: Bloomsbury Academic, 2014）.

Aristoteles, *De Anima,* recognovit breviqve adnotatione critica instruvxit W. D. Ross（Oxford: Clarendon Press, 1956）.

————, *De Philosophia, Aristotelis fragmenta selecta,* recognovit brevique adnotatione instruvxit W. D. Ross（Oxford: Clarendon Press, 1955）.

————, *Physica,* recognovit breviqve adnotatione critica instruvxit W. D. Ross（Oxford: Clarendon Press, 1950）.

Augustinus, *Confessionum, Contra Academicos, De Ordine, De libero Arbitrio, De Moribus Ecclesiæ catholicæ et de Moribus Manichæorum, Sancti Aurelii Augustini Hipponensis Episcopi Opera Omnia; Patrologiæ Latinæ,* Tomus 32（Turnhour: Brepolis, 1987; originally 1841–87）.

————, *Epistolae, Patrologiæ Latinæ,* Tomus 33.

————, *De Civitate Dei, Patrologiæ Latinæ,* Tomus 41.

————, *De Trinitat, Patrologiæ Latinæ,* Tomus 42.

Averroes, "Prologus in tertium Physicorum," Horst Schmieja, "Drei Prologe im Großen Physikkommentar des Averroes?" *Aristotelisches Erbe im arabisch-lateinischen Mittelalter: Übersetzungen, Kommentare, Interpretationen,* hrsg. Albert Zimmermann（Berlin: Walter De Gruyter, 1986）.

Roger Bacon, *Roger Bacon's Philosophy of Nature: A Critical Edition with English Translation, Introduction and Notes of De multiplicatione specierum and De speculis comburentibus* by David Lindberg (Oxford: Clarendon Press, 1983).

Boethius, *De consolatione philosophiae, Boetii Ennodii Felicis Opera Omnia; Patrologiæ Latinæ,* Tomus 63 (Turnhour: Brepolis, 1987; originally 1847).

———, *On Aristotle on Interpretation 9,* first and second commentaries, trans. Norman Kretzmann (London: Bloomsbury Academic, 2014).

Celsus, *On the True Doctrine: A Discourse Against the Christians* (New York: Oxford University Press, 1987).

Clement of Alexandria, *Stromatum, Clementis Alexandrini Opera Quæ Extant Omnia; Patrologiæ Græcæ,* Tomus 8-9 (Turnhour: Brepolis, 1987; originally 1857).

Corpus Iuris Civilis, editio stereotypa quinta, recognovit Paulus Krueger, Theodorus Mommsen, Rudolfus Schoell, Guilelmus Kroll; Vol. 1, *Institutiones, Digesta*; Vol. 2, *Codex Iustinianus*; Vol. 3, *Novellae* (Berlin: Weidemann, 1888-95).

Nicholas of Cusa, *Idiota de mente, Nicholas of Cusa on Wisdom and Knowledge,* trans. Jasper Hopkins (Minneapolis: The Arthur J. Banning Press, 1996).

———, "De usu communionis ⟨ad Bohemos⟩" and "Contra Bohemos," *Writings on Church and Reform,* trans. Thomas M. Izbicki (Boston, MA: Harvard University Press, 2008).

Diogenes of Oinoanda, *The Epicurean Inscription,* Edited with Introduction, Translation and Notes by Martin Ferguson Smith (Napoli: Bibliopolis, 1992).

Hieronymus, *Eusebii Chronicorum, Hieronymi Stridonensis Presbyteri Opera Omnia; Patrologiæ Latinæ,* Tomus 27 (Turnhour: Brepolis, 1987; originally 1866).

John of Salisbury, *Policraticus, of the Frivolities of Courtiers and the Footprints of Philosophers,* edited and translated by Cary J. Nederman (New York and Cambridge: Cambridge University Press, 1990).

Lactantius, *Divinarum Institutionum, Lucii Cæcilii Firmiani Lactantii Opera Omnia; Patrologiæ Latinæ,* Tomus 6 (Turnhour: Brepolis, 1987; originally 1844).

———, *De ira Dei, Patrologiæ Latinæ,* Tomus 7.

Moses Maimonides, *The Guide of the Perplexed,* trans. and with an Introduction and Notes by Shlomo Pines, 2 Vols. (Chicago and London: The University of Chicago Press, 1963).

John Malalas, *Ioannis Malalae Chronographia,* recensuit Ioannes Thurn (Berolini; Novi Eboraci: Walter De Gruyter, 2000).

Menander, *Hiereia, Comicorum Atticorum Fragmenta, edidit Theodorus Kock,* Vol. III (Lipsiae: B. G. Teubneri, 1888).

Origen, *Contra Celsum,* trans. with an Introduction and notes by Henry Chadwick (Cambridge: Cambridge University Press, 1980).

Philodemus, *On Choices and Avoidances,* eds. Giovanni Indelli and Voula Tsouna-McKirahan (Napoli: Bibliopolis, 1995).

———, *On Death,* trans. with an Introduction and Notes by W. Benjamin Henry (Atlanta: Society of Biblical Literature, 2009).

———, *On Frank Criticism,* Introduction, Translation and Notes by David Konstan *et al.* (Atlanta: Scholars Press, 1998).

———, *On Piety,* Part 1, Critical Text with Commentary, ed. Dirk Obbink (Oxford: Clarendon Press, 1996).

———, "*Πρὸς τους* [...]," P. Herc. 1005, The Imaging Papyri Project, University of Oxford Faculty of Classics, http://163.1.169.40/cgi-bin/library?e=d-000-00---0PHerc--00-0-0--0prompt-10---4------0-1l--1-en-50---20-preferences---00031-001-1-0utfZz-8-00&a=d&c=PHerc&cl=CL5.1.57&d=HASHa4f001cac3c2d3ebb39748

אבות פרקי: *PIRKE ABOTH, The Tractate "Fathers," From the Mishnah, Commonly Called "Sayings of the Fathers,"* edited with Introduction, Translation and Commentary by R. Travers Herford (New York: Jewish Institute of Religion, 1945).

Porphyry, *Porphyre De l'abstinence,* introduction par Jean Bouffartigue et Michel Patillon, t. 1-3 (Paris: Les belles letters, 1977).

———, *Porphyry the Philosopher to Marcella,* Text and Translation by Kathleen O'Brien Wicker (Atlanta: Scholars Press, 1987).

Pseudo-Plutarch, *Stromateis, Doxographi Graeci,* collegit recensuit prolegomenis indicibusque instruxit Hermannus Diels (Berlin: G. Reimer, 1879).

The Septuagint Version of Holy Testament, with an English Translation by Sir Lancelot Charles Lee Brenton, and with Various Readings and Critical Notes (London: Samuel Bagster and Sons, 1879).

Simplicius, *In Aristotelis physicorum libros quattuor posteriores commentaria,* edidit Hermannus Diels (Berolini: Akademiae Litterarum Regiae Borussicae, 1895).

Stobaeus, *Ioannis Stobaei Anthologium,* recensuerunt Curtius Wachsmus et Otto Hense, I-V (Berolini: Apud Weidmannos, 1884-1912).

Stoicorum veterum fragmenta, collegit Ioannes ab Arnim, volumen II: Chrysippi fragmenta logica et physica (Stutgard: B. B. Teubner, 1964).

Tertullianus, *Apologeticus pro Christianis, Quinti Septimii Florentis Tertulliani Presbyteri Carthaginiensis Opera Omnia; Patrologiæ Latinæ,* Tomus 1 (Turnhour: Brepols, 1985; originally 1844).

———, *Adversus Marcionem, De Anima, De Resurrectione Carnis, Patrologiæ Lat-*

inæ, Tomus 2

Theognis, *The Elegies and Other Elegies included in the Theognidean Sylloge,* a Revised Text Based on a New Collation of the Mutinensis M. S. with Introduction, Commentary and Appendices by T. Hudson-Williams (London: G. Bell, 1910).

Thomas Aquinas, *Summa contra Gentiles, Summa Theologiae, S. Thomae Aquinatis Opera Omnia,* Bd. 2 (Stuttgart-Bad Cannstatt: Frommann-Holzboog, 1980).

———, *Quaestiones Disputatae de Veritate, Opera Omnia,* Bd. 3.

William of Conches, *A Dialogue on Natural Philosophy* (*Dragmaticon philosophiae*), trans. Italo Ronca and Matthew Curr (Notre Dame, IN: University of Notre Dame Press, 1997).

B　ルネサンス以降

Antoine Arnauld, *Difficultés proposées à M. Steyaert,* t. V (Cologne: Pierre Le Grand, 1693).

Francis Bacon, *De dignitate et augmentis scientiarum, Novum Organum, The Works of Francis Bacon,* collected and edited by James Spedding *et al.,* Vol. I (London: Longman and Co., 1858-). 桂寿一訳『ノヴム・オルガヌム』(岩波文庫, 一九七八年)。

———, *The Advancement of Learning, The Works of Francis Bacon,* Vol. III. 服部英次郎・多田英次訳『学問の進歩』(岩波文庫, 一九七四年)。

———, *Essays or Counsels Civil and Moral, De sapientia veterum* (*The Wisdom of the Ancients*), *The Works of Francis Bacon,* Vol. VI. 渡辺義雄訳『ベーコン随想集』(岩波文庫, 一九八三年)。

Richard Baxter, *Reasons of the Christian Religion, The Practical Works of the Rev. Richard Baxter, with a Life of the Author and a Critical Examination of His Writings by William Orme,* Vol. 21 (London: James Duncan, 1830).

Pierre Bayle, *Dictionnaire historique et critique,* nouvelle édition, augmentée de notes extraites de Chaufepié, Joly, La Monnoie, Leduchat, L.-J. Leclerc, Prosper Marchand, *etc,* t. XVI (Genève: Slatkine Reprints, 1969). 野沢協訳『歴史批評辞典 I ～ III』(法政大学出版局〈ピエール・ベール著作集第 3 ～ 5 巻〉, 一九八二―八七年)。

———, *Nouvelles de la république des lettres, Œuvres diverses,* avec une introduction par Elisabeth Labrosse, t. I (Hildesheim and New York: Georg Olms, 1970).

———, *Pensées diverses sur la comète, Œuvres diverses,* t. III. 野沢協訳『彗星雑考』(法政大学出版局〈ピエール・ベール著作集第 1 巻〉, 一九七八年)。

Cyrano de Bergerac, *L'Autre Monde, Œuvres complètes,* texte établi et présenté par Jacques Prévot (Paris: Belin, 1977). 赤木昭三訳『日月両世界旅行記』(岩波文庫,

二〇〇五年)。

Henri Bergson, *Extraits de Lucrèce avec un commentaire, L'Évolution créatrice, Œuvres,* t. 1, Édition de Jean-Louis Vieillard-Baron en collaboration avec Jérôme Laurent et Alain Panero (Paris: le Livre de poche, 2015). 花田圭介・加藤精司訳「ルクレーティウスの抜翠」(白水社〈ベルグソン全集 8 ――小論集 I〉, 二〇〇一年)。合田正人・松井久訳『創造的進化』(ちくま学芸文庫, 二〇一〇年)。

François Bernier, *Abrégé de la philosophie de Gassendi,* texte revu par Sylvia Murr et Geneviève Stefani (Paris: Fayard, 1992).

――――, *Suite des memoires sur l'empire du grand Mogol* (Paris: Claude Barbin, 1671). 関美奈子・倉田信子訳『ムガル帝国誌(1・2)』(岩波文庫, 二〇〇一年)。

Bolingbroke, *The Works of the Late Right Honourable Henry St. John Lord Viscount Bolingbroke,* a New Edition in Eight Volumes, Vol. 5 (London: J. Johnson, 1809).

James Boswell, *The Journals of James Boswell 1761-1795,* selected and introduced by John Wain (London: Heineman, 1991).

Robert Boyle, *The Skeptical Chymist, or Chymico-Physical Doubts & Paradoxes* (London: F. Crooke, 1661). 田中豊助・原田紀子・石橋裕訳『懐疑の化学者』(内田老鶴圃, 一九八七年)。

――――, *Boyle on Atheism,* Transcribed and edited by J. J. MacIntosh (Toronto: University of Toronto Press, 2005).

John Bramhall, *Castigations of Mr. Hobbe His Last Animadversions, in the Case Concerning Liberty, and Universal Necessity, with an Appendix Concerning The Catching of Leviathan or The Great Whale* (London: J. Crook, 1658).

Thomas Brown, "Reflections upon the Doctrine of Epicurus," Saint-Evremond, *Miscellany Essays upon Philosophy, History, Poetry, Morality, Humanity, Gallantry & c.,* done into English by Mr. Brown (London: John Everingham and Abell Roper, 1694).

Thomas Browne, *Religio Medici, Sir Thomas Browne's Works, including His Life and Correspondence,* ed. Simon Wilkin, Vol. 2 (London: William Pickering, 1835). 生田省悟・宮本正秀訳『医師の信仰・壺葬論』(松柏社, 一九九八年)。

Giordano Bruno, *On the Infinite Universe and Worlds,* Dorothea Waley Singer, *Giordano Bruno: His Life and Thought, with Annotated Translation of His Work On the Infinite Universe and Worlds* (New York: Henry Schuman, 1950). 清水純一訳『無限, 宇宙および諸世界について』(岩波文庫, 一九八二年)。

Jean Calvin, *Institutio Christianæ Religionis in libros quatuor* (Genevæ: Oliua Roberti Stephani, 1559). 渡辺信夫訳『キリスト教綱要(改訳版)第1篇・第2篇』(新教出版社, 二〇〇七年)。

Albert Camus, *L'Homme révolté, Œuvres complètes d'Albert Camus,* t. 3, notices de Roger Grenier (Paris: Éditions du Club de l'honnête homme, 1983). 佐藤朔・白井浩司訳『反抗的人間』(新潮社〈新潮世界文学49・カミュⅡ〉，一九六九年)。

Charles Cavendish, Letter to John Pell, 20 October 1644, *A Collection of Letters Illustrative of the Progress of Science in England from the Reign of Queen Elizabeth to that of Charles the Second,* ed. J. O. Halliwell-Phillips (London: R. and J. E. Taylor, 1841).

J. M. Coetzee, *Waiting for the Barbarians* (London: Vintage Books, 2004). 土岐恒二訳『夷狄を待ちながら』(集英社文庫，二〇〇三年)。

Samuel Taylor Coleridge, *Aids to Reflection in the Formation of a Manly Character on the Several Grounds of Prudence, Morality and Religion* (Lonon: Taylor and Hessey, 1825).

———, *The Notebooks of Samuel Taylor Coleridge, Vol. 4: 1819–1826 Text,* eds. Kathleen Coburn and Merton Christensen (London: Routledge, 2002).

———, *A Book I Value: Selected Marginalia* (Princeton and Oxford: Princeton University Press, 2003).

Jean Antoine Condorcet, "Eloge de Blaise Pascal," "Sur les *Pensées* de Pascal," *Œuvres,* t. 3 (Stuttgart-Bad Cannstatt: Friedrich Frommann, 1968).

Thomas Creech (trans.), *T. Lucretius Carus the Epicurean philosopher his six books De natura rerum done into English verse, with notes* (Oxford: L. Lichfield, 1682).

Richard Cumberland, *A Treatise on the Laws of Nature,* edited and with a Foreword by Jon Parkin (Indianapolis: Liberty Fund, 2005).

Louis de Broglie, *Matière et lumière* (Paris: Albin Michel, 1947). 河野与一訳『物質と光』(岩波文庫，一九七二年)。

René Descartes, *Discours de la methode, La dioptrique, Les meteores, Œuvres de Descartes,* publiées par Charles Adam & Paul Tannery, nouv. éd., VI (Paris: J. Vrin, 1973). 三宅徳嘉・小池健男訳『方法序説』，青木靖三・水野和久ほか訳『屈折光学』，赤木昭三訳『気象学』(白水社〈デカルト著作集１〉，一九七三年)。

———, *Meditationes de prima philosophia, Œuvres de Descartes,* VII. 所雄章ほか訳『省察および反論と答弁』(白水社〈デカルト著作集２〉，一九七三年)。

———, *Principia philosophiœ, Œuvres de Descartes,* VIII–1. 三輪正・本多英多郎訳『哲学原理』(白水社〈デカルト著作集３〉，一九七三年)。

Paul-Henri Thiry d'Holbach, *Système de la nature, ou Des lois du monde physique et du monde moral,* nouv. éd., avec des notes et des corrections, par Diderot. Édité avec une introduction par Yvon Belaval (Hildesheim: G. Olms, 1966). 髙橋安光・鶴野陵訳『自然の体系（Ⅰ・Ⅱ）』(法政大学出版局，一九九九―二〇〇一年)。

Denis Diderot, "ÉPICURÉISME," *Œuvres complètes de Diderot,* t. XIV, revues sur le éditions originales, comprenant ce qui a été publié à diverses époques et les manuscrits inédits conservés à la Bibliothéque de L'Ermitage, notices, notes, table analytique, et étude sur Diderot et le mouvement philosophique au XVIIIe siècle par J. Assézat (Paris: Garnier Frères, 1876).

John Digby, *Epicurus's Morals, with Comments and Reflections Taken out of Several Authors* (London: F. Morphew, 1712).

John Dryden, *Aureng-Zebe: a Tragedy, The Works of John Dryden, now first collected in eighteen volumes,* Vol. V (London: William Miller, 1808).

Jacques du Rondel, *La vie d'Epicure* (Paris: Antoine Cellier, 1679).

T. S. Eliot, "The Pensées of Pascal," *Selected Essays: New Edition* (New York: Harcourt, Brace and Co., 1950). 矢本貞幹訳「パスカルの『パンセ』」,『文芸批評論』(岩波文庫, 一九六二年)。

———, "Pascal: The Great Layman," *The Cambridge Mind: Ninety Years of the Cambridge Review, 1879–1969,* eds. E. Homberger *et al.* (London: Jonathan Cape, 1969).

Ralph Waldo Emerson, *Society and Solitude: Twelve Chapters, The Complete Works,* Vol. VII (Boston: Houghton, Mifflin and Company, 1887).

Desiderius Erasmus, "Epicureus," *Desiderii Erasmi Roterodami Opera omnia,* emendatiora et auctiora, ad optimas editiones, praecipue quas ipse Erasmus postremo curavit, summa fide exacta, doctorumque virorum notis illustrata, in decem tomos distincta, Tomus Primus (Lugduni Batavorum, Petri Vander, 1704; London: Gregg Press, 1962). 金子晴勇訳「エピクロス派」,『エラスムス神学著作集』(教文館, 二〇一六年)。

———, "Sileni Alcibiades," *Opera omnia,* Tomus Secundus.

———, *De contemptu mundi, Opera omnia,* Tomus Quintus.

Ludwig Feuerbach, *Geschichte der neuern Philosophie von Bacon von Verulam bis Benedikt Spinoza, Gesammelte Werke,* Bd. 2, Bearbeitet von Wolfgang Harich (Berlin: Akademie-Verlag, 1984). 船山信一訳『近世哲学史(上・下)』(福村出版〈フォイエルバッハ全集5・6〉, 一九七五年)。

Richard P. Feynman, Robert B. Leighton, Matthew Sands, *The Feynman Lectures on Physics, Mainly Mechanics, Radiation and Heat* (Redwood City, CA: Addison-Wesley, 1963). 坪井忠二訳『ファインマン物理学1――力学』(岩波書店, 一九六七年)。

Gustave Flaubert, Lettre à Louis Bouilhet, Jérusalem, 20 août 1850, *Correspondence,* t. I, Édition de Jean Bruneau (Paris: Gallimard La Pléiade, 1973–).

———, Lettre à Edma Roger des Genettes, [Sans lieu] 1861, *Correspondence,* t. III. 中村光夫訳『書簡Ⅲ』(筑摩書房〈フローベール全集10〉, 一九七〇年)。

John Fowles, *The Aristos* (London: Triad Grafton Books, 1981). 小笠原豊樹訳『アリストトス』(パピルス, 一九九二年)。

Anatole France, *Le jardin d'Épicure, Œuvres complètes illustrées de Anatole France,* t. IX (Paris: Calmann-Lévy, 1927-). 大塚幸男訳『エピクロスの園』(岩波文庫, 一九七四年)。

———, *Les dieux ont soif, Œuvres complètes,* t. XX. 大塚幸男訳『神々は渇く』(岩波文庫, 一九七七年)。

Galileo Galilei, *Dialogues Concerning Two New Sciences,* trans. Henry Crew and Alfonso de Salvio (New York: Macmillan, 1914). 今野武雄・日田節次訳『新科学対話(上・下)』(岩波文庫, 一九三七—四八年)。

———, Letter to Madame Christina of Lorraine Grand Duchess of Tuscany (1615), *Discoveries and Opinions of Galileo,* translated with an introduction and notes by Stillman Drake (New York: Anchor Books, 1957).「クリスティーナ大公母への書簡」, 小林満訳『ガリレオ書簡集——天文学的発見から聖書解釈まで』(水声社, 二〇二二年)。

Edward Gibbon, *The History of the Decline and Fall of the Roman Empire,* 7 Vols., edited with Introduction, Notes, Appendices and Index by J. B. Bury, 3rd ed. (London: Methuen, 1908-). 中野好夫訳『ローマ帝国衰亡史(1〜10)』(ちくま学芸文庫, 一九九五—九六年)。

André Gide, *Essai sur Montaigne,* ornements de René Ben Sussan (Paris: Éditions de la Pléiade, 1929). 渡邊一夫訳「モンテーニュ論」(新潮社〈アンドレ・ジイド全集14〉, 一九五一年)。

Johann Wolfgang von Goethe, *Maximen und Reflexionen, Goethe Sämtliche Werke, Briefe, Tagebücher und Gespräche,* Vierzig Bände, 1 Abteilung, Bd. 13, hrsg. Harald Fricke (Frankfurt am Main: Deutscher Klassiker Verlag, 1993). 岩崎英二郎・関楠生訳『箴言と省察』(潮出版社〈ゲーテ全集13〉, 一九八〇年)。

Marie de Gournay, "Préface par sa fille d'alliance," sur *Les Essais de Michel, seigneur de Montaigne,* édition nouvelle (Paris: J. Camusat, 1635).

Robert Graves, *The White Goddess: A Historical Grammar of Poetic Myth,* ed. Grevel Lindop (London: Faber & Faber, 1997).

Jean-Marie Guyau, *La morale d'Épicure et ses rapports avec les doctrines contemporaines* (Paris: Librairie Germer Baillière, 1878).

———, *Esquisse d'une morale sans obligation ni sanction,* sixème édition (Paris: Félix Alcan, 1903). 長谷川進訳『義務も制裁もなき道徳』(岩波文庫, 一九五四年)。

John Harris, *A Refutation of the Atheistical Notion of Fate* (London: Richard Wilkin, 1698).

G. W. F. Hegel, *Phänomenologie des Geistes, Werke in zwanzig Bänden,* Bd. 3 (Frankfurt am Main: Suhrkamp, 1970). 熊野純彦訳『精神現象学（上・下）』（ちくま学芸文庫，二〇一八年）。

Martin Heidegger, *Prolegomena zur Geschichte des Zeitbegriffs, Gesamtausgabe,* Bd. 20 (Frankfurt am Main: Vittorio Klostermann, 1979). 常俊宗三郎・嶺秀樹訳『時間概念の歴史への序説』（創文社〈ハイデッガー全集第20巻——第２部門講義（1919-44)〉，一九八八年）。

———, *Nietzsche,* 2 Bde. (Pfullingen: Neske, 1961). 細谷貞雄監訳『ニーチェ（１・２）』（平凡社ライブラリー，一九九七年）。

Johann Gottfried Herder, "Über die neuere deutsche Literatur, Fragmente (1767)," *Frühe Schriften 1764-1772,* hrsg. Ulrich Gaier, *Werke in zehn Bänden* (Frankfurt am Main: Deutscher Klassiker Verlag, 1985).

Friedrich Hölderlin, *Hyperion, Sämtliche Werke und Briefe,* Bd. 2, hrsg. Jochen Schmidt in Zusammenarbeit mit Katharina Grätz (Frankfurt am Main: Deutscher Klassiker, 1994). 青木誠之訳『ヒュペーリオン——ギリシアの隠者』（ちくま文庫，二〇一〇年）。

Richard Hooker, *Of the Laws of Ecclesiastical Polity,* ed. Arthur Stephen McGrade (Cambridge: Cambridge University Press, 1989).

David Hume, *A Treatise of Human Nature, The Philosophical Works of David Hume,* eds. T. H. Green and T. H. Grose, Vols. 1-2 (Aalen: Scientia, 1964). 木曾好能・石川徹・中釜浩一・伊勢俊彦訳『人間本性論（１〜３）』（法政大学出版局，二〇一一—一二年）。

———, *Dialogues Concerning Natural Religion, The Philosophical Works of David Hume,* Vol. 2. 福鎌忠恕・斎藤繁雄訳『自然宗教に関する対話』（法政大学出版局，一九七五年）。

———, *An Enquiry Concerning Human Understanding,* "Of the Immortality of the Soul," *The Philosophical Works of David Hume,* Vol. 4. 斎藤繁雄・一ノ瀬正樹訳『人間知性研究』（法政大学出版局，二〇〇四年）。田中敏弘訳「霊魂の不滅について」，『道徳・政治・文学論集［完訳版］』（名古屋大学出版会，二〇一一年）。

———, "My Own Life,"Letter To the Comtesse de Boufflers, 20 August, 1776, *The Letters of David Hume,* 2 Vols., ed. J. Y. T. Graig (Oxford: Clarendon Press, 1932).

Aldous Huxley, *Do What You Will* (London: Chatto and Windus, 1931).

———, *Island: A Novel* (London: Chatto and Windus, 1962). 片桐ユズル訳『島』

（人文書院，一九八〇年）。

Alfred Jarry, *Gestes et opinions du Docteur Faustroll, Œuvres,* sous la direction de Michel Décaudin (Paris: Laffont, 2004). 相磯佳正訳『フォーストロール博士言行録』（国書刊行会〈フランス世紀末文学叢書６〉，一九八五年）。

Immanuel Kant, *Allgemeine Naturgeschichte und Theorie des Himmels, Vorkritische Schriften bis 1768, Werkausgabe,* Bd. II-1, hrsg. Wilhelm Weischedel (Frankfurt am Main: Suhrkamp, 1968-). 宮武昭訳「天界の一般自然史と理論」（岩波書店〈カント全集２〉，二〇〇一年）。

———, *Träume eines Geistersehers, Vorkritische Schriften bis 1768, Werkausgabe,* Bd. II-2. 金森誠也訳『視霊者の夢』（講談社学術文庫，二〇一三年）。

———, *Kritik der reinen Vernunft,* 2 Bde, *Werkausgabe,* Bde. III-IV. 有福孝岳訳『純粋理性批判（上・中・下）』（岩波書店〈カント全集４～６〉，二〇〇一～六年）。

Omar Khayyám, *Rubáiyát of Omar Khayyám of Naishápúr, Works of Edward Fitzgerald,* Vol. 1 (New York and Boston: Houghton, Mifflin & Co., 1887). 井田俊隆訳『ルバイヤート――オウマ・カイヤム四行詩集』（南雲堂，一九八九年）。

Søren Kierkegaard, *Abschliessende unwissenschaftliche Nachschrift zu den philosophischen Brocken,* übersetzt von Hans Martin Junghans, *Gesammelte Werke,* Bd. 16 (Düsseldorf: E. Diederichs, 1957-1958). 杉山好・小川圭治訳『哲学的断片への結びとしての非学問的あとがき（上・中・下）』（白水社〈キルケゴール著作集７～９〉，一九六八―七〇年）。

Alexandre Kojève, *Introduction à la lecture de Hegel, Leçons sur la Phénoménologie de l'Esprit,* professées de 1933 à 1939 à l'École des Hautes Études réunies et publiées par Raymond Queneau (Paris: Gallimard, 1967). 上妻精・今野雅方訳『ヘーゲル読解入門――『精神現象学』を読む』（国文社，一九八七年）。

Julien Offray de La Mettrie, *Discours préliminaire, Traité de l'ame, L'homme machine, Œuvres philosophiques* (Hildesheim: Georg Olms Verlag, 1970). 杉捷夫訳『人間機械論』（岩波文庫，一九三二年）。

François La Mothe le Vayer, *De la vertu des payens* (Paris: François Targa, 1642).

———, "De la diversité des Religions," *Cinq dialogues faits à l'imitation des anciens,* par Oratius Tubero (Amos: Paul de La Flèche, 1673).

La Rochefoucauld, *Œuvres complètes,* éd. établie par L. Martin-Chauffier, revue et augmentée par Jean Marchand (Paris: Gallimard, 1986). 二宮フサ訳『ラ・ロシュフコー箴言集』（岩波文庫，一九八九年）。

Dionysius Lambinus, *Titi Lucreti Cari De rerum natura libri sex,* ad optimas editiones collati accedit varietas lectionis (Biponti: Editio Accurata, 1782; originally 1563).

Friedrich Albert Lange, *Geschichte des Materialismus und Kritik seiner Bedeutung in der Gegenwart,* 2 Bde (Frankfurt am Main: Suhrkamp, 1974).

Philip Larkin, "Aubade," *Collected Poems,* Edited and with an Introduction by Anthony Thwaite (New York: Farrar, Straus and Giroux, 2004).

Louis le Caron, *Pandectes, ou digestes du droit François* (Lyon: Iehan Veyrat, 1553).

———, *La Claire, ou De la prudence de droit* (Paris: Guillaume Cauellat, 1554).

———, *La philosophie de Loys le Caron* (Paris: Charles l'Angelier, 1555).

———, *Les dialogues de Loys le Caron* (Paris: J. Longis, 1556).

———, *Πειθανῶν, seu verisimilium libri tres* (Witebergae: Laurentius Seuberlich, 1601).

Gottfried Wilhelm Leibniz, "Considerationes ad Opus Hobbesii in Anglia Evulgatum, de Libertate, Necessitate et Casu Fortuito," *Gothofredi Guillelmi Leibnitii Opera Omnia,* ed. Ludovici Dutens, Tomus Primus (Genevæ: Apud Fratres de Tournes, 1768). 佐々木能章訳「ホッブズ論——ホッブズ氏が英語で出版した著作『自由，必然性，偶然』についての考察」，『弁神論（下）』（工作舎〈ライプニッツ著作集７——宗教哲学〉，一九九一年）。

———, Lettre de Mr. Leibniz à Mr. Des Maizeaux, *Opera Omnia,* Tomus Secundus.

———, "Sentiments de Socrate Opposes aux Nouveaux Stoiciens et Epicureens," *Gottfried Wilhelm Leibniz Sämtliche Schriften und Briefe,* VII-5 (Berlin: Akademie Verlag, 1999).

Justus Lipsius, *Iusti Lipsi Politicorum Sive Civilis Doctrinae Libri Sex: Qui ad Principatum maxime spectant. Additae Notae auctiores, tum & De Una Religione liber* (Antwerp: Moretus, 1599).

John Locke, *Questions concerning the Law of Nature,* with an Introduction, Text, and Translation by Robert Horwitz, Jenny Strauss Clay and Diskin Clay (Ithaca and London: Cornell University Press, 1990).

Alan L. Mackay, "Lucretius or the Philosophy of Chemistry," *Colloids and Surfaces, A: Physicochemical and Engineering Aspects,* Vol. 129-130 (1997).

Johannes Chrysostomus Magnenus, *Democritus reviviscens* (Heidelberg: Adriani Wyngaerden, 1648).

Marquis de Sade, *Aline et Valcour, ou Le roman philosophique, Œuvres,* t. 1, Édition établie par Michel Delon (Paris: Gallimard, 1990). 原好男訳『アリーヌとヴァルクールあるいは哲学的物語（上・下）』（水声社〈サド全集８・９巻〉，一九九八年）。

Philip Melanchthon, *Philosophiae moralis epitome, Corpus Reformatorum,* Vol. 16, edidit Karl Gottlieb Bretschneider und Heinrich Ernest Bindseil (Halle: C. A.

Schwetschke et filium, 1850).

Niccolò Machiavelli, *The Prince,* trans. Harvey C. Mansfield (Chicago and London: The University of Chicago Press, 1998). 池田廉訳『君主論』(筑摩書房〈マキアヴェッリ全集１〉, 一九九八年)。

———, *Discourses on Livy,* trans. Harvey C. Mansfield and Nathan Tarcov (Chicago and London: The University of Chicago Press, 1995). 永井三明訳『ディスコルシ』(筑摩書房〈マキアヴェッリ全集２〉, 一九九九年)。

———, *Florentine Histories,* trans. Laura F. Banfield and Harvey C. Mansfield (Princeton: Princeton University Press, 1990). 米山喜晟・在里寛司訳『フィレンツェ史』(筑摩書房〈マキアヴェッリ全集３〉, 一九九九年)。

———, *Life of Castruccio Castracani, The Chief Works and Others,* trans. Allan Gilbert, Vol. 2 (Durham and London: Duke University Press, 1989). 服部文彦訳『カストルッチョ・カストラカーニ伝』(筑摩書房〈マキアヴェッリ全集１〉, 一九九八年)。

Henry Sumner Maine, *Ancient Law: Its Connection with the Early History of Society and its Relation to Modern Ideas* (London: Oxford University Press, 1939).

Karl Marx, "Hefte zur epikureischen, stoischen und skeptischen Philosophie," "Doktordissertation: Differenz der demokritischen und epikureischen Naturphilosophie nebst einem Anhange," *Karl Marx Friedrich Engels Werke,* Bd. 40 (Berlin: Dietz Verlag, 1990). 大内兵衛・細川嘉六監訳『マルクス初期著作——1837-1844年』(大月書店〈マルクス＝エンゲルス全集第40巻〉, 一九七五年)。

——— und Friedrich Engels, *Die heilige Familie, Karl Marx Friedrich Engels Werke,* Bd. 2. 大内兵衛・細川嘉六監訳『聖家族』(大月書店〈マルクス＝エンゲルス全集第２巻〉, 一九六〇年)。

——— und Friedrich Engels, *Die deutsche Ideologie, Karl Marx Friedrich Engels Werke,* Bd. 3. 廣松渉編訳・小林昌人補訳『新編輯版ドイツ・イデオロギー』(岩波文庫, 二〇〇二年)。

John Stuart Mill, "Utilitarianism," *Essays on Ethics, Religion and Society, Collected Works of John Stuart Mill,* Vol. 10, ed. J. M. Robson (Toronto: University of Toronto Press, 1969). 伊原吉之助訳「功利主義論」(中央公論社〈世界の名著38・ベンサム／J・S・ミル〉, 一九六七年)。

Molière, *Le misanthrope, Œuvres complètes,* édition dirigée par Georges Forestier, avec Claude Bourqui; textes établis par Edric Caldicott et Alain Riffaud; comédies-ballets coéditées par Anne Piéjus; avec la collaboration de David Chataignier, *et al.* (Paris: Gallimard, 2010). 内藤濯訳『人間ぎらい』(新潮文庫, 一九五二年)。

Luis de Molina, *On Divine Foreknowledge Part IV of the Concordia,* trans. with an introduction and notes by A. J. Freddoso (Ithaca, NY: Cornell University Press, 1988).

Montesquieu, *Lettres Persanes, L'Esprit des lois, Œuvres complètes,* 2 tomes, texte présenté et annoté par Roger Caillois (Paris: Gallimard, 1951). 田口卓臣訳『ペルシア人の手紙』(講談社学術文庫, 二〇二〇年)。野田良之・稲本洋之助・上原行雄・田中治男・三辺博之・横田地弘訳『法の精神(上・中・下)』(岩波文庫, 一九八九年)。

Henry More, *Divine Dialogues: Containing Disquisitions Concerning the Attributes and Providence of God* (Glasgow: Robert Foulis, 1743).

Thomas More, *Utopia, The Complete Works of St. Thomas More,* Vol. 4, eds. Edward Surtz, S. J. and J. H. Hexter (New Haven and London: Yale University Press, 1965). 平井正穂訳『ユートピア』(岩波文庫, 一九五七年)。

Gabriel Naudé, *Advis pour dresser une bibliothèque* (Paris: François Targa, 1627). 藤野幸雄監訳・藤野寛之訳『図書館設立のための助言』(金沢文圃閣, 二〇〇六年)。

Isaac Newton, *The Correspondence of Isaac Newton, Vol. 3: 1688-1694,* ed. H. W. Turnbull (Cambridge: Cambridge University Press, 1961).

———, "Fragment on the Law of Inertia," *Unpublished Scientific Papers of Isaac Newton: A Selection from the Portsmouth Collection in the University Library, Cambridge,* eds. A. Rupert Hall and Marie Boas Hall (Cambridge: Cambridge University Press, 1962).

Walter Pater, "Pascal," *Miscellaneous Studies: A Series of Essays* (New York and London: Macmillan, 1896). 前川祐一訳「パスカル」(筑摩書房〈ウォルター・ペイター全集 1〉, 二〇〇二年)。

———, *Marius the Epicurean: His Sensations and Ideas* (London: Macmillan, 1885). 工藤好美訳『享楽主義者マリウス』(筑摩書房〈ウォルター・ペイター全集 3〉, 二〇〇八年)。

———, *Gaston de Latour: An Unfinished Romance* (London: Macmillan, 1896). 土岐恒二訳『ガストン・ド・ラトゥール』(筑摩書房〈ウォルター・ペイター全集 3〉, 二〇〇八年)。

Linus Pauling, "The Nature of Forces between Large Molecules of Biological Interest (1948)," *Selected Scientific Papers,* Vo. 2 (New Jersey: World Scientific, 2001).

Giovanni Pico della Mirandola, "Deprecatoria ad Deum," *Opera omnia Ioannis Pici Mirandulæ* (Basileæ: Heinrich Petri, 1557).

———, Picus Mirandola ad Melanth, A, *Corpus Reformatorum,* Vol. 9, edidit Carolus Gottlieb Bretschneider (Halle: C. A. Schwetschke, 1842).

Merchior de Polignac, *Anti-Lucretius, sive de Deo et Natura* (Paris: Joannem-Baptis-

tam Coignard, 1747).

Pietro Pomponazzi, *Abhandlung über die Unsterblichkeit der Seele,* Lateinisch-Deutsch, übersetzt und mit einer Einleitung, hrsg. Burkhard Mojsisch (Hamburg: Felix Meiner, 1990).

Louis Racine, *La religion, poëme* (Paris: Jean-Baptiste Coignard, 1742).

Alberto Radicati, *A Philosophical Dissertation upon Death: Composed for the Consolation of the Unhappy, by a Friend to Truth* (London: W. Mears, 1732).

Cosma Raimondi, A Letter to Ambrogio Tignosi in Defence of Epicurus against the Stoics, Academics and Peripatetics, translated by Martin Davies, *Cambridge Translations of Renaissance Philosophical Texts, Vol. 1, Moral Philosophy,* edited by Jill Kraye (Cambridge University Press, 1998).

Pierre de Ronsard, *Les amours de P. de Ronsard Vandomois,* nouvelle édition publiée d'aprés le texte de 1578 par Hugues Vaganay (Paris: Librairie Ancienne Honoré Champion, 1910).

Jean-Jacques Rousseau, *Discours sur l'origine et les fondements de l'inegalité, Du contrat social, Œuvres complètes, III,* édition publiée sous la direction de B. Gagnebin et M. Raymond (Paris: Gallimard, 1964). 原好男訳『人間不平等起源論』(白水社〈ルソー全集 4〉, 一九七八年)。作田啓一訳『社会契約論』(白水社〈ルソー全集 5〉, 一九七九年)。

George Santayana, *Three Philosophical Poets: Lucretius, Dante and Goethe* (Cambridge, MA: Harvard University Press, 1922).

Arthur Schopenhauer, *Die Welt als Wille und Vorstellung, Sämtliche Werke,* hrsg. W. Freiherr von Löhneysen, Bde. I-II (Frankfurt am Main: Suhrkamp, 1986). 斎藤忍随ほか訳『意志と表象としての世界』(白水社〈ショーペンハウアー全集 2～7〉, 一九七二―七四年)。

———, *Über die vierfache Wurzel des Satzes vom zureichenden Grunde, Sämtliche Werke,* Bd. III. 生松敬三訳『根拠律の四つの根について』(白水社〈ショーペンハウアー全集 1〉, 一九七二年)。

———, *Parerga und Paralipomena, Sämtliche Werke,* Bde. IV-V. 秋山英夫訳『余録と補遺』(白水社〈ショーペンハウアー全集13〉, 一九七三年)。

———, *Der handschriftliche Nachlaß, Bd. 1: Frühe Manuskripte (1804-1818),* hrsg. Arthur Hübscher (Frankfurt am Main: Waldemar Kramer, 1966).

Erwin Schrödinger, *Nature and the Greeks & Science and Humanism* (Cambridge: Cambridge University Press, 2014). 水谷淳訳『自然とギリシャ人・科学と人間性』(ちくま学芸文庫, 二〇一四年)。

Walter Scott, "On the Supernatural in Fictitious Composition; and particularly on the

Works of Ernest Theodore William Hoffmann," *Sir Walter Scott on Novelists and Fiction,* ed. Ioan Williams (London: Routledge and Kegan Paul, 1968).

William Shakespeare, *The RSC Shakespeare: The Complete Works,* eds. Jonathan Bate and Eric Rasmussen (New York: Modern Library, 2007).

Percy Bysshe Shelley, "The Necessity of Atheism," *The Complete Works of Percy Bysshe Shelley, Vol. V: Prose,* eds. Roger Ingpen and Walter E. Peck (London: Ernest Benn, 1965).「無神論の必然性」, 阿部美春ほか訳『飛び立つ鷲——シェリー初期散文集』(南雲堂, 一九九四年)。

———, "Queen Mab," *Selected Poetry, Prose and Letters,* ed. A. S. B. Glover (London: Nonesuch Press, 1951).

Leo Shestov, "Gethsemane Night," *In Job's Balances: On the Sources of the Eternal Truths,* trans. Camilla Coventry and C. A. MacCartney (London: J. M. Dent and Sons, 1932). 河上徹太郎訳「ゲッセマネの夜——パスカルの哲学」(改造社〈シェストフ選集 2〉, 一九三五年)。

Samuel Sorbière, *A Voyage to England, Containing many Things relating to the State of Learning, Religion, and Other Curiosities of that Kingdom* (London: F. Woodward, 1709).

Baruch Spinoza, *Korte Verhandeling van God, de mensch en deszelvs welstand, Spinoza Opera,* im Auftrag der Heidelberger Akademie der Wissenschaften, hrsg. Carl Gebhardt, Bd. 1 (Heidelberg: Carl Winters, 1972). 上野修訳『神, そして人間とその幸福についての短論文』(岩波書店〈スピノザ全集V〉, 二〇二三年)。

———, *Tractatus de intellectus emendatione, Ethica, Spinoza Opera,* Bd. 2. 鈴木泉訳『知性改善論』(岩波書店〈スピノザ全集Ⅳ〉, 二〇二四年)。上野修訳『エチカ』(岩波書店〈スピノザ全集Ⅲ〉, 二〇二二年)。

———, *Tractatus theologico-politicus, Tractatus politicus, Spinoza Opera,* Bd. 3. 吉田量彦訳『神学・政治論(上・下)』(光文社古典新訳文庫, 二〇一四年)。上野修訳『政治論』(岩波書店〈スピノザ全集Ⅳ〉, 二〇二四年)。

———, *Epistlœ, Spinoza Opera,* Bd. 4. 畠中尚志訳『スピノザ往復書簡集』(岩波文庫, 一九五八年)。

Sully Prudhomme (trans.), *Lucrèce, De la nature des choses, premiere libre,* traduit en vers et précédé d'une préface par Sully Prudhomme (Paris: Alphonse Lemerre, 1869).

Jonathan Swift, *A Tale of A Tub, Selected Prose and Poetry,* ed. with an introd. by Edward Rosenheim, Jr. (New York: Rinehart & Co., 1959). 中野好之・海保眞夫訳「桶物語」,『スウィフト政治・宗教論集』(法政大学出版局, 一九八九年)。

———, "Thoughts on Religion," *The Prose Works of Jonathan Swift, Vol. 9: Irish*

Tracts 1720–1723 and Sermons, ed. Herbert Davis (Oxford: Basil Blackwell, 1968).

William Temple, *Upon the Gardens of Epicurus, with Other XVIIth Century Garden Essays,* Introduction by Albert Forbes Sieveking (London: Chatto and Windus, 1908).

Thomas Tenison, *The Creed of Mr. Hobbes Examined: In a feigned Conference between Him and a Student in Divinity,* 2nd ed. (London: Printed for Francis Tyton, 1671).

Henry David Thoreau, *The Writings of Henry David Thoreau: Journal VIII, November 1, 1855-August 15, 1856,* ed. Bradford Torrey (Boston and New York: Houghton Mifflin and Co., 1906).

Lev N. Tolstoy, *My Confession; Dogmatic Theology; My Religion; On Life,* trans. and ed. Leo Wiener (Boston: Colonial Press, 1904). 原久一郎訳『懺悔』(岩波文庫, 一九四六年)。

Ambrogio Traversari (trans.), *De uita & moribus philosophorum* (Impressum fuit Venetiis: Impensis nobilis uiri Octaviani Scoti ciui Modoetiensis, Decimoquinto kalendas Ianuarias, 1490).

Paul Valéry, "Variation sur une pensée," *Œuvres,* édition de Jean Hytier, t. I (Paris: Bibliothèque de la Pléiade, 1957–). 安井源治訳「『パンセ』の一句を主題とする変奏曲」(筑摩書房〈ヴァレリー全集8〉, 一九七八年)。

———, "Eupalinos ou L'Architecte," "Moralité," "Mauvaises pensées et autres," *Œuvres,* t. II. 伊吹武彦訳「エウパリノス」(筑摩書房〈ヴァレリー全集3〉, 一九七七年)。清水徹・佐々木明訳「邪念その他」, 川口篤・市原豊太郎訳「倫理的考察」(筑摩書房〈ヴァレリー全集4〉, 一九七七年)。

Lorenzo Valla, *On Pleasure: De Voluptate,* trans. A. Kent Hieatt and Maristella Lorch, Introduction by Maristella de Panizza Lorch (New York: Abaris Books, 1977). 近藤恒一訳『快楽について』(岩波文庫, 二〇一四年)。

Giambattista Vico, *On the Most Ancient Wisdom of the Italians, Unearthed from the Origins of the Latin Language, Including the Disputation with the Giornale de'letterati d'Italia,* translated with an Introduction and Notes by L. M. Palmer (Ithaca: Cornell University Press, 1988). 上村忠男訳『イタリア人の太古の知恵』(法政大学出版局, 一九八八年)。

———, *The Autobiography of Giambattista Vico,* translated from the Italian by M. H. Fisch and T. G. Bergin (Ithaca: Cornell University Press, 1944). 福鎌忠恕訳『ヴィーコ自叙伝』(法政大学出版局, 一九九〇年)。

———, *The New Science of Giambattista Vico,* translated from the Third Edition

(1744) by T. G. Bergin and M. H. Fisch (Ithaca: Cornell University Press, 1948). 上村忠男訳『新しい学(1〜3)』(法政大学出版局，二〇〇七―八年)。

Juan Luis Vives, *De Initis Sects Et Laudibus Philosophiae, Early Writings,* eds. C. Matheeussen *et al.* (Leiden and New York: E. J. Brill, 1987).

Voltaire, "Lettres de Memmius à Cicéron," *Œuvres complètes de Voltaire,* nouv. éd. avec notices, préfaces, variantes, table analytique, t. 28: Mélanges VII (Paris: Garnier frères, 1879).

———, *Le Siècle de Louis XIV, Œuvres historiques,* édition présentée, établie et annotée par René Pomeau (Paris: Gallimard, 1987). 丸山熊雄訳『ルイ十四世の世紀(1〜4)』(岩波文庫，一九五八―八三年)。

———, "Histoire de Jenni ou le sage et l'athée," *Romans et contes,* édition établie par Frédéric Deloffre et Jacques van den Heuvel Pomeau (Paris: Gallimard, 1979). 池田薫訳「ジェニー物語，あるいは無神論者と賢者」，『浮世のすがた他六編』(岩波文庫，一九五三年)。

———, *Dictionnaire philosophique,* édition revue et corrigée, avec préface de Etiemble, texte établi par Raymond Naves, notes par Julien Benda (Paris: Garnier Frères, 1967). 高橋安光訳『哲学辞典』(法政大学出版局，一九八八年)。

———, *Lettres philosophiques,* édition critique avec une introduction et un commentaire par Gustave Lanson, nouv. tirage rev. et complété par André M. Rousseau (Paris: M. Didier, 1964). 中川信・高橋安光訳『哲学書簡・哲学辞典』(中央公論新社，二〇〇五年)。

———, *Correspondence,* V (janvier 1758-septembre 1760), édition Theodore Besterman (Paris: Gallimard, 1980).

Max Weber, "Die Stadt," *Wirtschaft und Gesellschaft: die Wirtschaft und die gesellschaftlichen Ordnungen und Mächte, Nachlaß,* Teilband 5, hrsg. Wilfried Nippel, *Max Weber Gesamtausgabe,* Abteilung I: Schriften und Reden, Bd. 22 (Tübingen: J. C. B. Mohr, 1999). 世良晃志郎訳『都市の類型学』(創文社，一九六四年)。

Christoph Martin Wieland, *Die Natur der Dinge in sechs Büchern* (Halle im Magdeburgischen: Carl Hermann Hemmerde, 1752).

Ludwig Wittgenstein, *Tractatus Logico-philosophicus, Werkausgabe,* Bd. 1 (Frankfurt am Main: Suhrkamp, 1984). 野矢茂樹訳『論理哲学論考』(岩波文庫，二〇〇三年)。

Charles Wolseley, *The Unreasonableness of Atheism Made Manifest, in a Discourse Written by the Command of a Person of Honour,* 2nd Edition (London: Nathaniel Ponder, 1669).

Virginia Woolf, *The Common Reader* (London: The Hogarth Press, 1948).

Marguerite Yourcenar, *Les yeux ouverts: entretiens avec Matthieu Galey* (Paris: Le Centurion, 1980). 岩崎力訳『目を見開いて』（白水社〈ユルスナール・セレクション 6〉, 二〇〇二年）。

九鬼周造『人間と實存』（岩波書店〈九鬼周造全集第 3 巻〉, 一九八一年）。

辻潤「「享楽座」のぷろろぐ」,『中央美術』第 8 巻第 8 号（一九二二年）。

和辻哲郎『倫理学（1 ～ 4）』（岩波文庫, 二〇〇七年）。